Goldmann
Gelbe Taschenbücher

W0387151

Die Autorin schildert in diesem Roman das Leben des »ungekrönten Königs der Ukraine« kurz vor dem Ausbruch der bolschewistischen Oktoberrevolution in Rußland. Er ist mit Ronja, der »schönsten Frau Rußlands«, verheiratet, die die eigentliche Herrscherin in dieser Familie ist und die Geschicke der ihr anvertrauten Menschen mit Klugheit und Umsicht leitet. Anfangs bestehen zwischen ihr und der Zarenfamilie enge Beziehungen, doch als Rasputin immer mehr Einfluß bei Hofe gewinnt, ist es Ronja klar, daß der Untergang des russischen Zarenreiches nicht mehr aufzuhalten ist. Nun kämpft sie wie eine Wölfin um die Flucht ihrer Familie nach Amerika, was auch allen – bis auf den Vater – gelingt. Ihm ist es, einer prophetischen Voraussage nach, bestimmt, sein Leben in Rußland zu beenden, was dann auch unter tragischen Umständen geschieht. Ronja muß in Amerika den Neubeginn alleine wagen.
Liebe, Haß, Leidenschaft und Lebenslust sind die Hauptelemente dieses in jeder Hinsicht außergewöhnlichen Romanes.

RUTH FREEMAN-SOLOMON

Mit dem Herzen einer Wölfin

Das Schicksal
der schönsten Frau Rußlands

WILHELM GOLDMANN VERLAG
MÜNCHEN

7074 · Made in Germany · IV · 31150

Genehmigte Taschenbuchausgabe. Die deutsche Originalausgabe ist im Scherz Verlag, Bern–München–Wien, erschienen. Titel des Originals: ›The Candlesticks and the Cross.‹ Aus dem Amerikanischen übertragen von Gisela Stege. Umschlaggestaltung und Foto: Ilsegard Reiner. Satz und Druck: Presse-Druck Augsburg. Verlagsnummer: 2946

Ag/pap

ISBN 3–442–02946–5

Meiner Familie:
denen, die waren,
in Dankbarkeit;
denen, die sind,
in Liebe;
und denen,
die sein werden,
in tiefer Hoffnung

I

Reglos hing der Morgen über dem weiten Besitz der Familie von Glasman - verschlafen, als wäre es nicht Oktober, sondern immer noch August. Hier und da warfen die Ahornbäume im Garten des Herrenhauses gelbe Blätter ab, die müde zu Boden sanken; auf großen Beeten flammten noch Chrysanthemen und Dahlien, aber der Rasen färbte sich schon braun. Er mußte geschnitten werden, doch solange das Korn nicht eingebracht war, konnte man für die Arbeit in Haus und Garten niemand entbehren, der noch mit anzupacken vermochte, sei es nun Mann oder Frau.

Aus den Gemüse-, Setzlings- und Kräutergärten stieg eine wahre Duftsymphonie in die stille Luft. Kräftigere Gerüche kamen aus den höhlenartig in die Erde gegrabenen Vorratskellern, in denen so mancher Leckerbissen aufbewahrt wurde: Steintöpfe voll Dillgurken, saftige Äpfel und harte, grüne Birnen, marinierte Salatblätter, in Wein und Gewürzen eingelegte Heringe, herbe, grüne Tomaten, Räucherfisch und Rauchfleisch, Krüge mit schwarzem Kaviar und, neben hohen Gestellen voller Weinflaschen, zahlreiche Holzfässer, in denen alter Kognak ablagerte.

Die Obstgärten, jetzt abgeerntet und erschöpft, zogen sich über viele Morgen dahin; Federvieh aller Art bevölkerte die Teiche und die Wiesen mit den Hühnerstallkolonien hinter den Hausgärten. Und noch weiter vom Herrenhaus entfernt lagen die Ställe des berühmten Pirow-Gestüts, das in ganz Rußland bekannt war.

Als direkte Nachfahrin Aarons von Glasman, der es vom Zaren Peter übereignet bekommen hatte, gebot Ronja von Glasman-Pirow als Herrin über das große, weiße Haus und die umliegenden Ländereien - nicht aber über das Gestüt. Das war ein wahrhaft fürstliches Geschenk ihres Vaters an Boris Pirow gewesen - an jenem Tag, an dem sie, Ronja, den hünenhaften blonden Tataren geheiratet hatte.

Er war ihr zum erstenmal aufgefallen, als sie im Jahre 1881 in St. Petersburg mit ihrem Vater, David von Glasman, auf der Tribüne am Rande des riesigen Platzes saß, auf dem die Garde des Zaren vorbeidefilierte. Gleich nebenan befand sich die Loge, von der aus die Kaiserin-Witwe die Parade der endlosen Reiterkolonnen abnahm, der Elite der russischen Kavallerie. Noch nie hatte Ronja so viele hübsche junge Männer auf einmal gesehen, und voller Genugtuung dachte sie daran, daß sie am Abend beim Hofball die Wahl unter ihnen haben würde. Welchem von ihnen sollte sie ihre Gunst gewähren? Mit ihrer kleinen Hand schützte sie ihre Augen vor der Sonne und musterte aufmerksam die Gesichter, die an ihr vorüberzogen. Und dann gab es auf dem ganzen Paradeplatz nur noch einen einzigen Mann für sie.

»Wer ist das?« wollte sie wissen.

»Wer?« Die Stimme des Vaters klang zerstreut; er ahnte nicht, daß es ja nur den einen gab.

Ronja wies hinunter. »Der Mann da«, sagte sie. »Der große, blonde.«

»Das, meine liebe Ronja, ist Boris Pirow. Und trotz seiner blonden Haare ist seine Mutter die Königin der Tataren.«

»Gut.« Ronja war zufrieden. »Du kennst ihn also.«

»Ich kenne seinen Vater«, schränkte er ein.

Sie hob die Stimme, um das Getrappel der Pferdehufe zu übertönen. »Das ist er, Vater. Den möchte ich heiraten.«

»Aber, aber, Kleines! Nicht so hastig!« Jetzt wandte der Vater ihr besorgt seine ganze Aufmerksamkeit zu. »Ist das dein Ernst?«

»In meinem ganzen Leben ist mir noch nie etwas so ernst gewesen«, beteuerte sie.

»Wir werden sehen.« David konzentrierte sich scheinbar wieder auf die Truppenschau. »Vielleicht läßt es sich einrichten«, fügte er nachdenklich hinzu. »Den Schlechtesten hast du dir nicht ausgesucht.«

Erst als sie schon mehrere Jahre mit Boris verheiratet gewesen war, hatte Ronja erfahren, auf welche Weise es ihrem Vater gelungen war, ihr diesen Mann zu verschaffen. Den größten Teil der Geschichte hörte sie damals von ihrer Schwester Katja, der Gräfin Brusilow, deren Mann es war, durch dessen schmale Hände die Fäden liefen, an denen ihrer aller Leben, an denen Vergangenheit und Zukunft, an denen der ganze, große Komplex Rußland hing. Alexis von Brusilow, der eigentlich eher ein passiver Zuschauer war als ein Tatmensch, besaß die Gabe, die Dinge im richtigen Verhältnis zueinander zu sehen, die Fähigkeit, allen Dingen den entsprechenden Platz zuzuordnen und ihren jeweiligen Wert gegeneinander abzuwägen.

Auch er kannte, wie David, den älteren Pirow, einen unbedeutenden Oberst bei Hof, der jedoch ein gewisses Aufsehen erregt hatte, weil es ihm nicht gelang, seinen extravaganten Geschmack im Hinblick auf Frauen mit seinem kärglichen Sold in Einklang zu bringen. Der würde keine Schwierigkeiten machen. Seinem Sohn Boris dagegen hatte die Zarin ihre Zuneigung geschenkt. Er gehörte ihrer Leibwache an und konnte daher nicht einfach seinen

Abschied nehmen, um sich auf das Gut der von Glasmans in die Ukraine zurückzuziehen. Dazu brauchte er ihre Einwilligung, und das war ein heikles Problem.

Für eine Verhandlung mit ihr hielt David hohe Trümpfe in der Hand, denn er war seiner Herrscherin stets ein guter und hochgeschätzter Finanzberater gewesen, und sie hatte jederzeit ein offenes Ohr für ihn. Dennoch zögerte er, ihr die Angelegenheit vorzutragen. Ronja war noch sehr jung. Vielleicht fand sie an einem anderen gut aussehenden Mann Gefallen. Sie hatte Boris nicht wiedergesehen, denn zum Ball war er nicht erschienen. Daher war es leicht möglich, daß sie ihren Entschluß änderte. Sechs Monate lang wartete David, doch nichts deutete darauf hin, daß sich der Sinn seiner Tochter gewandelt hatte.

Dann, an einem tristen Herbsttag, holte David Ronja zu sich in die Bibliothek. Im Kamin brannte ein Feuer, doch seine Finger waren eiskalt, als er sich neben sie setzte und liebevoll ihre Hand nahm. Was er ihr erzählte, war eine beklemmende Geschichte.

Boris' Mutter war, so erfuhr sie nun, die Herrscherin der Odessa-Tataren, eines Volksstammes, der einen tiefen und unausrottbaren Haß gegen die Juden hegte. Sie stammte von einer griechischen Fürstin ab, die mit ihren Heerscharen vor langer Zeit - Jahrhunderte, ehe die Stadt Odessa entstand - gekommen war, um sich die wilden Gebirgstataren zu unterwerfen. Als sich herausstellte, daß die Griechen den rauhen Bergbewohnern nicht gewachsen waren, verführte die Fürstin, wie Sage und Balladen berichteten, den Anführer der Tataren, und seinen Männern gab sie ihre Mägde. So entstand eine neue Rasse, die Arghun, unter denen die Blonden - oder ›Goldenen‹ – als Menschen königlichen Geblüts angesehen wurden. Und weiter erzählte die Legende, daß diese Goldenen nach ihrem Tod von einem weißen Hengst zu ihrem Grab auf einen Tatarenberg am Schwarzen Moor getragen und dort neben einer Tatarenfrau zur Ruhe gebettet werden mußten.

Ronjas Augen wurden immer größer, während ihr Vater sprach. Voll flammender Empörung lauschte sie, und er berichtete weiter, daß Boris' Mutter, eine heißblütige Arghun, sofort, als sie von einer möglichen Heirat zwischen ihrem Sohn und der Jüdin Ronja hörte, den ersten Schlag gegen die Juden geführt hatte. Die Fürstin behauptete, Zeugin des Ritualmordes an einem jüdischen Knaben geworden zu sein, und hatte sich in so rasenden Zorn hineingesteigert, daß sie ihre Tataren zu einem wahren Massaker aufstachelte. Einhundert jüdische Knaben hatte sie von ihnen umbringen und ihre verstümmelten Leichen ins Schwarze Meer werfen lassen.

»Willst du den Sohn einer solchen Mutter heiraten?« fragte David sie ernst. Und Ronja antwortete nach einem kurzen, qualvollen Schweigen ebenso ernst: »Vater, ich kann nicht anders.«

Sie sprachen nie wieder davon, aber David von Glasman schien die Freude am Leben verloren zu haben. Nun kamen die Verhandlungen gut voran.

Oberst Pirows Einkommen stieg, und seine Karriere gedieh. Nicht lange, und er hatte alle Aussicht, General zu werden, und konnte seine kostspieligen Ambitionen befriedigen. Diese Verbindung war seine Rettung. Nur Boris, sein Sohn, trotz seiner Jugend ein sehr stolzer Mann, fühlte sich gedemütigt und empfand brennende Scham bei dem Gedanken, verkauft zu werden wie ein Stück Vieh. Dennoch wurde der Hochzeitstermin festgesetzt.

Alle, sogar ihre Schwester Katja, waren überzeugt, daß Boris Ronja zum erstenmal sah, als sie zwischen ihren Eltern auf einem Samtteppich zum Hochzeitsbaldachin schritt, der ganz aus weißen Rosen und Maiglöckchensträußen bestand. Bis an ihr Lebensende schwärmten die Gäste von diesem Moment. »Ein herrlicher Anblick! Der blonde Riese, der seinen hochgewachsenen Vater noch überragte, wie er auf Ronja wartete, die schönste Jüdin von ganz Rußland.«

Nur Ronja und Boris wußten, daß sie sich schon zum zweitenmal gegenüberstanden. Denn einige Stunden, bevor die Gäste eintreffen sollten, waren David und Ruth von Glasman mit Oberst Pirow davongefahren, um Rabbi Lewinsky abzuholen. Katja und Alexis, selber erst jung verheiratet, hatten ihre Flitterwochen abgebrochen, um an Ronjas Hochzeit teilnehmen zu können. Da sie von der langen Reise erschöpft waren, hatte man ihnen Zimmer im Gästehaus zugewiesen, wo sie, in einiger Entfernung vom Herrenhaus, ganz ungestört sein konnten. Die Dienstboten waren mit den letzten Vorbereitungen beschäftigt, die Bauern und Zigeuner hatten schon mit dem Feiern begonnen.

Ronja mußte sich, wie es der Brauch verlangte, in ihrem Zimmer aufhalten und langweilte sich gründlich. Trotzdem schickte sie Lydia mit einem sinnlosen Auftrag ins Lager der Zigeuner und zog es vor, ganz allein zu bleiben.

Boris traf zwei Stunden früher ein als erwartet. Ronja hörte die Haustür klappen, und dann hörte sie seine Stimme. Sie lag gerade, nur mit einem dünnen Negligé bekleidet, auf der Chaiselongue, und was er rief, hallte bis zu ihr herauf. Es war nur ein Wort: »Mutter!«

Barfuß huschte sie hinaus an die breite, geschwungene Doppeltreppe und stieg hinab. Auf halbem Weg jedoch zögerte sie plötzlich. Unten standen, mit dem Rücken zu ihr, zwei Personen.

Sie waren ganz gleich gekleidet: Beide trugen sie hohe, schwarze Stiefel, enge, schwarze Reithosen und leuchtend bunte, am Hals offenstehende Kittel. Sie waren beide fast gleich groß, gleich schlank, sehnig und schmalhüftig. Bis auf die leichte Schwellung der Brüste und das lange, auffallend blonde Haar, das sie nach Tatarenart in viele, den Rücken herabhängende Zöpfe geflochten hatte, wirkte die Fürstin nicht weniger männlich als ihr Sohn.

Mit kindlicher Geste streckte Boris die Arme nach seiner Mutter aus. Demütig beugte er den Kopf. Dann aber richtete er sich wieder auf und sagte: »Bleib bei uns, und nimm an unserer Hochzeit teil! Gib mir deinen Segen, Mutter. Ich bitte dich!«

Die Stimme der Frau war überraschend hoch und dennoch kraftvoll und energisch. »Wenn du die Jüdin heiratest, dann habe ich keinen Segen für dich, sondern nur meinen Fluch! *Deine Glieder sollen faulen, einsam, allein sollst du sterben!*«

Boris stand wie versteinert.

»Wähle«, verlangte die Frau.

Da sprach Ronja: »Jawohl, Boris Pirow, wähle!«

Verblüfft drehten sich beide um und sahen zu ihr hinauf. Es war ein unbeschreiblicher Augenblick. Der Haß, der Mutter und Sohn gepackt hielt, wich aus ihren Mienen. Ronja war fest überzeugt, daß die Tatarin, die Judenmörderin, sie in dieser Sekunde geliebt hatte. Ihre Augen leuchteten auf, und die harten Linien um ihren Mund wurden weicher.

Ihre Stimme hallte durch den gewölbten Raum. »Komm mit zu den Tataren«, sprach sie. »Werde meine Tochter, liebliche Ronja.«

Gefangen zwischen Mutter und Vergangenheit und Braut und Zukunft, sah Boris Ronja so fest und zärtlich an, daß ihr Herz wild zu klopfen begann. Wortlos drehte sie sich um und ging in ihr Zimmer zurück, so überwältigt von der Woge der Leidenschaft, die über ihr zusammenschlug, daß sie kaum noch vernahm, wie die Tatarin drohend rief: »Die Goldenen entgehen ihrem Schicksal nicht!«

Und jetzt, im Herbst des Jahres 1900, züchtete Boris Pirow, der beste Reiter nicht nur der Ukraine, sondern des ganzen russischen Reiches, Remonten für die kaiserliche Kavallerie und ritt sie zu.

Draußen auf dem Gestüt war er der uneingeschränkte Herrscher über die Scheunen und die Remisen, über die Hufschmieden und Koppeln, über die Rosse und eine ganze Schar fleißiger Helfer.

Die Pferdeknechte und Stallburschen wohnten, genau wie die Landarbeiter und Hausangestellten, in kleinen, dicht aufeinandergedrängten Hütten auf dem Gutsgelände; die Mauern ihrer Behausungen bestanden aus einheimischem Lehm, sorgfältig geweißt und mit Gips verputzt, und hinter jedem Haus lag ein Gemüsegarten. Die Kirche dieses kleinen Dorfes stand, aus Stein gebaut, auf einer nahen Wiese, mitten zwischen Butterblumen, Gänseblümchen und Löwenzahn.

Nur auf der Jagd wagten sich die Bauern in die dunklen Wälder hinein, die ihre offenen Felder umgaben, denn dort lebten die Zigeuner. Seit Aaron von Glasmans Zeiten standen sie unter dem Schutz des Herrenhauses, obgleich die Bande, die sie an den Boden fesselten, reichlich schwach waren. In ihren Adern floß das Blut der Kosaken, die in der Steppe wohnten, aber es war verdünnt worden durch mongolische Tataren, Juden und zufällig Vorüberkommende. Die steinerne Kirche betraten sie nur selten, nannten sich aber trotzdem Christen, auch wenn sie noch immer ihre Zauber- und Hexenkünste betrieben.

Die Häuser der Zigeuner waren, wie die der Bauern, feststehende Bauwerke, doch rings um ihre Siedlung waren Zelte aufgeschlagen, und die Deichseln ihrer bunt bemalten Wagen ruhten auf hölzernen Böcken. Über Nacht konnten sie ihre reinrassigen Pirow-Pferde anschirren unnd davonziehen. Die Zeit ihrer Verbundenheit mit den von Glasmans schien, gemessen an ihrer geschichtlichen Vergangenheit, nur kurz; viel älter war ihre Verbundenheit und Treue zu ihrem jeweiligen Stammeshäuptling. Im Augenblick wurden sie von einer Königin namens Tamara regiert, der sie widerspruchslos Gefolgschaft leisteten.

Tamara, eine dunkelhäutige, leidenschaftliche Frau mit vulkanischem Temperament, wirkte auffallend exotisch; und doch bestand eine unerklärliche Ähnlichkeit zwischen ihr und Ronja von Glasman-Pirow. Sie war um einen ganzen Kopf größer als Ronja und kräftig gebaut, während Ronja zierlich und schlank war, doch an den Augen erkannte man die nahe Verwandtschaft der beiden: Aaron war zwar der erste, aber durchaus nicht der letzte von Glasman gewesen, der eine Zigeunerin in sein Bett geholt hatte.

Schon seit dem frühen Morgen verkündeten die Kirchenglocken das Tal hinauf und hinab den Beginn des Erntefestes; die ganz tiefen Töne kamen von dem vergoldeten Glockenturm der Sophienkirche zu Kiew. Als es Nachmittag wurde, begannen sich die Schenken mit betrunkenen Männern zu füllen; die Frauen und die moralischer Gesinnten versammelten sich in den Kirchen, und sogar die Juden konnten ungestört ihren Gottesdienst halten. Denn Ronja hatte dem General der ukrainischen Armee ein großzügiges Geschenk übersandt, und als Gegendienst hatte der General befohlen: »Laßt die Juden in Frieden feiern!« Furchtlos konnten die alten Männer nun in den Synagogen die Kerzen anzünden und ihre Dankgebete für den geernteten Weizen singen.

Bei Sonnenuntergang ritt Boris Pirow auf seinem Lieblingshengst, einem Schimmel, in leichtem Galopp über einen einsamen Pfad und freute sich am reifen Geruch des Herbstes. Das Wetter war gut für die Reiterspiele des Erntetages, gut auch für das große öffentliche Fest mit den wilden Tänzen, das sich daran anschließen sollte.

Wie gewöhnlich hatte das Pirow-Gestüt zu jedem Wettbewerb gemeldet. Boris' Pferde heimsten regelmäßig alle Trophäen ein, denn er verstand es nicht nur, sie für die Schlacht zuzureiten, sondern ebenso gut, sie für den Sport zu trainieren. Aber in diesem Jahr sollte zum erstenmal sein ältester Sohn Igor die Pirowschen Farben vertreten. Igor war hoher Favorit; sein Vater hatte ihn wochenlang unbarmherzig üben lassen und Hunderte von Goldstücken auf ihn gewettet, und auch der junge Mann selber, so wußte Boris aus dem Offizierskasino, hatte hoch auf den eigenen Sieg gesetzt.

An der Freitreppe des Herrenhauses hielt der große Mann sein großes Pferd an, saß ab, warf einem wartenden Stallburschen die Zügel zu und sprang die Stufen hinauf. Die große, zentral gelegene Halle mit ihren belgischen Heldengobelins war schon von Kerzen erleuchtet. Boris blieb stehen; er zündete sich eine Zigarette an und genoß das Gefühl friedvoller Entspannung, das ihn erfaßte. Aaron von Glasman war ein Architekt mit sicherem Instinkt für Proportionen und Stil gewesen. Im Lauf der Jahrzehnte, die vergangen waren, seit er dieses Haus vollendet hatte, waren von anderen Glasmans weitere Kostbarkeiten hinzugefügt worden: herrliche Gemälde und chinesische Teppiche, barockes Silber und französisches Porzellan, seltene Bücher und kostbare Bronzen.

Als Ronja nach dem Tod ihres Vaters das Haus übernahm, vertauschte sie die schweren Damastvorhänge mit bedruckten Leinen- und Chintzstoffen nach englischer Art und ließ die Wände in warmen, freundlichen Farben streichen. Mit eigener Hand arrangierte sie die Blumen für jedes Zimmer. Und wie jede Gutsherrin vor ihr, zog sie sich Landmädchen zu Dienstboten heran, die die Familie unauffällig und in durchaus nicht ländlich-primitivem Stil versorgten.

Lange, behaglich blieb Boris dann in der Badewanne sitzen; anschließend rasierte er sich und zog sich sorgfältig an. Er musterte sich prüfend im Spiegel, rückte den frischen Stehkragen zurecht, den er angelegt hatte, und schlenderte über den Flur zur Schlafzimmertür seiner Frau.

»Ronja!« rief er. Als keine Antwort kam, trat er ein und öffnete einen kleinen Wandschrank, in dem sie für ihn eine Flasche Wodka und Gläser verwahrte. Er schenkte sich ein, und da die lebendige Ronja nicht zur Hand war, hob er das Glas würdevoll ihrer Fotografie entgegen, die in einem Goldrahmen auf seiner Seite des Bettes stand. Er hielt es für das beste Bild, das jemals von ihr gemacht worden war. Der Fotograf hatte den oft als ›gotisch‹ beschriebenen Bogen der dunklen Brauen und den hinreißend schönen Mund mit den sehnsüchtig geöffneten Lippen hervorragend getroffen. Verdammt, wo war sie nur? Er leerte das Glas und stellte es hin. Um diese Zeit mußte sie eigentlich in der Küche sein, denn zu Boris' ständigem Vergnügen war es ihre größte Wonne, mitten zwischen den Gewürzregalen mit Hackbrett und Nudelholz zu hantieren, und ihre Küche war nicht minder berühmt als seine Pferde.

Das lebende Objekt der Fotografie war so vertieft darin, auf eine Trittleiter zu klettern und von einem oberen Regal einen irdenen Topf herunterzuholen, daß es nicht hörte, wie Boris die Küche betrat. Mit seinen großen Händen packte er Ronja um ihre schlanke Taille, hob sie herunter, drehte sie um und drückte ihr einen schmatzenden Kuß auf den Mund.

Fast zwanzig Jahre waren vergangen, seit er sie oben, am Kopf der Treppe in der großen Halle, zum erstenmal gesehen hatte, und seit jenem Augenblick hatte es zahllose stürmische Auseinandersetzungen zwischen ihnen gegeben. Wenn diese Jahre sie verändert hatten, dann nur, um die kraftvollen Züge ihres Gesichtes zu vertiefen. Ihre Augen waren so ausdrucksvoll, so dunkel und tief, ihre Haut so milchweiß, ihr Mund so fröhlich wie immer. Kein Grau durchzog das Braun ihres Haares, das zu einem weichen Knoten hochgenommen war und dort, wo es von Sonnenstrahlen getroffen wurde, wie blankes Kupfer glänzte. Nur ihr Kinn hatte sich verändert. An jenem längst vergangenen Frühlingsmorgen war es das Kinn eines Kindes gewesen; nun verriet es eine Energie, die an einer weniger femininen Frau störend gewirkt hätte. Zum tausendsten Mal dachte Boris in staunender Bewunderung an ihre Schönheit und fragte sich, warum sein Appetit auf andere Frauen kam und wieder verging, sein Hunger nach Ronja aber niemals gestillt werden konnte.

Er setzte sich in einen bequemen Schaukelstuhl und zog sie auf seinen Schoß. Sie schwiegen; um sie herum war es hier, in der Küche mit dem Steinfußboden und der Holztäfelung, in diesem Raum, den er für sie gebaut hatte, damit er ihr Reich und Spielzeug sei, ganz still. Mit den Fingern strich Ronja durch seine goldene Mähne.

»Hmmm – du riechst gut.«

»Und du duftest nach Zimt und Äpfeln.«

»Der Samowar ist heiß, und den Strudel habe ich eben aus dem Backofen geholt«, sagte sie. »Möchtest du ein Stück?«

»Wunderbar!« strahlte er. »Ich werde meine Fahrt um eine Stunde verschieben. Sag Lydia, sie soll in der Bibliothek servieren.«

Ronja erhob sich und zuckte gereizt die Achseln. »Ich hätte es sehen müssen.« Ihr Mund war ein schmaler Strich. »Du bist für einen Abend in der Stadt angezogen.«

Boris stemmte sich wortlos aus dem Schaukelstuhl hoch und ging zur Küchentür. Kaum war er verschwunden, da lief Ronja eilig hinaus in die Halle, jagte die Treppe hinauf und knallte wütend ihre Schlafzimmertür zu.

Jetzt war es Boris, der die Achseln zuckte. Er setzte sich in die Bibliothek auf ein Sofa vor den wuchtigen Feldsteinkamin und wartete darauf, daß Ronja sich beruhigte und wiederkam. Eine halbe Stunde lang saß er da und bekämpfte seinen wachsenden Ärger mit Wodka. Dann zog er an einer Samtkordel neben der Tür.

Auf sein Läuten erschien Lydia, eine lebhafte alte Frau mit einem Gesicht wie ein Winterapfel. Schon als Ronja ein kleines Mädchen war, hatte Lydia ihr als Freundin und Vertraute gedient. Jetzt war sie außerdem ihre Haushälterin und gebot über die rosigen Bauernmädchen, die Butter schleuderten, Betten machten, Silber und Messing putzten und Wäsche wuschen. Nichts ging im Hause vor, ohne daß Lydia davon erfuhr, und aufgrund ihrer Vorzugsstellung mischte sie sich unbekümmert in die intimsten Familienangelegenheiten ihrer Herrschaft ein.

»Laß meinen Wagen anspannen«, befahl Boris.

Lydia, eine zähe Bäuerin, hatte keine Angst vor Boris, der manchmal sehr grob sein konnte. Statt ihm zu gehorchen, zog sie ein trotziges Gesicht und blieb breit, die Hände über dem runden Bauch gefaltet, vor ihm stehen.

Teufel, dachte Boris, ich glaube, die alte Lydia will mir ins Gewissen reden! Laut sagte er: »Los, geh schon!«

Sie rührte sich nicht. »Graf Alexis und Gräfin Katja treffen morgen mit dem Nachmittagszug aus St. Petersburg ein«, sagte sie.

Boris schmunzelte; sein Ärger legte sich. »Ich weiß, Lydia.«

»Ich weiß, daß Sie es wissen, Herr Boris.«

»Lydia, du meinst es sicher gut, aber du bist ein verdammter Quälgeist. Jetzt mach, daß du rauskommst, und tu, was ich dir aufgetragen habe!«

Nun, da sie ihr Sprüchlein vorgebracht hatte, sagte Lydia gehorsam: »Ja, Herr«, und ging.

Boris schüttelte voll widerwilliger Bewunderung den Kopf und schenkte sich noch einmal ein. Katja und Alexis – Ronjas ältere Schwester und ihr Mann. Lydia hatte wahrscheinlich recht – dies war nicht der richtige Zeitpunkt für einen Ausflug in die Stadt. Er kämpfte noch immer mit sich, als die Tür aufging. Ronjas Augen funkelten heller als der Schmuck, den sie sich ins Haar gesteckt hatte.

»Ich komme nur, weil ich keine Zigaretten mehr habe«, erklärte sie trotzig. Innerlich mußte Boris lachen. Er zündete eine von seinen eigenen Zigaretten an und reichte sie ihr. Sie sog den Rauch ein und sah zu ihm auf; in ihren dunklen Augen stand noch immer der Zorn. »Heute hat uns Smolny verlassen«, sagte sie. »Jetzt gibt es in ganz Kiew keinen Erzieher mehr, der es mit Georgi aufzunehmen wagt. Er macht sie alle zum Narren.«

Boris lachte. Die unbändige, zerstörerische Energie seines jüngeren Sohnes machte ihm Spaß. »Ich teile seine Verachtung für diese Leisetreter von Schulmeistern, die du für ihn engagierst. Der Junge gehört auf die Kavallerieschule.«

»Ich kann den Gedanken daran nicht ertragen.« Ronjas Stimme klang bedrückt.

Das war schon immer ein strittiger Punkt gewesen. »Schließlich sind seine Tante und sein Onkel in Petersburg und können sich um ihn kümmern«, sagte Boris.

Aber für Ronja war das kein Trost. »Ich weiß. Trotzdem bringe ich es einfach nicht fertig, ihn fortzuschicken. Er ist doch noch so jung! Außerdem finde ich es brutal, ein Kind nur von Männern erziehen zu lassen, vor allem von Soldaten, die nichts von Bildung halten, sondern nur von Drill und Disziplin, und die sich für nichts begeistern können als für Pferde.«

In gewisser Hinsicht stimmte Boris ihr darin zu. »Also gut«, lenkte er ein. »Ich gebe dir noch ein Jahr. Aber laß mich um Himmels willen den nächsten Hauslehrer selber aussuchen. Ich werde schon einen finden, der diesem Frechdachs die Flötentöne beibringen kann.«

Trotz ihrer Erleichterung ging Ronja noch einmal zum Angriff über. »Du bist zu streng mit den Kindern – mit Igor *und* mit Georgi.«

»Komm, Ronja. Ich hatte mich auf ein gemütliches Stündchen mit dir gefreut.«

»Und ich auf einen ganzen gemütlichen Abend«, fauchte sie. »Was bist du doch für ein Tatar!«

»Das wußtest du, als du mich heiratetest«, entgegnete er gelassen.

»Aber du siehst nicht aus wie ein Tatar«, warf sie ihm vor. »Ein Tatar hat kein Recht, blond zu sein.«

»Ich bin es aber.«

Seine Ruhe machte keinen Eindruck auf Ronja. »Du verstehst Igor nicht. Dir zuliebe wird er morgen den Sieg erringen, aber darum ist er noch lange kein Reiter wie du. Er bricht sich entweder den Hals, oder es bricht ihm das Herz. Im Grund ist Igor nicht so hart, wie er tut.«

»Hast du noch mehr zu sagen?« Allmählich wurde auch Boris erregt.

»Jawohl, das habe ich. Es war Unsinn, Igor von der Universität zu nehmen.«

»Aber Ronja!« Boris hob beide Hände. »Du weißt ebensogut wie ich, daß Igor nicht dumm ist. Er kann mit Pferden umgehen, aber nicht mit Büchern. Was soll ein Junge wie er mit einem akademischen Grad?«

Er hatte recht, aber ihr Ärger ließ noch nicht nach. »Du gibst deinen Söhnen ein verdammt schlechtes Beispiel.«

Das stritt er nicht ab. »Eines möchte ich hiermit feststellen«, sagte er. »Ich hatte – und habe noch immer – viele Fehler, die ich an Igor auf keinen Fall wiederfinden möchte. Das kannst du mir glauben.«

Vor dem Haus wurden Hufschlag und Räderrollen laut. Boris schwieg; er warf Ronja einen schwer zu deutenden Blick zu, verbeugte sich leicht und schritt würdevoll aus dem Zimmer.

Er stieg in den leichten Kutschwagen und hielt die Zügel nachlässig, mit hängenden Schultern, in der Hand. Die beiden Wallache spürten seine gedrückte Stimmung, und auch sie trotteten trübsinnig dahin. Der Gedanke an eine Nacht mit Vera, die zweifellos eine vollendete Bettgenossin war, konnte ihn mit einemmal nicht mehr reizen. Ronja war eben unvergleichlich – sogar in ihrem Zorn. Im

Grunde wollte Boris ja immer nur eine einzige Frau, und diese einzige Frau war seine unberechenbare, quecksilbrige Gemahlin, die ihn ganz in ihren Bann geschlagen hatte. Während die Chausseebäume in steter Folge an ihm vorüberglitten, kämpfte er mit sich. Umkehren, sich demütigen und ihr den Sieg überlassen – sollte er Ronja diesen Triumph gönnen? Minutenlang schwankte er, dann zügelte er mit einem Ruck die Pferde. Nein, was immer ihn die Kapitulation kosten mochte, diese Nacht wollte er mit Ronja verbringen!

Als er den Wagen wendete, richtete er sich energisch auf, und seine harten Züge verloren den deprimierten Ausdruck.

»Hüa!« rief Boris leise. Er brauchte die Tiere nicht anzutreiben, sie fielen von selber in einen flotten Trab. Als er das Haus erreichte, war Boris wieder in bester Laune.

Die Bibliothek war leer. Er jagte die Treppe hinauf, in Gedanken schon Worte formend: Ich führe dich aus, mein Herz, wir gehen ganz groß essen. Es ist lange her, seit Kiew das schönste Mädchen ganz Rußlands zu sehen bekommen hat.

Ronja war nicht in ihrem Zimmer.

Wieder erschien Lydia auf sein Läuten. Sie sah zu Boris auf. »Gleich, als Sie weg waren, kam Hochwürden Tromokow. Die Herrin ist mit ihm zum Essen gefahren. Sie sprachen davon, daß sie hinterher eine Versammlung besuchen wollten.«

»Wo essen sie denn?« erkundigte sich Boris.

»Das haben sie nicht gesagt«, erwiderte Lydia voller Genugtuung.

»Und wo soll diese Versammlung stattfinden? Was ist das überhaupt für eine Versammlung?«

»Das weiß ich nicht, Herr. Tut mir leid.«

Enttäuscht schickte Boris sie mit einem Kopfnicken hinaus. Auf einmal kam ihm das Haus sehr einsam vor; er ging wieder hinaus zu seinem Wagen und fuhr zum Gestüt hinüber. Sein magerer, dunkelhäutiger Sohn Igor saß mit einem o-beinigen Stallburschen mit traurigen Augen unter hängenden Lidern in der Stallkammer und spielte Binokel. Boris sah ihnen eine Weile zu und fragte dann: »Ist der Blonde hier gewesen?«

»Auf Jagd«, antwortete Igor.

»Ich habe heute nacht für ihn die Stallwache übernommen«, erklärte der Pferdebursche.

»Komm mit hinaus«, bat Boris seinen Sohn. »Ich muß mit dir sprechen.« Doch als sie im Licht der Laterne im Freien standen, wußte Boris nicht, was er hatte sagen wollen, und so befahl er ihm nur: »Geh und iß mit Georgi zu Abend. Schlaf dich gut aus.« Er legte Igor den Arm um die Schultern. »Morgen werden wir mit dem Viererzug trainieren.«

»Gut.« Igors Ton war kühl.

»Ich fahre jetzt in die Stadt.«

»Gut«, wiederholte Igor und ging davon.

Leise vor sich hinfluchend, kletterte Boris wieder auf seinen Wagen und fuhr zum Offizierskasino der nahen Kaserne.

Der Morgen war sonnig und klar. Boris, der in seinem eigenen Zimmer geschlafen hatte, um Ronja nicht zu stören, als er spät in der Nacht nach Hause gekommen war, reckte und streckte sich behaglich; er stand am Fenster und blickte über das taufrische Gras und die Wipfel der Bäume bis zu den fernen Bergen hinüber. Als er ein leichtes Geräusch hörte, drehte er sich um. Ronja kam herein, ein Tablett in der Hand. Boris nahm es ihr ab und stellte es auf den Nachttisch. »Mein Morgentee!« sagte er mit strahlendem Gesicht. »Wie lieb von dir, meine kleine Taube.«

Ronja schleuderte ihre Pantöffelchen von den Füßen und stieg in sein Bett. »Unser Morgentee«, berichtigte sie. »Warum lachst du?«

»Glücklich.« Mehr sagte er nicht.

»Boris Pirow, du bietest einen ausgemacht komischen Anblick, so, wie du dastehst – splitternackt, mit den Socken an den Füßen!« Er korrigierte diesen Eindruck, indem er die Socken auszog und zu ihr ins Bett kam. Als Ronja dann sprach, war ihre Stimme gedämpft. »War es eine lange und durstige Nacht?«

»Ja«, gestand Boris, und sie wandte den Kopf ab.

»Ich war im Offizierskasino«, fügte er hastig hinzu. »Ich habe eine Menge getrunken und noch mehr gewettet. Auf Igor. Gegen unglaubliche Quoten. Es ging nicht anders. Keiner will gegen ihn setzen.«

Ronja umfaßte das Gesicht ihres Mannes mit beiden Händen. »Ich danke dir, Liebling. Du hast mir den Tag verschönt.«

Für Lydia war das, was hinter der geschlossenen Tür vorging, kein Geheimnis. Als Boris in Ronjas Küche erschien, tischte die Alte ihm ein kräftiges Frühstück auf. Die Herrin schlief noch. Nachdem er gegessen hatte, ging er in das kleine Morgenzimmer und schrieb an den Rektor der Universität, der ihm geraten hatte, Igor herunterzunehmen:

»Magnifizenz, 7. September 1900

Wäre es Ihnen möglich, mir einen geeigneten Hauslehrer für

meinen zweiten Sohn zu empfehlen? Georgi ist ein Teufelskerl von einem Bengel, dem selbst Herkules nicht gewachsen wäre.

Leider ist das alles, was ich zur Empfehlung meines Sohnes Georgi anführen kann.

Hochachtungsvoll
Boris Pirow«

Auf dem Weg zum Gestüt warf er den Brief auf einen Silberteller in der Halle.

Sie aßen zeitig zu Mittag, und dann brachte der Kutscher Boris und Ronja zum Bahnhof von Kiew. Überall wimmelte es von Menschen, und die Atmosphäre war freudig-erregt. Elegante Kutschen wie die der Pirows, blank poliert und in der Nachmittagssonne glänzend, fuhren neben ›Droschkis‹ – holpernden Gefährten mit langen, schmalen Holzbänken für die Passagiere –, Bauernwagen und Eselskarren. Die Luft war erfüllt von Staub und lachenden Stimmen. Aus der ganzen Ukraine strömten die Leute in Kiew zusammen. Bald würde die Stadt überquellen von zarten, hellhäutigen Damen aus St. Petersburg, olivhäutigen Frauen mit mandelförmigen Augen aus Moskau, Amazonen in hohen, schwarzen Stiefeln aus Odessa, von stattlichen Herren, die goldene Uhrketten auf ihrer Weste trugen, zerlumpten Soldaten mit slawischen Wangenknochen, Kosaken, Tataren, jungen Reitersleuten aus allen Ecken der Provinz. Das Fest der Weizenernte gehörte allen, denn der Weizen war es, der sie alle ernährte. Und auch viele Juden kamen – das heißt, diejenigen, die eine Reiseerlaubnis erhalten hatten –, denn diesmal sollte der Sohn Ronja von Glasmans an den Reiterspielen teilnehmen.

Kaum hatte der Zug sein Tempo verringert und angehalten, da entdeckten Ronja und Boris auch schon Graf Alexis Brusilow, der ihnen vom Fenster eines Erste-Klasse-Abteils aus zuwinkte. »Es verspricht ein angenehmer Aufenthalt zu werden, Katja, Liebes. Ronja ist nicht allein; Boris ist mitgekommen. Der wilde Adler macht einen zahmen, zufriedenen Eindruck. Er sieht überhaupt nicht tatarisch aus.«

»Gott sei Dank!« sagte Katja. »Ich habe schon immer darum gebetet, daß diese beiden eines Tages endlich aufhören, sich gegenseitig zu quälen.«

Hand in Hand gingen die Brusilows zum Ende ihres Waggons, dessen Tür offenstand. Während Alexis dem Schaffner ein Trinkgeld gab, sprang Katja, die sonst nur selten Eile verriet, rasch auf den Bahnsteig hinunter und lief Ronja entgegen. Alexis folgte ihr, schüttelte Boris die Hand, und dann beobachteten die beiden Männer das Wiedersehen der Schwestern. Nach ausgiebigen Umarmungen und Willkommensworten sagte Ronja: »Ich weiß nicht, auf Bahnhöfen benehme ich mich immer idiotisch!« Damit warf sie Alexis die Arme um den Hals. Boris beugte sich über Katjas Hand, um sie zu küssen, und erklärte galant: »Du siehst anbetungswürdig aus. Wenn ich dich zuerst kennengelernt hätte, wäre Alexis noch immer Junggeselle.«

»Sei nicht albern, Boris«, wies Katja ihn halb im Ernst, halb im Scherz zurecht. »Nicht einen Tag könnte ich es mit dir aushalten. Ronja ist ein Wunder an Geduld.«

Boris, unvermittelt ernst geworden, streckte ihr seine Hand entgegen. »Wir wollen Freunde sein, Katja«, bat er.

Ehe sie antwortete, sah seine Schwägerin sich vorsichtig um; sie wollte sich vergewissern, ob ihr Mann und Ronja außer Hörweite waren. »Jede Nacht liege ich wach, Boris. Vor lauter Sorgen um Ronja.«

»Das brauchst du nicht, Katja«, versicherte er und reichte ihr seinen Arm.

Als die Kutsche mit den Brusilows und den Pirows am Herrenhaus vorfuhr, stand schon die Haustür offen, und Georgi kam herausgestürzt. Er liebte die Brusilows heiß, nicht etwa, weil sein Onkel in St. Petersburg ein einflußreicher Mann und seine Tante ein Liebling der Zarin-Witwe waren, sondern weil sie ihn vergötterten. Er hüpfte wie ein Gummiball, platzte Neuigkeiten heraus und war den Mädchen im Wege, die von dem Karren, der hinter der Kutsche hergefahren war, das Gepäck abluden. So ansteckend war sein Jubel, daß sogar der verschlossene Igor grinste und Lydia über das ganze Gesicht zu strahlen begann.

Als sich der Wirbel ein wenig gelegt hatte, begab sich die Familie in die Bibliothek, wo leise ein Samowar summte. Eine Stunde verbrachten sie mit fröhlichem Geplauder und unterbrachen einander dabei immer wieder, um ein Geschenk oder Neuigkeiten und Klatsch zu präsentieren. Nur Igor wurde bei diesem Stimmengewirr zusehends schweigsamer. Anders dagegen Lydia. Sie überschüttete ›ihre‹ Familie mit Aufmerksamkeit: Noch ein Stück Kuchen? Noch ein Glas Tee? Und hatte zu allem etwas zu sagen. Als sie sich endlich weigerten, sich noch weiter von ihr vollstopfen zu lassen, klingelte sie nach den Mädchen, die abräumen sollten, und folgte ihnen widerwillig hinaus.

Nun, da Ruhe und Frieden einigermaßen wiederhergestellt waren, klappte Alexis das Schachbrett auf. »Wie wäre es mit einem Spielchen, Boris?«

»Nein danke, mein Freund.« Er sah Igor an. »Wir haben nur noch vierundzwanzig Stunden ...«

Sein Schwager lachte. »Eine letzte Trainingsstunde? Nun, da auch ich eine gewisse Summe auf den zukünftigen Champion der Ukraine gesetzt habe –« er nickte zu Igor hinüber –, »würde ich mir recht gern einen wilden Galopp um die Bahn und ein paar gute Sprünge ansehen. Das heißt, wenn ihr nichts dagegen habt.«

Die Männer gingen zum Gestüt. Georgi begleitete sie; er hüpfte und sprang den ganzen Weg.

An diesem Abend gaben Ronja und Boris ihren alljährlichen Empfang für die Brusilows, ein Brauch, den sie seit langer Zeit unverändert beibehalten hatten. Die Gäste trafen pünktlich um sechs Uhr ein und verabschiedeten sich wieder um Glockenschlag neun, denn anschließend sollte noch das Preisgericht für die Spiele zusammentreten. Reiche und arme Aristokraten, solide Gutsbesitzer aus der Provinz, Offiziere in goldverschnürter Ausgehuniform, einflußreiche Patrizier und gesellschaftliche Streber, die erst Einfluß erlangen wollten – sie alle rechneten es sich zur Ehre an, der Einladung der Pirows Folge zu leisten.

Hochwürden Tromokow, den Priester, der in dieser Umgebung wirkte wie eine rostig-schwarze Krähe unter buntschillernden Pfauen, zog es unwiderstehlich an den Tisch, wo der Wodka ausgeschenkt wurde, und seine mächtige Stimme übertönte die aller anderen. Falls die Damen ihn für ungehobelt hielten, so ließen sie sich das nicht anmerken. Bei ihren Ehemännern war er nämlich fast ebenso beliebt wie Boris, und auch nur Boris übertraf ihn noch als Pferdekenner, Wodkatrinker und Mann von Welt.

Von den juwelengeschmückten Damen des Abends trug keine den Kopf höher als Tamara, die Zigeunerkönigin. Sie nahm, ebenso wie Hochwürden Tromokow, an allen Festen der Pirows teil. In dem Bewußtsein, daß ihr Dekolleté magnetisch die Augen aller anwesenden Herren anzog, flirtete sie unterschiedslos mit ihnen allen. In Wahrheit aber galt ihre Aufmerksamkeit ausschließlich Boris. Doch der kehrte ihr mürrisch und verärgert den Rücken zu.

Ronja schien dieses Duell zwischen ihrem Mann und Tamara nicht zu bemerken; sie ging von einer Gruppe zur anderen und beteiligte sich an der Unterhaltung, die sich fast nur um die Pferde und die morgigen Wettspiele drehte. Um halb neun begann sie mit dem Geschick langjähriger Erfahrung das Ende des Festes einzuleiten. Eine halbe Stunde lang tönten von der Freitreppe noch Abschiedsgrüße und Komplimente herein.

Als sich die Tür endlich hinter dem letzten Gast geschlossen hatte, führte Boris die Preisrichter mit einem: »Erlauben Sie, meine Herren!« in die Bibliothek. Es war eine recht bunt gemischte Gruppe, aber jeder einzelne dieser Männer war sein Freund. Wladimir, ein derber, ungeschliffener Kerl von einem Mann, liebte Boris mit fast sentimentaler Inbrunst. Der Kosakenhetman, von dem man wußte, daß er ein eingeschworener, grausamer Feind aller Juden war, fühlte sich als Gast der Jüdin Ronja von Glasman durchaus behaglich. Mischuk, der Polizeichef von Kiew, verblüffte alle Ukrainer dadurch, daß er sich nicht korrumpieren ließ und ein ausgezeichneter Pferdekenner war. Einer der Männer war ein Tatar, der mit seinem kahlen Schädel und dem wallenden Bart an Dschingis Khans Horden erinnerte und Boris' tatarischer Mutter tributpflichtig war. Das letzte Komiteemitglied war der allseits beliebte Pfarrer Tromokow. Alexis saß ex officio bei ihnen: Die Männer mochten ihn wegen seines scharfen Verstandes und seiner gesunden Urteilskraft.

Fast immer beschränkte sich die Tagesordnung dieser Sitzungen auf ein paar Runden Wodka, ein paar freundschaftliche Wortgeplänkel, die regelmäßig auf Wetten hinausliefen, und die Wiederwahl von Boris als Vorsitzendem des Preisgerichts.

Auch heute schien alles den gewohnten Verlauf zu nehmen. Wodka wurde eingeschenkt, die Männer nahmen auf Lehnsesseln und Sofas Platz. Es war so warm, daß kein Feuer gemacht worden war, die Fenster standen offen, und vom Garten wehte Blumenduft herein. Tromokow lag breit in einem riesigen Sessel, nur noch halb nüchtern, mit schweren Lidern und zum erstenmal an diesem Abend still. Nur Boris war stehengeblieben und ging nachdenklich, mit zusammengezogenen Brauen, hin und her. Auf einmal begann er zu sprechen, und seine Stimme klang dabei so merkwürdig, daß alle neugierig aufhorchten.

»Ich kann morgen das Amt eines Kampfrichters nicht ausüben«, erklärte er.

Es war, als hätte der Blitz eingeschlagen. Proteste wurden laut.

»Teufel noch mal, wie soll ich den Startschuß abgeben und meinen Sohn Igor anfeuern, wenn ich Preisrichter bin?« fragte er rhetorisch und hob die Hand, um Einwände zurückzuweisen. »Ich möchte morgen unabhängig sein. Ich will meinem Sohn beistehen und ihm alle Tricks verraten, die ich kenne.«

»Bravo!« lobte Alexis.

»Aber ich habe Geld auf Igor gesetzt«, gab der Kosak zu bedenken und fügte mit ironischem Freimut hinzu: »Muß ich als Ehrenmann nun auch zurücktreten?«

Der Tatar, ein wenig langsamer im Begreifen der Situation als die anderen, witterte Kosakenlist und trat drohend einen Schritt auf seinen Erbfeind zu. »Kosaken reiten«, sagte er mit finsterer Miene, »und du wettest auf Igor?«

In gespieltem Schreck fiel der Kosak auf die Knie. »Ich liebe nun einmal das Geld über alles«, behauptete er.

Seine Stellung als Außenseiter verlieh Alexis als einzigem das Recht, diesem Unfug ein Ende zu machen. »Meine Herren!« Er hob beide Hände. »Sie haben einen gerechten und ehrenhaften Mann in Ihrer Mitte. Was sagt Mischuk dazu? Zieht man sich aus, bevor man ein Bad nimmt, oder hinterher? Boris ist morgen Vater und Pferdebesitzer.«

Mischuk zögerte keine Sekunde. Er stand auf und hob das Glas. »Meine Freunde, der Gedanke, den Rücktritt von Boris zu akzeptieren, ist unvorstellbar. Seit seinem neunzehnten Lebensjahr ist er Rußlands Nationalchampion, und in all diesen Jahren bestand nicht der leiseste Zweifel an seiner Fairneß. Mein Herz ist unbesorgt. Er wird gerecht urteilen.«

Mit lautem Klirren ließ Wladimir sein Glas fallen, sprang auf Mischuk zu und küßte ihn schallend auf beide Wangen. »Ich liebe Sie!« rief er laut. »Ich liebe Sie!« Und zu Boris gewandt, sagte er feierlich: »Wie beurteilen Sie Igor? Ich habe eine Hypothek auf mein Haus aufgenommen.«

In gespielter Bestürzung schnalzte Boris mit der Zunge. »Gut«, sagte er dann.

Hochwürden Tromokow stimmte mit heiserer Stimme einen Gassenhauer an, und bald fielen alle in den Refrain ein. Nur der Tatar saß schweigend wie eine Sphinx. Er war stockbetrunken.

Alexis warf sich in einen Sessel, fächelte sich Luft zu und verlangte: »Sag uns endlich, wie du dich entschieden hast, Boris. Ich weigere mich, noch länger aufzubleiben.«

»Ich werde es überschlafen«, erwiderte Boris. »Morgen, wenn wir uns bei den Spielen treffen, sollt ihr meine Antwort bekommen.« Er ging zur Tür. »Kameraden, auf jeden von euch, der hierbleiben möchte, wartet ein Bett.«

Den Blick unsicher auf den Kosaken gerichtet, sagte der Tatar: »Wir sind zu viele. Laßt uns gehen.«

Die Männer schüttelten einander zum Abschied die Hände. Wladimir umarmte Boris. »Heute bin ich ein Mönch«, erklärte er. »Heute nacht werde ich nur vom Geld träumen.«

Vor Katjas Tür sagten Alexis und Boris sich gute Nacht. Dann ging Boris weiter den Flur entlang bis zu Igors Zimmer und trat behutsam ein. Nachdenklich blickte er auf die schlanke Gestalt seines schlafenden Sohnes hinab und zog ihm die Decke über die nackten Schultern. »Mögest du morgen ein Adler sein«, sagte er liebevoll.

2

Früh am nächsten Morgen ritt Boris auf seinem weißen Hengst zum Wettkampfplatz, begleitet von Igor und Georgi, die beide je ein zweites Pferd mitführten. Ihnen folgten zwei große Kutschen: In der ersten saßen Ronja, Katja und Alexis, in der zweiten Lydia mit ihren engsten Verwandten. Den Schluß bildete ein ganzer Zug von Trainern, Stallburschen und Pferdeknechten, von denen einige pfiffen oder sangen. Der Hufschmiedemeister kutschierte ein Droschki, das bis zum Überquellen mit seiner dicken Frau und seinen lärmenden Sprößlingen vollgepackt war. Das Dienstpersonal der Pirows ging zu Fuß, beladen mit Körben voll Speisen und Wein, mit Teppichen und Sonnenschirmen. Die Bauern kamen auf rumpelnden Heuwagen; die Männer strichen sich die hängenden Schnauzbärte hoch und hoben die Wodkaflaschen an den Mund; dralle Landmädchen kreischten vor Lachen und genossen voll Wonne die nassen Küsse und die heißen Hände, die sich, als kleiner Vorgeschmack auf den Abend, unter ihre weiten Röcke verirrten. Die Ernte war die Zeit der Fruchtbarkeit. Alte Frauen blickten stumm vor sich hin. Ihre Körper sehnten sich nicht mehr nach Liebe; sie träumten statt dessen von heißen, gebackenen Kartoffeln und würzigem, warmem Bier.

Den Schluß der langen Kolonne bildeten die Zigeuner, angeführt von Tamara. Ihre Bluse war mit einem Adler bestickt, der genau über den herrlichen Brüsten die Flügel breitete. Dann kam ihr Volk in seinen bunt bemalten Wagen; die Männer zupften die zweisaitigen Gitarren, die Frauen, in leuchtendes Rot oder Grün gekleidet, schnalzten rhythmisch mit den Fingern, während ihre langen schwarzen Zöpfe im Takt hin und her tanzten. Als letzter ritt Tamaras Sohn und Erbe, ›der Blonde‹ genannt. Wie Boris gehörte er zu den Goldenen. Wie Boris war er hochgewachsen und schön. Und wie Boris saß er auf einem Schimmelhengst.

Die Pirows lagerten auf einer Anhöhe, von der sie alles gut beobachten konnten. Der Tradition entsprechend blieben die Preisrichter bis zum Beginn der Spiele bei den Pirows. Unter dem Lärm schnaubender Pferde und bellender Hunde gab Boris seinem Sohn Igor letzte Ratschläge. »Laß den Pfleger mit Pfau die Bahn abreiten. Ich will, daß das Tier jede Kurve, jedes Hindernis, jeden Stein auf dem Kurs genau kennenlernt. Und denk daran: Beim ersten Sprung keine Zügel – nur die Schenkel. Dann fliegt Lady für dich bis in den Himmel. Mach dich fertig, mein Sohn, und viel Glück!«

Unter einem Chor von guten Wünschen verließ Igor, strahlend schön in dem roten Kittel, der schwarzen Reithose und den schwarzen Stiefeln, seine Familie.

»Sie sehen, meine Herren«, wandte sich Alexis an die Preisrichter, »Sie müssen Boris' Rücktritt akzeptieren. Heute ist er nur Vater. Es wäre unpassend, ja unnatürlich für ihn, wollte er versuchen, unparteiisch zu sein.«

Wladimir antwortete für sie alle. »Kein Boris – keine Richter. Keine Richter – kein Wettbewerb. Basta. Was sagen Sie dazu, Boris?«

Bevor Boris jedoch darauf anwortete, wandte er sich an Ronja. »Hast du das gehört?« fragte er sie. »Mir bleibt keine Wahl.«

Sie blickte lächelnd zu ihm auf. »Was für einen Unsinn du redest, Boris Pirow! Du bist der gerechteste, ehrenhafteste Mann auf der Welt. Es ist einfach deine Pflicht, Preisrichter zu sein. Und möge dein Sohn dir Ehre machen.«

Alexis kicherte. »Eine typisch russische Entscheidung, Ronja. Genau die Sorte, die bei Gericht getroffen wird.«

»Hör nur!« sagte Ronja zu ihm, als Boris davongegangen war. Die Menge begrüßte ihn mit Ovationen. Männer, die nach Pferden und Sattelleder rochen, umdrängten ihn, um ihm die Hand zu schütteln und ihm auf den Rücken zu klopfen. Golden schimmerte sein Haar in der Sonne, und sie liebten ihn, diesen Mann, der so unauflöslich mit diesem Land verbunden war.

Schließlich mußte sich ihr Liebling, sonst immer vorsichtig und zurückhaltend, wenn es galt, seine Kraft einzusetzen, einen Weg durch die Menge erzwingen. Die Pferde waren in der Mitte der Bahn versammelt, wo sie vom Preisgericht begutachtet und auf ihren Körperbau untersucht wurden. Auf ein Signal von Boris übernahmen Pfleger die Tiere, und die Reiter scharten sich um Igors Vater. Boris hielt ihnen eine kurze Rede: »Denkt immer daran, daß ihr die besten in einem Land voll guter Reiter seid. Eure Tiere wurden für diesen Tag gezüchtet, großgezogen und trainiert. Viel Glück!«

Dann gab Boris einen Schuß aus seiner Pistole ab, und der Wettkampf begann. Die Zuschauer warteten auf Igor. Heute betrachteten ihn die Tataren, das Volk seines Vaters, als einen der Ihren, aber auch die Juden wünschten Ronja von Glasmans Sohn den Sieg.

Im Trab kamen drei Pferde gleichzeitig in die Bahn. Igors Stute Lady trug den Kopf hoch, sie hatte die Nüstern eingesogen und die Ohren hochgestellt. Igor zeigte sich ruhig und sicher. Die Harmonie zwischen Roß und Reiter war perfekt, und die Menge jubelte ihm zu.

Als die Teilnehmer alle Schrittkombinationen absolviert hatten, kamen die Richter wieder in die Bahn, und der Wettkampfrichter befahl: »In Reihe nebeneinander aufstellen!« Noch einmal musterten die Richter die Tiere und prüften sie von oben bis unten: Beine, Schultern, Hals, Kruppe. Auf einen weiteren Befehl des Wettkampfleiters führten die Reiter ihre Prüfungsaufgaben ein zweites Mal vor, und dann traten die Richter zur Beratung zusammen.

Bald wurde der Schiedsspruch verkündet. »Lady«, so hieß es, »vorzüglich geritten von Igor Pirow – erster Platz.« Die Zuschauer winkten und jubelten.

Auch in den nächsten beiden Prüfungen führte Igor. Bei der vierten Aufgabe begann das Publikum zu toben. Es war ein Hindernisrennen, und Igor ließ die anderen Teilnehmer weit hinter sich. Innerhalb von Sekunden hatte er ein weißes Taschentuch von der Erde aufgehoben, dann glitt er in vollem Galopp unter dem Bauch seines Pferdes hindurch, tauchte auf der anderen Seite auf und zog sich wieder in den Sattel. Lautes Geschrei erhob sich. »Bravo, Pirow! Bravo, Pirow!« Die Kosaken stürmten die Bahn und umringten den jungen Mann, und seine eigenen Leute schrien vor Begeisterung.

Boris, der über das ganze Gesicht strahlte, wartete eine Weile und ließ sie gewähren, dann leitete er mit vier Schüssen den letzten Wettkampf ein.

Auf das Signal hin ritt ein Fremder, nach seinem dunklen, steinernen Gesicht zu urteilen, ein Krimtatar, in die Bahn; mit jedem Fuß stand er auf einem Pferd seines Vierergespanns. Ihm folgten ein Kosak und zwei andere Reiter. Igor war der letzte. Auf zwei Pferden stehend, zwei weitere am Zügel führend. Sein Blick war starr geradeaus gerichtet, seine linke Hand hielt die Zügel ungewöhnlich straff, die rechte hatte er ausgestreckt, um die Balance zu halten. Er beherrschte seine Pferde geschickt, zeigte sich aber zum erstenmal vorsichtig und ein wenig unsicher und war daher weder für den Tataren noch für den Kosaken ein ernsthafter Konkurrent, die beide wahrhaft selbstmörderische Kunststücke ausführten. Als sie ihr Tempo und ihre Tollkühnheit noch steigerten, hielt Igor seine Pferde an.

Wie ein schwarzer Falke stieß der Tatar zum Angriff vor, ein Raubvogel auf der Jagd. Die Antwort des Kosaken auf diese Herausforderung war nicht weniger hitzig, und eine Ahnung von Tod legte sich über die Bahn. Igor und die beiden anderen Reiter hatten sich, die Gesichter streifig von Schweiß und Staub, in eine entfernte Ecke des Platzes zurückgezogen. Die Zuschauer waren still.

Doch ehe dieser ungewöhnliche Zweikampf durch eine Tragödie beendet werden konnte, lief Boris zu Igor hinüber. »Gib mir dein Pferd, Junge!« befahl er. Mit niedergeschlagenen Augen reichte Igor dem Vater die Zügel.

Ruhig wie eine Statue ritt Boris zur Mitte der Bahn, kreuzte den Weg des Kosaken und galoppierte direkt auf den Tataren zu. Der dunkle Mann zügelte sein Pferd, und dann standen die beiden einander gegenüber – unbeweglich. Einmal noch drehte Boris sich flüchtig um und bedeutete dem Kosaken, die Bahn zu verlassen; dann gab er seinem Pferd einen leichten Schlag auf die Flanke und ritt vorwärts, bis beide Tiere Nase an Nase standen.

»Schwarzer Tatar!« rief Boris. »Wähle! Kämpfe mit mir, oder kehre nach Odessa zurück und bring meiner Mutter meine Antwort. Sage ihr, daß ich meine Wahl vor langer Zeit getroffen habe. Sage ihr, daß mein Sohn Igor heute für die Juden reitet!«

Der Blick des anderen flackerte, und er senkte die Lider. Grüßend hob er den Arm, als sei er ein Soldat, der dem Befehl eines Vorgesetzten gehorcht, wandte sein Pferd und ritt aus der Bahn, die Straße zur Stadt hinunter.

Nun, da es vorüber war, lastete dumpfe Stille über der Bahn. Nur wenige Zuschauer hatten den Sinn der kurzen, heftigen Auseinandersetzung verstanden, und dennoch waren sie alle von Schrekken gelähmt. In das Schweigen hinein ritt wiederum Boris, diesmal auf seinem weißen Hengst, und zeigte der Menge so vollendete Reiterkunst, daß sie bald wieder klatschte, schrie und fröhlich war. Übermütig schlug sie Wodkaflaschen den Hals ab, warf leichtsinnig Silbermüzen in die Luft, umarmte und knuffte sich und sang: »Lang lebe der König! Lang lebe Boris Pirow!«

Boris saß ab, bahnte sich einen Weg in die Loge der Kampfrichter und gab noch einen letzten Schuß ab, das Signal für das offizielle Ende der Spiele. Siegesrosetten und Geldpreise wurden verteilt, und keiner der Teilnehmer ging leer aus. Igor war der Held des Tages.

Der erste Pirow, der sich zu Boris durchdrängte, war Georgi. »Du warst fabelhaft!« brüllte er. »Aber warum hast du diesen schwarzen Bastard nicht verdroschen? Mutter hätte das bestimmt getan, darauf würde ich wetten.«

Boris fuhr seinem Jüngsten mit der Hand durch das goldblonde Haar. »Hör auf, ständig ›Bastard‹ zu sagen. Deine Mutter mag das nicht.«

»Sie sagt es ja selber.«

Boris grinste. »Das ist nun einmal das Vorrecht der Damen, Georgi.«

Georgi wich der Hand des Vaters aus. »Der Blonde hätte sich nicht von dem Tataren aus der Bahn drängen lassen – und ich auch nicht«, prahlte er. »Warum hat Igor sich das gefallen lassen?«

Sein Vater fuhr zu ihm herum. »Georgi! Wage es nie wieder, deinen Bruder mit dem Blonden zu vergleichen!« Seine Stimme war kalt vor Wut, so daß Georgi rasch eine respektvolle Entfernung zwischen sich und den Vater legte.

Einen Augenblick später, als Ronja ihrem Mann ins Gesicht blickte, sah sie betroffen, wie in sich gekehrt er war.

»Bist du müde, Boris?« fragte sie ihn.

»Nein, nicht sehr«, gab er mürrisch zurück. »Verdammt, ich habe meine Zigaretten verloren.« Sie zündete eine von ihren an und reichte sie ihm.

»Ronja!« fuhr er sie an, »du weißt, ich will nicht, daß du in der Öffentlichkeit rauchst!«

Verwirrt stand Ronja auf. »Ich mache einen Spaziergang. Kommst du mit, Katja?«

»Aber gern.«

»Wollt ihr denn nicht warten und Igor gratulieren?« Auf einmal war Boris wieder munter geworden.

»Igor ist schon auf und davon«, erwiderte Ronja. »Er brannte vor Ungeduld, seinen Freund Duvid aufzusuchen und sich von ihm mit Lob überschütten zu lassen. Zum Essen und Tanzen wird er wieder da sein.«

Ein paar Minuten lang saßen Boris und Alexis schweigend da. Dann langte Boris in einen Bastkorb, nahm eine Flasche Wodka heraus, entkorkte sie und trank. Der Duft nach Gebratenem wehte von den Kochstellen auf der Festwiese bis hier auf die Anhöhe herauf. Boris trank noch einen Schluck, dann reichte er seinem Schwager die Flasche. Aber Alexis stellte sie in den Korb zurück und sagte leise: »Was bedrückt dich, Boris? Komm, sprich dich aus.«

Als er seinen Namen hörte, drehte Boris sich um. »Igor hat sich von dem schwarzen Tataren einschüchtern lassen.«

»Du bist zu hart mit ihm, Boris«, entgegnete Alexis bedächtig. »Der Junge ist noch nicht einmal achtzehn und hat sich ausgezeichnet gehalten. Ich bin stolz auf ihn. Du solltest es ebenfalls sein.«

Als hätte er ihn nicht gehört, fuhr Boris fort: »Heute wollten die Tataren den Pirow-Mut prüfen, Alexis. Dieser Kerl war ein Mörder, und ein Abgesandter meiner Mutter. Sie hat wieder einmal versucht, mich zur Wahl zwischen ihrem Volk – meinem Volk, den Tataren – und Ronjas Volk zu zwingen. Nun, sie hat ihre Antwort bekommen.«

Alexis war fassungslos. »Deine Mutter? Soll das heißen, daß sie noch immer lebt?«

»Jawohl, Alexis«, bestätigte Boris, »sie lebt noch immer. Nicht genug damit, daß sie mich verflucht hat, muß sie jetzt auch noch ihre Leute auf mich hetzen.«

Wieder nahm er die Flasche aus dem Korb und stand auf. Beide tranken, und dann sagte Boris: »Ich mag nicht mehr reden. Komm, suchen wir lieber die Glasman-Mädchen. Es ist trotzdem ein schöner Tag.«

An diesem Abend lag ein Frösteln in der Luft, und die Diener schürten die Feuer. Im rötlichen Schein der brennenden Scheite saßen die Pirows und Brusilows ein wenig abseits von den Bauern und Zigeunern und aßen aus ihren Picknickkörben. Die leichten Korbstühle waren im Halbkreis aufgestellt und bildeten mitten in der unübersehbaren Menge und doch abseits von ihr eine Insel. Boris war so verdrossen, daß sogar der Wodka ihn nicht aufheitern konnte. In sich gekehrt saß er da und machte ein finsteres Gesicht. Ronja dagegen war betont fröhlich und plauderte munter mit Katja und Alexis.

Als die Feuer erloschen, wurden Fackeln entzündet, die einen unheimlichen, gelbroten Schein über die Lichtung warfen, auf der der Rest der nächtlichen Festlichkeiten vonstatten gehen sollte. Mit verlegenem Kichern schoben sich die Bauern in das offene Rund und begannen zu tanzen: sie ahmten das uralte Ritual des Säens und Erntens nach. Sie wurden abgelöst von Jägern und Fallenstellern, die das Gezwitscher und die Bewegungen der Vögel mit unheimlicher Naturtreue imitierten. Und dann schritten die Tataren in den

Lichtkreis und tanzten eine obszöne Karikatur von Gelagen und Hochzeiten.

Bald aber verstummte der Lärm, und seufzend erklangen die Balalaikas, traurig zuerst, dann immer wilder. Beim *gopak* reihten sich Boris und Georgi in den Kreis der Tanzenden ein. Die beiden waren ganz in ihrem Element; mit angeborenem Gefühl für Rhythmus vollführten sie mit flatterndem Blondhaar die waghalsigsten Sprünge. Aber jetzt war es Georgi, der sein Publikum zu Begeisterungsstürmen hinriß. Seine Jugend verlieh ihm Zauberkraft, und die Bewegungen seines Körpers waren reinste Poesie. Anschließend an den *gopak* tanzte er ganz allein zum leisen Klagen der Balalaikas, zeigte Figuren und Schritte, die er beim Tanzen erfand, so vollkommen, daß die Zuschauer weinten. Als er den Tanz beendete, gab es keinen Applaus. Die Menge zollte Georgi Tribut, indem sie schwieg.

Endlich kamen nun die Zigeuner aus dem Schatten der Bäume in das flackernde Licht. Wie aus weiter Ferne begannen die Geigen zu schluchzen - eine Melodie von Wiesen und unbekannten Meeren, von Farnen und Auen, Himmel und Tod. Reglos standen die Zigeuner in einem weiten Kreis, und in diesen Kreis schritt Tamara, ihre Königin, den Kopf zurückgeworfen, das Haar bis zur Hüfte herabfallend, beide Arme voll funkelnder Goldreifen. Einen Augenblick blieb sie still stehen, die Lider gesenkt, die Lippen konzentriert vorgeschoben. Dann schnalzte sie mit den Fingern, und plötzlich brachen die Geigen in zorniges Klagen aus. Tamara tanzte die Leiden ihres Volkes.

Abermals schnalzte sie mit den Fingern. Die Geigen rauschten auf, heiß und sinnlich. Die Königin wurde zur Verführerin. Nackte Füße flogen in einer erotisch-verzückten Phantasie über den Boden; unter dem glänzenden Rock arbeitete der Bauch, die Spitzen der vollen Brüste waren hart und dunkel, die Armreifen klirrten. Knaben betrachteten sie voll Scham, Neugier und atemloser Spannung, schwitzten und rutschten im Sitzen unruhig auf dem Boden hin und her. Männer starrten mit aufgerissenen Augen, hängenden Lippen zu ihr hin und johlten, als sie sie alle, mit Augen, Zunge und Körper, aufforderte, ihre Herausforderung anzunehmen. Wie in Trance wurden Wodkaflaschen geleert, während die Frauen erröteten und sich enger an ihre Ehemänner schmiegten.

Zum letztenmal schnalzte Tamara mit den Fingern, und die Geigen verstummten. Unter rauhen Scherzen verteilte sich die Menge.

Lydia ergriff Georgis Hand und zog ihn mit zu dem Platz, wo die Kutschen der Pirows warteten. Über die Schulter rief er zurück: »Kommt! Das Fest ist aus.« Aber niemand rührte sich.

Boris saß da mit einem Gesicht, das ebenso steinern war wie das des Tataren; auf seiner Stirn stand der Schweiß. Während die letzten Nachzügler im Dunkeln verschwanden, wandte er sich zu Ronja, und sie las Kummer in seinem Blick. Sie schaute an ihm vorbei, gefangen in ihrer eigenen Einsamkeit, die aus verzehrender Eifersucht entsprang.

»Sieh mich an!« verlangte Boris.

Der Anblick ihrer traurigen Miene löste in ihm eine Woge von Liebe und Reue aus, und ohne Rücksicht darauf, daß noch andere anwesend waren, nahm er sie so schwungvoll auf die Arme, daß ihre Unterröcke flogen und ihre hübschen Beine bis zum Knie entblößten, und schritt mit ihr hinüber zu seinem weißen Hengst, den ein Stallbursche am Zügel hielt. Hier trieben sich noch ein paar Festgäste herum, die das Pferd bewunderten und mit den Stallknechten plauderten, und vor ihren Augen gab Boris Ronja einen langen, leidenschaftlichen Kuß.

»Boris!« rief sie und mühte sich vergeblich, die Röcke herunterzuziehen. Dann, atemlos: »Wie herrlich du bist!«

Igor stand in der Nähe, als sein Vater in den Sattel sprang, die Mutter zu sich heraufhob und mit ihr davongaloppierte. Mit Augen, die blind waren vor Zorn, sah er ihnen nach. Sein eigenes Versagen und der Triumph seines Vaters am Nachmittag hatten seine Eifersucht zu Haß gesteigert. Aus Ronjas Protest hörte er nur heraus, was er hören wollte. Für ihre Worte der Liebe waren seine Ohren taub.

Ein riesiger, gieriger Adler tat seiner geliebten Mutter Gewalt an. Aufgewühlt wandte er sich ab, bis der Blonde seinen Arm packte.

»Verdammt noch mal!« fluchte Igor und riß sich los. »Er hat deine Mutter zur Hure und dich zum Bastard gemacht. Er zwingt sich meiner Mutter mit Gewalt auf – du hast es selber gesehen. Alle haben es gesehen. Warum liebst du ihn? Warum?«

Ohne auf Antwort zu warten, sprang Igor auf ein fremdes Pferd, gab dem Tier voller Wut die Sporen und jagte in atemberaubendem Tempo davon.

Mit zugeschnürter Kehle sah der Blonde seinem geliebten Halbbruder nach. Traurig murmelte er vor sich hin: »Wird er es denn niemals begreifen? Meine Mutter wurde als Hure geboren.«

Mitternacht war schon vorüber, als Alexis und Katja endlich in Katjas Schlafzimmer allein waren.

»Alexis, Liebster«, sagte sie. Sie saß vor dem Frisiertisch, wo sie sich das schwarze Haar gekämmt hatte, und drehte sich jetzt zu ihm um. »Warum gibt Ronja Tamara nicht einfach die Peitsche? Warum hängt sie an ihr – trotz allem? Und wie bringt Tamara es fertig –« angewidert hob sie beide Hände –, »mit Boris zu schlafen und sich gleichzeitig an Ronja zu klammern?«

Alexis lächelte. »Das sind viele Fragen auf einmal, meine liebe Katja. Aber vielleicht gibt es auf alle eine einzige Antwort, und zwar eine uralte.

Du weißt, daß es die Männer der Familie von Glasman zu den Zigeunerköniginnen gezogen hat, seit sie Herren über dieses Land sind. Und daß sie seither mit ihnen Kinder gezeugt haben. Jetzt aber gibt es keinen Mann mehr, der den Namen von Glasman trägt. Darum hat Boris, durch seine Heirat mit Ronja, diese Rolle übernommen. Wie die von Glasmans vor ihm, hat er ein Zigeunerkind gezeugt – den Blonden.« Er zuckte die Achseln. »Das macht dir Kummer. Und es macht Ronja Kummer. Aber es ist nun einmal geschehen, und man muß sich damit abfinden.« Er ergriff Katjas Hand.

»Heute abend hast du ein Wunder erlebt: Boris hat Tamaras Bann abgeschüttelt. Vor uns allen hat er sie zurückgestoßen und sich für Ronja entschieden.

Du weißt, daß Ronja Tamara geerbt hat, genau wie sie dieses Haus, die Bauern, das Vieh, die Felder und das Korn geerbt hat. Es ist tragisch und grausam, darin stimme ich dir zu, aber es ist der unvermeidliche Preis, den sie dafür zahlen muß, daß sie David von Glasmans Erbin ist.

Bei all dem bin ich es, der dadurch gewonnen hat. Als dein Vater dich der Kaiserin gab – und dich mir gab –, wurdest du dadurch von der lastenden jüdischen Tradition mit ihren furchtbaren Strafen befreit, wurdest du ein Mitglied meiner Familie und Christin. Und so kann ich nur dankbar sein, mein Liebling. Dankbar und – tolerant.«

Igor, von innerer Qual zerrissen, ritt durch die Nacht nach Kiew, auf dem Pferd, das er sich angeeignet hatte. Er zog von Schenke zu Schenke, bis er, schon sehr betrunken, zuletzt vor dem Haus auf dem Hügel hielt, in dem eine Frau namens Vera auf seinen Vater wartete. Er klopfte an ihre Tür, und sie öffnete ihm.

3

»Gräfin Katja läßt Sie bitten, in ihr Wohnzimmer zu kommen«, teilte Lydia am nächsten Nachmittag ihrer Herrin mit.

»Später«, entgegnete Ronja. »Ich bin jetzt nicht in der Stimmung für die Gräfin und ihre wohlmeinenden Ratschläge.« Sie nahm sich eine wilde Weintraube aus einer Schale. »Setz dich hin, alte Glucke«, sagte sie. »Wo ist der Blonde? Ich habe ihn seit dem Rennen nicht mehr gesehen.«

»Er ist wieder da, Frau Ronja.«

»Wieder da? Wo war er denn?«

»Was weiß ich? Irgendwo.«

»Ich habe schon oft darüber nachgedacht, ob seine fanatische Anhänglichkeit an Igor allmählich nachläßt.« Ronja steckte eine Beere in den Mund. »Mir scheint, er hat in letzter Zeit nicht mehr ganz so hartnäckig den getreuen Schatten gespielt.«

»Er ist ein lieber, guter Junge«, sagte Lydia.

»Wer, Igor?«

»Nein!« Die Stimme der Alten klang indigniert. »Der Blonde. Ich werde nie begreifen, wie so ein Engel der Sohn von so einem Weibsteufel sein . . .«

»Halt den Mund, Lydia!« Ronja nahm noch eine Beere. »Wie ich höre, schlagen die Zigeuner Holz. Weißt du, warum?«

Lydia kniff die Augen zusammen, aber sie schwieg.

»Tamara baut wohl wieder ein Haus«, forschte ihre Herrin weiter.

Jetzt taute Lydia auf. »Ja. Bald hat sie mehr Häuser als unser Zar.«

»Ich werde ihr ein Geschenk für das neue Haus senden«, erklärte Ronja liebenswürdig. »Die Dresdner Kutsche.« Sie wies auf eine hauchzart gearbeitete Porzellankalesche, die auf einem Tischchen stand. »Die da, siehst du sie?«

»Ja, Herrin. Ich habe sie mein ganzes Leben lang gesehen.«

»Pack sie ein und bring sie Tamara. Ich werde einen Brief dazu schreiben. Sie wird begreifen, daß ich sie, auch wenn sie sich noch so schlecht benimmt, immer als Königin anerkenne.«

Lydia stand auf und brummte: »Wenn ich es wäre, ich würde ihr meine Peitsche zu spüren geben und nicht die kostbare Kutsche von meiner Mutter schenken.«

Nachdem sie gebadet hatte, zog Ronja das Kleid an, das die Zofe für sie bereitgelegt hatte, und ging über den Flur zu dem Zimmer, in dem Katja auf sie wartete.

»Ich hatte dich früher erwartet«, bemerkte ihre Schwester bissig.

»Tut mir leid. Ich hatte Kopfschmerzen.«

»Ich habe dein ewiges Hinauszögern satt.« Katja war hartnäckig. »Wir werden jetzt in die Bibliothek gehen und über Georgi sprechen.«

Ronja ging vor Katja her in den Flur und blieb vor Georgis geschlossener Zimmertür stehen.

»Er ist nicht da«, sagte Katja. »Alexis hatte etwas mit dem Kosakenhetman zu besprechen und hat Georgi mitgenommen. Es ist überhaupt niemand zu Haus, und ich habe Lydia befohlen, uns nicht zu stören.«

Ronja machte einen spöttischen Knicks. »Vielen Dank, Frau Gräfin.«

In der Bibliothek nahm Katja steif auf einem geschnitzten, hochlehnigen Queen-Anne-Sessel Platz. Ronja trat ans Fenster und schaute in den Garten hinaus. Keine der Schwestern sprach.

Katjas Augen wanderten rastlos durch das Zimmer, das ihr von frühester Kindheit an der liebste Raum im Haus gewesen war. Hier waren die wertvollsten Schätze der von Glasmans zusammengetragen: ein Constable, ein Rembrandt-Stich, ein früher russischer Meister, Elfenbeinfiguren, geschnitzte Möbel, unbezahlbar geworden durch die Zeit, und Teppiche, deren Farben auf den breiten, dunkelpolierten Dielen des Fußbodens glühten. Dann blieb ihr Blick an den weißen Jade-Schachfiguren ihres Vaters hängen, die in einem offenen vergoldeten, mit Lotusblüten verzierten Silberbehälter lagen. Es war das Geschenk eines Mandarins, den er in der Mandschurei kennengelernt hatte.

»Du hast es immer geliebt.« Ronja hatte sich ins Zimmer zurückgewandt. »Nimm es mit, Katja.«

»Danke, Ronja«, lehnte Katja trocken ab. »Es gehört hierher. Bitte, setz dich.«

»Es ist ein so schöner Tag, Katja. Ich würde viel lieber draußen sein.«

»Setz dich, Ronja!«

Ronja seufzte und nahm auf dem Sofa Platz.

Katja schalt: »Du hast ein unglaubliches Talent, einem strittigen Thema auszuweichen, wenn es dir unbequem ist.«

»Ich weiß von keinem strittigen Thema«, erklärte Ronja.

»Ronja, sieh nicht dauernd im Zimmer herum, sondern schau mich an! Von mir aus können wir den ganzen Tag und die ganze Nacht hier sitzenbleiben, darum solltest du lieber nachgeben und mir jetzt zuhören.«

Ronja seufzte abermals. »Ich kenne dich, Katja. Wenn du dir etwas in den Kopf gesetzt hast, wirst du auf einmal mutig. Und verdammt lästig. Und jetzt hörst du *mir* einmal zu.

Du liebst Georgi. Alexis liebt Georgi. Schön! Das freut mich. Du hast keine Kinder. Alexis hat keinen Erben. Das ist traurig, das tut mir sehr leid für euch. Aber Georgi gehört mir. Ich denke nicht daran, ihn herzugeben – nicht einmal dir. Du siehst also, meine liebe Schwester, es gibt kein strittiges Thema. Nichts, worüber wir uns unterhalten müßten.«

»Nun, mein Kind, so einfach ist es wohl doch nicht«, gab Katja ruhig zurück. »Es geht hier nicht nur um Georgi. Da ist auch noch Igor. Wenn sein jüngerer Bruder Alexis' Adoptivsohn würde und den Brusilowschen Adelstitel erbte, so würde das für beide Jungen viele Zukunftsprobleme lösen.«

»Aber Katja –« Ronja war tief gekränkt – »du glaubst doch nicht, daß ich Georgi benutzen würde, um Igor zu schützen?«

»Warum nicht? Unser Vater hat für dich das gleiche getan. Er hat mich dem Hof und dem Christentum gegeben, damit du hier ohne Furcht leben konntest. Wenn du willst, daß die Rechte, deren du dich erfreust, nach deinem Tod an Igor übergehen, dann wirst du dich von Georgi trennen müssen.«

»Unser Vater hat dich aber nicht *benutzt*, Katja – nicht wissentlich!« Ronja war wieder aufgesprungen.

»Gewiß hat er das.«

Ronja ballte die Hände so fest, daß ihre Fingerknöchel weiß wurden. »Nein!« schrie sie. »Die Zarin hat ihn gezwungen, dich herzugeben. Das war ihre Strafe für ihn, weil er sich weigerte, zum Katholizismus überzutreten, und weil er den Adelstitel, den sie ihm geben wollte, nicht angenommen hat. Sie hat ihn veranlaßt, dich an den Hof zu bringen. Sie hat es ihm befohlen, um ihn daran zu erinnern, daß er ein Jude war.«

»Warum kannst du der Wahrheit nicht ins Auge sehen?« fragte Katja. »Warum mußt du eine so unheilbare Romantikerin sein? Du glaubst also, Vater sei dem Judentum so ergeben gewesen? Warum ist er dann hiergeblieben? Mutter verabscheute Rußland. Er hatte Verbindungen in ganz Europa und war reich in einer Währung, die in ganz Europa gut war. Er hätte jederzeit gehen können. Er liebte Rußland nicht auf Leben und Tod, wie Alexis und Boris das tun. Aber er wußte, daß durch deine Heirat mit Boris Rußland deine Heimat geworden war. Und solange du in Rußland bliebst, mußtest du geschützt werden. Das erreichte er, indem er mich vorsorglich mit Alexis Brusilow verheiratete.«

»Katja von Glasman-Brusilow! Du willst mir doch nicht erzählen, daß du es bereust, Alexis geheiratet zu haben!«

»Natürlich nicht. Aber du hast deine Erinnerungen an Vater, und ich habe meine. Was ich sagen will, ist nur, daß er mich mit vollem Bewußtsein fortgab. Um deine Sicherheit zu garantieren. Er hat die Zarin dazu gebracht, daß sie mich haben wollte. Einen Christen gegen eine Jüdin. Das war seine Methode, Erbauer eines Zarenreiches zu bleiben und dich zu sichern. David von Glasman war ein bezaubernder *und* ein skrupelloser Mann. Alexis, der Mann, den ich liebe, hat mir viele dieser Tatsachen erklärt – und wir beide wissen, daß er nicht lügen würde.«

»Du sprichst von Tatsachen«, protestierte Ronja, »aber die Tatsachen beweisen das Gegenteil von dem, was du behauptest. Vater *hat* Rußland verlassen, schon bald nach meiner Heirat. Er ist mit Mutter zu ihrer Familie nach Wien gezogen. Das weißt du doch.«

»O Gott, Ronja!« Katjas Stimme klang müde. »Du bist so stolz auf deine Ehrlichkeit, aber du siehst nur, was du sehen willst. Du warst fest entschlossen, deinen Boris zu bekommen, und Vater hat dir nie einen Wunsch abschlagen können. Er hatte nichts dagegen, weil er wollte, daß deine Söhne das Erbe der Macht antreten sollten, die er aufgebaut hatte. Sie sollten ihm Unsterblichkeit garantieren. Aber er unterschätzte Boris; er dachte, Boris wäre nichts weiter als ein hübscher Zuchthengst für dich, der ihm niemals im Weg stehen würde. Das war sein erster Fehler. Und dich hat er ebenfalls unterschätzt. Das war sein zweiter Fehler. Er ahnte nichts von deiner Art zu lieben. Er konnte es nicht ertragen und floh.«

Ronja begann plötzlich zu frieren. Obwohl die Mittagssonne noch warm ins Zimmer schien, zündete sie das Feuer an.

»Wenn man es recht bedenkt«, fuhr Katja langsam fort, »dann wünsche ich, glaube ich, dasselbe für Igor, was Vater für dich gewünscht hat. Aber mehr noch möchte ich Georgi beschützen. Er hat die Anlagen zu einem wunderbaren Menschen in sich, und Alexis hat die Möglichkeit, seine überschüssige Energie in die richtige Bahn zu lenken. Ich möchte, daß er der nächste Graf Brusilow wird, damit die Tataren keinen Anspruch auf ihn erheben können.«

»Die Tataren!«

»Ja, Ronja, die Tataren. Du kennst die Legende. Er ist der Goldene. Die Goldenen gehören ihnen. Darum wurde Boris von seiner Mutter verflucht, als er sie verließ. Es ist nicht so sehr, weil ich

Georgi zum Katholizismus bekehren möchte, sondern weil ich ihn vor den Tataren retten will. Alexis ist ein mächtiger Mann. An *seinen* Sohn können selbst Tataren keine Hand legen.«

Ronja explodierte. »Das ist wahrhaftig der größte Unsinn, den ich jemals gehört habe! Die Tataren! Wenn du diesen albernen Fluch der Tataren und diese Tatarenlegende ernst nimmst, bist du nicht besser als Boris. Dann bist du genauso abergläubisch wie er. Wirklich, Katja ...«

»Es tut mir leid, aber mit den Tataren ist nicht zu spaßen«, erklärte Katja fest. »Sie sind und bleiben Heiden, und sie sind und bleiben Judenfresser. Sie treiben ihren Tribut ein – so oder so. Sie nehmen, was ihnen gehört, und sie nehmen genauso, was ihnen nicht gehört. Eines Tages nehmen sie vielleicht sogar den Thron.«

»Wenn sie unbedingt einen ungekrönten König brauchen, dann sollen sie doch den Blonden nehmen«, fand Ronja.

Katja sah ihrer Schwester in die Augen. »Den wollen sie nicht. Er ist nur Boris' Bastard.«

Ronja zuckte zusammen. Sie wollte hinauslaufen, wußte aber, daß ihre Beine sie nicht tragen würden. Katja wartete, bis die Linien des Schmerzes von Ronjas Gesicht verschwunden waren; dann stand sie auf und zog an der samtenen Klingelschnur. »Jetzt hätte ich gern etwas Tee, Ronja«, sagte sie.

Als Lydia wieder hinausgeeilt war, um den Tee zu holen, blieben die beiden Frauen stumm sitzen. Ronja schüttelte ungeduldig den Kopf, als wollte sie die nachhängenden Schatten eines Alptraumes vertreiben. Dann erkundigte sie sich im Plauderton: »Wie sieht es denn jetzt in St. Petersburg aus? Ich kann einfach nicht glauben, was in der Zeitung steht.« Sie zündete sich eine Zigarette an.

Da wurde die Tür einen Spalt geöffnet, gerade weit genug, daß Alexis den Kopf hindurchstecken konnte. Mit gespielter Bescheidenheit sagte er: »Ich habe gerade Lydia beim Teeholen getroffen; sie sagt, ich dürfe euch auf keinen Fall stören, aber ich habe so schrecklichen Durst!«

»Du Ärmster! Komm nur herein«, forderte Katja ihn auf. »Wir brauchen dich; besonders ich, weil Ronja Neues über den Hof wissen will, und du weißt ja, wie ich immer alles durcheinanderbringe.«

»Georgi?« fragte Ronja, die unruhig an Alexis vorbei in den Flur hinausspähte.

»Georgi habe ich bei den Ställen gelassen; er und der Blonde arbeiten mit einem der Jährlinge.« Alexis, der manchmal zugleich würdevoll und verschmitzt aussehen konnte, durchquerte das Zimmer, preßte Katjas Hand an seine Wange, setzte sich dann aber zu Ronja aufs Sofa.

»Aus deiner Frage und aus deinem Gesicht ersehe ich, daß ihr über Georgis Zukunft gesprochen habt«, sagte er liebevoll. »Das ist sehr schmerzlich, ich weiß – aber auch sehr notwendig.«

Ronja wollte antworten, wurde aber durch Lydia daran gehindert, die mit dem Tee und einem jungen Landmädchen hereinkam, das sie mit nörgelnder Stimme herumkommandierte. Sie war ärgerlich, weil sich Alexis trotz ihrer Bemühungen zu den Schwestern hineingeschlichen hatte und weil daher wohl eine geheimnisvolle Konferenz auf höchster Ebene stattfinden mußte. Sie machte sich mit den Teetassen zu schaffen und wollte sogar servieren, um wenigstens einen Anhaltspunkt für das Thema der Unterhaltung zu erhaschen, doch Katja rief: »Laß nur, Lydia. Das mache ich schon.« Lydias »Jawohl, Frau Gräfin«, klang wie ein bösartiges Zischen. Ronja brachte ein Lächeln zustande und befahl freundlich: »Husch, hinaus, ihr beiden – du, alte Glucke, und du auch, Küken.«

Sie genoß die Wärme einer halben Tasse duftenden Tees, ehe sie weitersprach. »Schmerzlich, ja«, sagte sie und wandte sich an Alexis, »aber mehr noch – verwirrend. Katja sagt mir, daß die Verhältnisse am Hof fürchterlich sind und die Zukunftsaussichten katastrophal, weil der Zar zwischen dem Gehetze seiner wahnsinnigen Frau und dem Drängen seiner klugen, aber herrschsüchtigen Mutter hin- und hergerissen wird. Und sie läßt es sich nicht ausreden, daß die Tataren uns fressen werden und daß der Fluch, den Boris' Mutter ausgesprochen hat, kein blanker Unsinn ist. Ach, Alexis, was ist nur los?«

»Rußland macht eine tiefgreifende Wandlung durch«, erklärte Alexis düster. Er hatte hinter Ronjas kindlichem Ton die ernste Frage erkannt. »Und es fehlt ein Mann, der die Führung übernimmt. Der Zar, den ich wegen seiner guten Charaktereigenschaften verehre, ist nicht der Mann, der lange an seinen eigenen, liberaleren Prinzipien festhält – jedenfalls nicht gegen den Einfluß seiner Frau, dieser wirklich sehr ungewöhnlichen Fanatikerin.« Er schüttelte den Kopf; sekundenlang verlor er sich in Gedanken an das Problem, das der übertriebene Antisemitismus der Zarin und ihr anomaler religiöser Wahn boten, ein Problem, auf dessen Lösung er seit Monaten schon einen großen Teil seiner Kraft verwendete.

»Aber der Zar verläßt sich doch ganz auf deinen Rat, Alexis. Und da sagst du, es ist niemand da, der die Führung übernimmt!« protestierte Ronja.

»Dieses Vertrauen in mich ist, sagen wir, wechselnd.« Alexis lächelte bedrückt. »Doch selbst wenn es beständiger wäre, liebe Ronja, bin ich nicht willens, eine offene Machtposition anzunehmen, auch wenn ich es könnte. Ich muß die Interessen derer, die mir nahestehen, und ihres Volkes wahren, und das muß in der Stille geschehen, in Zusammenarbeit mit einem starken und vertrauenswürdigen Mann als Ministerpräsidenten. Und mit einem starken, vertrauenswürdigen Mann, der einmal meinen Platz einnehmen kann – einem Brusilow-Erben.« Er schwieg und sah Ronja an. Ihr Blick traf den seinen, und dieser Blick war so sprechend, daß vieles ungesagt bleiben konnte. Nur eines fügte er noch hinzu: »Es gibt viele, die dich, meine Liebe, um deinen reichen Grundbesitz beneiden. Und die Tataren würden zwar den Zar nicht weniger gern fressen als dich, arbeiten aber in ihrem blinden Haß auf die Juden trotzdem für jene Intriganten bei Hof, die die Politik der Zarin unterstützen.«

Ronja warf Katja einen fast scheuen Blick zu und stand auf. »Katja, verzeih«, bat sie. »Ich hatte nicht begriffen, wieviel Verständnis und echte Freundschaft du mir bewiesen hast ...« Ehe sie jedoch ihren Satz beenden konnte, war auch Katja aufgesprungen und schloß die Schwester fest in die Arme.

Ronja machte sich los, und ihr Lächeln war wieder strahlend. »Ich werde mit Boris sprechen. Er kann sehr nüchtern denken – und großartig schießen.« Alexis grinste. »Aber nicht heute. Morgen muß er mit Igor Pferde im Hauptquartier abliefern, und da kommen sie erst am Abend darauf zurück.«

Als sich die Zimmertür hinter Ronja schloß, zog Alexis Katja neben sich auf das Sofa. »Sie könnte sogar am Nordpol glücklich sein«, sagte er nachdenklich. »Aber Boris und ich, wir sind an dieses seltsame Land gebunden, an dieses Rußland, mein Liebes. Und du mußt hier bei mir bleiben, weil ich dich brauche!«

4

Ronja stand an die Stallwand gelehnt. Die Morgensonne entzündete rote Funken in ihrem dunklen Haar und ließ die Stickerei ihrer weißen Bluse hell aufglänzen.

In wenigen Minuten wollten Boris und Igor zu ihrem Treffen mit der Kavallerieabteilung aufbrechen, die einige vierzig Meilen südlich von Kiew kampierte; mit sich nahmen sie hundert Remonten aus dem Pirow-Gestüt. Ronja, die hier wartete, um ihnen auf Wiedersehen zu sagen, beobachtete, wie Boris das Satteln beaufsichtigte, wie er sich bückte, um einen Bauchgurt fester zu ziehen, ein unruhiges Pferd beruhigte, Anweisungen erteilte und dabei mit seiner Körpergröße den Mittelpunkt der geschäftigen Szene bildete. Er wirkte kaum älter als an dem Tag, als sie für immer ihr Herz an ihn verloren hatte, und nur die Linien in seinem kraftvollen Gesicht waren ein wenig ausgeprägter geworden.

Boris schwang sich aufs Pferd, winkte Ronja zu und wandte sich dann an Igor, der ungeduldig und mürrisch auf seinem Gaul saß und wartete; sein Besuch bei Vera hatte ihn mißtrauisch, gereizt und schuldbewußt gemacht. Gemeinsam mit seinem Vater führte er jetzt die Pferde auf den Waldweg, und mehrere Stunden lang wechselten die beiden Männer kein Wort.

Es war ruhig und warm. Die Wölfe jagten selten, bevor die Kälte einsetzte. Als Boris entdeckte, daß sein Sohn unbewaffnet war, und ihn darauf hinwies, nahm Igor es daher auf die leichte Schulter.

»Es ist meine Schuld«, erklärte der Vater. »Meine Gedanken waren nicht im Sattel, als wir aufbrachen.«

»Ach, es ist viel zu heiß für Wölfe«, beruhigte ihn Igor. »Außerdem, wir beide werden schon mit ihnen fertig werden!« Er hatte den unbekümmerten Leichtsinn seiner achtzehn Jahre zurückgewonnen.

Boris lächelte glücklich. Seit seinem dreizehnten Lebensjahr hatte Igor ihn beim Abliefern der Pferde begleitet und war jetzt ein gleichberechtigter Mitarbeiter geworden. Jeder von ihnen freute sich über die Geschicklichkeit des anderen.

Als es dämmerte, schlugen sie an einem Flußlauf das Lager auf. Igor tränkte die Pferde, während Boris mit Stricken, die er um Baumstämme spannte, einen Platz für die Pferde einzäunte. Gemeinsam luden sie Lebensmittel für sich selber und Hafer für die Tiere vom Rücken der Packpferde, und dann sonderte Boris drei Leithengste aus, die er locker fesselte. Gemeinsam fütterten sie die Herde mit der Selbstverständlichkeit langgewohnter Übung, dann entzündeten sie rings um die Einzäunung kleine Feuer.

Die Morgendämmerung kam blutrot und friedvoll, gerade als sie das Lager abbrachen, und am Spätnachmittag trafen sie auf die Kavallerieeinheit. Da die Männer Igor mochten und Boris vergötterten, wurde aus dem Abendessen ein Fest. Rings um die riesigen Lagerfeuer wurden Trinksprüche ausgebracht, derbe Geschichten erzählt und Lieder gesungen.

Um noch vor Anbruch der Nacht durch den Wald und nach Haus zu gelangen, hätten Boris und Igor beim ersten Hahnenschrei aufbrechen müssen. Doch als die Sonne aufging, war Boris' Kopf noch immer von Wodkaschleiern vernebelt, und Igor schlief den gesunden Schlaf der Jugend, aus dem niemand und nichts ihn aufwekken konnte. Als endlich das letzte Lebewohl gesagt wurde, war es schon Mittag, und die beiden machten sich, mit frischen Pferden versorgt, in leichtem Galopp auf den Weg.

Sie ritten den ganzen Nachmittag bis in den kühlen Abend hinein. Allmählich verschwammen die Konturen von Büschen und Bäumen im bronzenen und lavendelblauen Abendglühen, und Boris hielt die Zeit für gekommen, sich nach einem geeigneten Lagerplatz umzusehen. Da zog plötzlich ein klagender Laut durch den schweigenden Wald, kalt und einsam, hoch und fern wie die Sterne. Der Ruf wurde von anderen Rufen beantwortet: Wölfe.

Boris, der müde im Sattel zusammengesunken war, richtete sich abrupt auf. »Halt an, Igor!« befahl er und zügelte selber ebenfalls sein Pferd. »Die Axt!« Igor zog ihre einzige Waffe aus der Lederhülle und spürte dabei, daß seine Hände feucht von kaltem Angstschweiß waren.

Die unheimliche Stille des Waldes wurde von einem bösartigen Knurren zerrissen. Boris' Pferd schnaubte mit hochgestellten Ohren, um die Gefahr zu wittern, die es noch nicht sehen konnte. Boris entdeckte den Wolf zuerst. Er stand vollkommen still am Rand einer kleinen Lichtung und maß die Reiter mit berechnendem, furchteinflößendem Blick. Sekunden darauf scheuten die Pferde. Boris und Igor brachten sie nach wenigen Metern zum Stehen.

Boris erkannte gerade noch, daß es sich um ein ganzes Rudel Wölfe handeln mußte, als einer schon seinem Pferd an das Maul fuhr und zwei andere dem Tier auf die Kruppe sprangen. Der schwer verwundete Wallach brach unter ihm zusammen, und Boris warf sich, halb springend, halb fallend, vom Rücken des Tieres, rollte sich geschickt zur Seite und packte den Schweif von Igors Stute, um sich daran hochzuziehen. In panischem Schrecken keilte das Tier nach hinten aus, und Boris ging wieder zu Boden. Im Fallen noch schrie er: »Spring, Igor! Spring!«

Der Wolf, der jetzt näher kam, um den am Boden Liegenden anzugreifen, strömte einen starken, widerlichen Moschusgeruch aus. Rasend vor Zorn packte Boris in das glatte Fell und kämpfte verbissen, um dem blitzschnellen Zuschnappen der Fänge zu entkommen. Ineinander verkrallt, rollten Mann und Wolf aus der Reichweite des hysterisch ausschlagenden Pferdes. Während Boris versuchte, die empfindlichen Teile des Wolfes zu packen, spürte er einen reißenden Schmerz. Zähne gruben sich ihm unter der Achsel ins Fleisch. Mit einer wütenden, kraftvollen Reflexbewegung riß er der Bestie die Hoden ab und schleuderte den Kadaver von sich. Sein Brüllen ging unter im Heulen des Tieres.

Schwankend richtete Boris sich auf. Unter Wutgebrüll klaubte er einen schweren Steinbrocken auf, hob ihn hoch in die Luft und ließ ihn auf den Rücken eines zweiten Wolfes herabsausen. Das Rückgrat des Tieres brach, und nun kam Igor herbeigestürzt und trieb den Rest des Rudels mit wild geschwungener Axt und lautem Fluchen auseinander.

Sekunden nur, und schon hatten die Wölfe auch Igors Pferd gerissen. Sterbend lag es zu seinen Füßen, so nah, daß der junge Mann auf den Eingeweiden ausglitt. Eine riesige Wölfin sprang ihn an, mit solcher Gewalt, daß sie seine Abwehr durchbrach und ihn zu Boden warf. Boris riß Igor die Axt aus der Hand und hieb auf die Angreiferin ein.

Das Geräusch brechender Knochen und der Geruch sprudelnden Blutes lähmte das Rudel einen Augenblick. Dieser Sekundenbruchteil jedoch genügte, um ihm die Kampfeslust zu rauben.

Unvermittelt machten die Tiere kehrt und flohen in den Wald, während Boris Steine aufraffte und sie ihnen in das Gebüsch nachschleuderte, in dem sie verschwunden waren. Dann legte sich wieder Schweigen über den Wald.

»Sie sind fort. Was macht dein Arm?« Boris keuchte heftig.

Igor spannte die Muskeln. »Alles in Ordnung«, sagte er, zuckte aber vor Schmerzen zusammen.

»Schaffst du es, deinem Pferd das Ende zu erleichtern, mein Sohn?«

Igor hob die Axt, das zitternde Tier stieß einen letzten Seufzer aus und lag dann still. Igor ließ die Arme sinken. »Bist du verletzt?«

»Nicht weiter schlimm.« Boris bückte sich zu seiner Satteltasche und holte eine Tonflasche mit engem Hals heraus; er riß den Ärmel von seinem aufgeschlitzten Arm und wies Igor an, Wodka in die Wunden zu gießen.

»Machen wir, daß wir weiterkommen«, sagte Boris dann und griff nach der Flasche. Er setzte sie an die Lippen, trank mehrere herzhafte Schlucke und reichte sie Igor, der sich jedoch mit dem Alkohol nur den Mund spülte und ihn wieder ausspuckte. Boris grinste.

Sie gingen mit ruhigen, gleichmäßigen Schritten in kameradschaftlichem Schweigen, unablässig lauschend, obwohl die Vernunft ihnen sagte, daß die Wölfe in dieser Nacht nicht noch einmal angreifen würden. Kein Laut war zu vernehmen, außer dem Knirschen ihrer Stiefel auf den Waldpfaden, und nun begann die Reaktion einzusetzen. Sie begannen sich zu unterhalten und wurden sogar ein wenig übermütig.

»Ich werde dich von nun an immer mitnehmen, wenn die Wahrscheinlichkeit besteht, daß ich auf Wölfe stoße«, erklärte Boris.

»Ich mag Wölfe«, prahlte Igor selbstzufrieden.

»Ich muß zugeben, daß ich Respekt vor ihnen habe«, sagte Boris.

»Sehr hungrig können sie nicht gewesen sein«, überlegte Igor. »Warum also haben sie uns angegriffen?«

»Vermutlich ein jugendliches Rudel.« Boris' Ton war nüchtern. »Männliche und weibliche Tiere zusammen. Nicht nur die Menschen fühlen sich ängstlich und einsam, wenn sie jung sind. Na, bald werden sie sich paaren – sie sind monogam, das weißt du sicher – und vorbildliche Eltern werden. Die ausgewachsenen Tiere töten nur, wenn sie Hunger haben oder angegriffen werden.«

Abermals entstand eine Stille, während Igor den Vergleich seines Vaters erwog und Boris über seinen Sohn nachdachte. Wie tapfer hatte er sich verhalten, und was für ein streitlustiges, schwieriges Kind er doch war! Er ahmte den Vater nach, suchte Halt bei der Mutter, fiel seinem eigenen bösen Temperament zum Opfer; er war schon jetzt viel zu unabhängig und trotzdem zu großer Sanftmut und Zärtlichkeit fähig.

Eine Stunde darauf stießen sie auf den Beginn einer holprigen Dorfstraße. Der Mond schien silbern auf das griechische Kreuz einer kleinen Steinkirche herab. Die strohgedeckten Hütten lagen dunkel, und kein Rauch stieg aus den Schornsteinen auf. Nicht einmal ein Hund begegnete ihnen, als sie an den verschlossenen Fensterläden vorübergingen, hinter denen wohl Bauern schliefen. Erst am anderen Ende des Dorfes kamen sie an ein häßliches Ziegelhaus, und hier drang ein Lichtschimmer durch die nicht ganz fest schließenden Läden. Boris klopfte leise.

Sofort wurde die Tür geöffnet.

»Haben Sie keine Angst, Madame!«

»Ich habe keine Angst«, erwiderte eine Stimme. »Böse Menschen klopfen nicht. Treten Sie ein.«

Sie kamen in einen wohlig warmen Werkraum, in dem es köstlich nach frisch gebackenem Brot duftete. Die Frau, die im Licht die Augen zusammenkniff, war groß, hübsch und hielt sich stolz und aufrecht.

»Wir sind im Wald auf ein paar Schwierigkeiten gestoßen«, erklärte Boris. »Bitte verzeihen Sie unseren Aufzug. Ich bin Boris Pirow, und das ist mein Sohn Igor.«

Die Frau lächelte. »Ich weiß, wer Sie sind, Gospodin Pirow. Man hat Sie mir gut beschrieben.«

»Dürfen wir um Unterkunft für eine Nacht bitten? Morgen früh werden wir Pferde mieten und so schnell wie möglich nach Kiew zurückkehren.«

»Sie sind uns herzlich willkommen«, sagte sie. »Ich bin Sara, und das ist mein Mann. Er ist Bäcker.« Sie zeigte auf einen Mann, der im Hintergrund des Raumes stand und arbeitete.

Er blickte kurz auf, runzelte beim Anblick von Boris' hoher Gestalt und Igors zerrauftem Äußeren beunruhigt die Stirn und wandte sich wieder dem Kneten des Brotteigs zu.

»Mein Mann will Sie nicht kränken«, versicherte Sara. Sie führte die Pirows in das angrenzende Zimmer. »Er muß bis Tagesanbruch noch viele Brote backen.«

Der Hauptraum des Hauses war ziemlich groß und sehr einfach eingerichtet, mit einem runden Tisch und Stühlen, von denen einer groß und bequem war. Auf der Anrichte standen vor einem flekkigen Spiegel bronzene Leuchter, und vor ein schmales Sofa war eine niedrige Truhe gerückt. Im Kochwinkel hingen saubere Töpfe und Pfannen aus blank geputztem Kupfer an der Wand.

Boris bückte sich, um die Stiefel auszuziehen, da er sonst unter der niedrigen Decke nicht aufrecht stehen konnte. Sara führte die Fremdlinge zu einer Tür. »Ich bringe Ihnen heißes Wasser«, sagte sie. »Und wenn wir gegessen haben, kann Igor mir sein Hemd geben. Ich werde es säubern und flicken, so gut es geht.«

»Sie sind sehr liebenswürdig«, bedankte sich Boris bei ihr.

Beide Männer gossen aus den gefüllten Krügen warmes Wasser in eine Schale und wuschen sich mit unparfümierter Seife. Als Boris sich mit dem rauhen, ungebleichten Handtuch trockenrieb, sagte er: »Das ist eine richtige Frau, mein Junge. Hübsch und energisch, und keine Fragen, kein Getue.«

Der junge Mann warf seinem Vater einen mißtrauischen Blick zu. »Sie ist nett«, stellte er fest. »Laß sie in Ruhe.«

»Und du, Kleiner, halt deinen Mund!« entgegnete Boris in scharfem Flüsterton.

Als sie ins Wohnzimmer zurückkamen, waren Kerzen angezündet, und im Samowar glühte Holzkohle. Ein junges Mädchen deckte ein weißes Tuch über den Tisch. Sie war unbeschreiblich, engelhaft schön, mit langem, glänzend schwarzem Haar, durchsichtig-weißer

Haut und einem kleinen, vollen Mund. Als sie die kornblumenblauen Augen hob, blieb Boris verblüfft stehen.

Sara stellte sie vor. »Das ist Julie, meine Nichte und Ziehtochter. Julie, das ist Gospodin Boris Pirow und sein Sohn Igor.«

Julie schenkte Boris ein scheues Lächeln, dann sah sie in Igors dunkles Gesicht. Beide schienen wie gebannt. Es gab zwischen diesem vierzehnjährigen Mädchen und dem achtzehnjährigen Knaben ein so unmittelbares, tiefes Verstehen, daß die Ziehmutter der einen und der Vater des anderen ergriffen schwiegen. Es war ein verzauberter Augenblick.

In Sara regte sich Furcht. Sogar bis in dieses abgelegene Dorf war der Ruf der Pirows als Schürzenjäger gedrungen.

»Julie! Schenke den Tee ein, ich hole das Essen.« Saras Stimme klang scharf.

Boris stand neben der Kochstelle und sah voll Bewunderung zu, wie Saras Hände geschickt von einem Topf zum anderen flogen. Er wußte, daß ihre flinken Bewegungen von innerer Spannung diktiert wurden, und ehe sie noch protestieren konnte, hatte er ihr den Löffel aus der Hand genommen und begann in der dicken Bohnensuppe zu rühren. Neugierig sah Sara zu ihm auf, und er schaute lächelnd auf sie herab. »Sie ist fertig. Wir wollen essen«, sagte er. »Und keine Angst, Frau Sara. Niemand wird Ihrer Julie etwas zuleide tun. Darauf gebe ich Ihnen mein Wort.«

Weder Julie noch Igor bemerkten, daß Boris es war, der ihnen Hering, Zwiebeln und Kartoffeln servierte, daß er es war, der saure Sahne über Gurken und Radieschen löffelte. Sara schüttelte verwirrt den Kopf und war so fassungslos, daß sie vergaß, Isaak zu Tisch zu rufen und Boris und Igor zu bitten, sich den Kopf zu bedecken, ehe sie aßen.

Als das Mahl beendet war, erhob sich Boris. »Ich glaube, es hat mir noch nie so gut geschmeckt«, sagte er. »Und nun, Frau Sara, werden Igor und ich mit Ihrer Erlaubnis vor die Tür gehen und eine Zigarette rauchen.«

Die Männer traten hinaus in die Dunkelheit, durch eine Tür, die so niedrig war, daß Boris, der vergaß, sich zu bücken, mit dem Kopf anstieß. Als sie ins Haus zurückkehrten, war Julie verschwunden.

Am nächsten Morgen, nach einem kräftigen Frühstück, entschuldigte Boris sich für eine Weile. Von Sara ließ er sich den Weg zu einem Stall zeigen, wo er Pferde mieten konnte, ging hinüber und unterhielt sich anschließend noch mit dem Besitzer. Er wollte Igor Zeit lassen, mit Julie zu sprechen. Bei seiner Rückkehr fand er seinen Sohn zusammen mit Sara und Julie draußen vor der Backstube. »Verabschiede dich, Junge«, sagte er und lächelte Sara freundlich zu. »Wir danken Ihnen, Frau Sara.«

Boris und Sara standen nebeneinander und beobachteten ihre Kinder. Aus dem, was sie sahen, schlossen sie, daß Igor es tatsächlich geschafft hatte, mit Julie ein paar Minuten allein zu sein, und daß er ihr wohl gesagt hatte, was er ihr hatte sagen wollen.

»Auf Wiedersehen, kleine Julie«, sagte Boris. Mit beiden Händen umspannte er ihre Taille und hob sie hoch. Sie legte zutraulich den Kopf an die Schulter des riesigen Mannes, eine Geste, so ungewöhnlich an ihr, daß Sara erstaunt große Augen machte. Sanft setzte Boris das Kind wieder ab und zog die Hand der überraschten Bäckersfrau an die Lippen.

»Wir kamen als Fremde«, sagte er. »Wir scheiden als Freunde. Bitte grüßen Sie Ihren Mann. In wenigen Tagen wird Igor die Mietpferde zurückbringen. Wenn Sie es erlauben, wird er dann Ihnen und Julie einen Besuch abstatten.«

Sara erlaubte es – gegen ihre bessere Einsicht.

5

Beim Essen an jenem Abend berichtete Boris von der Begegnung mit Julie, aber Ronja unterbrach ihn. »Diese dummen Wölfe tun mir eigentlich leid. Ihr habt sie regelrecht mißhandelt.«

Alexis hieb in dieselbe Kerbe. »Wenn ich wieder in St. Petersburg bin, werde ich ein Gesuch an den Zaren richten, daß er ein Gesetz erläßt, in dem den Wölfen jährlich ein Pirow zum Fraß garantiert wird.«

Georgi fiel ihm ins Wort und sprudelte, obwohl sein Vater die Hand hob und ihm ein warnendes »He!« zurief, eifrig hervor: »Ich kann ein Pferd so anbinden, daß es noch immer genug grüne Schößlinge findet, um satt zu werden, und ich kann Wache halten, und ich bin ein todsicherer Schütze.«

Boris zwinkerte Igor zu. »Wir könnten noch einen guten Mann gebrauchen, wenn wir die Pferde abliefern, nicht wahr, Igor? Was meinst du, wäre er wohl der Richtige dafür? Wenn ja, Georgi, bist du engagiert.«

Georgi war hingerissen; er war so selig, daß er sich beinahe selbst auf die Schulter geklopft hätte. Strahlend sah er Igor an. »Einverstanden?«

Igor lächelte und zeigte sein Grübchen. »Gewiß«, sagte er. »Warum sollst du's nicht jetzt schon lernen. Wenn ich zur Kavallerie gehe, wirst du sowieso meine Aufgaben übernehmen müssen.«

Georgis Miene verdüsterte sich. Er hatte seine eigenen Pläne – er wollte unbedingt der gestrengen Aufsicht seiner Mutter entrinnen. Sein Entschluß stand schon fest: Er wollte nach Petersburg gehen, dort Kadett werden und seine Freizeit bei Onkel und Tante verbringen. Katja, die er in sein Geheimnis eingeweiht hatte, machte ihm vorsichtig ein Zeichen, still zu sein, und Georgi hielt gehorsam den Mund.

Jetzt erzählte Igor gerade etwas, und Georgi, der nur halb zugehört hatte, fing einen Namen auf. Julie.

»Was?« fragte er.

»Ich sagte, ich werde dich mit in das Dorf nehmen und dich Julie vorstellen.«

»Wer ist das?«

»Mein Mädchen«, erklärte Igor.

Georgi wußte Bescheid über Igor und seine Mädchen. Er unterdrückte ein Gähnen und wandte sich an seine Mutter. »Kann ich jetzt gehen?«

Zu seiner größten Überraschung antwortete Ronja: »Ja, du darfst.«

Er sprang auf und lief eilig davon, um sofort wieder neue Mittel und Wege zu ersinnen, wie er seinen augenblicklichen Hauslehrer loswerden konnte.

Kaum hatte sich die Tür hinter ihm geschlossen, da erkundigte sich Ronja bei ihrem Mann: »Boris, was habt ihr da von einem Mädchen erzählt?«

»Frag Igor«, gab er zurück. »Julie ist sein Mädchen, nicht meines.«

Über den Tisch hinweg sah er seinen Sohn an. Es war ein langer, prüfender Blick, und er besagte: Stell dich deiner Mutter. Kämpfe für dein Mädchen. Das wird einen Mann aus dir machen.

Niemand im Zimmer, weder Ronja noch Katja, weder Alexis noch Igor, konnte die Bedeutung dieses Blickes mißverstehen. In Ronja erregte er widersprüchliche Gefühle: Dankbarkeit Boris gegenüber und eine hitzige Entschlossenheit, einer Liebschaft zwischen ihrem edlen Sohn und einem kleinen Nichts aus einem Gettodorf jedes nur mögliche Hindernis in den Weg zu legen.

»Sprich, Igor«, forderte sie ihn auf. »Wir hören.«

Aller Augen richteten sich jetzt auf Igor, der sich auf einmal höchst unbehaglich fühlte. Seine Mutter, die sonst immer für ihn

Verständnis zeigte, erschien ihm auf einmal fremd und drohend. Wenn er mit ihr allein gewesen wäre, so hätte er ihr all seine Gefühle für Julie anvertraut, aber in diesem Kreis war es ihm, als sei er nackt ausgezogen, preisgegeben.

»Da gibt es nicht viel zu erzählen«, begann er. Enttäuscht wandte Boris den Kopf ab, und Igor sprach hastig weiter. »Nur, daß ich Julie liebe.«

Niemand rührte sich.

»Ich werde sie heiraten, und das habe ich ihr auch gesagt.«

Sehr ruhig fragte Katja: »Und was hat Julie darauf geantwortet?«

»Sie ... sie hat gesagt –« Igor mußte sich die Worte mühsam abringen –, »sie hat gesagt: ›Deine Familie muß mich auch wollen, vor allem deine Mutter. Bete, Igor.‹«

Boris las Zorn in Ronjas Miene und legte ihr die Hand auf die Schulter. »Sag es nicht, Ronja«, mahnte er.

Sie schüttelte seine Hand ab und holte Luft zu einer schneidenden Bemerkung. Alexis kam ihr zuvor.

»Was du uns erzählt hast«, sagte er energisch, »beweist noch gar nichts. Wenn das alles ist, was du weißt, dann wollen wir es lieber von Boris hören. Komm, Alter, berichte du uns, was wirklich geschehen ist.«

Boris zuckte die Achseln. Wie sollte er das Wunder beschreiben, dessen Zeuge er im Haus des Bäckers geworden war? »Ich habe gesehen«, sagte er langsam, »wie Julie zu lieben begann. Und ich habe gesehen, wie Igor ihre Liebe erwiderte.«

»Liebe!« fauchte Ronja verächtlich. »Weiter, Boris. Du ... du Esel!«

»Weiter ist nichts zu sagen.« Boris blieb ungerührt.

»Nun, dann werde *ich* jetzt mal etwas sagen.« Ronja schlug mit der Hand auf den Tisch, daß ihr Weinglas umfiel. Ein kleines, rotes Rinnsal lief über das Damasttuch. »Ich möchte dich daran erinnern, Igor, mein Sohn, daß du der Erbe dieses Besitzes bist. Wenn du deinen Militärdienst abgeleistet hast, wirst du eine passende Verbindung mit der Tochter eines der großen jüdischen Häuser Europas eingehen. Bis dahin wirst du auf keinen Fall dein Spiel mit einem anständigen Judenkind treiben. Wenn es unbedingt sein muß, halt dich an die Bauernmädchen.«

Igor war aufgesprungen, wütender noch als die Mutter. »Du kannst mir nicht vorschreiben, wie ich Julie behandeln soll! Sie ist weit besser als du.« Mitten im Satz verlor er die Kontrolle über seine Stimme, und sein Ton wurde drohend. »Mag sein, daß du dir deinen Mann gewählt hast, aber meine Frau wirst du nicht auswählen. Und es kümmert mich einen ...« Boris' Hand schoß vor, und Igor zuckte vor Schmerz zusammen.

»Wag ja nicht, jemals wieder so unverschämt zu deiner Mutter zu sein!« brüllte der Vater. »Und jetzt – 'raus!«

Krachend flog die Tür hinter Igor ins Schloß.

Boris preßte die Lippen zusammen. »Sonst noch etwas, Ronja?«

»Ich habe ihn unglücklich genug gemacht«, sagte sie. »Du hättest ihn nicht noch zu schlagen brauchen.«

»O mein Gott!« Boris legte den Kopf in beide Hände.

»Ich würde vorschlagen«, meldete sich Alexis zu Wort, »daß wir den schlechten Geschmack dieser kleinen Szene mit einem Schluck Wein hinunterspülen.«

Boris richtete Ronjas Glas wieder auf und schenkte ihr schweigend ein; dann hob er das seine. »Auf Julie.« Ronja starrte ihn an, und ihr Ausdruck veränderte sich. Widerspruchslos trank sie zu seinem Toast und hob abermals das Glas. »Auf uns alle«, sagte sie feierlich. »Auf die Liebe und das Glück. Auf das Leben!«

Katja warf den Kopf in den Nacken und lachte fröhlich. »Der Himmel verstehe euch beide, aber ich habe das schreckliche Gefühl, daß ihr zu einer Einigung gekommen seid.«

Boris jedoch sagte, als sei er einem ganz anderen Gedankengang gefolgt: »Ich bin überzeugt, daß sie Analphabetin ist. Mit ihrer Tante hat sie jiddisch gesprochen, und mit uns ukrainisch, und zwar mehr schlecht als recht und sehr stockend.«

Ronjas berühmte Augenbrauen wanderten in die Höhe. »Himmel, ist das Mädchen denn beschränkt?«

Jetzt lachte Boris. »Durchaus nicht«, entgegnete er. »Im Gegensatz zu dir, meine liebe Ronja, ist Julie klug genug, um zu wissen, daß man mit zwei Ohren und einer Zunge nicht nur reden, sondern auch zuhören kann.«

»Sehr witzig.« Ronja erhob sich. »Wir sitzen jetzt seit zwei Stunden bei Tisch. Die Dienstboten wollen zu Bett.«

Eine Stunde später ließ sie Katja am Flügel und Boris und Alexis am Schachbrett allein und stieg zu Igors Zimmer hinauf. Es war leer.

Am nächsten Morgen ging Ronja nach ihrer ersten Tasse Tee, die sie im Bett einnahm, abermals zu Igors Zimmer. Das Bett war unbenutzt.

In ihr Schlafzimmer zurückgekehrt, läutete sie Lydia und befahl, als die Alte erschien: »Schick sofort jemand zu den Ställen. Ich muß wissen, ob die Mietpferde noch da sind.«

Obwohl die Brusilows schon in einer Stunde aufbrechen mußten, wartete sie auf die Antwort. Als sie erfahren hatte, was sie wissen wollte, holte Ronja aus einer Truhe einen wunderschönen, bestickten Seidenschal und suchte dann in mehreren Schubladen, bis sie ein Schmuckkästchen fand, dem sie ein schweres, breites, ganz schlichtes Goldarmband entnahm. Zu diesen Geschenken schrieb Ronja einen formellen Begleitbrief an Sara und schloß: »Mein Mann war tief beeindruckt von Ihrer Nichte. Ich bitte Sie daher, mir die Freude zu machen und zu gestatten, daß ich ihr dieses Armband schenke. Ich trug es, als ich so alt war wie sie.« Dann unterzeichnete sie mit ihrem Namen, versiegelte den Brief und ließ ihn mit den Geschenken auf ihrem Bett liegen. Dazu kritzelte sie noch schnell eine Anweisung an Lydia, sie solle alles verpacken und in die oberste Kommodenschublade tun.

Anschließend setzte sich Ronja gelassen hin und wartete, bis es für Katja und Alexis Zeit wurde, zum Bahnhof zu fahren. Als es soweit war, zog sie einen Morgenmantel über, lief eilig die Treppe hinab und stürmte in das Zimmer, in dem die Brusilows und Boris soeben das Frühstück beendeten.

»Warum hast du mich nicht geweckt?« schalt sie Lydia.

»Ich . . . ich hab's vergessen, Frau Ronja.«

»Hör auf mit den Erklärungen. Leg mir sofort meine Kleider heraus!«

Katja lächelte. »Ich habe noch nie erlebt, daß Lydia etwas vergessen hat. Ich nahm an, daß du im Bett frühstücken wolltest.«

»Ich bin in einer Minute fertig«, versicherte Ronja.

Boris aber sagte: »Dazu ist jetzt keine Zeit mehr. Du mußt dich hier verabschieden.«

Ronja seufzte. »Ich kann einfach nicht begreifen, wieso ich verschlafen habe.«

Als sie in ihr Zimmer zurückkam, knüpfte Lydia gerade eine Schleife um das Päckchen. »Was sollte *das* denn?« fragte sie.

»Lydia, du warst großartig!« Mehr sagte Ronja nicht.

Rasch zog sie sich an, nahm das Päckchen und lief zum Stall. Igor war nicht da, aber der Blonde begrüßte sie freundlich.

»Hast du Igor gesehen?«

Er schüttelte den Kopf.

»Weißt du, wo er ist?«

Der Blonde nickte.

»Gut. Sieh zu, daß du ihn nach Haus holen kannst, ehe sein Vater wiederkommt. Aber zuerst sorge dafür, daß die Mietpferde sofort in das Dorf zurückgebracht werden. Und dieses Päckchen laß Sara übergeben, der Frau des Bäckers. Sage dem Mann, er soll keine Zeit verlieren und gleich aufbrechen.«

Den ganzen Nachmittag wartete Ronja auf Boris und Igor, doch keiner von beiden kam. Nach dem Abendessen mit Georgi und seinem neuen Hauslehrer setzte sie sich in die Bibliothek und las, bis Lydia hereinkam und ihr berichtete, daß Igor und der Blonde in der Küche beim Essen wären. Ronja legte das Buch fort, schrieb ein paar Briefe, die mit der Gutsverwaltung zu tun hatten, und ging dann hinauf in ihr Zimmer. Sie badete, bürstete sich das Haar und war gerade zu der Überzeugung gekommen, daß Boris wohl die Nacht woanders verbringen müsse, als er eintrat.

»Boris«, sagte sie, »ich . . .«

»Halt, Ronja!« befahl er.

»Laß mich ausreden«, verlangte sie.

»Du redest zuviel«, sagte Boris wütend.

»Boris, ich . . .«

»Du wirst nie – nie wieder im Stall Befehle geben, ohne mich vorher zu fragen!«

»Es tut mir leid.«

»Nein, das tut es nicht«, schrie er. »Du bist ein hinterhältiges, ränkespinnendes Weib, das sich in alles einmischen muß. Ich habe Sara versprochen, daß Igor die Pferde zurückbringen würde.«

»Woher sollte ich das wissen, Boris?«

»Das spielt keine Rolle. Du hast es gewußt. Igor wird morgen früh zum Dorf reiten – mit Geschenken von mir.«

Er ging zur Tür, aber seine Wut schien verraucht zu sein.

»Gehst du schlafen, Boris?« fragte Ronja süß.

»Jawohl«, knurrte er bissig zurück.

»In deinem eigenen Zimmer?«

»Möchtest du, daß ich hierbleibe?«

»Ja.«

»Na schön«, lenkte er ein. »Aber es wird nicht geredet!«

Sie streckte die Arme nach ihm aus.

6

Zweimal während jenes Winters bat Boris Ronja, Julie nach Kiew einzuladen. Beim erstenmal bestand ihre Antwort darin, daß sie nach St. Petersburg fuhr und Katja besuchte. Beim zweitenmal nahm sie Georgi und seinen Hauslehrer mit auf ihre Datscha bei Odessa.

Boris sagte zu seinem ältesten Sohn: »Nur Geduld. Deine Mutter wird zur Vernunft kommen.«

Fast jeden Tag fuhr Igor mit einem Pferdeschlitten zum Dorf hinüber. Dort wickelte er Julie in Schaffelle, band ihr einen Schal um den Kopf und kutschierte mit ihr in die weiße Winterwelt hinaus. An manchen Nachmittagen zog er sie auf einem Handschlitten hinter sich her, während unter den Kufen der Schnee knirschte. Weiße Flocken trieben ihnen ins Gesicht, und die Sonne funkelte auf dem Eis, daß es sie fast blendete. Am Abend, beim dünnen, blassen Schein der Sterne, brachte er sie nach Haus, zurück zum warmen Herd und dem Duft des Essens, das in dem kleinen Kochwinkel brutzelte.

Als der Frühling kam, wanderten sie Hand in Hand in den Wald, setzten sich auf dicke Büschel wilden Senfs, und Julie sang für ihn. Kein Vogel konnte eine süßere Stimme haben, und die Melodien ihres Volkes strömten ihr mit solcher Reinheit aus der Kehle, daß Igors Herz auftaute. Zum erstenmal schenkte er einem anderen Menschen sein ganzes Vertrauen, erzählte ihm von seinen Träumen und Sehnsüchten.

Sara, die die Farbe auf Julies Wangen sah und bemerkte, wie ihre Augen strahlten, mißtraute Igor. Nach jedem seiner Besuche quälte sie Julie mit Fragen und überhäufte sie mit Vorwürfen und Beschuldigungen. Obwohl Julie ihre Unschuld beteuerte, zählte Sara sorgfältig die Tage von Julies Periode, und wenn das Mädchen ein oder zwei Tage zu spät daran war, wurde sie rasend vor Sorge und Angst.

»Dieser eitle Pfau hat dir deine Unschuld geraubt«, tobte sie. »Warum soll er dich jetzt noch heiraten? Wegen deiner großen Mitgift vielleicht? Komm, gehen wir lieber zum Fluß hinunter und ertränken uns, ehe das Dorf von deiner Schande erfährt.« Dann reckte sie die Arme zum Himmel. »Ich flehe dich an, o Herr, mein Gott, gewähre Julie deine Hilfe. Läutere ihr Herz. Vernichte Igor. Vernichte seinen Vater. Bestrafe mich. Ich war machtlos gegen seine Liebenswürdigkeit. Aus weltlicher Eitelkeit öffnete ich ihm mein Haus und mein Herz.«

Während jeder Tag schöner wurde, wuchs in Julie die Angst. Als sie das erstemal mit Igor in den Wald gegangen war, hatte sie sich warm und sicher gefühlt, war glücklich gewesen, wenn sie ihre Zukunftspläne schmiedeten. Jetzt aber war sie befangen und voller Scheu. Wenn Igor ihre Hand streichelte und versuchte, ihre Melancholie fortzuküssen, erstarrte sie. »Nein. Nicht. Hör auf!« Und sie lief vor ihm davon wie ein erschrecktes Tier.

Eine Zeitlang nahm Igor Sara in Schutz. »Sie ist eine gute Frau, die sich ihrer Verantwortung bewußt ist«, erklärte er. »Es ist ihr gutes Recht, mir zu mißtrauen. Wie kann sie auch verstehen, daß ich lieber sterben würde, als dir etwas anzutun?« Und einmal hätte er fast bekannt, daß er Julie gegenüber gar keine Leidenschaft verspürte, sondern nur Liebe. Seine Wollust befriedigte er in Kiew.

Schließlich sah Igor sich, verbittert durch Saras Ermahnungen und Julies Schwermut, zu der uralten Frage getrieben: »Liebst du mich?«

»Ich weiß es nicht, Igor. Ich bin so verwirrt.«

»Hab Vertrauen zu mir, Julie.«

»Wie kann ich das? Vielleicht heiratest du mich nie«, klagte sie. »Warum solltest du auch? Deine Mutter wird es dir nie erlauben. Du bist zu hübsch und zu begehrt, um der Ehemann eines dummen Dorfmädchens ohne Mitgift zu werden.«

»Sag nichts gegen meine Mutter!« Igor war zwischen der Loyalität zu zwei Gegenpolen hin- und hergerissen. »Du kennst sie nicht.«

»Sie hat etwas gegen *mich*, und *sie* kennt *mich* auch nicht. Für sie bin ich doch nur das mittellose Mündel der Bäckersfrau.«

Am Ende seiner Geduld, sagte Igor: »Also gut, Julie. Wir heiraten. Jetzt, auf der Stelle. Soll doch alle anderen der Teufel holen!«

»Aber dein Erbe? Wie willst du deinen Lebensunterhalt verdienen?« Julie war jetzt noch viel furchtsamer geworden als zuvor.

»Mit Pferden! Überall, wo es Pferde gibt, kann ich Geld verdienen und für dich sorgen.«

»Igor Pirow! Der Satan hat dir den Verstand geraubt! Du bist noch viel zu kindisch, um ein verheirateter Mann zu werden. Es würde dir nicht gefallen, arm zu sein. Und von Dorf zu Dorf zu fliehen. Du würdest mich dafür hassen.« Sie seufzte. »Nein, wir müssen warten.«

Gerührt schloß er sie in die Arme, aber sie drehte den Mund weg. »Du brauchst keine Angst zu haben«, beruhigte er sie. »Sing mir noch etwas vor.«

»Ich kann nicht.«

»Warum in aller Welt denn nicht?«

»Weil ich . . . Ich fürchte mich so.«

»Aber warum?«

»Weil ich dich liebe. Weil ich teilhaben will an allen Dingen und Menschen, an denen du teilhast, die an dir teilhaben. Nicht!« wimmerte sie. »Sara hat mich davor gewarnt.«

Nach jedem Besuch im Dorf vertraute Igor alles, was sich ereignet hatte, dem Blonden an. An einem warmen Sommerabend im stillen Dunkel des Waldes schüttete er ihm wohl zum hundertstenmal sein Herz aus. »Sie ist ein Engel, und sie ist so unglücklich.«

Seit Monaten schon mußte der Blonde ununterbrochen an Julie denken – wenn er auf seiner Gitarre spielte, wenn er in den Wald ging und wenn er im Stall Boris' Pferde versorgte. Er wünschte sich sehnlichst, ihr helfen zu können.

»Möchtest du jetzt schon heiraten?« fragte er, und seine blauen Augen blickten bekümmert.

»Nein.«

»Wenn du es möchtest, weißt du, dann könntest du es. Ich habe Gold, mehr als ich zählen kann. Es gehört dir. Ich brauche es nicht. Niemals.«

Igor lachte. »Woher weißt du das? Eines Abends wirst du ein Mädchen mit in den Wald nehmen und merken, wieviel Spaß das macht. Dann lernst du eine wie Julie kennen und heiratest sie. Sie wünscht sich bestimmt ein Haus und einen Wagen, und dann bist du verdammt froh, wenn du ein bißchen Geld hast.«

»Nein, ich nicht, Igor«, erwiderte der Blonde ernst. »Ich bin ein Bastard. Eine läufige Hündin will ich nicht, und einen Namen, den ich einem Mädchen wie deiner Julie geben könnte, habe ich auch nicht. Du liebst Julie, und trotzdem verteilst du deinen Samen über ganz Kiew.«

»Ich bin nicht verheiratet«, protestierte Igor.

»Aber du willst es auch gar nicht sein. Warum?«

Igor zuckte die Achseln. »Aus allen möglichen Gründen. Ich möchte nicht als verheirateter Mann zur Kavallerie gehen; da würde ich ja jeden Spaß versäumen. Außerdem, Julie ist so ein Kind! Eines Abends saß ich im Wald mit dem Rücken an einen Baum gelehnt, genau wie wir jetzt. Sie lag mit dem Kopf in meinem Schoß. Ich streichelte ihr Haar, und sie sang. Als ihr Lied zu Ende war, beugte ich mich über sie und küßte sie behutsam auf den Mund. Das war das einzige Mal, daß ich bei Julie die Beherrschung verloren habe. Als ich begann, ihr harte, leidenschaftliche Küsse zu geben, riß sie mich an den Haaren und zerkratzte mir das Gesicht. Arme kleine Julie! Einen ganzen Monat lang war sie fest überzeugt, daß sie ein Kind bekommen würde.«

Der Blonde lächelte. »Was willst du eigentlich, Igor?«

»Es handelt sich hauptsächlich um das, was ich nicht will. Ich will nicht, daß Julie traurig ist. Ich will nicht so tun, als sei ich ein frommer Jude, und in dieser stinkenden Synagoge hocken. Ich will nicht, daß meine Mutter so tut, als wäre sie eine Fremde, und ich will meinem Vater nicht dankbar sein müssen. Und ich habe es endgültig satt, ständig durch diesen verdammten Wald hin- und herzureiten!«

»Das wäre das, was du nicht willst. Aber was willst du?«

Igor knuffte den Blonden freundschaftlich gegen die Schulter. »Donnerwetter, wenn du so redest, klingst du genau wie Vater.«

»Tut mir leid.« Der Jüngere lachte. »Du willst Julie hier haben, nicht wahr?«

»Mehr als alles in der Welt. Es ist mein Traum.«

»Bist du bereit, dich zu verloben?«

»Ich bin schon verlobt.«

»Weißt du, daß du sie herholen kannst?«

»Wie denn?«

»Ronja weiß nicht, wie sehr Sara Julie quält. Weiß Boris davon?«

»Ich kann es ihm nicht sagen.«

»Aber begreifst du denn nicht? Er wird es Ronja sagen und darauf bestehen, daß sie der Quälerei ein Ende macht, indem sie Julie hierher holt.«

Igor dachte nach. »Es hat keinen Zweck. Irgendwie wird sie ihn doch wieder um den Finger wickeln.« Trotzdem ging ihm der Vorschlag des Blonden nicht aus dem Kopf, und halb war er schon entschlossen, mit seinem Vater zu sprechen. Am nächsten Morgen jedoch, als sich Gelegenheit dazu bot, war seine Entschlußkraft wieder verschwunden, und er sagte nichts.

Aber es war nicht mehr notwendig, Boris etwas zu sagen. Er wußte es schon. Als er an jenem Tag morgens in aller Frühe aus der Haustür trat, wartete dort der Blonde auf ihn. Stumm reichte ihm der Junge einen Zettel, dann machte er kehrt und ging davon. Boris las, was er geschrieben hatte:

»Julie braucht dich. Sie wartet an jedem Freitag eine Stunde vor Sonnenuntergang am Waldrand auf ihn.«

Boris riß ein Streichholz an und hielt es an das Papier; dann folgte er dem Blonden zu den Ställen. Er nahm den Jungen beiseite und fragte: »Kannst du Igor am Freitagabend so lange aufhalten, daß er erst eine Stunde nach Sonnenuntergang im Dorf sein kann?«

Der Blonde nickte.

Als der Sommer in den August hineinreifte, blieb Boris an keinem Abend zu Hause, und Ronja wurde immer zorniger. Eines Abends, als er das Haus verlassen wollte, wartete sie in der Halle auf ihn.

»Ich habe eingesehen«, sagte sie, »daß Igor Julie wirklich liebt. Ich bin bereit, sie zu empfangen.«

Boris musterte sie mißtrauisch. »Wann, Ronja?«

»Sobald ich mit Rabbi Lewinsky gesprochen habe. Nun, da ich so lange gewartet habe, möchte ich keinen Fehler begehen. Du hast keine Ahnung, wie stolz arme Juden sein können.«

Boris nahm die Hand von dem blank geputzten Messingtürknauf. »Was gibt es zum Abendessen, meine liebe, berechenbare Ronja?« fragte er.

»Berechenbar?« Es war, als sei die Haustür aufgestoßen worden und ein heftiger Sturmwind habe die bleierne Atmosphäre gereinigt. Sie lachte vergnügt. »In der Bohnensuppe schwimmen dicke Wurststückchen. Im Kupferkessel kocht ein Fleischgericht. Der Wein ist gekühlt, und danach gibt es Bratäpfel und Käse.«

Viel später in dieser Nacht lag Boris im Bett; seine kleine Ronja hatte sich wunderbar warm und weich in seinen Arm gekuschelt. In dem Behagen besänftigter Sinne und befriedigter Lenden glaubte er, daß sie schlafe, bis ihre Finger über sein Gesicht huschten. »Schlaf ein, mein Täubchen«, murmelte er schläfrig.

Ronja bewegte sich. »Ich muß mit dir sprechen.«

Am Rand eines Traums, zögerte er, ehe er antwortete, brachte es aber nicht übers Herz, sie abzuweisen. Sie hatte so tapfer kapituliert, als sie Julie akzeptierte, und außerdem hatte sie es sich verkniffen, ihm wegen seiner ständigen Abwesenheit Vorwürfe zu machen.

»Worüber denn, Liebes?«

»Julie.«

Nachdem sie mehr als ein halbes Jahr gewartet hatte, war Ronja jetzt so ungeduldig, daß sie nicht mehr bis zum Morgen warten konnte.

Ihre Worte sprudelten wie ein Sturzbach. »Und wenn ich zu lange gewartet habe? Wenn sie nun wirklich gekränkt ist? Aber ich habe es einfach nicht gewagt, sie aus ihrem Boden zu reißen und in diese fremde, neue Welt zu verpflanzen, in der sie so vieles lernen muß, bevor ich genau wußte, daß Igor sie liebt. Was nun, wenn ihr meine Verwandtschaft mit ihr zuwider ist und sie nicht erkennt, wie sorgfältig ich mein Verhalten ihr gegenüber geplant habe? Ich mußte fest überzeugt sein, daß sie das einzige Mädchen für ihn ist. Schließlich hat er vor ihr eine Menge sehr kurzlebiger Flammen gehabt.«

Boris, dem noch sein kürzlicher Besuch bei Julie vor Augen stand, fand keine Sympathie für Ronjas berechnende Planung. Die Kleine war bei seinem Anblick erschrocken und schien sich deutlich in echter Not zu befinden, obwohl sie sich sehr bemühte, höflich und liebenswürdig zu sein. Beinahe zwei Stunden lang hatte er geduldig auf sie eingeredet, bis sich ihre Zurückhaltung endlich löste und sie ihm und seinen Worten wieder Vertrauen zu schenken schien. Als er aufstand, um sich zu verabschieden, hatte Julie gesagt: »Ich danke dir, Vater Boris.«

Ihm war ganz elend bei dem Gedanken an die Qualen, die sie gelitten hatte. »Du hast versucht, das Schicksal zu überlisten, Ronja«, sagte er ärgerlich. »Kannst du nicht lernen, daß auch du manchmal nachgeben mußt?«

Ronja wollte sich von ihm losmachen, aber er hielt sie fest in beiden Armen. »Du hast mich ein einziges Mal angesehen«, sagte er ungerührt, »und damit war es geschehen. Aber für Julie und Igor hast du ein ganzes Hindernisrennen aufgebaut.«

»Du sprichst wie ein Narr.« Ronja ließ sich nicht abschrecken. »Begreifst du denn nicht, daß das ganz etwas anderes ist? *Ich* wurde für Boris geboren!«

Er ließ es dabei. Sie schlief schon fast, als er noch etwas sagte. »Ich habe mit Julie gesprochen.«

»Erzähl es mir«, bat sie.

»Ihre Wunden werden heilen. Das ist alles.« Boris stand auf, ging ins Bad und kam mit einem Glas kalten Wassers für Ronja zurück. Als er es ihr reichen wollte, zwitscherte sie nur wie ein Vögelchen, und er trank es selber. Dann streckte er sich neben ihr aus, küßte sie auf den Mund und zog sie eng an sich. Kurz darauf war auch er wieder eingeschlafen.

Als Ronja am nächsten Morgen die Augen aufschlug, war Boris fort. Aber auf seinem Kopfkissen steckte ein Zettel:

»Ich habe Rabbi Lewinsky benachrichtigt. Er erwartet dich gegen drei Uhr.«

Der Vormittag war schon fortgeschritten, als sie nach dem Frühstück klingelte und aus dem Bett stieg. Sie stieß die Läden auf und schaute hinaus auf ihre Welt aus Gras und Steinen, zwischen denen blühende Sträucher sich sanft im leichten Wind wiegten. Sie schlüpfte aus dem Nachthemd und ließ die Luft kühlend über die bloße Haut streichen, während sie angestrengt überlegte, was sie anziehen sollte.

Eine Viertelstunde später musterte sie sich kritisch im Spiegel, nahm die juwelenbesetzte Brosche wieder ab und änderte ihre Frisur. Sie flocht ihre Haare zu dicken Zöpfen und legte sie sich um den Kopf, denn sie wollte für diese Unterredung reifer und würdiger aussehen.

Um zwei Uhr fuhr der Kutscher vor, und eine Stunde darauf stand Ronja vor Kiews Oberrabbiner.

»Wie schön, Sie einmal wiederzusehen, Ronja von Glasman«, sagte er mit seiner berühmten, klangvollen Stimme. Und scheu fügte er hinzu: »Sie sind noch immer das schönste Mädchen von Kiew.«

»Nein, mein lieber Joseph.« Sie schüttelte den Kopf. »Aber es ist lieb von Ihnen, das zu sagen.«

Er half ihr aus dem leichten Mantel und bot ihr einen bequemen Sessel an. Dann zog er sich selbst einen zweiten herbei und nahm ihr gegenüber Platz. »Ich habe lange auf Sie gewartet«, sagte er mit einem Seufzer.

»Was meinen Sie damit, Joseph?«

»Fast ein ganzes Jahr. Sie kommen wegen Julie Brodsky, nicht wahr?«

»Sie wissen von Julie?«

»O ja! Als ich hörte, daß Igor ihr den Hof machte, bin ich sofort zum Dorfrabbi gegangen. Ich glaubte, Grund zur Besorgnis zu haben, aber er teilte mir mit, daß Igor Freundschaft geschlossen hat mit diesen Menschen, die frühmorgens aufstehen müssen, um sich das tägliche Brot zu verdienen – sogar mit dem Wasserträger. Ich war überrascht und erfreut, als ich hörte, daß Igor manchmal sogar mit dem Bäcker in die Synagoge geht.« Ronja war so verblüfft, daß sie die Handschuhe fallen ließ, die sie abgestreift hatte; und Rabbi Lewinsky verbarg seine Belustigung, indem er sich bückte und sie wieder aufhob. »Wegen eines jüdischen Mädchens sitzt der Sohn Boris Pirows auf einer harten Bank, atmet schlechte Luft und erträgt endlose Gebete. Ich sah keinen Grund, einzugreifen.« Er machte eine Pause. »Ob das Vergeltung ist, Ronja?«

Unsinn, dachte Ronja bei sich. Laut aber sagte sie: »Gut für Igor.«

Rabbi Lewinskys Verhalten wechselte. Als er jetzt sprach, lag Autorität in seiner Stimme. »Haben Sie sich entschlossen, Julie Brodsky zu akzeptieren, Ronja?«

»Das habe ich, Joseph.«

»Warum haben Sie Ihren Entschluß geändert?«

Ronja überlegte. »Ich hatte nie einen Entschluß gefaßt«, erklärte sie. »Igor ist ungebärdig und impulsiv. Ich wollte ganz sicher sein, daß Julie für ihn mehr ist als nur eine Verliebtheit. Sie sind beide noch sehr jung, und Julies Abstammung bringt Schwierigkeiten.«

»Aber jetzt haben Sie sich entschlossen?«

»Ja. Ich bin bereit, die Verlobung bekanntzugeben. Ich möchte Julie in mein Haus nehmen, um sie auszubilden und sie auf ihre Zukunft vorzubereiten. Und ich will nicht, daß sich Igor in die Ehe mit einem Kind stürzt. Sind Sie einverstanden?«

»Ich habe das beunruhigende Gefühl, Ronja von Glasman, daß Sie Ihre Mittel noch immer nach Ihren Absichten aussuchen.«

»Ist etwas Unrechtes daran?«

»Das kommt auf Ihre Mittel an – und auf Ihre Absicht.«

»Joseph Lewinsky! Sie wissen genau, daß ich trotz meiner vielen Fehler unfähig bin, diesem Kind weh zu tun oder es bloßzustellen.«

Noch als sie das sagte, wurde ihr klar, daß sie diesem jüdischen Gelehrten nicht gewachsen war. Mit honigsüßen Worten lockte er sie in ein Labyrinth. Gewiß, sein Vater hatte ihre Trauung vollzogen, aber noch gab es eine alte Rechnung zu begleichen. Lewinsky wollte Boris keine jüdische Tochter geben; er wollte vielmehr Boris' Sohn den Juden geben. Salomon hatte seinen Tempel fest gebaut.

Joseph Lewinsky betrachtete Ronja; er dachte über diese Frau nach, die er vor langer Zeit einmal geliebt hatte, und freute sich, daß sie sich so wenig verändert hatte.

»Warum nennen Sie mich eigentlich immer noch Ronja von Glasman?« fragte sie plötzlich.

Der Rabbi antwortete leise: »Ich erkenne Ihre Eheschließung nicht an.«

»Wie können Sie das, Joseph Lewinsky? Ihr eigener Vater hat mich mit Boris getraut.«

»Ja.« Seine Stimme war sanft. »Er wurde viel kritisiert. Auch von mir.«

Einen Augenblick war sie sprachlos; dann sagte sie nach einer Weile langsam: »Ich werde Julie mit oder ohne Ihre Zustimmung in mein Haus holen, mit oder ohne Ihre Hilfe. Da ich aber weiß, daß es in Ihrer Macht steht, die öffentliche Meinung zu lenken, werde ich einen Pakt mit Ihnen schließen. Wenn Sie . . .«

Der Rabbi unterbrach sie mit einer befehlenden Geste. »Aber ich werde keinen Pakt schließen. Ich glaube daran, daß Ihre Seele rein ist. Und jetzt beantworten Sie meine Fragen.«

Ronja nickte wortlos.

»Haben Sie die Absicht, einen Sohn dem Christentum zu überlassen, damit der andere der reichste und bestgeschützte Jude von Rußland bleiben kann?«

»Nein.«

»Wird Georgis Vater ihm während der Bar-Mizwa-Feier zur Seite stehen?«

Ronjas Herz sank, aber ihre Antwort war ruhig. »Ja.« Dann fügte sie fest hinzu: »Und ich werde ein großes Fest geben, bei dem Sie außer Igor der einzige männliche Jude sein werden.«

Der Rabbi war gar nicht belustigt. »Während des Gottesdienstes und der religiösen Riten werden selbstverständlich Juden in der Synagoge sein.«

Sie senkte den Kopf.

»Ronja, in all den Jahren haben Sie mir große Geldbeträge für wohltätige Zwecke zur Verfügung gestellt, seit Jahren kommen Sie Bitten verfolgter Juden um Hilfe nach. Sie haben Ihren Einfluß bei höchsten Stellen geltend gemacht, haben Strafen und Bestechungsgelder gezahlt. Aber dieselben Juden, die Sie gerettet haben, verleugnen Sie auch. Warum helfen Sie ihnen immer noch weiter?«

»Sie sind mein Volk.«

»Ist Ihnen klar, daß Julie Brodsky ihr jüdisches Erbe nie ablegen wird? Daß es ein Teil ihrer Vergangenheit ist?«

»Ja, das weiß ich.«

»Ronja von Glasman, glauben Sie an Gott?«

Ronja sah Rabbi Lewinsky offen in die Augen. »Für mich sind Dogma und Riten nichts als ein Teil einer gelegentlich ausgeübten, liebgehaltenen Zeremonie. Und doch habe ich mir das Wunder des Glaubens erhalten. Ja, Rabbi Lewinsky, ich glaube an Gott.«

Er erwiderte ihren Blick mit einem Freimut, der dem ihren nicht nachstand. »Sie sollen Julie Brodsky haben«, sagte er. »Ich werde alles in die Wege leiten.«

»Ich danke Ihnen, Joseph. Werden Sie Julie mit Igor trauen?«

»Sie wissen, daß ich es tun werde, Ronja.«

Das Labyrinth war überwunden; jeder zu einem gewissen Grad Sieger, kamen die Gegner aus ihm hervor. »Tee, Ronja?« erkundigte sich Lewinsky.

»Gern, Joseph.«

Während er zum Klingelzug ging und läutete, erhob sie sich, reckte die Arme über den Kopf und fühlte sich auf einmal ganz leicht und gelöst.

Der Tee kam, und Ronja schenkte ein; und als sie dasaßen, den summenden Samowar zwischen sich, wich die Spannung einem Gefühl friedlicher Vertrautheit. Die Unterhaltung wurde beiläufig, familiär. Es war Ronja, die wieder auf den Zweck ihres Besuches zu sprechen kam.

»Warum interessieren Sie sich eigentlich für Julie? Ist es nur wegen Igor?«

»Julies Geschichte«, sagte er langsam, »begann Millionen Jahre vor ihrer Geburt. Und sie enthält ein Wunder. Ich möchte sie Ihnen chronologisch erzählen, von Anfang an.«

Ronja setzte sich bequem zurecht und sagte, ganz gegen ihre Gewohnheit, kein Wort.

7

Das Dorf, in dem Julie geboren war, war noch älter als die uralte Stadt Kiew. Schon die äußere Erscheinung der jüdischen Bewohner legte Zeugnis ab von der wechselhaften Geschichte der Siedlung: Manche waren von gemischter Hautfarbe, wie Spanier, andere dunkelhäutig mit römischen Zügen, und wieder andere hatten weiße Haut und blaue Augen.

Sie waren Ausgestoßene und daher auf Inzucht angewiesen. Man erlaubte ihnen weder Schulen einzurichten noch Reisen zu unternehmen. Sie waren politisch und gesellschaftlich verfemt und wurden immer wieder Opfer plündernder Kosaken, die ihre Frauen und Töchter vergewaltigten, so aber auch dafür sorgten, daß ihr Blut gelegentlich aufgefrischt wurde. Sie lebten in einem Vakuum und kämpften hart, um wenigstens einen Rest jener Dinge lebendig zu erhalten, die ihnen am teuersten waren: Freiheit, Gelehrsamkeit und Kultur.

Abraham Brodsky, Julies Vater, war ein geschickter Handwerker, ein Goldschmied, der aber seinen Beruf kaum ausübte. Ein ausgezeichneter Hebraist und Talmudkundiger, suchte er in Zukunft und Vergangenheit Zuflucht vor der Gegenwart, studierte Zeichen und lauschte auf Stimmen, die ihm das Wie und das Wann der Wiederkunft des Messias ankündigen sollten. Er lebte unbekümmert und widmete sich ganz seinen religiösen Theorien.

Obgleich Abraham fromm, aber arm, gelehrt, aber einfältig war, betrachtete Rhea, seine hübsche Frau, ihren Mann als ein Geschenk Gottes. Sie, die rundlich und unkompliziert war, störte sich nicht daran, daß er weder arbeitete noch für sie und die Kinder das tägliche Brot heranschaffte.

Brot gab es für sie in Fülle, genug sogar, um damit Tauschhandel zu treiben, denn ihre Schwester war mit dem Bäcker verheiratet.

Die Bauern gaben ihr Hühner und Eier. Die Waldbäche wimmelten von Fischen, in den Gehölzen wuchsen Nüsse, wilde Beeren und eßbare Kräuter. Die Quelle gab kühles, klares Wasser. Sie grub Kartoffeln aus, die ihr nicht gehörten, und pflückte Obst von den Bäumen ihrer Nachbarn. Rhea lebte im Überfluß. Und auch sie selber war fruchtbar.

Da sie mit vierzehn Jahren geheiratet hatte, bekam sie ihr erstes Kind schon mit fünfzehn Jahren und brachte von da an Jahr für Jahr ein weiteres Kind zur Welt. Julie, am 25. Dezember 1886 geboren, war ihre elfte Tochter.

Weder Abraham noch Rhea machten viel Aufhebens davon. Daß es wieder ein Mädchen war, bedeutete zwar eine zusätzliche Last, aber sie murrten nicht. Abraham, so meinte Rabbi Lewinsky lächelnd, hatte vermutlich einen Schnaps getrunken und Rhea mit einer Redensart getröstet wie etwa: »Du bist noch jung, und Gott hat ein großmütiges Herz.« Und Rhea mochte zufrieden erwidert haben: »Sie hat zwei Augen und eine Nase, zwei Ohren und einen Mund. Sie hat beide Arme und beide Beine. Es hätte schlimmer sein können.«

»Taka«, wird Abraham zugestimmt haben. »Wir wollen uns nicht beklagen.«

In den ersten sechs Monaten ihres Lebens war Julie glücklich. Warm in Lumpen gehüllt, lag sie an der Brust ihrer Mutter und trank. Sie war geborgen.

Auch Rhea selber begriff niemals ganz, was mit ihr geschah, als sie abermals schwanger wurde. Sie wußte nur, daß sie begann, Abneigung gegen das kleine Mädchen zu verspüren, und daß sie dieses Gefühl nicht verheimlichen konnte. Es stand ihr im Gesicht geschrieben, es klang im Ton ihrer Stimme mit und zeigte sich in der Art, wie sie den Kopf des Kindes hangen ließ, wenn sie es stillte.

Julie reagierte wie alle Babys: sie schrie.

Als sie vierzehn Monate alt war, wurde sie vollkommen vernachlässigt: Rhea hatte einen Sohn geboren. Das kleine Mädchen, das von nun an seinen Hunger mit Brotkrusten und Hühnerschmalz stillen mußte, wurde zur Ausgestoßenen.

Acht der älteren Töchter waren am Leben geblieben, und alle wandten sich ab, um Julies große, vorwurfsvolle Augen nicht sehen zu müssen. Nie nahmen sie die Kleine mit, wenn sie Wasser vom Brunnen holten oder wenn sie in den Wald gingen, um Tannenzapfen zu sammeln.

Im Winter verkroch sich Julie unter Tischen und Stühlen, bei Nacht versteckte sie sich unter einem Bett, und als sie drei Jahre alt war, begann sie, ganz allein durch das Dorf in den Wald zu marschieren. Wenn sie müde wurde, ruhte sie sich unter einem Baum aus, und eines Tages setzte sich ein Vogel auf einen niedrigen Zweig neben ihr. Dieser Vogel wurde ihr erster Freund, und als sie wieder in den Wald kam, brachte sie ihm Krumen von ihren Brotkrusten mit, und er sang ihr zum Dank ein Lied.

»Woher wissen Sie das alles?« Es waren Ronjas erste Worte.

Der Dorfrabbi, berichtete Joseph, sei ein einfacher Mann, aber sensibel und ein Mystiker. Er hielt Julies Schönheit – ihre strahlenden Augen, die durchsichtige Haut und die schmale, zierliche Nase – für ein Wunder in diesem Dorf, und die Behandlung, die ihr zuteil wurde, für eine Schande. Durch die Bauern erfuhr er von Julies Freundschaft mit zuerst einem, und dann mit allen Vögeln des Waldes und hörte, daß die Leute behaupteten, sie habe die Vögel behext und außerdem belle kein einziger Hund, wenn sie komme.

»Pogrom!« sagte Rabbi Lewinsky. »Sie wissen, was das heißt, Ronja. Fünf Jahre war Julie alt, als sie zum erstenmal das Wiehern von Kosakenpferden hörte, das Geschrei wilder Kosaken und die gutgemeinten Warnrufe der Bauern: ›Versteckt euch, Juden! Versteckt euch!‹«

Als erste hastete Rhea durch die Falltür in den Keller ihres Hauses. Die älteren Mädchen griffen sich die jüngeren, und zwei um zwei kletterten sie hinter Rhea hinab. Julie vergaßen sie.

Ein Bauer, der zufällig vorbeikam, betrat das Haus, um nachzusehen, ob bei den Brodskys alles in Ordnung war. Er fand Julie tränenüberströmt und allein, hob sie auf seine Arme und nahm sie mit in sein Haus.

Dort stopfte er ihr ein Tuch in den winzigen Mund, band ihr die Hände, legte sie in eine Truhe und warf den Deckel zu. Das war die einzige Möglichkeit, die er sah, um sie zu verstecken und sicherzugehen, daß sie sich ruhig verhielt.

Er stellte sich an die Haustür und beobachtete die Kosaken, die, wie er sehr bald erkannte, diesmal nur einen Scherz mit dem Dorf treiben wollten. Sie steckten ein paar Heuschober in Brand, und als der Priester den Dorfbewohnern befahl, sie zu löschen, leisteten die Kosaken bereitwillig Hilfe. Zweifellos war nichts damit gewonnen, daß er Julie noch länger versteckt hielt, aber er traute den Kosaken nicht. Erst als sich der Staub gelegt hatte und das Getrappel der Hufe in der Ferne verklungen war, hob er den Truhendeckel. Das Kind war bewußtlos. Mit bebenden Händen löste er Julies Fesseln und nahm ihr den Knebel aus dem Mund; dann legte er sie auf sein Bett, packte heiße, in Lappen gewickelte Ziegelsteine an ihre eiskalten Füße und kühlte ihre fiebrige Stirn mit einem in kaltes Wasser getauchten Tuch. Dann aß er seine Abendmahlzeit und fütterte den Hund. Zusammen setzten sie sich zu Julie ans Bett, und der Bauer sang ihr ukrainische Schlaflieder vor.

Bei Tagesanbruch sah er, daß sie sich bewegte. Er fragte: »Wie geht es dir?«

Julie hob den Kopf. »Ich habe Hunger.«

Der Bauer holte altbackenes Brot und tauchte einen Brocken in Milch. Er reichte ihr ein Stück Zucker und eine getrocknete Feige. Als sie gegessen hatte, leckte sie sich die Lippen und wollte wissen: »Bist du mein Freund?«

Er kratzte sich den Kopf und ignorierte die Fage. »Du mußt jetzt nach Hause, Julie«, sagte er.

»Ich will nicht nach Hause. Bitte, willst du nicht mein Vater sein?«

»Wie kann ich das?« gab er zurück. »Ich habe doch keine Frau.«

»Komm, wir suchen dir eine«, schlug Julie vor.

»Ich will dir was sagen, mein blauäugiges Täubchen: Ich warte ein paar Jahre, und dann heirate ich dich.«

»Aber ich bin eine Jüdin«, entgegnete Julie. »Und eine Jüdin heiratet keinen Bauern.«

Ronja nickte anerkennend. Wie gut sie das wußte! Das war jüdischer Stolz.

Der Bauer, ein wenig ärgerlich, weil Julie, ein Gegenstand des Mitleids für das ganze Dorf, ihn zurückwies, kratzte sich abermals den Kopf und dachte nach. Mit einem Finger über seine Nase streichend, kam er zu dem Schluß, die Juden seien ein seltsames Volk, aber das sei des Herrgotts Problem und nicht das seine. Seine Aufgabe war es, die Felder zu pflügen, sich auch ein bißchen zu vergnügen und zu betrinken und sonntags in die Kirche zu gehen. Das war mehr als genug. »Geh nach Hause, Julie«, sagte er.

In der Woche, die auf dieses Ereignis folgte, sprach man im Dorf von nichts anderem als davon, wie Julie vor den Kosaken versteckt worden war.

Am Samstag erwähnte der Rabbi den Bauern beim Gottesdienst in der Synagoge, und die *rebbetzen* schickte ihm geräucherten Weißfisch und Marmelade von wilden Kirschen. Am Sonntag lobte ihn der Priester von der Kanzel für seine christliche Tat. Daraufhin brachten ihm mehrere Frauen kleine Geschenke, und auch ein, zwei Rubel fanden den Weg in seine Tasche.

Erbost schlugen die Frauen der christlichen Gemeinde vor, Julie zum Mündel der jüdischen Gemeinde zu machen. Sara, die Frau des Bäckers, war fast benommen vor Scham, als sie davon hörte, und stürmte davon, zu Abraham und Rhea, deren Haus sie seit der Heirat ihrer Schwester nicht mehr betreten hatte.

Die Tür stand offen. Abraham hockte an einem rohen, rechteckigen Tisch aus ungescheuerten Brettern, las eifrig in einem Buch und fuhr mit dem Zeigefinger an den Zeilen des hebräischen Textes entlang. Er wiegte sich vor und zurück – im gleichen Rhythmus wie Rhea, die ihren Augapfel von Sohn auf dem Schoß liegen hatte.

»Ungeheuer!«

Abraham hob den Blick, Rhea jedoch tat, als habe sie nichts gehört, und drückte nur den kleinen Simon ein wenig fester an sich. Als Sara drohend auf Abraham zuging, legte er das Buch auf den Tisch, stand auf und sagte freundlich: »Endlich kommst du in unser Haus. Wir danken dir.«

Sara höhnte: »Früher einmal warst du ein Mann. Meine Schwester hat dich in eine Maus verwandelt.«

»Nun«, erwiderte Abraham, »wenn es so ist, daß ich eine Maus bin, dann darfst du von mir nicht erwarten, daß ich wie ein Löwe brülle. Bitte, nimm Platz.«

Sara blickte ihn an und stellte fest, daß er zwar vernachlässigt und schmutzig, aber immer noch ansehnlich war. Sie setzte sich.

»Wir sind schon lange keine guten Freunde mehr«, sagte Abraham zu den beiden Frauen, »aber wir sind immer noch Verwandte. Wir werden ein Glas Tee miteinander trinken und uns unterhalten.«

Rhea legte ihren Sohn in seine hölzerne Wiege und ging an den Samowar. Sie holte eine Teekanne, drei Gläser, sechs Stück Zucker und einen Teller voll *gribbenes* her. Während sie das Baby mit krossen Hühnergrieben fütterte, eine Delikatesse, die der Junge besonders liebte, blickte sie immer wieder verstohlen zu Sara hinüber. Ihre Schwester, das war nicht abzustreiten, bot einen eindrucksvollen Anblick mit ihrem dunklen, vollen Haar, der glatten Haut und der jugendlich-straffen Haltung. Sie selber war rundlich wie ein Kartoffelknödel und hatte auch eine ebenso teigige Haut, und sie fühlte sich bewogen, für diese Ungerechtigkeit der Natur bei dieser Gelegenheit Rache zu nehmen.

»Es ist ein Jammer, daß du keine Manieren hast. Was für eine *chuzpe* – einfach ins Haus gelaufen zu kommen und ›Ungeheuer‹ zu schreien.«

»Mag sein«, entgegnete Sara, »aber ich wiederhole es noch einmal: Du bist ein Ungeheuer.«

Nachsichtig ließ Abraham den Blick von einer Schwester zur anderen wandern, dann sagte er zu beiden: »Einerseits habt ihr beide recht, andererseits habt ihr beide unrecht. Sara ist gewiß nur gekommen, um uns Vorwürfe dafür zu machen, weil wir vergessen haben, Julie mit in den Keller zu nehmen.

Aber die Schuld trifft nicht uns allein, sie trifft auch Julie. Sie hätte uns folgen müssen. Wir haben sie, weiß Gott, oft genug vor den Kosaken gewarnt. Darüber wollen wir also nicht mehr streiten. Wenn der Hund mit dem Fleisch davongelaufen ist, hat es keinen Zweck mehr, das Hackbeil zu schwingen. Darum werden wir jetzt zu einer anderen Ebene der Logik übergehen.

Seit vielen Jahren schickt uns Sara Brot. Es spielt keine Rolle, daß Sara in all dieser Zeit kein einziges Wort mit uns gesprochen hat. Wir haben daran gedacht, daß sie unsere Schwester ist, und wir haben sie nicht unglücklich gemacht durch falschen Stolz. Wir haben sie nicht abgewiesen, weil wir dadurch unsere Verwandtschaft mit ihr verleugnet hätten. Also ist keiner von uns dem anderen etwas schuldig.«

Abraham streckte die Hand aus und zeigte auf Sara. »Du hättest Rhea, deine Schwester, nicht Ungeheuer nennen dürfen. Ein freundliches Wort ist mehr wert als Brot.«

Mit der anderen Hand zeigte er auf Rhea. »Du hättest wissen müssen, daß Sara ihre Liebe und ihre Freundlichkeit noch immer unter einer scharfen Zunge verbirgt, und hättest ihr Verständnis entgegenbringen müssen.«

Sara starrte ihren Schwager kalt an. Mit rauher Stimme fragte sie ihn: »Ist Julie denn nicht dein Kind?«

»Ich bin ihr Vater«, erwiderte Abraham. »Wessen Kind sie ist, das weiß Gott allein. Eines aber weiß ich: Mit ihren Augen, die blauer sind als der Himmel, mit ihrer Stimme, die süßer ist als die der Nachtigall, gehört sie nicht in dieses Haus und in dieses Dorf.« Er hob die Hände wie zum Gebet. »Wie ist es geschehen, daß sie zu uns kam? Was soll aus ihr werden?«

Rheas Miene war mürrisch. »Erzähl ihr auch von Julies Nase«, spottete sie. »Erzähl ihr, wie sie sie in die Luft streckt, als wäre sie was Besseres als unsereiner – als hätte der liebe Gott sie für einen Palast bestimmt und nur aus Versehen zu uns geschickt.«

Sara wartete, bis Rhea ausgeredet hatte; dann sagte sie zu Abraham: »Ich will Julie haben.«

Zum erstenmal traf Abraham eine Entscheidung. »Geh dorthin, wo die Vögel sind. Da wirst du sie finden. Möge Julie dein Herz ausfüllen und du das ihre.«

Früh am Morgen von Julies achtem Geburtstag zog Isaak, Saras Mann, wie jeden Morgen die letzte, langstielige Schaufel voll frischer Brotlaibe aus dem Backofen und schlurfte davon, um sich ins Bett zu legen. Sara und Julie schlichen auf Zehenspitzen in der Küche umher und bereiteten alles für das Geburtstagsessen vor. Gemeinsam trugen sie das Pflaumen- und Apfelkompott hinaus und gruben es in den Schnee, damit es abkühlte, fegten das Wohnzimmer, wischten Staub, legten eine frische Decke auf den Tisch, polierten die Kupferkessel und gingen am Nachmittag im Wald spazieren, wo frischer Schnee auf den Zweigen lag wie Lametta. Auf dem Heimweg legten sie dem Bauern einen Laib Brot und einen Topf Honig vor die Tür.

Als die Sonne hinter den Horizont tauchte, weckten sie Isaak, und er trank statt des gewohnten Glases Tee zur Feier des Tages einen Becher *bronfin.* Dann setzten sie sich zu einem fröhlichen Mahl an den Tisch, doch Julie konnte es kaum erwarten, bis alles aufgegessen war und sie endlich ihr Geschenk auspacken durfte.

Das erste Klopfen war nur sehr leise, aber Sara zuckte zusammen, als sie es hörte. Sie hatte wegen der frühen Winterdämmerung gerade die Kerzen angezündet. In ihrem gelben Schein sah Isaaks Gesicht fahl und bleich aus.

Das zweite Klopfen war lauter. Der Bäcker erhob sich und wollte zur Haustür gehen. »Mach lieber nicht auf«, rief Sara. »Unser Geschäft ist geschlossen. Auch wir haben das Recht, den Geburtstag unseres Kindes zu feiern.«

Das dritte Klopfen glich eher einem Hämmern.

»Bitte, Sara«, sagte Isaak, »vielleicht ist ein Nachbar in Not.«

Als er von der Haustür zurückkam, brachte er Rhea mit, die sich in einen langen, schwarzen Schal gewickelt hatte.

Sie zitterte vor Kälte und hob die Hände, um sie an den Kerzenflammen zu wärmen. Sara schöpfte dampfende Suppe in eine Schale und stellte sie vor ihre Schwester hin. Dann drückte sie ihr einen Löffel in die Hand. »Wenn du gekommen bist, um meiner Julie Glück und Gesundheit zu wünschen, so heiße ich dich willkommen. Setz dich und iß.«

»Ich bin gekommen, um sie dorthin zu holen, wo sie hingehört: nach Hause.«

Wie von Sinnen vor Angst glitt Julie von ihrem Stuhl, trat mit dem Fuß nach ihrer Mutter und wollte davonlaufen. Doch Rhea packte ihren Arm. »Du bleibst hier, du nichtsnutziges Ding!«

Sara stand wie erstarrt. »Warum, Rhea?« war das einzige, was sie herausbrachte.

Rhea maß ihre Schwester mit einem überheblichen Blick. »Ich habe dir Julie nur geliehen und nicht geschenkt. Ich will sie zurückhaben.«

»Was ist das für ein grausamer Scherz?« klagte Sara. »Warum willst du Julie ängstigen? Laß ihren Arm los!«

Stattdessen gab Rhea Julie einen Stoß. »Geh und hol deine Sachen, du Hochmütige! Zu den Bauern kannst du mit Geschenken laufen, aber deine Mutter besuchst du nicht – nicht ein einziges Mal in diesen drei Jahren!« Julie starrte sie benommen an.

»Nun sieh mich nicht an wie ein unverständiges Tier!«

Isaak schob sein Käppchen zurück, machte den Mund auf und holte tief Luft. Er war wie vor den Kopf geschlagen, darum nahm er sein Glas und trank es zunächst einmal leer. »Liebe, gute, großzügige Rhea«, sagte er dann mit dünner Stimme, »bitte mach keinen Skandal.«

»Halt den Mund, du Maus!« befahl Rhea verächtlich.

Isaak zuckte zusammen und setzte sich, während er unsicher zu Sara hinübersah und darauf wartete, daß sie etwas unternahm. »Die Vergangenheit ist vorbei. Deck nicht einen Fleck mit einem anderen zu. Laß mir Julie. Sie ist alles, was ich habe. Du hast so viele Kinder, die du lieben kannst . . .«

Rhea unterbrach sie. »Das Schicksal meint es eben gut mit mir.« Dann schleuderte sie ihrer Schwester noch eine letzte Beleidigung ins Gesicht: »Unfruchtbare! Gott hat ein unnatürliches Monstrum aus dir gemacht!«

Sara biß sich so heftig auf die Lippen, daß sie ihr eigenes Blut schmeckte. So sehr wurde sie von ihrem uralten Haß übermannt, daß sie Julie vergaß und schluchzte: »Abraham gehörte mir, aber du hast ihn geheiratet. Vierzehn Jahre warst du alt, aber du mußtest ihn mir stehlen.«

»So etwas zu sagen, vor deinem eigenen Mann und einem Kind! Es ist ekelhaft!« schalt Rhea voll Selbstgerechtigkeit.

Sara sprang von ihrem Stuhl auf und warf sich auf Rhea; mit den Nägeln fuhr sie der Schwester ins Gesicht. Isaak versuchte die beiden zu trennen. aber in ihrer Wut waren sie stärker als er, und so schrie er: »Julie, lauf schnell Hilfe holen! Lauf, so schnell du kannst!«

Die Hände an Rheas Kehle, bekam Sara nun selber Atemnot und ließ los. Groß und furchtbar stand sie da und sprach in merkwürdig singendem Ton: »Mein Fluch komme über dich. Simon, dein Sohn, soll eines heißen, stummen Todes sterben. Bald schon, sehr bald.«

Dann waren auf einmal Nachbarn im Zimmer, und Sara wurde von zwei Frauen davongeführt. Im Dunkeln entkleideten sie sie und brachten sie zu Bett. Als sie ein wenig später noch einmal nach ihr sahen, fieberte sie. »Packt Julies Sachen«, flüsterte sie, »und laßt mich allein.« Die Frauen taten, wie ihnen geheißen, und brachten Rhea und das verstörte Kind nach Haus.

Am nächsten Tag zerriß sich Sara die Kleider und streute sich Asche aufs Haupt. In ihrem leeren Haus verhängte sie alle Spiegel mit schwarzen Tüchern. Am siebenten Tag ging sie zum Rabbi und sagte: »Ich habe Rhea, meine Schwester, getötet.«

»Rhea ist nicht tot«, versuchte der Rabbi sie zu beruhigen. »Doch sogar hier in Rußland, wo im Namen des Zaren Nachsicht mit Verbrechern geübt wird und Morde begangen werden, ist dein Überfall auf Rhea nach jüdischem Gesetz eine unverzeihliche Sünde, und dieses Gesetz ist es, nach dem wir leben. Da Rhea dich jedoch in diesen Abgrund gestoßen hat, in dem der Satan dich bei der Hand nahm, und da Frauen zu mir gekommen sind und mir gesagt haben, daß sie dich nicht verurteilen, weil man in der Verzweiflung oft verzweifelte Dinge tut, werde ich bei Gott für dich eintreten, damit dir dein Platz im Paradies erhalten bleibe.«

Im Haus der Brodskys lebte Julie wie unter einer finsteren Wolke. Ihre Schwestern gaben ihr die Schuld an dem zerkratzten Gesicht der Mutter. Rhea konnte ihre Abneigung nicht verbergen, und immer, wenn sie die Kleine ansah, betete sie: »Lieber Gott, wende Saras Fluch von mir. Nimm Julie statt Simon.« Allein Abraham empfand Mitleid mit Julie, zeigte seine Gefühle aber nicht, um Rhea nicht in Wut zu versetzen.

Januar, Februar und März vergingen, und Simon war so gesund und rosig wie immer. Allmählich verlor Rhea ihre Furcht und war bekümmert über die stumme Scheu des kleinen Mädchens; sie versuchte, das Kind aus seiner Ecke hervorzulocken, und bestand darauf, daß sie des Nachts zu einer der Schwestern ins Bett schlüpfte. Julie reagierte voll Hoffnung und summte manchmal sogar ein wenig. Sie gehorchte Rhea aufs Wort, nur in einem nicht: Nacht für Nacht verkroch sie sich in die kleine Ecke hinter dem Ofen, um dort zu schlafen.

Am ersten Mai war Simon unruhig. Am folgenden Tag war er matt. Am dritten war er ernstlich krank. Rhea versuchte es mit allen Heilmitteln, die sie kannte, aber es half nichts. In dieser Nacht weckte sie Julie. »Ich brauche deine Hilfe«, sagte sie. »Simon ist sehr krank. Sing deinem kleinen Bruder etwas vor. Ein Lied ist oft besser als Medizin.«

Julie drehte die Kerosinlampe höher, beugte sich über den Kleinen und sagte bedrückt: »Genauso sehen die Vögel aus, wenn sie sterben.« Sie setzte sich an das Bett, nahm Simons heiße Hände in ihre beiden und begann zu singen. Rhea, die angstvoll zusah, merkte, wie ihr Sohn ruhiger wurde.

Draußen, vor dem schmalen Fenster, brach der Tag an. Rhea deckte die beiden Kinder zu, nahm ihren schwarzen Schal und flüsterte Julie zu: »Bleib bei ihm. Ich komme gleich wieder.«

Die Synagoge war aus Baumstämmen zusammengezimmert und ruhte auf einem Felsfundament. Der Innenraum war dämmrig, mit Holzbänken ausgestattet, und auf einem Podium in der Mitte stand, mit perlenbesetztem Samt verhangen, die Bundeslade mit den Thorarollen. Rechts und links führten Treppen zu einer kleinen Empore hinauf, wo während des Gottesdienstes die Frauen saßen.

Im Vorraum nahm Rhea den Schöpflöffel und goß sich Wasser aus dem Eimer über die Hände, während sie rezitierte: »Gelobt seist du, o Herr der Welt, der du uns befohlen hast, die Hände zu waschen.« Dann machte sie sich auf die Suche nach dem Rabbi.

Der Rabbi war erstaunt über ihren Besuch. »Rhea Brodsky, was tust du hier um diese Zeit?«

Sie wollte es ihm erklären, aber der Rabbi kam ihr zuvor. »Ich weiß von dem Fluch.«

Rhea jammerte: »Simon ist schwer krank. Er übergibt sich nicht. Er hat keine Schmerzen. Aber er liegt im Sterben. Lies in den Schriftrollen und sage mir, wie ich meinen Sohn retten kann.«

»Ich habe kein Wort des Trostes für dich, Rhea.«

Sie errötete. »Ich werde nicht von dir gehen, ehe du mir versprochen hast, Simon vor dem Todesengel zu retten.« Und dann weinte sie.

Der Rabbi ließ sie eine lange Zeit weinen. »Nun«, sagte er dann, »hast auch du Kummer erfahren. Denkst du an Saras Leid? Schmerzt es dich auch, daß du Julie verstoßen hast?«

»Nein«, antwortete Rhea wahrheitsgemäß, »ich denke nur an Simon, meinen Sohn. Ich zittere für Abraham, meinen Mann. Wenn Gott mir Simon nimmt, wer wird für Abraham das Kaddisch sagen, wenn er in die andere Welt heimgekehrt ist? Wer wird die Trauergebete in der Synagoge sprechen?«

»Eine gute Ehefrau muß auch ein gerechter Mensch sein, Rhea. Du hast das göttliche Gesetz übertreten. Die Wahrheit, die in der Thora geschrieben steht, heißt: ›Was dir verhaßt ist, das tue auch keinem anderen an.‹ Du, die gesegnete Mutter zahlreicher Kinder, hast deiner einzigen Schwester das Kind genommen, das ihr Lebensinhalt ist. Nun straft dich Gott für deine Sünde. Gib Sara das Kind zurück, gib ihr Julie zurück. Bitte sie um Vergebung. Mach Frieden zwischen ihr und dir. Dann, und nur dann, wird Gott deinen Simon verschonen.«

Als Rhea ins Haus stürzte, saß Abraham mit einigen seiner Töchter beim Frühstück. Alle machten niedergeschlagene Gesicher. Rhea ließ sich auf den Stuhl fallen, der dem ihres Mannes gegenüberstand, und fragte: »Wie geht es Simon?«

»Er ist sehr krank. Julie ist bei ihm. Er schreit, wenn jemand anders in seine Nähe kommt.«

Sie schüttelte den Kopf und berichtete alles, was der Rabbi zu ihr gesagt hatte.

Abraham erklärte: »Der Rabbi ist die Stimme unseres Herrn hier auf Erden. Du mußt ihm gehorchen.«

Rhea nahm sich ein Brötchen, brach ein Stück ab, schob es in den Mund und schwieg.

»Warum bist du noch nicht unterwegs zu Sara? Was zögerst du?« fragte Abraham. »Sara ist jetzt unsere einzige Hoffnung.«

Seine Frau seufzte. »Ich bin bereit, ihr Julie zurückzugeben; aber sie um Verzeihung bitten, Entschuldigungen vorbringen . . .«

»Gilt dir dein Stolz mehr als dein Sohn?« fragte Abraham. »Vergiß nicht, Rhea, der Rabbi hat gesprochen. Tu, was er befiehlt, sonst wird Simon sterben.«

Rhea ging ins Schlafzimmer und legte die Hand auf Julies Kopf. »Geh essen, Kind; ich packe derweil deine Habseligkeiten zusammen. Du kehrst zu deiner Tante Sara zurück.«

Isaak hatte seine nächtliche Arbeit beendet und schlief bereits, als Rhea mit Julie in die Bäckerei kam. Sara, noch immer in das tiefe Schwarz der Trauer gekleidet, das Haar mit einem schwarzen Tuch bedeckt, öffnete ihnen. Stumm trat sie beiseite und winkte sie weiter ins Wohnzimmer, wo sie auf zwei Stühle zeigte und selber auf dem Sofa Platz nahm. Julie ließ ihr armseliges Bündel zu Boden fallen und stellte sich neben die Tante.

»Bitte«, sagte Sara nun und deutete abermals auf einen Stuhl, doch Rhea blieb stehen, während sie berichtete, was der Rabbi zu ihr gesagt hatte, und eingestand, wie schwer es ihr fiel, um Vergebung zu bitten. Noch als sie sprach, stahl sich Julies Hand in die ihrer Tante.

»Ich widerrufe meinen Fluch«, sagte Sara, deren Herz vor Glück überströmte. »Simon wird leben.« Sie erhob sich. »Ich will Tee machen. Geh du ins Schlafzimmer, Kind. Pack deine Sachen fort und ruhe ein wenig. Du siehst müde aus.«

Über eine Stunde saßen Sara und Rhea zusammen, aßen und redeten miteinander. Schließlich stand Rhea auf, um zu gehen.

»Ich verspreche dir, daß du nie zu bereuen brauchst, mir Julie überlassen zu haben. Zur Hochzeit werde ich ihr zwei versilberte Leuchter schenken«, sagte Sara.

»Versilbert? Nanu, Sara, bist du reich geworden?«

Sara lächelte. »Nein, aber ich schaffe es schon.«

Zu Hause wurde Rhea von einer jubelnden Familie begrüßt. Abraham lief ihr entgegen und nahm sie vor seinen Töchtern, die rot wurden und kicherten, in seine Arme und küßte sie. »Das Wunder ist geschehen! Es geht ihm gut. Vor ein paar Stunden noch lag Simon im Sterben. Jetzt sitzt er im Bett und knabbert an einem Suppenknochen!«

Es war schon Mitternacht, als Ronja Rabbi Lewinskys Haus verließ, um heimzukehren, und trotzdem saß sie als erste der Familie am Frühstückstisch. Als Igor und Georgi erschienen, teilte sie ihnen energisch mit, daß sie aus ihren hübschen Balkonzimmern im ersten Stock in schmale Dachkammern umsiedeln müßten.

»Warum so eilig, Ronja?« Boris unterdrückte ein Lächeln.

»Vielen Dank für das Vertrauen«, sagte Igor mit kindlich-plumper Ironie. Doch dann lenkte er ein: »Vielleicht hast du recht. Julie ist sehr altmodisch. Ich werde umziehen.«

»Aber das Dach ist schräg, und vom Fenster aus sieht man nur Bäume!« beschwerte sich Georgi. »Es gibt nicht mal eine Toilette da oben.«

»Ich hatte keine Ahnung, mein Sohn, daß dir Toiletten und fließendes Wasser so wichtig sind. Du ziehst mit Igor hinauf!« befahl Boris. »Du bekommst das kleinste, dunkelste Zimmer, und von heute an wünsche ich, daß du vor und nach deinen Schulstunden auf dem Gestüt erscheinst.«

»Was hab' ich denn jetzt wieder verbrochen?« fuhr Georgi wütend auf.

Ronja kümmerte sich nicht um seine Empörung. »Die Dachzimmer sind wirklich hübsch, Georgi. Deines wird dir bestimmt gefallen. Ich werde die Deckenbalken streichen, Regale für deine Bücher anfertigen und den Fußboden mit Teppichen auslegen lassen.« Sie griff nach dem Honigglas.

»Gar nichts dergleichen wirst du tun!« schalt Boris. »Von heute an bekommt Georgi einen Vorgeschmack auf das Leben in der Kavallerieschule.«

Georgi starrte finster vor sich hin. Es würde schwierig sein, durch ein Fenster im zweiten Stock, und noch dazu ein so schmales, aus dem Haus zu gelangen. Bitter stellte er fest: »Auf einmal soll alles verändert werden, und das nur wegen Julie!«

Niemand widersprach.

8

Während der folgenden Wochen polterten Männer mit Leitern, Farbtöpfen und Pinseln durch das Haus. Kräftige Packer räumten die schweren deutschen Möbel aus dem Flügel, den bisher die Pirow-Jungen bewohnt hatten, und Ronja verbrachte ganze Tage in Kiew. Bei ihrer Heimkehr folgte ihrer Kutsche regelmäßig ein Karren, der hoch mit ihren Einkäufen beladen war. Selbst in der Küche herrschte infolge all der Veränderungen, die sie anbringen ließ, ein heilloses Durcheinander.

Boris versuchte sich gegen diese Umgestaltung des Hauses zu stemmen, das er so, wie es war, für vollkommen hielt.

»Warum, zum Teufel, mußt du für ein kleines Mädchen nur alles auf den Kopf stellen?« wollte er wissen.

Ronja aber erwiderte nur gelassen: »Die Ahnenporträts können wir, glaube ich, oben in den Dachgeschoßflur hängen. Diese vielen finsteren von Glasmans würden sie nur einschüchtern.«

Als Ronja dann ihre drei Männer endlich aufforderte, das Werk ihrer Hände zu bewundern, war Boris verblüfft, mit welcher Sicherheit sie erfaßt hatte, was zu diesem Mädchen paßte, das sie persönlich doch gar nicht kannte. Die verbannten von Glasmans waren durch Aquarelle ersetzt worden - Naturstücke, Vögel, Blumen. Ehemals dunkle Wände strahlten in fröhlichem Blau. Die neuen Möbel waren schlicht, eierschalenweiß und mit blau-weiß gestreiftem Taft bezogen, und das schwere Mahagonibett, in dem schon Katja und Ronja geboren waren, hatte statt der schweren Samtvorhänge einen duftigen Tüllhimmel bekommen.

Igor war sichtlich begeistert. Jetzt konnte er endlich daran glauben, daß sein Traum in Erfüllung gehen und Julie tatsächlich hier leben werde.

»Woher weißt du, daß Blau ihre Farbe ist?« Er staunte über das Einfühlungsvermögen seiner Mutter und belohnte sie mit einem glücklichen Lächeln. Er stieß die Fenstertüren auf, die auf den Balkon hinausführten, und holte tief, tief Luft. »Aber ich hab' eben an etwas denken müssen. Julie hat noch nie ein Zimmer ganz für sich allein gehabt und wird sich des Nachts, wenn sie allein ist, vielleicht fürchten. Könntest du vorsichtshalber ein Schloß an diesen Türen anbringen lassen?«

Ronja musterte ihren Sohn nachdenklich. War Julie so ängstlich? Nun, sie würde es bald erfahren. Doch Igors Mutter hatte für Angsthasen nichts übrig. »Ich werde mich darum kümmern«, erklärte sie knapp.

»Und was ist mit der frischen Luft?« fragte Georgi tugendhaft.

»Julie hält Nachtluft für ungesund«, belehrte Igor seinen Bruder. Dann wandte er sich an Ronja und überraschte sie mit einem schallenden Kuß. »Danke für alles«, sagte er. »Julie wird selig sein.«

Um nicht zurückzustehen, nahm auch Georgi seine Mutter in den Arm.

Sobald Boris mit Ronja allein war, umfaßte er ihre Taille und erklärte: »Es gibt genau drei Dinge, die ich auf der Welt brauche: dich, dich und noch einmal dich.«

»Mach, daß du fortkommst!« entgegnete Ronja lachend. »Ich habe noch tausenderlei zu erledigen.«

Noch eine weitere Woche lang war Ronja mit dem Planen und Bestellen von Julies Ausstattung beschäftigt, und Boris hatte auf dem Gestüt zu tun. Nur Igor war ungeduldig.

»Wann willst du Julie holen?« drängte er seine Mutter immer wieder.

»Sobald ich Nachricht von Rabbi Lewinsky habe«, antwortete sie nachsichtig. »Eine Heirat zu vermitteln braucht Zeit.«

»Warum?«

»Das weiß ich nicht genau, aber es ist wirklich ärgerlich. Ich habe sie alle immer wieder zur Eile gedrängt, und nun sitzen wir hier. Bestimmt macht der Dorfrabbi aus einer Mücke einen Elefanten. Vermutlich regt er sich auf, weil ich kein koscheres Essen auf den Tisch bringe, und erhebt alle möglichen unsinnigen Einwände gegen uns.«

»Ich reite hin.«

»Ich habe Rabbi Lewinsky versprochen, daß du das nicht tust.«

»Aber in Dreiteufelsnamen, warum denn nur?« Seine Kiefermuskeln arbeiteten.

»Weil unsere Lage sehr sonderbar ist, Igor. Beide Rabbis treten als Heiratsvermittler auf, und der Brauch will es, daß wir geduldig und höflich zu den *schadchonim* sind.«

»Ach was, ich reite jetzt ins Dorf und hole Julie. Die Rabbis können von mir aus zum Teufel gehen!«

So kam zu der Verzögerung im Dorf noch Rebellion im eigenen Haus, und Ronja suchte nach einer Lösung für dieses Problem. Sie fand sie in einem Essay, den ihr Vater vor vielen Jahren geschrieben hatte - ›Über Konflikt und Harmonie‹ hieß er. »Versuche einen Kompromiß zu schließen«, so riet er darin, »indem du eine ganz neue Idee vorbringst. Verbinde sie mit deiner Absicht so, daß dein Gegner die Falle nicht erkennt, in die du ihn gelockt hast. Laß ihn denken, daß er - zumindest teilweise - als Sieger aus dem Kampf hervorgegangen ist.«

Also brachte Ronja die neue Idee ins Gespräch, und Igor ging, weil er ihr vertraute, in ihre Falle. Er willigte ein, jetzt gleich zu einem Besuch bei den Brusilows aufzubrechen, und akzeptierte ohne weiteres das Versprechen seiner Mutter, daß Julie bei seiner Rückkehr schon auf ihn warten werde.

Am Tag seiner Abreise brachte die Morgenpost ein Päckchen für Ronja. Lydia trug es hinauf in ihr Zimmer. Es enthielt das goldene Armband, den Schal und sogar das Band, das Lydia um die Geschenke für Julie geknüpft hatte. Außerdem lag ein Brief dabei:

»Der hochwohlgeborenen Ronja von Glasman, der jüdischen *goya:*

Ihr blonder Teufel hat Ihren Sohn vor mein Haus geführt. Sie sahen meine Julie mit Bewunderung, und Igor schlich sich bei uns ein mit Lügen von seiner Liebe, mit falschen Heiratsversprechen, mit Lächeln, mit Geschenken, mit Silberrubeln für die Kinder des Dorfes, mit Goldstücken für den Rabbi, damit er sie unter die Alten und Schwachen verteile. So nahmen die Leute - ich auch - ihn auf, und er stahl meiner Julie das Herz.

Es ist auch meine Schuld. Der Tatar sagte: ›Wir kamen als Fremde. Wir scheiden als Freunde.‹ Mein jüdisches Herz glaubte ihm. Nicht auszudenken!

Über Sie, die Tochter eines hochgestellten Juden, muß ich mich wundern. Ein unschuldiges Mädchen schlecht zu behandeln, ist eine größere Sünde als das, was Sie getan haben.

Und nun ist meine arme, betrogene Julie verlassen. Bevor Ihr Sohn kam, verachtete sie die anständigen jüdischen Jungen im Dorf. Nun werden sie Julie verachten - Gott soll mich schützen!

Mag sein, daß es sich für einen Pirow und den Neffen einer Gräfin nicht schickt, die Nichte einer Bäckersfrau zu heiraten. Es schickt sich aber auch nicht für ein anständiges Judenmädchen, den Sohn eines Tataren zu heiraten, der in aller Öffentlichkeit eine Geliebte unterhält. Das Gerücht fliegt schnell wie der Wind. Mein Unwillen gilt nicht Ihnen.

Noch eines will ich sagen. Igor kam. Er labte sich an der Reinheit meiner Julie. Jetzt kommt er nicht mehr. Gut! Tun Sie mir einen Gefallen: Lassen Sie es dabei. Sollen die feinen Mädchen in Kiew ihn haben. Wie der Vater, so der Sohn.

Mit allem Respekt
Sara Bäcker

PS. Nur mit großer Mühe enthalte ich mich, Ihnen zu sagen: Möge Igor Ihnen schlechten *masal* bringen.«

Während Ronja las, hatte Lydia dabeigestanden und an dem Schal herumgefingert. »So eine Beleidigung – Geschenke zurückzuschikken!« knurrte sie böse. Ronja ignorierte ihre Bemerkung.

»Schick sofort einen Boten zu den Ställen«, befahl ihre Herrin. »Der Blonde soll zu mir kommen – jetzt gleich. Und bring ihn selber herauf.« Lydia raffte die Röcke und eilte davon.

Während sie wartete, zog Ronja einen derben Reitanzug an und packte einen kleinen Koffer mit Kleidern zum Wechseln, dem Schal, dem Armband und der Schleife. Schließlich ging sie in Boris' Zimmer hinüber, nahm eine Pistole aus einer Schublade und schnallte sie um.

Als Lydia mit dem Blonden kam, war Ronja schon fertig. Lydia musterte ihren Anzug mißbilligend. Der Junge machte ein verwirrtes Gesicht.

»Ich fahre ins Dorf«, erklärte Ronja. »Julie holen. Ich brauche einen gedeckten Wagen und ein Gespann, das sich im Wald auskennt und das ich kutschieren kann. Das mußt du mir von deiner Mutter Tamara besorgen. Aus unseren Ställen werde ich kein einziges Stück nehmen, nicht einmal meine eigene Peitsche. Wenn jemand dich etwas fragt - du weißt nichts. Dasselbe gilt auch für dich, Lydia.«

»Ich komme mit«, sagte der Blonde. In seiner Stimme hörte Ronja eine Ähnlichkeit mit Boris.

»Nein, mein Sohn«, sagte Ronja. Noch nie zuvor hatte sie ihn ›mein Sohn‹ genannt. »Das Wetter ist klar. Wenn es dunkel wird, bin ich schon aus dem Wald heraus. Du brauchst dir um mich keine Sorgen zu machen.«

»Der Wald verändert sich ständig, und es ist sehr einsam dort. Jetzt ist das Wetter schön, aber vielleicht wird später ein Gewitter aufziehen. Laß mich mitkommen!«

»Ich hätte dich sehr gern bei mir«, entgegnete Ronja, »aber es geht nicht. Ich muß allein fahren. Du mußt hierbleiben.«

Er gab nach und begann ihr die Einzelheiten des Weges zu erklären.

Ronja besaß eine Gabe, mit der wenige kleine Frauen gesegnet sind: Sie konnte sich groß machen. Jetzt hob sie sich hoch auf die Zehen und berührte die Wange des riesigen Blonden mit ihren Lippen. Sein »Danke, Mutter Ronja« klang wie ein Lied.

»Ich würde zehn Jahre im Fegefeuer auf mich nehmen«, sagte Lydia, sobald er gegangen war, »um Tamaras Gesicht sehen zu können, wenn sie das erstemal hört, wie er ›Mutter‹ zu Ihnen sagt.«

»Ich auch«, lachte Ronja vergnügt.

Lydia verschränkte die Arme vor ihrem stattlichen Busen. »Und wenn nun der Herr kommt, ehe Sie wieder zurück sind? Was soll ich ihm sagen?«

»Sag ihm, er soll sich zum Teufel scheren.«

Lydia strahlte. »Er wird mir das Herz aus dem Leib reißen.«

Ronja brachte den Wagen vor der Bäckerei zum Stehen, sprang herunter und band die Pferde an einen Pfosten. Mit der Pistole in einer Hand und ihrem Koffer in der anderen schaffte sie es nur mit Mühe, anzuklopfen.

Isaak öffnete ihr, hielt sich aber vorsichtig hinter der Tür; sein Blick klebte wie gebannt an der Waffe. »Verzeihen Sie, daß ich die Pistole mitbringe«, sagte Ronja schnell, da sie sah, daß sie den Mann erschreckt hatte. »Ich wollte sie nicht im Wagen lassen. Ich bin Ronja, Igors Mutter.«

»Sara!« rief der erstaunte Bäcker. »Sara, Besuch! Igors Mutter ist gekommen.«

Ronja, die immer noch auf der Schwelle stand, entschied, daß der Mann ein Trottel war. Auf eine gewisse Wartezeit gefaßt, stellte sie ihren Koffer hin, doch da kam Sara schon. Als sie Ronjas Waffe sah, verriet ihr Blick keineswegs Überraschung, sondern nur Bewunderung für diese Frau, die sich allein durch den Wald gewagt hatte, um sie aufzusuchen.

»Treten Sie ein und seien Sie mir willkommen«, sagte sie und griff nach Ronjas Koffer.

Ronja, die die große, saubere Frau forschend musterte, verspürte auf einmal Mitleid mit ihr. Daß eine solche Frau so einen. . . einen Dummkopf zum Mann haben mußte! Sie nahm Saras Hand und schenkte ihr ein Lächeln, das in den Augen begann und sich über das ganze Gesicht ausbreitete.

Dieses Lächeln überzeugte die mißtrauische Sara endlich, daß sie in Ronja vielleicht eine Freundin finden werde. Und gleich war alles verblüffend einfach und klar. »Kommen Sie mit nach hinten, Ronja. Sie müssen hungrig sein. Ich habe noch etwas Nudelsuppe vom Mittagessen und Pastinakwurzeln mit richtiger Fleischsauce. Kommen Sie! Während Sie sich waschen und erfrischen, wärme ich schon das Essen auf.«

»Ich bin völlig ausgehungert, Sara, und von Ihrer Kochkunst habe ich schon viel gehört. Aber zuerst muß ich mich um die Pferde kümmern. Ich habe sie rücksichtslos gehetzt.«

»Das kann Isaak übernehmen. Er holt gleich jemand vom Stall, der sie dann mitnimmt.«

In diesem Augenblick tauchte Isaak an der Tür auf und sprach den einzigen höflichen Satz seines Lebens. »Es ist mir eine Ehre und ein Vergnügen, Igors Mutter zu Diensten zu sein«, sagte er. Sara mochte kaum ihren Ohren trauen. Sie hatte keine Ahnung gehabt, daß er sich zu derartigen Höhen der Etikette aufschwingen konnte, und war beglückt über Ronjas Dankesworte, die andeuteten, daß es zwischen Bäckern und Pirows keinen gesellschaftlichen Unterschied gab.

»Wenn du im Stall warst, geh Julie holen«, befahl sie ihm. »Aber du brauchst dich nicht zu beeilen mit dem Nachhausekommen.«

»Sara – das Brot!« jammerte er.

»Soll doch der Teufel heute das Brot backen! Von mir aus kann das ganze Dorf fasten.«

Als er davongeschlurft war, musterten die beiden Frauen einander. Beide waren sensibel, beide geschult in der Kunst des Verhandelns. Die Heiratsvermittlung war ein gottgefälliges Geschäft mit einem praktischen Zweck, getätigt nach den von der Tradition vorgeschriebenen Regeln. Sara wußte, daß Ronja ihren Charme und ihre Macht in die Waagschale werfen würde, und gestand ihr dieses Recht auch zu. Sollte sie. Ihre Julie würde die Frau des Pirow-Erben werden, des Erben des von Glasmanschen Vermögens. Diese Tatsache räumte viele schwierige Probleme aus dem Weg.

Sara machte Wasser heiß, damit Ronja sich waschen konnte, während sie selber das Essen bereitete. Ronja aß konzentriert und mit einem Appetit, wie er in Saras Welt üblich war. Sie wartete, bis der Tisch abgeräumt war; dann erst sprach sie über den eigentlichen Zweck ihres Besuches.

»Wie kommt es«, erkundigte sich Sara, als sie nebeneinander auf dem schmalen Sofa saßen, »daß weder Ihr Mann noch Ihr Sohn noch ein Diener Sie auf der Fahrt durch den Wald begleitet hat?«

»Boris und Igor sind im Augenblick nicht in Kiew«, erklärte

Ronja. »Ihr Brief verlangte aber sofortiges Handeln. Und ohne Diener kam ich, weil ich Klatsch vermeiden wollte.«

»Ja, der Brief...« Sara blickte auf ihre im Schoß gefalteten Hände. »Wenn ich mich jetzt entschuldigen würde, so wäre das genauso, als wollte man eine Leiche zur Ader lassen. Ich kann nicht sagen, daß es mir leid tut, daß ich ihn diktiert habe; das stimmt nämlich nicht. Der Brief hat Sie hergeführt.

Die bösen Dinge, die ich darin gesagt habe, nehme ich zurück. Ronja, es gibt ein altes jüdisches Sprichwort: Die ganze Welt ist ein Dorf. Ich hörte von dem Gerücht, daß Ronja von Glasman sich weigere, das Dorfmädchen zu akzeptieren; nichts wandert so schnell wie der Klatsch. Ich stellte Igor deswegen zur Rede. Er stritt es nicht direkt ab. Und damit begann mein Alptraum. Ich sah meine Julie geschändet, verlassen, sterben - aber nicht vor Scham, sondern an gebrochenem Herzen. Oft konnte ich nachts nicht schlafen. Oft wollte ich morgens nicht aufwachen.«

»Wir waren beide von einer Mauer aus Mißverständnissen umgeben«, sagte Ronja. »Ich bin gekommen, die Tore dieser Mauer zu öffnen, Sara.«

Sara stimmte ihr zu und fühlte sich nunmehr veranlaßt, über Julie zu sprechen. »Daß sie die russische Sprache weder lesen noch schreiben oder richtig sprechen kann, ist nicht allein meine Schuld. Ihr Vater ist ein großer Gelehrter, und oft genug habe ich ihn gebeten, sie zu unterrichten. Aber er hatte kein Interesse daran, einem Mädchen Bildung beizubringen, und Rhea hatte auch etwas dagegen. Julie wollte so gern etwas lernen, aber Abraham im Haus ihrer Eltern schlug ihr die Bitte ab.

Was konnte ich tun? Nicht mehr als das, was ich getan habe. Ich habe sie alles gelehrt, was ich wußte. Sie kann rechnen; sie löst Aufgaben im Kopf. Sie ist sauber und höflich, sie ißt manierlich, redet leise und sitzt nie mit gespreizten Beinen. Julie ist intelligent - sie begreift schnell. Sie wird Ihnen keine Schande machen, und Rabbi Lewinsky wird niemals bereuen, daß er Julie geholfen hat.«

In diesem Augenblick kam Rhea ins Zimmer gestürzt, dicht gefolgt von Abraham und Julie.

»Ich bin Rhea, die richtige Mutter von Julie. Ich freue mich sehr, Sie kennenzulernen. Und das ist Abraham, mein Mann.«

Ronja lächelte, aber sie sah nur Julie an, die sich wie ein verängstigtes Kind im Hintergrund hielt. Ronja erhob sich und breitete ihre Arme aus, und das Mädchen lief an Abraham und Rhea vorbei und warf sich an ihre Brust. »Julie, meine Tochter!« sagte Ronja.

»Sie hat keine Mitgift«, verkündete Rhea trotzig.

Sara bückte sich und hob den Deckel der niedrigen Truhe, die vor dem Sofa stand. Sie holte zwei Leuchter heraus, die im Feuerschein glänzten, und wollte sie Ronja reichen. »Julie hat das hier. Sie wird nicht mit leeren Händen nach Kiew gehen.«

»Sie sind wunderschön, Sara, und bei weitem genug als Mitgift. Aber Sie müssen sie Julie selber geben. Sie haben ein Recht dazu.«

Nach außen hin war Julies süßes, junges Gesicht tiefernst und ruhig, doch Ronja spürte, daß sich hinter der Ruhe eine Vielfalt von Emotionen verbarg - Stolz, Dankbarkeit und ein wenig Verlegenheit.

»Julie, mein Kind«, sagte Ronja, »wenn du dich bei Sara bedankt hast, geh, pack deine hübschen Leuchter ein und alles, was du sonst noch brauchst. Wir müssen morgen sehr früh aufbrechen, damit wir vor Dunkelwerden noch durch den Wald kommen.«

»So schnell?« klagte Rhea. »Dann muß sofort alles geregelt werden.«

Gehorsam nahm Julie auf dem Sofa Platz, die Leuchter an ihren kindlichen Busen gedrückt. Ronja wandte sich an Rhea.

»Ich höre gern, was Sie zu sagen haben.«

»Die Hochzeit. Wann wird sie stattfinden?«

Und Abraham fügte rasch in versöhnlichem Ton hinzu: »So etwas muß geregelt werden, gnädige Frau. Aber vielleicht wäre es besser, den Rabbis die letzte Entscheidung und die endgültigen Dispositionen zu überlassen.«

»Ich treffe meine Entscheidungen selber«, gab Ronja scharf zurück. »Und meine Dispositionen ebenfalls. Im Augenblick kann ich Ihnen noch keinen Hochzeitstermin nennen.«

Rhea machte keinen Versuch, ihre Enttäuschung zu verbergen. »Das genügt mir aber nicht. Wir bestehen auf einer klaren Antwort. Drücken Sie sich verständlich aus, Ronja von Glasman!«

Ronja und Sara tauschten einen Blick, der ebenso vielsagend war wie ein Achselzucken. »Rhea«, erwiderte Ronja, »ich heiße Pirow. Bitte, merken Sie sich das.«

»Außerdem«, unterbrach Sara energisch, »haben Rhea und Abraham nichts zu verlangen. Julie gehört jetzt Igors Mutter. Ich habe sie ihr gegeben. Ihr solltet Gott danken, daß er sie mit soviel Gnade überschüttet.«

Es war nicht leicht, Rhea zu beschwichtigen. »Es ist weit gekommen, wenn eine Mutter auf ihre Frage keine klare Antwort erhält.«

Man muß ihre Hartnäckigkeit bewundern, dachte Ronja. Sie lachte. »Also gut. Ich werde Ihnen eine klare Antwort geben. Morgen werde ich Julie, die Leuchter und ein wenig Proviant in meinen Wagen packen, und dann werden wir dreißig Meilen weit fahren. Für Julie jedoch wird die Entfernung weit größer sein. Sie fährt in ein ganz neues Leben. Um sie darauf vorzubereiten, werde ich ihr bei dem Übergang zum Frausein helfen. Wenn sie ihre Verantwortung als zukünftige Herrin des von Glasmanschen Besitzes kennt und Igor begehrt, wie eine Frau einen Mann begehrt, dann erst soll die Hochzeit stattfinden, nicht eher. Julie gehört jetzt mir, und ich schwöre Ihnen, daß sie ein Brautkleid aus jungfräulichem Weiß tragen wird.«

Und Julie, die sich mit ihren fünfzehn Jahren noch vor der Berührung eines Mannes fürchtete, fühlte sich wie neugeboren. Ronja, ihre Mutter, hatte ihr das größte Geschenk gemacht, das es gab: Zeit.

Beim Abschied hing Julie an Saras Arm, während ringsum »Auf Wiedersehen« gerufen wurde, Rufe, die Julie galten - und Ronja von Glasman. Denn immer noch war ihr Volk nicht bereit, sie Ronja Pirow zu nennen.

9

Lydia gluckte und gurrte um Julie herum. »Kommen Sie, mein hübsches kleines Mädchen«, sagte sie, und die Geste, mit der sie zur Treppe zeigte, lud Julie ein, ihr zu folgen. »Ihre Augen sind voller Schlaf. Ich werde Ihnen warme Milch holen und Sie zu Bett bringen.« Ronja verbarg ein Lächeln. Lydia hatte Julie bereits adoptiert, genau wie sie es mit den anderen Mitgliedern der Familie getan hatte. Arme Julie.

In aller Unschuld sträubte sich Julie dagegen, so hastig abgeschoben zu werden, noch ehe sie Gelegenheit gehabt hatte, sich dieses wunderschöne Haus anzusehen. »Ich bin überhaupt nicht müde«, erklärte sie. »Den ganzen Weg von Kiew bis hierher habe ich fest geschlafen.«

»Trotzdem sollten Sie lieber ein wenig ruhen, junge Herrin.« Lydia ließ sich nicht erweichen. »In den nächsten Tagen werden Sie keine Minute Ruhe haben, da wird Georgi Sie überall hinschleppen und Ihnen alles zeigen, und die Bauern werden Ihre Ankunft feiern wollen.«

Ronja mischte sich ein. »Schau dir die Bibliothek an, Julie, dann kannst du anschließend ein bißchen schlafen. Ich lasse dich dort allein, so hast du Zeit, dir alles in Ruhe anzusehen. Ich habe inzwischen noch einiges zu tun.«

Kaum hatte sich die Tür hinter Julie geschlossen, da ging Ronja zu Lydia in die Küche, wo niemand sie belauschen konnte.

»Schnell, Lydia. Berichte!«

»Gestern am späten Nachmittag kam Boris ins Haus und schrie: ›Ronja, mein Liebling, ich bin da! Ich bin die ganze Nacht geritten!‹ Die Dienstboten hatte ich alle fortgeschickt, und so bekam er keine Antwort. Während er nach Ihnen suchte, lief ich hinauf in mein Zimmer, verriegelte die Tür und wartete ab, was nun geschehen würde. Und es geschah. Er trat meine Tür ein, packte mich bei den Schultern und brüllte mich an: ›Wo, zum Teufel, ist Ronja?‹ Ich fing an zu weinen, mit Absicht. Da ließ er mich los, entschuldigte sich und stürmte wieder wie der Teufel aus dem Haus. Seitdem ist er nicht heimgekommen.«

»Kümmere dich um Julie«, befahl Ronja. »Sag ihr, daß ich fortgerufen wurde und daß wir uns morgen früh sehen.«

Auf dem Gestüt weckte Ronja den Pferdeknecht, der die Wache hatte, und ließ anspannen. Von einem Wandhaken holte sie ihre Peitsche.

Sie hatte das Haus, in dem sie Boris vermutete, nie gesehen, wußte aber, wo es lag: auf halber Höhe an Kiews steilstem Hügel und hinter einer hohen Mauer vor der Straße verdeckt. Es war, wie sich herausstellte, kein großes Haus. Der Vorgarten war schmal, und hinten gab es nur noch den steilen Abhang zum Fluß hinunter. Ein angebauter Stall enthielt Boxen für zwei Pferde und Platz für einen Wagen.

Boris hatte es vor langer Zeit, noch ehe das Gestüt Gewinn abwarf, mit Ronjas Geld gekauft und nacheinander eine Reihe von Frauen darin untergebracht, einige davon gewöhnlich, andere aus guter Familie, an denen er, wenn er wütend auf Ronja war, seinen Zorn ausließ, und die er durchweg verachtete. Aber es gab Zeiten, da war er so besessen von seiner Frau, daß er nicht einmal zu dieser Form der Vergeltung Zuflucht suchen konnte.

Ronja verabscheute seine unsauberen Affären, war aber zu stolz, sich deswegen mit ihm zu streiten. Heute abend jedoch beschloß sie, Boris Pirows Seitensprüngen ein Ende zu machen. Nie wieder sollte er einen Fuß in dieses widerliche Haus setzen, nahm sie sich vor.

Im selben Augenblick, als sie vor der Einfahrt hielt, betrat Boris das an der Rückseite des Hauses liegende Schlafzimmer, wo Vera nackt auf dem Bett ruhte und auf ihn wartete. Der Anblick der entblößten Frau, des Zimmers mit seinen überall verteilten Seidenkissen, den Straußenfedern und den Konfektschachteln rief lediglich müden Abscheu in ihm hervor. »Ach, geh zum Teufel!« sagte er angewidert.

»Soll das ein Scherz sein?« Vera lachte. »Ich bin die Beste meines Fachs in ganz Kiew und habe nicht einmal etwas dagegen, dich mit deiner Frau zu teilen.«

Sie hatte gerade ausgesprochen, da hörten sie Ronjas Schritte. Als Vera die Frau auf die offene Tür zukommen sah, die Peitsche lässig in der Hand, hielt sie den Atem an.

»Umdrehen, Dirne!« befahl Ronja knapp.

Vera ließ sich nicht so leicht ins Bockshorn jagen. Ronja hatte natürlich von ihrer Existenz gewußt. Was aber, wenn sie von Igor erfahren hatte? Vera wurde blaß vor Angst.

Der erste Hieb traf ihren vollen Schenkel.

»Auf den Bauch, Schlampe!« sagte Ronja mit kalter Wut. »Oder ich werde dir das Fleisch im Kreuz von den Knochen schlagen und Salz in deine Wunden reiben.« Gnadenlos sauste die Peitsche herab.

»Schrei!« befahl Ronja.

Vera schrie.

Boris, der die Striemen auf den Hinterbacken seiner Mätresse sah und wußte, daß nun bald Blut fließen würde, fing Ronjas Handgelenk ein. »Das genügt.«

»Halt den Mund!«

Boris grinste. »Komm, wir gehen.«

Ronja ließ die Peitsche sinken und ging vor ihm her aus der Tür; in ihren Ohrläppchen tanzten die Ringe. Von der Frau auf dem Bett kam kein Laut.

Boris konnte nicht schlafen. Er wälzte sich herum, langte zum Nachttisch und zündete sich eine Zigarette an. Was für eine Frau! Als er auf dem Pferd saß, war sie bereits auf und davon. Sie einzuholen war ein Kinderspiel, sie zum Halten zu bringen allerdings nicht. »Ruhig, ruhig!« redete er auf die Kutschpferde ein, worauf sie ihnen klatschend die Zügel auf den Rücken schlug und sie noch antrieb. Er kam sich albern vor bei dem Reiterkunststück, das er dann zu vollführen gezwungen war. Er brachte seinen Hengst neben ihr Gespann und sprang von einem Pferd auf das andere hinüber. Er zügelte die Kutschgäule und kletterte zu Ronja in den Wagen. Während des ganzen Heimwegs schwiegen sie, und als sie die oberste Stufe der Treppe erreicht hatten, ging sie sofort in ihr Zimmer – immer noch ohne ein Wort.

Jetzt, als die ersten Sonnenstrahlen das Porträt seiner Frau am Fußende des Bettes beleuchteten, hatte Boris das unbehagliche Gefühl, das Bild lachte ihn aus. Er schlug die Decke zurück und schwang seine Beine aus dem Bett.

In Ronjas Zimmer waren die Vorhänge noch zugezogen, und es duftete süß nach den weißen Rosen in apfelgrünen Krügen und nach den Veilchen in lavendelblauen Porzellanschalen. Ronja lag auf dem Rücken unter ihrer Seidendecke und schlief. Er betrachtete ihren feinen Mund mit der sinnlichen Unterlippe.

»Ronja, Liebste!«

Sie schlug die Augen auf, dunkle Seen voll Schlaf, und als er sich über sie beugte, um sie zu küssen, sah sie das Feuer in den seinen. Sie preßte die weichen Lippen fest aufeinander und wandte den Kopf ab.

»Ich liebe dich, Ronja. Dich allein!« beteuerte er.

»Das weiß ich, Boris.« Ihre Stimme klang selbst beim Flüstern kühl.

»Ich werde dir nie wieder die Treue brechen«, schwor er.

»Das weiß ich ebenfalls, Boris. Aber ich verlange noch mehr.«

»Was, Ronja?«

»Ich verlange, daß du ein Jude wirst. Daß du bei der Bar-Mizwa-Feier in der Synagoge an der Seite deines Sohnes stehst. Daß du Mitleid hast mit den Schwachen und Vertriebenen. Hilf ihnen, Boris! Ihre Herzen weinen, aber sie sind zu stolz, um zu bitten. Achte mein Volk und diene ihm. Ich will, daß die Juden mich endlich Ronja Pirow nennen.«

»Ich werde neben Georgi stehen«, versprach Boris langsam. »Ich werde tun, was in meinen Kräften steht. Aber meine Mutter ist eine Tatarin. Kann ich dem entfliehen? Was könnte ich denn versprechen?«

»Du hast genug versprochen, Boris, mein Liebster.«

Noch nie hatten sie sich in solcher Harmonie, in so innigem Verständnis und vollständiger Einheit geliebt. Im warmen Nachklang des Glücks reckte sich Boris und murmelte: »Ich fühle mich wunderbar!«

Ronja lachte. »Ich weiß etwas, was dich noch glücklicher machen wird. Oben liegt Julie in ihrem Zimmer und schläft.«

»Donnerwetter!« Seine Verblüffung war echt. »Kein Pferd, kein Wagen hat im Stall gefehlt, aber du und Igor, ihr seid ins Dorf gefahren!«

»Igor habe ich nach Moskau geschickt«, erklärte Ronja gelassen. »Ich bin allein gefahren.«

Er stieß einen Pfiff aus. »Und wie –« er zerzauste ihr Haar – »bist du in das Haus auf dem Hügel gelangt?«

»Durch ein Kellerfenster. Du bist wirklich zuvorkommend, daß du eine Eisenstange in deiner Satteltasche trägst.« Ihr Ton war selbstgefällig.

»Kein Wunder, daß dich die Juden immer Ronja von Glasman nennen! Sie können deinen Vater nicht vergessen: Er hat den Chinesen die Mandschurei gestohlen.«

»Er hatte seine Gründe.« Auf einmal wurde Ronja ernst. »Er hat seiner Zarin und Rußland gedient. Ich diene meiner Familie. Möchtest du hören, warum?«

»Geh, leg dich wieder schlafen, mein kleiner Feldmarschall.« Doch dann war er es, dem die Augen zufielen. Ronja zog die Decke über ihn und stieg aus dem Bett. Auf Zehenspitzen schlich sie ins Badezimmer und schloß behutsam die Tür.

Nicht weit entfernt, im selben Stockwerk, machte Julie, hellwach und glückselig, eine Entdeckungsreise in ihrem neuen Zimmer. Sie setzte sich auf den Stuhl vor dem rüschengeschmückten Toilettentisch, berührte entzückt die Emaillearbeit auf Handspiegel, Bürste und Kamm, ging hinüber zur Sitzbank am Fenster und schaute verträumt zu den Bäumen hinaus. Sie betastete Stickerei und Lack der Stühle, strich über Seide und Samt von Kissen, betrachtete Bilder und musterte schließlich ihr Spiegelbild.

»So ist es recht, junge Herrin –«, Lydia war eingetreten, ohne zu klopfen – »sehen Sie nur genau hin.«

Bereitwillig gehorchte Julie; sie starrte auf die Gestalt im schlichtweißen Frisiermantel, mit einem blauen Band im Haar, und dachte verwundert darüber nach, wie es nur kam, daß sie als *ein* Mädchen eingeschlafen und als ein ganz anderes wieder aufgewacht war.

»Hier ist Ihre heiße Schokolade, mein Kind«, sagte Lydia. »Trinken Sie. Gleich wird Ronja, Ihre Mutter, hier sein.«

Als Julie jedoch auf ein leises Klopfen die Tür öffnete, stand draußen nicht Ronja, sondern Boris mit Georgi. Sie glaubte, noch nie ein so auffallend schönes Paar wie diesen goldenen Mann mit seinem goldenen Sohn gesehen zu haben. Georgi, der lachend um seinen Vater herumtanzte, platzte aufgeregt heraus: »Bist du aber dünn!« Und fügte, als sie nicht antwortete, rasch hinzu: »Aber verflixt hübsch bist du!« Georgi hatte sich verliebt.

Boris schwang Julie hoch in die Luft. »Ja, das bist du!« bestätigte er und setzte sie sanft wieder zu Boden. »Ich wünsche dir Glück, meine kleine Tochter.«

Einen Augenblick schwiegen sie. Als Julie dann sprach, war ihre Stimme dünn, aber klar. »Alles Glück der Welt ist in diesem Haus.«

Ganz kurz legte ihr Boris die Hand aufs Haar. »Ronja ist schon unterwegs«, sagte er.

Wieder allein, kehrte Julie zu ihrer Schokolade zurück – und zu ihren Gedanken an Igor. Warum hatte sie ihn nie dazu bringen können, ihr von diesem Haus zu erzählen, damit sie vorbereitet war? Und wie falsch er außer seiner Mutter alles und alles sah! Wie konnte er nur den Blonden lieber mögen als den bezaubernden Georgi? Wie konnte er an seinem Vater zweifeln?

»Guten Morgen, Julie!« Ronja stand in der Tür und strahlte. »Hast du gut geschlafen?«

»Ich war viel zu aufgeregt. Es ist alles so . . . so neu.«

»Ich weiß«, sagte Ronja. »Aber du wirst dich bald eingewöhnen.«

»Ich liebe dieses Haus«, erklärte Julie leidenschaftlich. »Es ist, als hätte ich . . . Ich weiß nicht, wie ich es ausdrücken soll. Als hätte ich mein Leben lang Heimweh gehabt und wäre nun endlich zu Haus.«

»Dieses Haus *ist* dein Heim, Liebling.« Julie war so tief bewegt, daß ihr die Tränen kamen, und Ronja zog sie ins Badezimmer, um sie abzulenken. Das Badezimmer erfüllte Julie mit Staunen und Ehrfurcht, doch als Ronja sie fragte, ob sie ein Bad nehmen wollte, schlüpfte sie ohne Scheu aus ihrem Frisiermantel und fühlte sich, als sie bis zum Kinn in dem warmen, parfümierten Wasser lag, wie im siebenten Himmel. Als sie dann Ronja bat, ihr das Haar zu waschen, hatte Ronja das Gefühl, die Kleine habe sich schon ganz in ihrer Rolle als Tochter des Hauses eingelebt.

Julie zog wieder die Kleider an, die sie aus dem Dorf mitgebracht hatte, als Lydia hereinkam und meldete: »Lisette ist da, Herrin.«

»Gut. Führe sie ins Nähzimmer. Wir kommen gleich.«

Das Nähzimmer war ein fröhlicher Raum, voll Sonne, die aus dem Garten hereinschien, und heute war es ein Meer von Farben. In allen Ecken stapelten sich Stoffballen, und über Stühle und Tische waren Tuchbahnen drapiert.

Ronja stellte die Schneiderin vor, und Julie lächelte ihr zu, blieb aber, von Seligkeit übermannt, stumm und streckte nur die Hand aus, um die feinen Seiden- und Musselinstoffe vorsichtig zu streicheln.

Zunächst ging es um Wäsche: Höschen aus Schweizer Musselin und Linon mit feiner Spitze. Einige Unterröcke sollten lang werden, andere kurz, einige aus Flanell, andere mit Taft gefüttert.

Als Ronja sah, daß Julie müde wurde, ließ sie die Arbeit abbrechen.

»Wird auch alles fertig, ehe Igor kommt?« erkundigte sich Julie.

»Gewiß, junges Fräulein«, sagte Lisette. »Sobald ich den Stoff zugeschnitten habe, werden sich meine Näherinnen ans Werk machen. Dann nehme ich noch hier etwas ab, lasse dort etwas aus – und *voilà* – hat Fräulein Julie eine Garderobe. Die erste Anprobe . . . Paßt es Ihnen morgen um die gleiche Zeit?«

»Wenn es meiner Mutter Ronja paßt«, erwiderte Julie. »Vielen, vielen Dank, Lisette.«

Beim Tee in Katjas Wohnzimmer im ersten Stock sagte Ronja: »Wir müssen das Gestüt besichtigen. Was hat Igor dir über den Blonden erzählt?«

Julie errötete, und Ronja wußte nicht recht, warum.

»Der Blonde ist ein Halbbruder von Igor und Georgi, obwohl sein Vater ihm nicht das Recht gewährt, den Namen Pirow zu tragen, und nur selten mit ihm spricht«, erklärte sie. »Wir alle mögen ihn aber besonders gern, und sein Vater ist stets als erster gekränkt, wenn irgend jemand ihn nicht mit Respekt behandelt.«

Welche Reaktion Ronja von Julie auf diese unumgängliche Mitteilung erwartet hatte, wußte sie nicht, bestimmt aber nicht diesen niedergeschmetterten Blick. Da sie jedoch einmal angefangen hatte, ihr die Familienverhältnisse auseinanderzusetzen, war sie entschlossen, weiterzusprechen.

»Die Mutter des Blonden heißt Tamara und ist die Königin unserer Zigeuner. Wenn Igor heimkehrt, wird er mit dir einen offiziellen Besuch bei ihr machen. Sie wird dich freundlich empfangen, und du wirst sie sicherlich sehr gern haben. Sie wird dir ein königliches Geschenk geben. Nimm es. Wenn wir alle vergessen sind, werden sich die Leute ihrer immer noch als der Zigeunerkönigin erinnern.«

»Ich . . . ich glaube, das verstehe ich nicht«, stammelte Julie.

»Eines Tages wird du es schon verstehen. Bis dahin vergiß nur eines nicht: Weil Boris, sein Vater, den Blonden nicht an seinen Tisch einlädt, essen Igor und Georgi häufig mit ihm in der Küche oder auf dem Gestüt. Du kannst dich ihnen anschließen, wann immer du magst.«

Julie schien über dieses beunruhigende Thema nichts weiter hören zu wollen.

»Was bedeutet *voilà*?« fragte sie.

Ronja hatte es ihr eben erklärt, da kam Georgi ins Zimmer gestürzt und zog Julie ohne Umstände von ihrem Sessel hoch. »Ich habe dich überall gesucht«, beschwerte er sich. »Komm mit! Wir haben eine Überraschung für dich.«

Georgis Überaschung begann damit, daß er Julie die Ställe zeigte. Breitbeinig stand er da, die Hände tief in die Taschen gesteckt, und sah sie triumphierend an. »Sind sie nicht fabelhaft?« fragte er. Zu seinem Entsetzen jedoch machte Julie auf dem Absatz kehrt und lief mit angewidert gekrauster Nase hinaus in den Sonnenschein. Als er ihr verwundert folgte, sah er sie käsig und elend an der Stallwand lehnen.

»Was ist denn los mit dir? Ist dir schlecht?« erkundigte er sich besorgt.

Julie strich sich eine Haarsträhne aus der Stirn. »Kannst du schweigen?«

»Na klar«, versicherte Georgi.

»Ich habe Angst vor Pferden«, bekannte Julie und fuhr, obwohl er sie mit erschrockener Miene anstarrte, tapfer fort: »Und das ist noch nicht alles: Ich habe Angst vor dem Wasser. Ich kann nicht schwimmen.«

Georgi erkannte, daß ihr dieses Geständnis unendlich schwergefallen war, und beschloß mannhaft, sich ihrer anzunehmen.

»Hast du das Igor schon gesagt?«

Julie schüttelte den Kopf.

»Gut. Schwimmen ist kinderleicht. Morgen werfe ich dich in den Fluß. Wenn du dann untergehst, rette ich dich. Ich werfe dich immer wieder hinein, bis du lernst, dich über Wasser zu halten. Und dann zeige ich dir, wie man schwimmt.«

Julie kam dieser Vorschlag Georgis sehr drastisch vor. »Ich glaube, ich werde vor Angst dabei sterben.«

Georgi warf sich in die Brust. »Wir Pirows haben vor gar nichts Angst!«

Schnell legte Julie ihre Hand in Georgis und sagte, eher zu sich selber als zu ihm: »Was wird aber mit den Pferden?«

Georgi schluckte. »Zu spät«, flüsterte er hastig, denn gerade war Boris um die Ecke gekommen. »Nimm dich zusammen, sonst merken sie noch, daß du Angst hast.«

Sie sahen zu, wie Boris von seinem Schimmelhengst absaß, sich eine Zigarette anzündete und stehenblieb, um ein paar Worte mit dem Stallburschen zu wechseln. Georgi versuchte, Julie noch schnell auf das vorzubereiten, was sie erwartete. »Es ist nur ein Fohlen, Julie«, sagte er beruhigend.

Julie warf ihm einen hilflosen Blick zu, und dann sah sie, daß der Stallbursche Boris eine kleine schwarze Stute zuführte. Boris lächelte zufrieden. »Sie ist ein Champion, Julie«, sagte er. »Sie gehört dir.«

Julie wurde schneeweiß, und Boris begriff. Ehe sie sich's versah, saß er schon wieder auf seinem Hengst – mit ihr in den Armen. »Lauf, mein Junge!«

Das riesige Pferd trabte in der Bahn herum, und allmählich legte sich Julies panische Angst. Als sie die Augen aufschlug, zügelte Boris das Pferd zu einem gemächlichen Schritt. »Dein Fohlen ist lammfromm, Julie«, sagte er freundlich. »Es ist sehr leicht zu reiten.«

Eng an ihn geschmiegt, sah sie hinauf in sein Gesicht.

»Immer noch Angst?«

»Mit dir, Vater Boris, würde ich mich nicht einmal vor einem ganzen *Regiment* Pferde fürchten. Ohne dich habe ich immer noch Angst vor *einem* Pferd.«

Boris warf den Kopf in den Nacken und lachte aus vollem Hals.

10

Mit Rußland ging eine Veränderung vor. Unter der ruhigen Oberfläche des Sommers 1901 wurden neue Strömungen spürbar. Die Bauern, von denen die ganze umfangreiche und mühselige Wirtschaft abhing, fanden jetzt, nach Jahrhunderten, den Mut, der Unzufriedenheit mit ihrem Schicksal Ausdruck zu verleihen. Im September brachen die Fabrikarbeiter in offene Rebellion aus. Bei nächtlichen Zusammenkünften auf den Plätzen der Armenviertel faßte die Menge ihre Leiden in Worte und schrie ihre Forderung heraus: »Kürzere Arbeitszeit! Freiheit!« Die Kosakenleibgarde des Zaren ritt sie zusammen.

Der größte Teil der Adligen und der Mächtigen im Lande ignorierte das wachsende Gären, und als sie es nicht länger ignorieren konnten, zuckten sie die Achseln und beklagten die Schwäche dieses Regimes, das nicht einmal seine Untertanen in Schach halten konnte. Nur ein paar Liberale in St. Petersburg, unter ihnen etwa Alexis Brusilow, erkannten den Ernst der Lage. Sie warnten den Zaren und rieten ihm zu Konzessionen. Zu den energischsten Verfechtern dieser Politik gehörte Sergius Witte, der Finanzminister. Zu Beginn seiner Karriere war er ein Protegé David von Glasmans gewesen und hatte von ihm, dem Realpolitiker, gelernt, die Anzeichen einer heraufziehenden Krise zu erkennen. Jetzt war er auf seiten der wenigen Aufgeklärten, die auf eine Reform drängten, aber selbst er war dem Hofklüngel nicht gewachsen. Nikolaus hörte nicht mehr auf seine Mutter, die Zarin-Witwe, sondern fügte sich ganz seiner ehrgeizigen, tyrannischen Frau Alix, der Deutschen, und diese verlangte von ihm, daß er den Autokraten spielte, den von Gott eingesetzten Herrscher.

Die Ukraine lag weit entfernt vom Zentrum dieser Entwicklung, doch kleine Ausläufer der Unruhe erreichten auch sie. Immerhin blieb es auf den Besitzungen der von Glasmans ruhig, und die Pachtbauern waren zufrieden, wie sie es bisher trotz aller Störungen immer gewesen waren. Jedermann war des Glaubens, sein ganz persönliches Goldenes Zeitalter werde weiterhin anhalten und nie mehr aufhören.

Ronja aber, die mit Alexis eine rege Korrespondenz führte, überließ nichts dem Zufall. Sie gab ihren Bauern Land zum Pflügen und Samen zum Säen. Außerdem gehörte ihnen die Kirche und die Schule. Ihre Alten bekamen eine Rente, die Kranken ärztliche Pflege. Sie hatten reichlich Lebensmittel und Wodka, und vor allem hatten sie ihren Boris und seinen Schimmelhengst, der ihren Träumen immer neue Nahrung gab. Sie aßen, tranken, kopulierten und freuten sich ihres Lebens.

Die Männer auf dem Gestüt konnten sich ebenfalls nicht beschweren. Igor würde die Meisterschaft abermals erringen, darin waren sich alle einig, darauf waren sie stolz, und darauf setzten sie ihre Wetten. Im Herzen wußten sie zwar, daß Georgi seinen Bruder bald ausstechen würde, doch davon sprachen sie nicht.

Auch die Zigeuner waren zufrieden. Wären sie es nicht gewesen, hätte Tamara das Zeichen zum Aufbruch gegeben und sie zu einem neuen Lagerplatz geführt. Als einzige Bewohner dieses Besitzes lebten sie auf dem Land, ohne daran gefesselt zu sein. Seit so vielen Generationen, daß sie sie nicht mehr zu zählen vermochten, lebte der Stamm nun schon hier, aber er lebte nach seinen eigenen Gesetzen. Niemals würden sie einem Menschen zu eigen sein; sie fühlten sich frei und berechtigt, alle Verträge mit den von Glasmans jederzeit zu brechen. Die Sonne ging auf, die Sonne ging unter, und Tamara sorgte für ihren Schutz.

Boris war neuerdings so häuslich geworden, daß er sogar Einladungen zu Reisen und Aufforderungen, bei Pferdeschauen als Schiedsrichter zu fungieren, ausschlug; die Aufgabe, Remonten bei der Kavallerie abzuliefern, war auf den Blonden übergegangen. Eines

Morgens jedoch, als er mit Ronja in der sonnigen Küche am Frühstückstisch saß, fragte er neckend: »Gibst du mir am heutigen Abend zum Kartenspiel mit meinen Freunden Urlaub, oder muß ich mich wie Georgi durchs Fenster davonstehlen?«

»Ich kann den Gedanken zwar kaum ertragen«, spöttelte Ronja, »aber bitte sehr. Wann mußt du fort?«

»Gegen sechs. Ich komme noch rasch vom Gestüt herüber, um mich umzuziehen und dir auf Wiedersehen zu sagen.« Er legte die Serviette hin und stand auf. An der Tür drehte er sich noch einmal um und sagte fast sehnsüchtig: »Ich könnte ja auch zur Kaserne reiten und die Herren hierher einladen.«

Seit Jahren hatte sich Ronja geweigert, seinen trinkfreudigen Kumpanen ihr Haus zu öffnen, und überdies hatte er sich immer sichtlich auf diese Abende außerhalb des Hauses gefreut. Erst seit kurzem fiel es ihm schwer, auch nur einen einzigen Abend von seiner Frau getrennt zu verbringen.

Ronjas Antwort kam prompt und liebevoll. »Ich werde persönlich für euch kochen; es wird ein wunderbarer Abend werden!«

Es wurde nicht nur ein denkwürdiges Mahl, sondern die Gastgeberin war während des Essens einfach bezaubernd und zog sich anschließend bald zurück, um die Herren ihrer Unterhaltung zu überlassen. Gerührt und dankbar erklärte sich Boris am folgenden Abend freiwillig bereit, sie zu einer ihrer, wie er glaubte, gräßlichen und endlosen Sitzungen zu begleiten. Er hatte sich immer hartnäckig geweigert, sich in so etwas hineinziehen zu lassen.

Ronja akzeptierte sein Angebot und sagte: »Es ist wohl besser, wenn du mit mir nach oben kommst, damit ich dir beim Anziehen erklären kann, um was es uns eigentlich geht.«

Vor ihrem Frisiertisch sitzend, die langen Haare geschickt zu einem Knoten schlingend, betrachtete sie ihren Mann, der es sich auf dem Fußende ihres Bettes bequem gemacht hatte, im Spiegel. »Du hast dich seit Jahren vor diesen Sitzungen gedrückt. Vermutlich glaubst du, daß sie stinklangweilig sind, wie?«

Boris reckte die Arme hoch über den Kopf. »Und ich wette, damit habe ich nicht danebengetippt. Dicke Gutsbesitzer, dicke Weiber, tönende Reden.« Er gähnte.

Ronja schnitt ihm ein Gesicht. »Deine Busenfreunde wirst du allerdings nicht dort treffen, das kann ich dir garantieren – das heißt, bis auf einen.« (Das mußte Tromokow sein, nahm er an.) »Wir sind eine ernsthafte Gruppe und auch einflußreich, aber ich würde sagen, bestimmt nicht spießig. Offiziell kommen wir zusammen, um die Möglichkeiten einer Bodenreform zu untersuchen, in Wirklichkeit aber . . .«

Er war aufgestanden und trat hinter sie. »Ronja, mein Täubchen«, sagte er, »du redest zu viel.«

Als sie endlich eintrafen, war es schon spät, aber man hatte mit dem wichtigsten Punkt der Tagesordnung auf Ronja gewartet. Boris war erstaunt über die Begrüßung, die ihr zuteil wurde. Es war ihm nie in den Sinn gekommen, daß sie die einzige Frau in dieser Versammlung sein, oder daß man bei den Besprechungen ihrer Stimme soviel Gewicht beimessen könnte. Feierlich schüttelte er den Männern, lauter führenden Persönlichkeiten aus Kiew, die Hand und kam sich vor wie ein Prinzgemahl. Hochwürden Tromokow war, wie erwartet, sein einziger engerer Freund hier – Tromokow, mit dem er seit so vielen Jahren ritt, trank und stritt, daß er geglaubt hatte, ihn ganz genau zu kennen. Hätte er ihn beschreiben sollen, so hätte er ihn als einen Mann gezeichnet, der Pferde, Bauern, Wodka und Gott liebte – in dieser Reihenfolge. Heute abend jedoch erfuhr er, daß Tromokow der einzige Radikale dieser Gesellschaft war. Während die anderen eine *starke* Ukraine befürworteten, forderte er allein eine *souveräne* Ukraine mit absoluter Trennung von Kirche und Staat. Und mehr noch, er machte gar keinen Hehl daraus, daß er der römisch-katholischen Kirche den Vorzug gab. Boris war sprachlos – und voller Bewunderung.

Je weiter der Abend fortschritt, desto beeindruckter war er von der hochherzigen politischen Klugheit, die hier ganz selbstverständlich einem Thema gewidmet wurde, das ihm auch sehr am Herzen lag: dem Wohl und der Erhaltung der Ukraine.

Daher war er recht stolz, als Hochwürden Tromokow sich gegen Ende der Besprechung erhob und den Vorschlag machte, ihn als Mitglied aufzunehmen. Der Antrag wurde einstimmig angenommen. Ohne Zögern erwiderte Boris mit aufrichtigem Ernst: »Ich danke Ihnen, meine Herren. Es ist mir eine Ehre, Ihre Wahl zu akzeptieren.«

Sofort sprang Ronja auf. »Und ich, meine Herren, trete zurück.«

Niemand erhob Einspruch.

Auf dem Heimweg fuhr Hochwürden Tromokow ein Stück mit ihnen zusammen. Boris sagte: »Sie, mein alter und lieber trinkfreudiger Kumpan, sind ein hinterlistiger Schuft.«

Der Priester brüllte vor Lachen. »Und Sie sind, nehme ich an, noch immer ein ausgezeichneter Kenner von Pferden – und nur das.«

»Was, zum Teufel, soll das denn jetzt heißen?«

»Es soll heißen«, sagte Ronja honigsüß, »daß du das nächstemal, wenn ich dir etwas zu erklären versuche, lieber zuhören solltest.«

Am späten Nachmittag des Tages vor Rosch Haschana, als Katja und Igor jeden Augenblick eintreffen konnten, blieb Julie, nachdem die anderen schon in ihre Zimmer hinaufgegangen waren, um sich zum Abendessen umzuziehen, noch bei Lydia in der Küche sitzen. »Gehen Sie, machen Sie sich schön«, sagte Lydia zu ihr. »Ziehen Sie das Kleid mit der Spitzenpasse und den Puffärmeln an, das blaue.«

Statt ihrem Rat zu folgen, sah Julie, eine Gurke in der Hand, verträumt zu, wie Lydia geriebene Nüsse mit in Butter gebräuntem Zucker und Zimt verrührte und einen Kuchen damit bestreute. Nachdenklich kauend fragte sie: »Ob Gräfin Katja ein ungebildetes Mädchen wohl mag?«

»Sie werden bald genug gebildet sein«, gab Lydia zurück. »Ihre Unterrichtsstunden sollen gleich nach den Feiertagen beginnen.« Sie wischte sich die Hände an ihrer Schürze ab und gab Julie einen Klaps aufs Hinterteil. »Und nun, ab mit Ihnen! Igor kann jede Minute hier sein.«

»Ist schon da!« Igor stand in der Tür.

Julie packte ihre Gurke fester und schrie auf: »Igor! Du kommst viel zu früh! Ich bin noch nicht fertig.«

Er nahm sie liebevoll in die Arme. »Macht nichts, Julie. Ich mag dich auch mit zerzausten Haaren.« Und er zerzauste sie ihr noch mehr.

Julie, die pflichtschuldigst Abend für Abend sein Foto küßte, hatte ganz vergessen, wie riesengroß und imponierend männlich ihr geliebter Igor war. Daher flüchtete sie sich in eine gezierte Scheu, machte sich los, steckte sich ihre Haarsträhnen fest und zog das Oberteil ihres Kleides zurecht. Igors Hände fielen am Körper herab.

»Husch, ihr zwei!« befahl Lydia strahlend. »Wie soll ich mit meiner Arbeit fertig werden, wenn ihr euch dauernd hier herumtreibt?«

Sie suchten Zuflucht im Kräutergarten vor der Hintertür. »Ich freue mich sehr, daß du jetzt hier bist, Julie«, erklärte Igor formell.

»Ich freue mich auch.« Julie sagte es wie ein kleines Mädchen, das höfliche Redewendungen übt, die ihr das Kinderfräulein beigebracht hat.

Steif und fremd setzten sie sich auf eine Bank aus Stein.

»Sind sie auch alle nett zu dir?«

»O ja, Igor! Sehr, sehr lieb sogar.«

»Was hast du alles gemacht?«

»Am letzten Dienstag ist Mutter Ronja mit mir zu Rabbi Lewinsky gefahren. Sie hat mir die Synagoge gezeigt. Es ist die älteste Synagoge von Rußland, und nie im Leben habe ich einen so riesigen Innenhof gesehen. Mit einem Springbrunnen in der Mitte. Und du solltest die Häuser in der Judenstraße sehen! Alle so schön und ganz aus Stein!

Hast du gewußt, daß Rabbi Lewinsky in Wien und Jerusalem studiert hat? Er hat mir von Weintrauben erzählt, die so groß sind wie Pflaumen, und von Oliven und Öl, das aus den Samen gemacht wird, und von der schrecklichen Wüste und von Kamelkarawanen und Arabern und von dem Berg Zion ...«

»Hilfe, Julie!« Igor lachte. »Ich habe dich noch nie so schnell und soviel reden hören.«

»Ich habe auch noch nie soviel gewußt. Aber du – was hast du in Moskau gemacht?«

»Viel gelesen. Hindernisspringen geübt. Meist aber an dich gedacht und die Tage gezählt.« Das war zwar nur ein Bruchteil der Wahrheit, aber es war genug.

Eine kleine Pause trat ein. Igor beugte sich vor, nahm einen Stock und zeichnete eine komische Fratze in die warme Erde zu seinen Fußen.

»Mutter schrieb, daß du mit dem Blonden lange Spaziergänge machst«, sagte er vorsichtig.

Julie antwortete nicht, und während er zuversichtlich wartete, versah er den gezeichneten Kopf mit einem Lockenkranz. Als sie jedoch stumm blieb, zerbrach er den Stock und löschte das Gesicht mit der Schuhsohle aus. Nach seiner Mutter waren der Blonde und Julie die beiden Menschen, die er auf Erden am meisten liebte, und Igor wünschte sich sehnlichst, daß sie gute Freunde wurden. Seiner Braut aber war, selbst während sie schwieg, ihre Abwehr gegen diesen Gedanken anzumerken.

Igor zog ein kleines Etui aus der Tasche, und Julie atmete erleichtert auf. Wie konnte sie ihm ihre Abneigung gegen den Blonden erklären? Ihr Verstand sagte ihr, daß sie ungerecht war, aber ihr Herz war noch immer nicht überzeugt.

Das Etui enthielt einen Smaragd von großer Schönheit; funkelnd lag er auf dem weißen Samtfutter, gefaßt in einen schlichten, goldenen Ring. Igor nahm ihn heraus und steckte ihn Julie an den vierten Finger.

»Den schickt dir Tante Katja als Verlobungsring.« Igor besiegelte ihr Verlöbnis mit einem Kuß, der von Julies Seite allerdings ein durch und durch kindlicher war. Ach was, genau so wollte Igor sie vorerst haben.

Um Mitternacht begann der Tag des Gerichts, der Tag, an dem Gott die Taten des vergangenen Jahres abwägt und über das Leben der Menschen entscheidet. *»Be Rosch Haschana Jikateiwun«* – am Neujahrstag werden sie eingeschrieben.

Draußen vor ihrer Schlafzimmertür blieb Ronja stehen und ergriff Boris' Hand. »Ich habe gut gewählt, als ich dich wählte, mein Geliebter«, sagte sie und dachte an jene erste Nacht vor so vielen Jahren.

Als der letzte Trinkspruch ausgebracht und der letzte Hochzeitsgast durch die breiten Flügeltüren verschwunden war, ging Ronja hinauf in ihr Zimmer und machte sich für den Bräutigam bereit. Das lange Haar fiel in einer dunklen Wolke über ihr schneeweißes Nachtgewand; mit großen, strahlenden Augen lag sie auf dem Bett und lauschte auf seine Schritte.

Als er endlich kam, blieb er riesengroß, mit herausfordernd gerecktem Kinn vor ihr stehen. Er sagte kein Wort, sondern beugte sich stumm herab, riß ihr das hauchzarte Nachthemd vom Leib und warf es zu Boden, als sei es ein Lumpen. Und dann nahm er Ronja, brutal, trotzig und ohne ein Wort der Liebe.

Als er wieder ruhig war, sagte Ronja voll Bitterkeit: »Ich hasse dich.« Und ihr Ehemann lachte.

Am nächsten Morgen war sie heiter, er mürrisch. Sie sprach in liebenswürdigem Ton, und er traute ihr nicht. Aber ihr Lächeln war unwiderstehlich. Als er zu den Ställen ging, konnte er an nichts anderes denken als an die kommende Nacht.

Der Abend begann mit einem Familienessen, bei dem Ronja sich Mühe gab, alles auf einmal zu sein: liebevolle Tochter, Schwester und kokette Braut. Es war Alexis, der vorschlug, schlafen zu gehen. Ronja schmiegte sich an Boris' Schulter. Sie sagte: »Laß mir ein paar Minuten Zeit«, drückte ihm einen leichten Kuß aufs Haar und ging hinauf. Er nickte und lachte in sich hinein.

Als er an Ronjas Türe kam, war sie verschlossen. Boris grinste. Er war hereingelegt worden, aber ihm gefiel ihr Temperament. Er klopfte, bekam jedoch keine Antwort. Nun nahm er all seine Kraft zusammen und stemmte seine muskulöse Schulter gegen den oberen Teil der Türfüllung. Die Tür war schwer und solide gearbeitet und gab nicht einen Millimeter nach. Aus seinem Zimmer holte er ein Taschenmesser. Eine Drehung der Klinge, und das Schloß gab nach.

Der Anblick, der sich ihm bot, als die Tür aufsprang, war überwältigend: Ronja stand splitternackt, die zarten, rosigen Hinterbacken fest zusammengepreßt, in der Hand eine Peitsche.

Von Herzen lachend zog Boris sich ebenfalls aus. Erst als er sich bückte, um seine Schuhe auszuziehen, merkte er, daß er die Schlafzimmertür offengelassen hatte. Im Flur stand David von Glasman, bleich vor Entsetzen, und starrte herein. Mit einem Tritt schloß Boris die Tür.

Ebenso nackt wie sie, machte Boris einen Schritt auf Ronja zu. Sie hob den Arm. Noch ein Schritt, und Boris mußte erkennen, daß sie die Peitsche virtuos beherrschte. Während er näher kam, spürte er, wie das Leder in seine weiße Haut biß, aber er blieb erst stehen, als er ihr Handgelenk packen konnte. Er zog sie an sich; sie ließ die Peitsche fallen.

Boris hob Ronja auf seine Arme und trug sie zum Bett. Erschlafft lag sie an seiner Brust, ihr Herz an seinem Herzen.

»Haßt du mich immer noch?« flüsterte er.

»Wirst du jemals eine andere lieben?«

»Nie!«

»Wirst du mir immer treu sein?«

»Nein, Ronja.«

»Dann werde ich Gelegenheit finden, mich zu rächen.«

Boris packte ihre Schultern mit so hartem Griff, daß das Blut aus ihrer Haut wich. »Wenn du es jemals wagst, einen anderen anzusehen . . .«

»Halt mich fest!« murmelte sie.

Eines Tages, als Boris am Abend zuvor aus dem Haus gestürmt und erst im Morgengrauen heimgekehrt war, erschien David von Glasman nicht zum Frühstück. Lydia berichtete, daß er Ronja in der Bibliothek erwartete. Ruth von Glasman hob ängstlich den Kopf.

»Ich komme mit, Ronja«, erklärte Boris.

Ruth hielt ihn zurück. »Laß die beiden allein«, riet sie ihm. »Ronja ist Davids ein und alles.«

Als Ronja die Bibliothek betrat, sah der Vater sie prüfend an; seine Stimme war beherrscht, fast höflich-distanziert. »Bitte, nimm Platz, Ronja.«

»Ich stehe lieber.«

»Wie du willst. Was ich zu sagen habe, dauert nicht lange. Ich fahre mit deiner Mutter nach Wien, um ihre Verwandten zu besuchen. Du wirst uns begleiten. Bis wir nach Kiew zurückkehren, ist deine Ehe mit Boris Pirow annulliert.«

Ronja trat einen Schritt vor und sah ihren Vater forschend an.

»Vater, ich liebe Boris. Es ist unser Leben; bitte, misch dich nicht ein. Ich möchte hierbleiben. Du weißt, wie sehr ich dieses Stück Erde liebe. Aber selbst das ist mir unwichtig. Wichtig ist für mich nur eines: Boris.«

David sagte gelassen: »Wie schon erwähnt, fahre ich mit deiner Mutter nach Wien. Dort werde ich auf dich warten. Ich habe viel Geduld. Wenn du mich brauchst, gib mir Nachricht; dann werde ich kommen.«

Zweieinhalb Jahre lang hatte er im Exil gewartet, aber von Ronja kam kein Wort. Dann war er gestorben.

Sie hatte noch nicht genug von Boris gehabt. Und auch fast zwanzig Jahre später hatte sie von ihm noch nicht genug. Aber sie hatte endlich Frieden gefunden.

11

Auf dem Weg zu seinem Zimmer im Dachgeschoß und einem Bad hörte Igor Georgi und Julie lachen. Er warf einen Blick durch Julies halboffene Zimmertür und sah, daß sie ihr Haar zu Zöpfen flocht. Sie wirkte rührend jung und hübsch. Georgi hatte sich auf ihr Bett geworfen; seine nackten Beine hingen über das Fußende herab. In einer Hand hielt er ein blaues Band.

»Gib es her, Georgi!«

»Komm, hol's dir doch.«

»Nein, du bringst mich wieder in Unordnung.«

Igor trat ein; er war ein wenig belustigt, aber nicht sehr. Ein leichter Ärger nagte an ihm. Hier spielten diese beiden Kinder miteinander herum, während er den ganzen Tag auf der Reitbahn schwitzen und abends unter den kritischen Blicken seiner Eltern Zurückhaltung üben mußte. Igor fühlte sich in einer Falle gefangen. Er brauchte unbedingt eine Frau – bald. Und er würde darauf bestehen, daß Julie ihre Schüchternheit ablegte und abends entweder mit ihm nach Kiew zum Tanzen fuhr oder zu Hause blieb. Allein.

Beim Abendessen hörte er undeutlich, wie sich seine Mutter mit Katja unterhielt, die für die Feiertage und das Erntefest zu Besuch gekommen war. »Wie schade, daß Alexis noch aufgehalten wurde und nicht mit dir zusammen kommen konnte, Katja. Wenn wir ihn morgen alle von der Bahn abholen wollen, brauchen wir zwei Wagen.« Igor hegte keineswegs die Absicht, seinen Onkel abzuholen.

Boris sagte etwas, Ronja sagte etwas, und dann gab Georgi seinem Bruder einen Rippenstoß.

»He, wach auf!«

»Warum? Ist was Besonderes?«

Jetzt meldete sich Julie zu Wort.

»Igor und ich werden morgen nicht mit euch kommen.«

Hätte sie ihm eine Ohrfeige versetzt, Igor hätte nicht sprachloser sein können. Wenn er selber keine Lust hatte, zum Bahnhof zu fahren, schön und gut. Aber Julie sollte morgen Alexis kennenlernen. Nicht mit zum Bahnhof zu fahren, das war ein Ding der Unmöglichkeit.

»Zum Donnerwetter noch mal, was soll das heißen?« fuhr er auf.

Julie ließ sich nicht im geringsten beirren. »Am Abend vor Jom Kippur wirst du nicht mit dem Wagen zum Bahnhof fahren. Du wirst mit mir zu Fuß in die Synagoge gehen.«

Georgi lachte. »Zu Fuß! Da hättet ihr gestern aufbrechen müssen.«

»Halt den Mund, Klugschnabel!« wies Igor seinen Bruder zurecht. Dann wandte er sich wieder Julie zu und sagte vorwurfsvoll: »Laß das! Du hast für mich keine Entscheidungen zu treffen und mir Befehle zu geben. Wenn du möchtest, daß ich etwas Bestimmtes tue, dann frag mich. Freundlich.«

»Was gibt es da zu fragen?« erwiderte Julie mit einer Andeutung von Selbstgerechtigkeit. »Als du mich batest, deine Frau zu werden, wußtest du genau, wie ich zur Religion stehe.«

»Ja, Julie; gewiß. Aber das war in eurem Dorf. Jetzt bist du hier. Und darum reib mir nicht dauernd deine Religion unter die Nase.«

Julie ließ nicht locker. »Warum nicht? Ein bißchen Religion könnte dir gar nicht schaden. Ich will ja nicht, daß du gleich orthodox wirst. Ich bitte dich nur, an hohen Feiertagen mit mir in die Synagoge zu gehen.«

Auf einmal empfand Igor fast schmerzhaft die Stille, die sich über das Zimmer gelegt hatte; seine Mutter war sprachlos vor Staunen, Boris in Gedanken versunken, Katja verblüfft. Irgendwie hatte Julie es geschafft, ihn ins Unrecht zu setzen.

Er sagte: »Du magst keine Pferde. Ich mag keine Religion. Also sind wir quitt. Einverstanden?«

Julie sah Ronja an. »Ich verstehe das nicht. Warum ist Igor in unserem Dorf in die Synagoge gegangen?«

»Diese Frage muß Igor dir selber beantworten, mein Kind«, erwiderte Ronja.

Als er das aber nicht tat, befahl Boris streng: »Antworte!«

Igor protestierte. »Ach was, hören wir doch um Gottes willen mit diesem Thema auf. Ich hab's eben getan, und fertig.«

»Antworte!« fuhr Boris ihn an.

Igor preßte wütend die Lippen zusammen. Gleichzeitig wurde ihm klar, daß Julie Angst hatte und versuchte, ruhig zu bleiben. Unbeherrscht stieß er hervor: »Ich wollte Julies guten Ruf schützen.«

Julie errötete. »Das war ein schöner Grund.« In ihrer Stimme lag keine Spur Ironie.

Georgi warf Igor einen verächtlichen Blick zu und mischte sich ein. »Ich bleibe gern morgen mit dir zu Haus, Julie. Dann kannst du fasten und beten, soviel du willst.«

»Das wird leider nichts nützen, Georgi.« Sie zögerte. »Ich wollte Kol Nidre hören, und Rabbi Lewinsky hat gesagt, daß der beste Vorbeter von ganz Rußland kommt und es singen wird.« Sie seufzte. »Und dieses Jahr habe ich so schöne Kleider dafür!«

»Der Weg ist zu weit, um zu Fuß zu gehen, Julie-Kind«, sagte Boris. »Wir werden uns vom Kutscher fahren lassen. Darf ich um die Ehre bitten, dich morgen in die Synagoge begleiten zu dürfen?«

»Ich komme auch mit«, verkündete Georgi.

Igor schlug sich erbost aufs Knie. »Warum, zum Teufel, hast du mir nicht gleich gesagt, daß du Kol Nidre hören und deine neuen Kleider spazierenführen willst?« Und zu Boris gewandt: »Ich werde mit ihr fahren.«

Boris grinste. »Katja, mit deiner Erlaubnis werden alle Pirows morgen in die Synagoge gehen. Alexis treffen wir später dann hier.«

»Aber ich«, sagte jetzt Ronja, »komme mit dir, Alexis abholen.« Sie sprang auf, stieß ihren Stuhl zurück und lief hinaus.

»Was hat sie denn?« fragte Georgi.

»Mach, daß du 'rauskommst!« befahl der Vater streng; dann reichte er Katja den Arm, und zusammen verließen sie das Zimmer.

»Ist Mutter Ronja krank?« erkundigte sich Julie bei Igor.

»Sie ist in ihrem ganzen Leben noch keinen Tag krank gewesen.«

Das war zu kompliziert für Julie. Lächelnd sagte sie: »Ich habe beschlossen, daß ich Pferde jetzt doch mögen will.«

Igor schüttelte den Kopf. »Nein, Julie. Ich möchte nicht, daß du in den Ställen herumläufst. Du bleibst hier im Haus, wo du hingehörst. Und jetzt lauf, hol deinen Mantel.«

»Wohin gehen wir denn?« fragte sie.

»Der Blonde wartet draußen; er will uns zum Lager fahren. Heute abend tanzen die Zigeuner.«

Als sie auf die Lichtung kamen, sahen sie als erstes Georgi, der mit Tamara tanzte.

Auf dem Bahnsteig begrüßte Alexis seine Frau und seine Schwägerin mit einer liebevollen Umarmung. Erstaunt stellte er fest, daß die übrige Familie fehlte, hielt aber alle Fragen zurück, bis sie in der Kutsche saßen. »Meine liebe Schwester«, begann er dann mit seiner gewohnten Diplomatie, »ich bin äußerst erfreut, daß ihr beide gekommen seid, um mich abzuholen, muß aber gestehen, daß ich hoffte, mehr Pirows vorzufinden. Erzähle, was ist mit den anderen? Warum sind sie nicht hier?«

»Da gibt es nichts zu erzählen, Alexis.« Sie lehnte sich in die Polster zurück, schlug ein Bein über das andere und machte ein so überaus liebenswürdiges Gesicht, daß kein Zweifel daran bestand, daß sie damit andere Gefühle zu überdecken suchte. »Ich habe beschlossen, dich abzuholen. Boris, die Jungen und Julie haben beschlossen, zur Synagoge zu gehen und Kol Nidre zu hören. Du wirst Julie beim Abendessen kennenlernen.«

»Ich fürchte«, entgegnete Alexis resigniert, »die Annahme, Boris habe sich plötzlich zum Judentum bekehrt, verlangt einen stärkeren Glauben an Wunder, als er mir zu eigen ist. Und wenn dann noch du, die du seit dem Tag eurer Hochzeit versucht hast, einen Juden aus Boris zu machen, dich weigerst, mit ihm in die Synagoge zu gehen, dann bin ich mit meiner Weisheit zu Ende.«

Ronja wurde auf einmal böse. »Ach, sei doch still, Alexis!« verlangte sie.

Er wandte sich fragend an Katja.

»Ich kann dir nur sagen, was ich gestern abend beim Essen gehört habe«, erklärte sie und berichtete von dem Gespräch. »Später saßen Boris und ich allein in der Bibliothek, und er sagte: ›Ich würde ja zu ihr gehen, aber sie hat bestimmt ihre Tür abgeschlossen, und ich bin nicht in der richtigen Laune, sie aufzubrechen. Mit deiner Erlaubnis, Katja, werde ich meine Gewissensbisse in Wodka ersäufen. Vielleicht betrinke ich mich sogar vor Zerknirschung. Würdest du mir etwas vorspielen?«

Ronjas Augen wurden groß wie Untertassen. »Hat er wirklich ›Zerknirschung‹ gesagt? Bist du sicher?«

»Selbstverständlich.«

»Hat er sich betrunken?«

»Nein. Ich habe Klavier gespielt. Wir haben uns unterhalten.«

»Was ist eigentlich geschehen, Ronja?«

»Als Julie sagte: ›Am Abend vor Jom Kippur wirst du nicht in einer Kutsche zum Bahnhof fahren. Du wirst zu Fuß mit mir in die Synagoge gehen‹, da dachte ich, meine Sinne spielten mir einen Streich. Genau das gleiche habe ich vor Jahren gesagt, nur hatte ich es anders formuliert. ›Boris‹, sagte ich damals, ›am Abend vor Jom Kippur wirst du nicht mit dieser Schlange, diesem Pferdedieb Wladimir, die ganze Nacht durchhuren und -saufen. Du wirst unsere schönste Kutsche mit den besten Pferden bestellen und mit mir zur Synagoge fahren.‹ Genau wie Igor gestern abend, erwiderte er, ich solle ihm keine Vorschriften machen, sondern ihn freundlich bitten. Das tat ich, fast genau wie Julie es gestern getan hat: der neue Vorbeter, der beste von ganz Rußland, und wie gern ich ihn, Kol Nidre, singen hören würde.

Alles, was er zur Antwort hatte, war: ›Hör auf, mir dauernd deine verdammte Religion unter die Nase zu reiben!‹«

Alexis beugte sich vor und bedeutete dem Kutscher, anzuhalten. »Fahr uns zur Synagoge von Rabbi Lewinsky«, befahl er. »Du lenkst Pirow-Pferde und keine Ochsen, Mann! Eil dich, sonst kommen wir noch zu spät.«

12

Die ganze Geschichte der Menschheit, so schien es damals, war nichts gewesen als eine Vorbereitung auf diese goldene Zeit der Ukraine. Jede Nachricht, die ihre Einwohner hätte beunruhigen können, kam wie aus weiter Ferne und berührte sie nicht. Auf dem großen Besitz der Pirows wurde der Krieg zwischen Briten und Japanern von dem nie endenden Kampf zwischen Georgi und seinem Hauslehrer in den Hintergrund gedrängt, wurden die Intrigen des Innenministers Plehwe von der sich immer stärker herausbildenden Führungsposition Boris Pirows in der Ukraine und der zunehmende Einfluß Frankreichs auf Rußland von dem zunehmenden Einfluß übertönt, den Hochwürden Tromokow und Rabbi Lewinsky aufeinander ausübten.

Boris, der im Spätherbst im Kiefernwald arbeitete, erkannte die Jahreszeit an den flammenden Blättern der Bäume und an den bohrenden Schmerzen in seinem Bein, die im Laufe des vergangenen Jahres bei kaltem Wetter sehr lästig geworden waren. Er spürte, daß ihm nur noch wenig Zeit blieb, um seinen Plan auszuführen. Während sich seine Hände ganz auf das Sägen und Hämmern konzentrierten, jubelte sein Herz über das Haus, das er für Ronja baute. Es war ein gutes Haus, fest und einfach, ein Haus, das sie bei jedem Wetter benutzen konnten: in der Hitze des Sommers, in den leuchtenden Stunden des Herbstes, im weißen Winter und im Frühling, wenn der nahe Fluß anschwoll.

Er war sich klar darüber, daß er dieses Haus ebensosehr für sich selber baute wie für Ronja: Er war es müde, sie nie für sich zu haben, und er hoffte, daß es die Erinnerung an ein anderes Haus auslöschen würde, die Erinnerung an das Haus auf dem Hügel in Kiew.

Eines Nachmittags, wenige Wochen zuvor, war er, unendlich einsam ohne Ronja, aus dem Gestüt gekommen und in der Küche von schallendem Gelächter empfangen worden. An der Tür stieß er auf Igor, der Julie an der Hand führte. »Ich will sie zu Lydia bringen«, erklärte er seinem Vater und lächelte, daß man sein Grübchen sah. »Sie hat zwei Gläser Kwaß getrunken, und nun hat sie einen Schwips.«

Julie kicherte mit verschleierten blauen Augen. »Igor übertreibt, weil er gerade zehn Spiele Whist verloren hat. Er schuldet mir hundert Rubel, und das beweist, daß ich schwei ... daß – ich – keinen – Schwips ...«

Boris schüttelte den Kopf. »Julie, du bist eine gute Kartenspielerin, aber du verträgst keinen harten Schnaps. Igor hat recht. Du mußt ein bißchen schlafen.«

Ronja, die am Herd stand, warf eine geschälte Zwiebel in einen Topf. »Hungrig? Ich habe Piroschki gemacht, und die Suppe ist heiß.«

»Nein, danke. Aber ich hätte gern ein Gläschen Kwaß – das heißt, wenn Julie nicht alles ausgetrunken hat.«

Der Blonde füllte ein Glas und reichte es Boris; dann bestrich er eine Scheibe Schwarzbrot für ihn mit Kaviar und saurem Rahm. Boris nahm sie, ohne ihn anzusehen.

Am anderen Ende des riesigen Kiefernholztisches saß Georgi, die Backen vollgestopft wie ein Hamster, und musterte seine Eltern nachdenklich. Seine Mutter war guter Laune: Sie hatte Julie trinken lassen, bis sie einen Schwips bekam. Sein Vater machte auch kein strenges Gesicht. Trotzdem hegte er seine Zweifel. Verdammt scheußlich, jung zu sein! Genehmigung für dies, Erlaubnis für jenes, Hauslehrer, Hebräischunterricht ... Am besten stürzte er sich wohl kopfüber hinein.

Also trug Georgi seine Bitte vor: Tamara wollte ihn und den Blonden nach Budapest mitnehmen, um bei der internationalen Zusammenkunft der Zigeuner zu tanzen. Die Ohren gegen das unheilverkündende Schweigen verschlossen, das seine Worte hervorriefen, sprudelte er hoffnungsvoll heraus: »Tante Tamara will mich nur mitnehmen, wenn ihr beide einverstanden seid.«

Ronjas Miene war bestürzt und benommen, während sie krampfhaft versuchte, ihre Wut niederzukämpfen. Auf keinen Fall wollte sie den Blonden kränken. Sie nahm eine Schöpfkelle und umklammerte sie so fest, daß Boris dachte, sie werde sie mitten durchbrechen. Boris war nicht weniger empört: Diese hinterlistige Art der Zigeuner, durch seine Söhne Rache an ihm zu nehmen! Mit einer Hand packte er Georgi am Hosenboden, mit der anderen am Kragen und hob ihn vom Boden hoch. »Du hältst dich von den Zigeunern fern, verstanden?« befahl er. »Und tanzen wirst du höchstens mit deiner Familie. Darf ich dich daran erinnern, mein feiner Herr –« er schüttelte seinen Sohn recht unsanft –, »daß du am Tag nach deinem dreizehnten Geburtstag in die Kavallerie eintrittst? Morgen gehst du und läßt dir die Uniform anmessen.« Boris ließ Georgi los. Zu dem Blonden sagte er schneidend: »Geh und sag deiner Mutter, daß ich ihr den Hals umdrehen werde, wenn ich sie noch einmal mit Georgi tanzen sehe.«

Sofort legte sich Ronjas Wut auf Tamara und kehrte sich gegen Boris, weil er so unfreundlich zu dem Blonden war. Sie holte aus und schlug Boris die mit heißem, geschmolzenem Zucker verkrustete Schöpfkelle ins Gesicht. Seine Abwehr fiel so heftig aus, daß Georgi glaubte, er wolle Ronja schlagen, und sich auf den Vater stürzte. Boris, vom Angriff seines Sohnes aus dem Gleichgewicht gebracht, wäre beinahe zu Boden gestürzt.

Der Blonde war vergessen. Er teilte Boris' Ansicht über seine Mutter. Wenn Ronja das nur gewußt hätte! Nun trat er mit großer Würde zwischen Boris und Georgi. Wenn er sich aufrichtete, waren seine Augen auf gleicher Höhe mit denen seines Vaters. Die beiden tauschten einen langen Blick, aus dem mehr Verständnis füreinander sprach, als sie jemals in Worte gekleidet hatten. Der Blonde strich sich eine Haarsträhne zurück, schnalzte mit der Zunge und sagte: »Komm, Georgi. Wir gehen.«

Boris war stolz auf seinen Bastard, stolzer als er zugeben, ja als er sich selber eingestehen wollte. Aber auch über Georgi freute er sich: Der Junge hatte Rückgrat bewiesen! »Zeig diesem Satansbraten mal, wie man einen Mann beim ersten Versuch auf den Rücken legt«, sagte er.

»Genau das hatte ich vor.« Der Blonde schob Georgi hinaus.

Ronja seufzte. »Setz dich, Boris.« Sie ging an den Eiskasten, holte die Butter heraus, wärmte ein Stückchen in ihrer Hand und strich es Boris auf das verbrannte Gesicht. »Die Haut ist gerötet, aber nicht geplatzt. Blasen wirst du nicht bekommen.«

Er zog sie, ohne Rücksicht auf ihre fettigen Hände, auf seinen Schoß, und sie legte den Kopf an seine Schulter. »Die alte Wunde will nicht heilen, Boris«, murmelte sie. Und dann, als spreche sie zu sich selber: »Liebe ich Tamara eigentlich? Wie sehr ineinander verflochten doch unser Leben ist, ihres und meines!«

An diesem Nachmittag ritt Boris mehrere Meilen weit nach Süden bis in das Kiefernwäldchen, wo er einen geeigneten Platz für Ronjas Haus suchte und eine Lichtung zu roden begann.

Der Rabbi half Ronja aus ihrer Kutsche und führte sie in sein Studierzimmer. »Es ist sehr lieb von Ihnen, daß Sie meinetwegen eine Verabredung abgesagt und mich empfangen haben«, sagte sie.

Er sah sie voller Zuneigung an. »Es ist mir stets ein Vergnügen, Sie bei mir begrüßen zu dürfen, Ronja.«

Im Hinblick auf ihr vorangegangenes Gespräch und ihr Versprechen bezüglich Georgi fühlte sich Ronja verpflichtet, dem Rabbi von den Hoffnungen zu berichten, die Katja und Alexis sich auf den Jungen machten.

»Ist Boris einverstanden?«

»Er ist nicht dagegen. Auf jeden Fall geht Georgi in Kürze nach St. Petersburg auf die Kavallerieschule. Mir wäre leichter, wenn er vorher seine Bar-Mizwa feiern könnte, wie wir es geplant hatten. Ich bin mir klar darüber, daß die Zeremonie an sich kaum etwas verhindern kann, aber wer weiß? Vielleicht erfaßt er doch den tieferen Sinn dieses Festes und vergißt ihn nicht wieder. Eines Tages könnte er sich daran erinnern und sich entschließen, sein Schicksal mit dem seines Volkes zu verbinden.«

Rabbi Lewinsky sagte knapp: »Ich werde Georgi vorbereiten. In Gegenwart seines Vaters und in Anwesenheit des vorgeschriebenen Quorums von zehn erwachsenen Männern werde ich Georgi in seinem Judentum bestätigen.«

Ronja dankte ihm tief bewegt.

Dann sprachen sie von Julie. »Dieses Kind zu beobachten, das ist, als erlebe man eine Wiedergeburt«, sagte Ronja. »Ich habe den Eindruck, daß Julie fest überzeugt ist, ihr Leben habe in der Nacht begonnen, als sie in Kiew ankam, und Boris und ich seien ihre wahren biologischen Eltern.

Vielleicht ist das zum Teil auch der Grund dafür, daß sie sich so . . . so natürlich in unser Leben einfügt. An Georgi hängt sie sehr, wie er auch an ihr; die beiden wandern oft miteinander zum Fluß, wo er Kiesel über das Wasser tanzen läßt, während sie eine Orange aussaugt. Die Bauern lieben sie, weil sie so bescheiden ist und auf Händen und Knien Samen für den Garten im nächsten Jahr sammelt. Die Kinder laufen ihr nach und rufen: ›Sing, junge Herrin, sing!‹ Noch erstaunlicher jedoch ist ihr Wissensdurst. Sie hört nicht auf, Fragen zu stellen, und ihre Auffassungsgabe ist einfach brillant.«

»Und doch machen Sie sich Sorgen, Ronja. Warum?«

Sie schwieg einen Augenblick und krauste die Stirn. Dann sagte sie: »Igor. Igor und Julie. Igor, mein dunkles Kind, lebt so ungestüm. Er hat unvermittelt rasende Wutanfälle, und dann wieder verzieht er sein Gesicht zu diesem entwaffnenden Grinsen. All das ist sinn- und disziplinlos. Und Julie macht die Sache auch nicht besser.

So lieb und zärtlich sie zu uns, so gelassen und höflich sie zu Fremden ist, so sehr scheut sie noch immer vor jeder Intimität zurück. Igor gegenüber ist sie ganz das unberührte Kind, völlig damit zufrieden, seine Hand zu halten. Julie erfindet sogar Vorwände, um zu Hause bleiben zu können, und Igor hat nichts dagegen. Er läßt sich nicht zweimal auffordern, seine Kräfte wild zu verschwenden.«

Rabbi Lewinsky beugte sich vor. »Verzeihen Sie, wenn ich Sie unterbreche, Ronja, aber ich glaube, Sie machen sich unnötige Sorgen. In zwei Jahren kommt Igor vom Militärdienst zurück, älter und sicherlich auch beträchtlich klüger geworden. Er wird ruhiger werden, und Julie erwachsener. Solange sie glücklich ist, drängen Sie sie zu nichts.«

»Das sagt Boris auch, aber ich kann mich nur schwer damit abfinden. Trotzdem, es wird mir wohl nichts anderes übrigbleiben. Und es beruhigt mich, daß Sie die gleiche Ansicht haben wie er. Welch ein Trost Sie mir sind, lieber Joseph!« Ihr Blick war voll Zärtlichkeit.

Als die Tage mit dem Herannahen des Winters kürzer wurden, erhob sich Boris schon vor Sonnenaufgang und verließ das Haus im ersten blassen Schimmer des Tages. Wenn er dann heimkam, war es schon lange dunkel; er hatte vor dem Abendessen gerade noch Zeit zu baden und zog sich hinterher schon bald auf sein Zimmer zurück. Ungeachtet des kalten Regens oder der wütenden Herbststürme, arbeitete er in dem Kiefernwäldchen, kaum eine halbe Reitstunde vom Herrenhaus entfernt. Wenn Ronja des Abends ausging, so ging sie allein, und wenn sie Gäste hatte, entschuldigte er sich gleich nach dem Kaffee mit ein paar höflichen, nichtssagenden Worten. Eine Ausnahme machte er nur zweimal im Monat für die Zusammenkünfte der Ukrainischen Gesellschaft, an denen er regelmäßig teilnahm.

Ronja spürte, daß etwas vorging, doch der entlegene Fleck, an dem er das kleine Haus baute, und die hohen Bäume, die es beschützten, hüteten das Geheimnis gut. Lydia war ausnahmsweise eine Sphinx an Verschwiegenheit. Igor antwortete, wenn er gefragt wurde: »Er ist jeden Tag auf dem Gestüt. Was er tut, wenn ich nicht da bin. . .« Grinsend zuckte er die Achseln.

In der Vergangenheit hatte Ronja immer wieder verräterische Spuren entdeckt, die sie mit feiner Nase zu deuten wußte. Sie merkte unweigerlich, wann er zuviel getrunken hatte, und manchmal hing an seinen Kleidern, die er beim Umziehen auf dem Fußboden liegen ließ, noch das schwere Parfüm seiner Dirnen. Sein jetziges Verhalten aber blieb ihr ein Rätsel.

Durch eine Seitentür betrat er das Haus, benutzte die Hintertreppe und durchquerte den Flur erst, wenn die scharfäugige Lydia ihm ein Zeichen gab. Sobald er in seinem Zimmer war, leerte er seine Taschen und gab seinen Arbeitsanzug dem Dienstmädchen, das wartend dastand, Boris diskret den Rücken kehrte, heimlich aber über die Schulter schielte.

Am Tag, als das Haus fertig war, nutzte Boris den letzten Rest Tageslicht, um nachzusehen, ob alles in Ordnung war. Am folgenden Tag sollten die Möbel, die er mit großer Sorgfalt ausgesucht hatte, mit Fuhrwerken hergeschafft werden, und Lydia wollte noch eine Uhr für den Kaminsims, Lampen, Geschirr und Haushaltsgeräte, Wäsche und Vorräte bringen.

Zufrieden, weil alles fertig war, ritt er auf seinem Hengst zum Gestüt und ging von dort aus zu Fuß nach Haus. Als er seine Zimmertür öffnete, stand er vor Ronja. Sie warf den Kopf hoch, schwang ihre Röcke herum und sog hörbar die Luft ein. Er beobachtete sie entzückt. »Nun?« fragte er, als ihre Inspektion beendet war.

»Köstlich! Du duftest nach Kiefern und Schweiß und Sternen am dunklen Winterhimmel.« Sekundenlang blickten sie einander tief in die Augen; dann ging sie hinaus.

In karmesinrotem Hausmantel kam sie zurück, noch ehe er aus der Wanne war.

»Soll ich dir den Rücken abtrocknen und dir das Abendbrot ans Bett bringen?«

»Oh, meine Ronja. . .« flüsterte er.

Eine Woche darauf saßen Boris und Ronja an einem Tisch in Kiews elegantestem Restaurant beim Diner. Es war, wie Boris sagte, die Einleitung zu einem kurzen Urlaub, aber er hatte Ronja regelrecht bearbeiten müssen, bis sie endlich einwilligte, einige Zeit mit ihm zu verreisen. Nur das feste Versprechen, daß sie nicht weit und nicht lange fortfahren würden und daß er für sie eine Überraschung bereithielt, hatte sie umzustimmen vermocht, denn Überraschungen übten auf das Kind in Ronja noch immer eine unwiderstehliche Anziehungskraft aus. Überdies war Boris so eifrig gewesen, als er davon sprach, daß sie vor Neugier beinahe verging. Ronja, die sich am Vortag erst von Georgi hatte trennen müssen, sprach viel von ihrem jüngeren Sohn und klagte, wie sehr sie seine Streiche vermisse. Boris erwiderte nichts, sondern widmete sich den ausgezeichneten Speisen. »Du hörst mir ja gar nicht zu!« beschwerte sich Ronja.

Er legte Gabel und Löffel hin und winkte dem Ober, den Tisch abzuräumen. Inzwischen schenkte der Weinkellner ihnen Cognac ein. »Lassen Sie die Flasche hier«, sagte Boris.

Ronja sah ihren Mann mit ihren schönen Augen bittend an. »Bist du mir sehr böse, wenn ich deine Vorschriften übertrete und in der Öffentlichkeit rauche?«

Boris zündete zwei Zigaretten an und reichte ihr eine. Dies hätte ein Augenblick beiderseitiger Zufriedenheit sein sollen, doch Boris machte den Eindruck, daß er von lästigen Gedanken gequält wurde.

»Macht dir dein Bein zu schaffen?«

»Nein. Warum?«

Sie trank von ihrem Cognac und musterte Boris mit fragend hochgezogenen Brauen. »Was ist es denn sonst, Liebling? Du siehst aus, als hättest du einen inneren Kampf auszufechten.«

Er schenkte sich noch einmal ein.

»Dein finsteres Gesicht ist aber kein vielversprechender Anfang für unsere Ferien«, sagte sie vorwurfsvoll. »Komm, wir fahren lieber nach Hause.«

Boris stützte einen Ellbogen auf den Tisch und beugte sich vor, um ganz nah an ihrem Ohr sprechen zu können. »Nicht so laut, Ronja!«

»Ach, scher dich zum Teufel!« sagte Ronja so laut sie konnte. Dann sah sie ein, daß damit auch sie ihren ersten Urlaub nach Jahren gefährdete; sie widerstand dem Impuls, sich Hals über Kopf in einen Streit zu stürzen, und lenkte ein. »Wohin fahren wir denn? Lydia hat sicher die falschen Kleider eingepackt.«

Boris überhörte ihre Frage, denn er war viel zu vertieft in ein Problem, mit dem er sich schon den ganzen Abend herumschlug. Er blickte in das bezaubernde Gesicht seiner Frau und wünschte sich, sie nicht kränken zu müssen; aber er mußte es erfahren, bevor er sie über die Schwelle des Hauses im Wäldchen trug. Über den Tisch hinweg griff er nach ihrer Hand. »Mein Täubchen«, sagte er zärtlich, »es fällt mir schwer, aber ich muß dich etwas fragen. Ist Tamara deine Halbschwester?«

»Großer Gott, nein! Wer hat dir denn dieses Lügenmärchen aufgetischt?«

»Ich weiß, daß es ein Schock für dich ist. Aber bist du sicher?«

»Natürlich bin ich sicher. So ein Mann war mein Vater nicht«, erklärte sie empört.

»Ronja, meine Süße, jeder Mann ist so ein Mann - und David von Glasman auch.«

»Nein! Mein Vater nicht. Und Alexis auch nicht.«

»Alexis ist anders«, stimmte er zu. »Aber ich habe Gerüchte über deinen Vater und Tamaras Mutter gehört.«

»Lügen. Nichts als Lügen. Mein Vater hat nie eine Geliebte gehabt - außer Rußland.«

»Gott segne dich, Ronja, daß du mir erlaubt hast, darüber zu sprechen.«

»Können wir jetzt gehen?« fragte sie. Sie war plötzlich sehr müde.

»Ein paar Minuten noch. Zuerst muß ich noch einige Dinge klären.« Boris schenkte ihr Kaffee ein und berichtete, daß er das Amt des Vorsitzenden der Ukrainischen Gesellschaft übernommen hatte. Er werde überall in der Provinz herumreisen müssen, um führende Männer und Grundbesitzer für ihre Sache zusammenzubringen. »Ich werde dich manchmal dabei brauchen«, erklärte er. »Außerdem habe ich Lewinsky gegenüber gewisse Verpflichtungen übernommen, bei denen du mir behilflich sein kannst.« Ronjas Augen begannen zu leuchten.

»Igor wird in ein paar Monaten abreisen, darum übertrage ich dem Blonden die Aufsicht über das Gestüt. Das Zureiten wilder Pferde interessiert mich nicht mehr.

Hättest du etwas dagegen, daß er im Herrenhaus wohnt, wenn wir nicht da sind? Mir wäre wohler, wenn ich wüßte, daß Julie nicht ganz allein mit Lydia und den Dienstboten ist.«

Ronjas zarte Nasenflügel bebten. »Ich möchte ebenfalls, daß er im Haus wohnt. Ich möchte, daß er immer bei uns wohnt und nicht nur als bequemer Ersatz für Igor. Warum kannst du ihn nicht lieben? Warum erkennst du nicht an, was er für uns tut?«

»Weil er nicht dein Sohn ist«, erwiderte Boris kurz.

»Du bist verdammt kalt.«

»Mag sein.«

Sie waren wieder in einer Sackgasse gelandet, denn Ronja wußte, daß sie diesen unbeugsamen Mann nicht nach ihrem Willen lenken konnte.

Da sie jedoch durch und durch eine Frau war, versuchte sie zu erforschen, warum er nach ihrem Vater und Tamaras Mutter gefragt hatte. »Angenommen«, sagte sie und drehte den Stiel ihres Cognacglases zwischen den Fingern, »Tamara wäre nun wirklich meine Halbschwester?«

Er reckte trotzig das Kinn. »Dann hätte ich ihn fortschicken müssen, mein Täubchen.«

Ronja lächelte. »Mein lieber Boris, ich glaube, in dir steckt auch eine ganze Menge von einem von Glasman.«

Insgeheim erschrak Ronja, als sie sah, daß Lydia nur zwei Koffer für die Reise gepackt hatte. Aber sie hielt ihre Neugier im Zaum, auch noch, als sie die Kutsche bestiegen und losfuhren. Noch verwunderter war sie, als der Kutscher an der ersten Straßengabelung auf einen schmalen Fahrweg abbog, der tief in ihren eigenen Besitz hineinführte. Eine halbe Stunde später hielt der Wagen unter sternfunkelndem Himmel an, und nun fiel ihr Blick zum erstenmal durch die Bäume auf ein verwunschenes Haus. Seltsam, als sie vor einiger Zeit hier entlanggeritten war, hatte es noch nicht dagestanden!

Nicht lange darauf trug Boris seine Ronja über die Schwelle des Hauses unter den Kiefern, und sie spürte, daß dies endlich einmal nicht der Arghun war, der halbe Tatar. Ronja selber beherrschte genial die Kunst des Überlebens, die ihrer Rasse eigen war; Boris jedoch fiel seinem eigenen Aberglauben, seiner eigenen Legende zum Opfer. In dieser Stunde aber vergaßen sie die Vergangenheit, dachten nicht an die Zukunft. In dieser Stunde war Ronja jung vor freudiger Erregung, war Boris stolz wie ein Fürst.

Es war ein hinreißendes Haus mit hoher Decke, riesigem Kamin und Steinfußboden, so glatt wie eine ruhige Wasserfläche. Zu einer Seite lag die Küche, auf der anderen ein Schlafzimmer und hinter dem Haus eine separate Veranda, die von einem herrlichen alten Baum überschattet wurde und mit drei Schritten über rauhes Felsengestein zu erreichen war.

Die Einrichtung bestand aus einer lustigen Mischung von großen und kleinen Möbeln: Ronjas Frisiertisch unter den Kerosinlampen war zierlich und elegant, der Stuhl neben ihrem Bett entsprach ihrer Größe. Boris' Schreibtisch und der Sessel davor paßten in den

Ausmaßen zu ihm, und das mit Kissen belegte Sofa vor dem Kamin wie auch das wuchtige Bett hatten gigantische Dimensionen.

»Es ist schön«, sagte Ronja atemlos. »Ich kann es kaum abwarten, bis ich es bei Tageslicht anschauen kann.«

»Nur Geduld«, beschwichtigte Boris seine übereifrige Frau. »Morgen werde ich dir den Keller zeigen, den ich in die Erde gebaut habe. Einen ganzen Krieg könnten wir von da aus führen: Er faßt Tausende von Schuß Munition – und wenn es sein muß, Vorräte für eine ganze Armee.«

Ronja erschauerte. »Boris«, sagte sie, »denkst du an diesen grotesken Rasputin und Alix, die Deutsche?«

Er versuchte, die Sorge in ihrer Stimme zu zerstreuen. »Tut mir leid, Täubchen. Es hat mich jetzt gepackt. Ich betrachte die Ukraine allmählich als autonomes Land.«

Sie ließ es gut sein, ging ins Schlafzimmer und schleuderte die Schuhe von den Füßen. Erst als sie in ihrem Hausmantel, ein Band in dem langen Haar, vor dem Frisiertisch saß, kam Boris herein. »Wie schön alles ist!« sagte sie, als er eintrat, und wandte sich zu ihm um.

»Alles hat dir dein Vater gegeben«, erwiderte er ohne Bitterkeit. »Nun wollte auch ich dir wenigstens eine Kleinigkeit geben, mein Liebes.«

Drei Tage lang standen sie sehr früh auf, ritten über die Hügel, die mit einem Teppich sauberer Tannennadeln bedeckt waren, saßen des Abends plaudernd und lachend vor dem Kamin. Bei Nacht war Boris ein ebenbürtiger Partner für Ronja, leidenschaftlich und wunderbar.

Am selben Morgen, als Boris und Ronja nach Hause fuhren, kam der Winter. Es begann leise zu schneien.

In dem dämmrigen Licht, das im Stall herrschte, standen die Männer im Kreis um Boris, die Hände in den Taschen, die Mützen auf den Hinterkopf geschoben, Strohhalme zwischen den Zähnen. Die aufgezwungene Untätigkeit verursachte ihnen Unbehagen. Es war, bis auf ein gelegentliches Füßescharren, fast unnatürlich still. Igor stand neben seinem Vater; der Blonde, der Junge, der von seinem Vater nicht Sohn genannt wurde, hielt sich wartend im Hintergrund.

Der große Mann straffte die Schultern und wandte sich an seinen ältesten Sohn. »Von heute an gehört das Gestüt dir, Igor«, verkündete er in befehlsgewohntem Ton. Stallburschen, Trainer, Kutscher und Pferdeknechte tauschten rasche, fragende Blicke. »Und nun, da du es weißt, vergiß es wieder. In wenigen Wochen mußt du zu deinem Regiment einrücken. Ich bin überzeugt, daß du deine Pflicht tun wirst. Bis dahin – genieße das Leben mit Julie und amüsiere dich. Der Blonde wird dich hier vertreten.«

Diese Einteilung gefiel den beiden jungen Männern so gut, daß sie einander spontan umarmten und auf den Rücken klopften. Die anderen ließen sich von ihrem Freudenausbruch anstecken und scharten sich um Boris' Söhne. Das Leben, der Ruhm des Gestüts waren gesichert; ihre Arbeit würde weitergehen, und neue Siegerschleifen würden in der Sattelkammer aufgehängt werden. Sie tanzten und schwangen die Beine. Sogar die Pferde warfen die Köpfe zurück. Boris hob beschwichtigend die Hand.

»Igor«, gebot er seinem Sohn, »erweise unserer Herrscherin, der Zarin Maria, den schuldigen Respekt, wenn es ihr gefällt, dich in ihre Ehrengarde aufzunehmen.« Ein sonderbares Vibrieren lag in seiner Stimme.

»Hol Wodka, Pjotr«, befahl Boris. Er trank ein wenig mit ihnen, und dann ließ er die Männer allein, damit sie sich zur Feier von Igors und des Blonden neuer Befehlsgewalt tüchtig betrinken konnten. Als Boris langsam zum Haus hinüberschritt, bemerkte der Blonde, der in der offenen Stalltür stand und ihm nachsah, abermals, daß er ein wenig hinkte.

13

Igor ließ sich nicht zweimal auffordern, sich zu amüsieren. In einem Punkt hingegen befolgte er den Rat seines Vaters nicht: Er genoß sein Leben ohne Julie. Julie nahm weiterhin ihre Unterrichtsstunden und ging ihren Aufgaben im Haushalt nach. Sie war sorglos und glücklich.

Erst als der Tag seiner Abreise immer näherrückte, begann Igor im Haus herumzustreifen, ihr von Zimmer zu Zimmer zu folgen und sie zu bitten, sie möge ihm doch versprechen, daß sie ihn, wenn er erst fort war, furchtbar vermissen und niemals an einen anderen Menschen denken werde. Pflichtschuldigst, mit großen blauen Augen, versprach sie es, und er schwor, immer nur sie allein zu lieben. »Von morgens bis abends«, erklärte er, »werde ich Soldat sein. Von abends bis morgens aber werde ich an dich denken.«

»Und wann wirst du schlafen?« erkundigte sie sich.

Ungefähr eine Woche vor seinem einundzwanzigsten Geburtstag

war Igor so kühn, Julie mitten in einer Schulstunde zu stören. Hochwürden Tromokow, der sie unterrichtete, tat, als bemerke er nichts. Doch als der junge Mann sich nicht von ihr trennen konnte, legte er das Lehrbuch hin und fragte streng: »Was soll eigentlich diese Störung, Igor?«

»Ich muß mit Julie sprechen.«

»Du kannst jetzt gehen«, sagte der Priester. »Und das nächstemal klopfst du an, bevor du hereinkommst.«

Ungerührt zwinkerte Igor Julie zu. »Ich glaube, dein erster Lehrer gefiel mir besser. Der hat sich wenigstens um seine eigenen Angelegenheiten gekümmert, wenn ich meinem Mädchen einen Abschiedskuß geben wollte.«

»Nein, o nein!« protestierte Julie. »Du hast versprochen, daß du mit mir ...« Sie legte ihr Buch auf den Tisch. »Bitte, Hochwürden, darf ich eine Minute mit Igor sprechen?«

Der Blick des Älteren wurde weich. »Aber nicht länger als fünf Minuten«, warnte er barsch und ging ans andere Ende des Zimmers, wo er sich an einem Ecktischchen Wodka einschenkte.

Einen Augenblick lang herrschte Schweigen; Igor beugte den dunklen Kopf und küßte zärtlich Julies Wange. »Was liest du da?« fragte er befangen.

»Ein wunderschönes Buch! Über Frankreich und Rußland, und wie Napoleon Bonaparte einmarschiert ist ...« Sie plauderte munter drauflos.

Tromokow hatte sein Glas ausgetrunken. Er sah auf die Uhr. »In genau zwei Minuten, Igor«, sagte er drohend, »hinaus mit dir.«

»Es tut mir so leid, wegen heute abend. Wir werden statt dessen morgen gehen, bestimmt! Schwanensee. Es wird dir gefallen. Ich hatte unsere Verabredung ganz vergessen, und nun habe ich Anton Jurieff versprochen, daß ich mit ihm zur Vereidigung der Zwangsrekrutierten komme. Anschließend soll ich unbedingt mit ihm im Offizierskasino essen.«

»Na schön«, sagte sie. »Viel Vergnügen.« Und ehe noch Igor das Zimmer verlassen hatte, wandte sie sich wieder ihrer Lektüre zu.

Igor Pirow, Zivilist, und Anton Jurieff, aktiver Hauptmann der zaristischen Kavallerie, marschierten mühsam, verbissen gegen den heftigen Wind ankämpfend, durch die dichter werdende Dunkelheit. Das Ziel, dem sie zustrebten, entpuppte sich als ein hölzerner Schuppen, so baufällig, daß Igor, das Kinn zum Schutz gegen die Kälte tief in den Kragen gezogen, die Lust an dem geplanten Abenteuer verging, obgleich Anton es ihm als eine ganz besondere Art von Sport gepriesen hatte.

»Was soll's, Anton«, sagte er. »Ich kehre um und gehe ins Kasino. Da ist es wenigstens warm, und ich kann meine Spielverluste wieder aufholen. Bis nachher.«

Jurieff lachte spöttisch. »Bevor *du* beim Kartenspielen gewinnst, fängt es in der Hölle an zu frieren. Aber dein alter Herr gewinnt ja alles, was du verlierst, doppelt und dreifach zurück. Was willst du mehr?«

»Du wirst mir bestimmt nicht glauben«, lachte Igor, »aber so wahr ich hier stehe: Julie schlägt ihn.«

»Er läßt sie gewinnen«, erwiderte Anton. »Oder sie schummelt.«

Igor drehte sich mit dem Rücken zum Wind, um zu Atem zu kommen.

»Los, Igor«, brummte der Hauptmann. »Dieser widerliche Wind wird immer stärker.«

»Was gibt es denn eigentlich so Ungewöhnliches zu sehen?«

Jurieff erwärmte sich an dem Thema. »Ich habe einen ganz gemeinen Hund von Feldwebel, ein wahres Genie als Leuteschinder. Ich überlasse es ihm, die Kerle zu schikanieren, und schaue mir dann den Spaß an.«

»Hoffentlich ist es wirklich ein Spaß.«

»Bestimmt«, versicherte Anton. »Es ist so eine Art Leistungsprobe.«

Er nahm an, daß Igor die Kasernengebräuche ebenso gut kannte wie er; daß er wußte, wie bei diesen Gelegenheiten jüdische Konskribierte zu einer Spezialbehandlung ausgesondert wurden. Nicht im Traum dachte Anton daran, daß Igor womöglich Grund haben könnte, dieses Vorgehen weniger unterhaltend zu finden als er; daß er als Jude gekränkt sein könnte über den Schimpf, der seiner Rasse dabei angetan wurde. Jedermann, von Kiew bis nach St. Petersburg, war mit der Tatsache vertraut, daß Igors Mutter eine von Glasman war; aber man konnte diese Familie unmöglich mit dem gewöhnlichen, anonymen Pöbel identifizieren, der in den Netzen der Zwangsrekrutierung hängenblieb.

Igor war hier eine ebenso bedeutende Persönlichkeit, wie es im übrigen Europa ein Sproß des Hauses Rothschild war.

In einem heruntergekommenen Gebäude mitten auf einem gepflasterten Platz erklommen die jungen Männer, froh, der Kälte entronnen zu sein, zwei schmale Treppen. Oben gelangten sie in einen häßlichen, kahlen Raum, dessen einzige Einrichtung in einem wackeligen Stuhl und einem verstaubten Holztisch bestand, auf dem Rekrutierungsformulare lagen. Dahinter, an einem großen Fenster, stand ein Feldwebel, ein kleiner, gedrungener und brutal aussehender Mann mit mächtigen Schultern. Ringsum an den Wänden reihten sich lächerliche Jammergestalten, von denen einige geradezu schwachsinnig wirkten. Im Hintergrund warteten ein paar Soldaten.

Obwohl es ihnen niemand befohlen hatte, drängten sich die Konskribierten allmählich in einem Winkel des Zimmers zusammen, ein verlorener Haufen, dessen einzige Gemeinsamkeit darin bestand, daß alle Juden waren. In einem von ihnen erkannte Igor seinen geliebten Freund Duvid Bulatski. Er versuchte, seinem Blick zu begegnen und ihn anzusprechen, aber Duvid schaute ostentativ über ihn hinweg.

Die erbarmungswürdige Gruppe strömte einen stechenden Geruch nach nervösem Schweiß aus, aber Igor roch noch etwas anderes: den bösen Hauch uralten Hasses. Er war einen Schritt auf Duvid zugetreten und hatte die anderen Juden damit vorübergehend aus ihrer resignierten Apathie gerissen. Neugierig musterten sie ihn, der vage ihren Abscheu spürte.

Jurieff, unempfindlich gegen die unterschwelligen Gefühle, die ihn umgaben, bahnte sich munter einen Weg an Igors Seite, befahl einem Soldaten, das große Fenster zu öffnen, und sagte fröhlich: »So, jetzt kann's losgehen.«

Sofort brüllte der Feldwebel: »Juden, ausziehen!«

Mit eiskalten, ungeschickten Fingern nestelten die Männer an Knöpfen und Schuhbändern, schälten sich aus immer neuen Kleiderschichten und stapelten sie in sauberen Bündeln zu ihren Füßen, bis sie splitternackt waren.

Anton, offensichtlich bewegt beim Anblick von soviel bloßer Männlichkeit, legte Igor den Arm um die Schultern. Der jedoch schüttelte ihn unbeherrscht ab und rückte ein Stück von ihm fort, so daß Hauptmann Jurieff verblüfft war, aber zu der Überzeugung kam, sein Freund suche vermutlich einen Platz, von dem er das Schauspiel besser beobachten konnte. Er nickte dem Feldwebel zu.

»Los, anfangen!« dröhnte der Mann.

Daraufhin nahm einer der Soldaten ein Bündel Kleider und warf es aus dem offenen Fenster.

»Vier Minuten, du Christusmörder«, heulte der Feldwebel, »dann bist du mit deinen stinkenden Lumpen wieder da!« Daß er Lust an dieser Quälerei empfand, war nicht zu übersehen.

Durch die plötzlich eintretende Stille schnitt Igors Stimme wie eine Stahlklinge. »Weigere dich!«

Der Jude, der schon auf die Tür zuhuschte, blieb stehen und sah sich sekundenlang nach dieser befehlsgewohnten Stimme um; auf seinem Gesicht stand Angst vor dem, was in seinen Augen nur zusätzliche Quälerei bedeuten konnte. Dann stürzte er hastig zur Tür hinaus und verschwand. Nicht anders als das arme Opfer glaubte auch Jurieff, Igor habe versucht, den Spaß noch zu steigern. Stapel um Stapel ärmlicher Kleider flog hinaus in den eisigen Schlamm, und jedes wurde von einem nackten Mann in sturem Gehorsam wieder heraufgeholt. Bei jedem grotesken Start und bei jeder atemlosen Rückkehr brachen die Soldaten in grölendes Gelächter aus.

Als Duvid an die Reihe kam, weigerte er sich.

Das Lachen erstarb; der Feldwebel schob sich an den Soldaten vorbei, um sich vor Duvid aufzubauen. Er fand den Weg von Igor verstellt.

»Wegtreten!« brüllte Hauptmann Anton Jurieff.

Igors Gesicht wurde dunkel, seine Schultern strafften sich. »Nicht so hastig, mein Freund«, sagte er.

»Hör auf, Igor. Sei kein Narr.«

Igor antwortete nicht. Er warf dem Hauptmann einen giftigen Blick zu und begann sich auszuziehen. Als er ganz nackt war, ordnete er seine Kleider zu einem sauberen Bündel. Er war taub gegen das Entsetzen, das sich im Zimmer verbreitete.

Der beste Reiter der Ukraine, der Held und Aristokrat, der Erbe des bedeutendsten Hauses am Dnjepr, stand splitternackt vor ihnen. Wie alle anderen Juden, war er beschnitten.

»Wirf meine Kleider hinaus!« befahl er dem glotzenden Feldwebel.

Anton, verzweifelt und ängstlich, versuchte zu vermitteln. »Igor! Ein Löwe macht sich nicht gemein mit einer Ziege.«

Es war, als hätte er gegen Wände geredet. »Wirf meine Kleider hinaus«, wiederholte Igor. »Und dann holst du sie wieder herauf – meine und die meines Freundes. Ich gebe dir vier Minuten, du Schwein!«

Die Halsadern des Feldwebels schwollen. »Du hast hier keine Befehle zu erteilen, du Judenjunge!« fauchte er.

Der Schlag, den Igor ihm ins Gesicht versetzte, machte seinen Mund zu blutigem Brei.

Was nun folgte, war unvermeidlich, aber kurz. Gegen Igors Geschicklichkeit als Boxer konnte der Feldwebel keinen einzigen Schlag landen. In einer Kampfpause jedoch fand er einen Augenblick Zeit, Igors Kleider zu nehmen, sie in hohem Bogen aus dem

Fenster zu werfen und höhnisch zu keuchen: »Hoffentlich ist wenigstens der blonde Bastard von deinem Alten nicht beschnitten.«

Igors Bewegungen waren langsam, katzenhaft, Boris-gleich, seine Hände schienen eigenes Leben zu haben. Fest wie ein Schraubstock umklammerten sie den Feldwebel, hoben den klein gewachsenen, kräftigen Mann hoch und schleuderten ihn durchs Fenster.

Kein Ton wurde laut, bis Igor sich an den Hauptmann wandte. »Der Spaß ist vorbei«, sagte er. Und zu einem Soldaten: »Hol meine Kleider. Ich verlange, daß ich sie gebürstet und gebügelt zurückerhalte.«

»Jawohl, Gospodin Pirow. Mit Vergnügen.«

Anton schüttelte die Benommenheit ab. »Mann, das war fabelhaft!« sagte er. Duvid reichte Igor irgendeinen Mantel.

Innerhalb von Sekunden schlug die Stimmung um, und Jurieff befahl, Bier heranzuschaffen. Es war noch nicht da, als der junge Soldat, der Igors und Duvids Kleider holen sollte, hereingestürzt kam, die Kleiderbündel achtlos unter dem Arm. Totenblaß ließ er sie vor Igor zu Boden fallen und begann mit dem Hauptmann zu flüstern.

»Ist das sicher?«

»Jawohl, Herr Hauptmann.«

»Igor«, sagte Anton, »er ist tot. Hals gebrochen. Es tut mir leid, aber ich muß dich in Arrest nehmen.«

Igor erbleichte.

Der Hauptmann zog seinen Mantel an und schlug den Kragen hoch. »Ihr bleibt hier«, sagte er von der Tür her zu allen Anwesenden. »Ihr seid meine Zeugen. Es hat keinen Kampf gegeben. Ich war mit Papieren beschäftigt und habe von der ganzen Angelegenheit nichts gemerkt.«

Beim Hinuntergehen bat Igor den Freund, ihm eine Bitte zu erfüllen.

»Ich werde mich selbstverständlich beim Kommandanten melden. Würdest du mir den Gefallen tun und zu meiner Mutter reiten? Sag ihr die Wahrheit, in allen Einzelheiten, aber vergewissere dich, daß Julie nichts hört.«

Bereits im Laufschritt, rief Jurieff über die Schulter zurück: »Selbstverständlich. Bin schon unterwegs.«

Zwanzig Minuten darauf stand Igor vor Oberst Gregori Simmowitsch, einem Mann mit harten Augen, der in dem Ruf stand, sehr jähzornig zu sein, der Igor aber, wie man wußte, sehr zugetan war.

»Nehmen sie Platz, mein Sohn«, forderte der Oberst ihn auf.

Doch Igor gehorchte nicht, sondern sagte in sehr formellem Ton:

»Ich komme dienstlich, Herr Oberst. Ich hatte eine Auseinandersetzung mit einem Schwein von Feldwebel, und der Kerl ist verletzt.«

Der Oberst lachte. »Haben Sie ihn gehörig versohlt?«

»Jawohl, Herr Oberst.«

»Schwer verletzt?«

»Tödlich verletzt, Herr Oberst.«

»Sie haben diesen Feldwebel mit den bloßen Händen umgebracht?«

»Nein, Herr Oberst.«

»Setzen Sie sich, Igor.« Diesmal nahm Igor Platz.

Als er die ganze Geschichte erzählt hatte, runzelte der Oberst die Stirn. »Höchst vorschriftswidrig«, stellte er fest.

»Er will allein mit Ihnen sprechen. Über Herrn Igor.« Lydia holte geräuschvoll Luft. »Ich habe ja immer gesagt, daß Hauptmann Jurieff einen schlechten Einfluß auf ihn ausübt.«

»Wo ist Julie?« schnitt Ronja ihr das Wort ab.

»Oben. Sie schreibt an Georgi. Keine Angst, bis sie jedes Wort in diesem Lexikon nachgeschlagen hat, dauert es Stunden.«

»Führe den Hauptmann in die Bibliothek, Lydia. Gib ihm etwas zu trinken und sage ihm, daß ich sofort herunterkomme.«

Er hatte kaum Zeit, das Glas zu leeren, da trat Ronja schon mit einer Eile, die von der Angst diktiert wurde, ins Zimmer. Mit ungeheurer Willenskraft zwang sie sich, langsam zu gehen, ein ruhiges Gesicht zu bewahren. »Wie nett von Ihnen, mich zu besuchen, Anton!« Es klang, als sei er zum Tee gekommen. »Kommen Sie, wir setzen uns hier an den Kamin. Sie müssen ja völlig durchfroren sein, nach diesem Ritt!«

Doch da war sie bereits am Ende ihrer Kraft und konnte sich nicht mehr beherrschen. »Ist Igor etwas zugestoßen?«

»Nein, Frau Ronja. Es geht ihm gut.«

»Was ist denn geschehen?«

Nun berichtete er ihr den ganzen Vorfall, und Ronja lauschte mit jeder Faser ihres Seins. Als er geendet hatte, erhob sie sich und sagte: »Entschuldigen Sie mich einen Augenblick. Ich will nur veranlassen, daß mein Mann geholt wird.« Sie läutete nach Lydia.

»Ich muß sofort Boris sprechen. Sorge dafür, daß er geholt wird«, sagte sie. »Wenn er nicht bei den Pferden ist, sollen alle Männer die Arbeit einstellen und ihn suchen gehen.« Sie kehrte zu Anton zurück und flüchtete sich wieder in ihre Höflichkeit. »Darf ich Ihnen noch etwas einschenken? Möchten Sie vielleicht etwas essen?«

»Nein, danke«, stammelte er. »Ich muß in die Kaserne zurück.

Soll ich Igor etwas ausrichten?«

»Ja, bitte«, erwiderte sie. »Sagen Sie ihm, was er auch tut, er soll unbedingt den Mund halten.«

Mein Gott, welch eine Frau! staunte Anton. Kein Wunder, daß Igor sie anbetet.

Als er fort war, stand Ronja auf der vorderen Veranda, bis Boris unter den Bäumen auftauchte und im Laufschritt über den Rasen kam. Trotzdem rief sie ihm noch zu: »Schnell, Boris!«

»Was ist denn?« keuchte er.

Sie ergriff seine beiden Hände und schüttelte traurig den Kopf. Oben in ihrem Zimmer warf sie mit einem Tritt die Tür ins Schloß und berichtete schluchzend die ganze grausige Geschichte. »Ich habe Angst, Boris.« Und dieses Eingeständnis schmerzte ihn mehr als ihre Tränen.

Zwei Stunden später meldete der Adjutant seinem Oberst: »Er kommt gerade hereingeritten, Herr Oberst.«

»Auf seinem Schimmelhengst?«

»Jawohl, Herr Oberst. In voller Uniform. Sehr eindrucksvoll.«

Die beiden alten Bekannten trafen sich in einem privaten Wohnzimmer, in dem es nach schön poliertem Holz und feinem Leder duftete. Wodka und Speisen wurden aufgetragen, und die Männer zogen sich Armsessel an das lodernde Feuer.

»Warum kommen Sie so spät?« erkundigte sich Oberst Simmowitsch.

»War es denn eilig?« Eine Spur übertrieben wanderten Boris' Augenbrauen in die Höhe.

»Ich habe mit dem Essen gewartet.«

»Nett von Ihnen. Ich hab' einen Bärenhunger.«

Der Kommandant schenkte Wodka ein, hob das Glas und sagte: »Auf Igor!« Dann füllten sie sich die Teller, und Boris aß, wie er vorausgesagt hatte, hungrig und mit sichtlichem Vergnügen. Als der Tisch abgeräumt war und sie die Zigarren in Brand gesetzt hatten, fragte der Oberst: »Bereit zu einem Gespräch?«

»Jederzeit.«

»Möchten Sie ein paar Runden spielen? Ich glaube, ich habe heute eine Glückssträhne«, schlug Simmowitsch vor.

»Von mir aus die ganze Nacht.«

Sein Gegenüber lachte. »Ihre Nerven möchte ich haben! Die Dinge stehen nicht schlecht. Wenn Igor vor Gericht kommt, wird es keine Schwierigkeiten geben: keine Beweise, keine Zeugen. Die Männer waren taubstumme Blinde; sie haben nichts gesehen und nichts gehört.«

»Es wird nicht zu einem Prozeß kommen.«

Der Offizier richtete sich steif auf. »Seien Sie doch vernünftig, Boris! Es hat einen Toten gegeben!«

»Dann begraben Sie ihn.«

»Und wenn jemand den Keller aufräumt – und die Leiche findet?«

»Ronja und ich fahren morgen nach St. Petersburg. Die Angelegenheit wird von dort aus geregelt.«

»Boris, ich muß Meldung machen bei . . .«

»Gregori, ich habe soeben zwei Hengste und tausend Rubel verloren.«

Simmowitschs Mundwinkel unter dem militärischen Schnauzbart zuckten. »Sie geben«, sagte er.

Boris trat an den Tisch und begann die Karten zu mischen. »Sie dürfen Igor unter keinen Umständen den Zivilbehörden ausliefern, solange wir fort sind. Falls der Feldwebel eine Familie hinterläßt, kümmern Sie sich darum, daß sie versorgt wird. Die Ausgaben können Sie zu meinen Spielschulden schreiben.«

»Sonst noch etwas?«

»Ja. Diese fünfzig Rekruten. Alle militärdienstuntauglich. Zahlen Sie ihnen eine Monatslöhnung aus und schicken Sie sie nach Hause.«

»Neununddreißig, Boris – gesichts- und namenlos. Aber nicht dieser junge Bulatski.«

»Sie haben recht«, gab Boris zu. »Halten Sie Duvid vorläufig fest, aber behandeln Sie ihn gut.«

Sie spielten ein paar symbolische Runden, doch nun, da ihr Handel abgeschlossen war, hatten sie kein großes Interesse am Spiel. Boris sah auf die Uhr. »Ich bleibe heute nacht in der Stadt. Wo ist Igor? Kann ich ihn sehen?«

»Ein Stück den Gang hinunter. Erste Tür links. Er hat ein Doppelzimmer.«

»Danke, Gregori. Gute Nacht.«

Am nächsten Morgen frühstückten Vater und Sohn miteinander. »Deine Mutter und ich werden in ungefähr einer Woche zurück sein«, sagte Boris. »Versuche nicht, Julie zu sehen, und vor allem, rede nicht. Hochwürden Tromokow wird dich besuchen. Auf ihn kannst du dich verlassen.«

Von der Kaserne aus ritt Boris in die Stadt, um dem Polizeichef von Kiew einen Besuch abzustatten. Nikita Orloff war ein ausgezeichneter Beamter und ebenso unbestechlich wie Mischuk, der Polizeichef der Provinz. Im Laufe der vielen Jahre ihrer Bekanntschaft hatten Boris und er echte Hochachtung füreinander entwickelt. Jeder schätzte den Charakter und die Integrität des anderen. Und kürzlich hatte sich das Band zwischen ihnen noch weiter verstärkt: Orloff war ein aktiver Verfechter der ukrainischen Bewegung.

Daß Boris ihn aufsuchte, war nichts Ungewöhnliches; daß er aber am frühen Morgen in voller Uniform, die Brust blitzend von all seinen Orden, erschien, verschlug Orloff die Sprache. Boris nutzte das Staunen, das er erregte, geschickt; rasch erzählte er die ganze Geschichte und ließ auch keine ihrer möglichen Folgen unerwähnt.

»Sie haben vollkommen recht, Boris«, stimmte Orloff ihm schließlich zu. »Der Zwischenfall muß in St. Petersburg geregelt werden.«

»Darf ich daraus entnehmen, Nikita, daß Sie keine offizielle Untersuchung einleiten werden?«

»Offiziell fällt die Angelegenheit überhaupt nicht in meine Zuständigkeit; sie geht einzig und allein die militärischen Stellen an.«

»Gut. Ich freue mich, daß Sie es so sehen.« Boris erhob sich.

»Noch eines, Boris. Ich möchte nicht, daß Sie in eine riskante Situation geraten. Ihr Freund, Oberst Simmowitsch, ist ein gefährlicher Mann und ein geschickter Erpresser. Er kann Sie Ihr Leben lang bluten lassen.«

»Haben Sie dafür Beweise?«

»Sein Strafregister ist mindestens eine Meile lang. Außerdem ist er ein, allerdings unbedeutender, Geheimagent und ein Freund der Schwarzen Hundert. Im Mai 1900 hat er keinen Finger gerührt, um zu verhindern, daß sie gegen meinen Befehl in einem jüdischen Dorf seines Befehlsbereiches ein Pogrom inszenierten. Meine Unterlagen über die Schmiergelder, die er kassiert hat, würden genügen, ihn nach Sibirien zu schicken. Möchten Sie sie sehen?«

»Nur wenn es nicht zu umgehen ist, und das bezweifle ich. Er wird mich nicht hereinlegen. Und was meine Spielverluste angeht ...« Boris grinste. »Nun, es war nicht unser letztes Spiel.« Er deutete auf die Aktenschränke. »Haben Sie etwas über Hauptmann Anton Jurieff?«

»Noch nie von ihm gehört. Wissen Sie etwas, das gegen ihn spricht?«

Boris zuckte die Achseln. »Ein ganz normaler Offizier.«

»Wäre vielleicht eine Luftveränderung angebracht?«

Boris klopfte die Asche von seiner Zigarette und erhob sich. »Gute Idee. Ich suche Sie auf, wenn ich aus St. Petersburg zurück bin«, sagte er.

Ronja überlegte sich die Erklärung, die sie Julie geben wollte, genau, aber die Tatsache, daß Igor in Schwierigkeiten steckte und daß sie mit Boris nach St. Petersburg fahren mußte, war nicht hinwegzuleugnen. Die Kleine saß auf ihrem Stuhl, die Hände schlaff im Schoß; ihr Haar leuchtete im Sonnenschein, der zu den Fenstern des Frühstückszimmers hereinfiel, und sie machte ein sehr bekümmertes, verwirrtes Gesicht.

»Es ist sinnlos, Mutter Ronja. Ich werde ihn nie begreifen.«

Und dann begann sie zu weinen – dicke Tränen, die ihr langsam und ungehindert über die Wangen rollten. Sie weinte auch noch, als Boris heimkam. Auf seinen Armen trug er sie in ihr Zimmer, und Ronja brachte sie zu Bett. Lydia holte heißen, mit Cognac und Zitrone versetzten Tee, den Julie Boris zuliebe gehorsam trank.

»Julie, Kind, du hast doch Lydia«, tröstete Ronja sie. »Und der Blonde wird dich ebenfalls gut beschützen. Aber wir müssen fort. Je eher diese unangenehme Geschichte aus der Welt geschafft ist, desto eher wird Igor wieder zu dir nach Hause kommen.«

»Verlaßt mich nicht!« jammerte Julie. »Mir ist ganz schwindlig, und ich habe einen furchtbaren Druck auf der Brust.«

Doch Lydia war zu nüchtern für solchen Unsinn. »Das werden wir gleich haben. Ein heißes Knoblauch- und Zwiebelpflaster, und schon ist alles wieder gut. Keine Angst, kleine Herrin, Ihre Haut wird nur ein bißchen verbrennen.«

Allein der Gedanke an diese Behandlung kurierte alles. Sofort erklärte Julie, wenn auch mit schwacher Stimme, sie fühle sich schon wieder besser.

Als der Abschied kam, klammerte sie sich an Ronja und bat sie, Georgi zu sagen, wie sehr sie ihn vermisse. Dann warf sie sich in Boris' Arme.

»Komm, lach mich ein bißchen an, kleine Julie«, schmeichelte er, und folgsam wie ein Kind gab sie sich die größte Mühe, ein Lächeln zustande zu bringen.

Drei Rappen zogen die mit dem Pirowschen Wappen geschmückte Kutsche durch Schlamm und Regen und schneidenden Wind, der vom Finnischen Meerbusen herüberwehte. Einige Meilen vor St. Petersburg stiegen die Pirows in einen Schlitten mit schmalen Kufen um.

Die Stadt war schon in blendendes Weiß getaucht; Schneeflocken trieben und wirbelten durch die breiten Alleen. In der beißenden Kälte fuhr Boris mit erschreckendem Tempo an den Kais entlang, an eleganten Geschäften und vornehmen Restaurants vorbei, durch die Straße, an der die Botschaften, Kirchen und die Oper lagen. Portiers in schwarzen Karakulmänteln, Kosaken auf ihren Pferden, Droschki-Fahrer mit eisverkrustetet Bärten sahen erstaunt auf und blieben wie gebannt stehen. Sie erkannten den Kutscher, ehe sie das Wappen entdeckten, und riefen sich freudig zu: »Boris Pirow kommt!«

Zusammen mit Ronja und Boris Pirow begrüßten Graf und Gräfin Alexis Brusilow ihre Gäste in der weiten Halle ihres Palais; bei jedem Türöffnen klingelten leise die Kristalltropfen der Kronleuchter, und jedesmal, wenn der Majordomus einen illustren Namen nannte, verstummte das Stimmengewirr einen Augenblick lang. Als letzte kam Ihre Majestät.

Sie küßte Katja und bewunderte wieder einmal die makellose Haltung dieser Frau und die selbstverständliche Sicherheit, mit der sie ihre Kleider trug. Sie küßte Ronja, hielt sie ein Stück von sich ab und sagte: »Ich muß Sie ansehen, mein Kind!« In diesem Augenblick schaute sie mit dem Herzen und nicht mit den Augen, und in diesem Augenblick sehnte sich die alte Zarin nach dem Vater dieser bemerkenswerten Töchter.

Bälle gab es zu Beginn des zwanzigsten Jahrhunderts in Rußlands Hauptstadt die Fülle, aber an diesen, einen der letzten ganz großen, erinnerte man sich noch lange. Je weiter die Stunden fortschritten, desto mehr wich das Protokoll dem kühnen Wagnis: die Herren nahmen sich ihre Partnerinnen, ohne an die Konsequenzen zu denken. Die Zarin wählte Boris zu ihrem Begleiter, und er, der riesige Mengen Wodka getrunken hatte, erzählte Geschichten, die unter anderen Umständen kaum Gnade vor ihren Ohren gefunden hätten, tanzte wilde russische Tänze und wirbelte mit seiner Herrscherin im Walzertakt zum Bankett.

In jener Nacht bewies die Zarin Maria, Kaiserinwitwe von Rußland, wieder einmal ihre Treue zu David von Glasman. Und Graf Alexis Brusilow kassierte eine politische Schuld: Sie versprach, die Entscheidungen, die er treffen werde, zu sanktionieren.

Einige Stunden lang wurde der ›Zwischenfall‹ in den überladenen Korridoren der Admiralität und im Büro des Stabschefs diskutiert.

Der Beschluß, der gefaßt wurde, bestand im wesentlichen aus vier Teilen:

1. daß Hauptmann Igor von Glasman-Pirow eine Strafe in Höhe von einem Viertel einer Viermonatslöhnung zu zahlen habe, weil er im Dienst ohne Uniform angetroffen wurde;

2. daß besagter Hauptmann Pirow sich in die Mandschurei zu begeben habe, wo er das Kommando des Militärpostens Harbin zu übernehmen und unter dem Oberbefehl von Pjotr Jarsolow bei der Bewachung des Hafens Port Arthur zu assistieren habe,
3. daß besagte Abstellung nicht weniger als sechs, nicht länger als zwölf Monate dauern dürfe. Wonach er zum Empfang weiterer Befehle zu seinem Regiment zurückkehren werde;
4. daß Igor von Glasman-Pirow, zur Zeit des Zwischenfalls Hauptmann im Dienst Seiner Kaiserlichen Hoheit, bei der Aktion gegen einen unbotmäßigen Feldwebel seine militärischen Befugnisse nicht überschritten habe.

Damit war der Fall abgeschlossen.

Boris und Ronja kamen nicht mehr rechtzeitig nach Kiew zurück, um sich von Igor zu verabschieden. Auf Einladung des Kommandanten aber verbrachten Hochwürden Tromokow und Julie einen ganzen Tag mit ihm. Er freute sich über die Versetzung und freute sich auch, daß Duvid mitkommen würde.

14

Einen Monat nach dem Tag, da er Hochwürden Tromokow und Julie zum Abschied nachgewinkt hatte, ritt Igor, wettergebräunt und bärtig, im Sattel eines kleinen Mongolenpferdes in Port Arthur ein und erfragte sich den Weg zum Flottenstützpunkt. Ein Wachtposten, der auf seine Ankunft vorbereitet war, salutierte und sagte: »Der Herr Hauptmann wird in der Wohnung des Herrn Admiral erwartet. Ausgehuniform, Herr Hauptmann. Punkt acht Uhr. Ich habe Befehl, den Herrn Hauptmann zu seinem Quartier in der Offiziersunterkunft zu führen.«

In der Marinekaserne, das spürte Igor sofort, ging es nicht anders zu als in der Kavalleriekaserne von Kiew, wo die Hauptbeschäftigungen im Trinken, Spielen und dem Austausch von Soldatenwitzen bestanden hatten. Obwohl er sich vor allem anderen danach sehnte, sich zu rasieren, zu baden und mit seinen Offizierskameraden Bekanntschaft zu schließen, half ihm das Pflichtbewußtsein, dieser Versuchung zu widerstehen.

Eine Stunde und fünfzig Minuten später empfing Igor einen knoblauchduftenden Kuß auf beide Wangen. Admiral Pjotr Jarsolow erwies ihm dieses Zeichen seines Wohlwollens, weil es ihm, wie er erklärte, bei dem Sohn einer alten Freundin angebracht erschien.

Es wurde ein unerträglicher Abend. Igor, von Natur aus vertrauensvoll und, sobald es um Intrigen ging, naiv, beteiligte sich nicht an der Konversation – nicht etwa aus Vorsicht, sondern weil der Alkohol, das schwere Essen und die Hitze, die in den Räumen herrschte, ihn lähmend müde gemacht hatten. Er mußte all seine Energie auf die Aufgabe konzentrieren, nicht einzuschlafen.

Pjotr Jarsolow, Admiral des Marinestützpunktes Port Arthur, wenn auch nicht auf Grund persönlicher Verdienste, sondern weil seine Mutter Verbindungen zu den Romanows hatte, kam zu dem Schluß, daß Ronjas Sohn sehr klug und geschickt sein müsse. Er spielt den Dummen, um unsere Feinde zu täuschen. Ein ausgezeichneter Schachzug des Oberkommandos, ihn hierher zu schicken!

Nur ein unendlich einfältiger Mensch hätte versucht, aus Igor Pirow einen Spion zu machen; und doch geschah es: Igor, nicht der Mensch, Befehle in Frage zu stellen, wurde Spion – Freizeitspion zu Pferde. Die Chinesen in Harbin, wohin ihn sein Dienst führte, waren entzückt über seine frische Jungenhaftigkeit und sein reizendes Grübchen-Lächeln und hatten ihn schon bald in ihr Herz geschlossen.

Vom ersten Tag an fühlte sich Igor zu den Chinesen hingezogen und glaubte sie trotz seiner vollständigen Unkenntnis ihrer Sprache recht gut zu verstehen. Seine Spionagetätigkeit führte ihn bis hinunter nach Pristan, dem übervölkerten Hafenviertel, einem Stadtteil, den er sehr liebte. Die Bordelle, Spielhöllen und Kaschemmen in der Nähe des Sungari-Flusses waren bevorzugte Treffpunkte für Käufer und Verkäufer von Klatsch und Gerüchten.

Der hübsche russische Kavallerieoffizier war bald bekannt als ein Mann, der sich leicht von seinem Geld trennte – ein fetter Vogel, den man rupfen konnte. Seeleute, Matrosen, arme Sampanbesitzer und reiche Eigentumer von Segelschiffen, die aus dem Hinterland Getreide auf den Markt brachten, Kapitäne von Schleppkähnen, die Bauholz luden – sie alle führten Igor an der Nase herum. Von jedem kaufte er falsche Informationen.

Nur ein Mensch sagte ihm die ungeschminkte Wahrheit, und das war Anna Marie, die einem vielgerühmten Haus vorstand und als Erste Madame der Mandschurei betrachtet wurde. Sie schalt ihn aus, weil er ein so leichtgläubiger Anfänger war. »Die Japaner sind klug, fleißig, listig und tapfer«, lautete ihre Instruktion. Außerdem versorgte sie ihn mit Mädchen, obgleich sie sonst sehr wählerisch war bei Fremden, denen sie Einlaß in ihr Bordell gewährte.

Viele Wochen vergingen, bis Igor die Einladung erhielt, auf die er wartete. Huang Hui Tsung, über dessen Vater er von Ronja so viel gehört hatte, war Herr und Herrscher über die mandschurischen Chinesen. An dem Tag, als er zum Tee gebeten wurde, mußte Igor feststellen, daß er nervös war. Er kleidete sich mit kritischer Aufmerksamkeit an und legte drei saubere Taschentücher zurück, ehe er in der Schublade eines fand, das in seinen Augen zufriedenstellend gefaltet war. »Ich weiß nicht, wann ich zurück sein werde«, erklärte er seinem Leutnant. »Sie wissen ja, wo Sie mich im Notfall erreichen.«

Für Igor war Luxus durchaus nichts Neues, von dem Huang-Besitz aber war auch er überwältigt. Von der Schwelle aus fiel sein Blick auf ein Gewirr von verschiedensten Bauwerken: Observatorium, Pagoden, Tempel, Wohnhäuser, Pavillons, Vorratshäuser, Galerien, Terrassen aus weißem Marmor – eine ganze, ummauerte Stadt. Innerhalb der massiven äußeren Befestigungen und bewacht von vielen Beobachtungstürmen, lagen, Höfe und Gärten einschließend, niedrigere, von reich verzierten Toren durchbrochene Trennmauern.

Huang Hui Tsung empfing Igor im Studierzimmer des Haupthauses, einem Raum voller Bücher, Manuskripte und Gemälde, der sich auf einen eigenen Garten mit Blumen und Sträuchern, Bronze- und Steinskulpturen öffnete. Igor verbeugte sich tief und vermochte es nicht, diesen Mann von dem Bild zu trennen, das Ronja ihm von seinem Vater gezeichnet hatte. Er war alt; doch wie alt, war unmöglich zu erraten. Er war gebrechlich insofern, als er sich mit der bedächtigen Langsamkeit des Alters bewegte; und doch waren die Hände und auch das Gesicht ohne Falten. Nur der in sich gekehrte Blick der Augen vermittelte den Eindruck endloser Zeiträume, die gelebt und in der Erinnerung bewahrt worden waren.

Igor war zutiefst erleichtert, als Huang ihn in makellosem, akzentfreiem Russisch begrüßte, ihm für sein Kommen dankte und ihn bat, Platz zu nehmen. Wenn sein eigener Zar ihm gestattet hätte, sich in seiner kaiserlichen Gegenwart zu setzen, Igor hätte sich nicht stärker der Tatsache bewußt sein können, daß ihm diese Ehre von einem absoluten Herrscher gewährt wurde.

Er fand einen Platz auf einer niedrigen Ottomane neben einem Lacktischchen. Diener füllten Tee in grünlich getönte Jadeschalen und boten kleine Kuchen an, so dünn und durchsichtig wie Pergament. Während Huang Hui Tsung über David von Glasman sprach, musterte er dessen Enkel auf körperliche Ähnlichkeit mit seinem Großvater hin.

»Er war«, schloß Huang, »von so glühender Treue zu seinem Herrscher beseelt, daß mein Vater, dessen Interessen sich mit den seinen nur selten trafen, ihn bald vor allen anderen Menschen wegen seiner Unbestechlichkeit zu lieben begann.«

Er machte eine Pause, in Gedanken über das Wesen der Treue versunken, und erging sich dann, seiner Neigung zur Belehrung folgend, in einer Abhandlung über das Wesen von Treue, Glauben und Aufrichtigkeit – der reinen Aufrichtigkeit, die an sich und aus sich selber heraus aufrichtig ist. Igor, der sich als Intellektueller fühlte, sobald er mit seinem russischen Admiral zusammen war, kam sich neben diesem feinsinnigen, wunderbar kultivierten Chinesen vor wie ein Barbar.

Unvermittelt wurde er aus seinen Gedanken gerissen. Huang schien plötzlich an Körpergröße und Energie zu wachsen und sagte: »Igor von Glasman-Pirow, Sie tragen einen stolzen Namen. Sie tragen das Ehrenkleid eines Kavallerieoffiziers. Warum sind Sie dann ein Spion? Und ein schlechter dazu, muß ich hinzufügen.«

Das also war der Grund für die Worte über Wahrheit und Aufrichtigkeit! Igor war so verblüfft, daß er sich unwillkürlich zu den Tatsachen bekannte. »Ich bin ein guter Soldat, Herr Huang, wenn ich auch nicht leugnen kann, daß ich ein schlechter Spion bin. Ich führe meine Befehle aus. Meine Vorgesetzten haben mir befohlen, Informationen zu sammeln. Mit der Auswertung und der Verarbeitung dessen, was ich in Erfahrung bringe, habe ich nichts zu tun.«

Langsam legte Huang die Fingerspitzen seiner linken Hand an die seiner rechten, und seine Miene verriet die Andeutung eines zufriedenen Lächelns. »Ihr Auftrag, Hauptmann«, sagte er streng, »zeugt von schlechter Menschenkenntnis und Mangel an gutem Geschmack. Er unterhält und beruhigt den ... den Eindringling. *Und* er beleidigt mich und jeden anderen chinesischen Würdenträger in diesem Land.«

»Jawohl, Herr Huang. Es tut mir sehr leid, Herr Huang.« Igor schluckte.

»Sie werden dies in Ihrem nächsten Bericht an Ihre Vorgesetzten erwähnen.«

»Jawohl, Herr Huang.« Igor saß wartend da. Diese Zurechtweisung bedeutete zweifellos das Ende der Audienz, aber er hatte keine Ahnung von den hier gültigen gesellschaftlichen Regeln, die er beim Abschied beachten mußte. Er nahm an, daß Huang ihn entlassen werde.

Sein Gastgeber bemerkte sein Unbehagen mit beifälliger Nachsicht und sprach dann das aus, was ihm schon vor einer Stunde klargeworden war: »Mein Interesse an Ihnen, Igor, überwiegt bei weitem meinen Abscheu für den augenblicklichen Herrscher Ihres Landes. Darum werde ich Ihnen helfen. Reichen Sie diesen Bericht nicht ein. Fahren Sie fort, wie Sie es bisher getan haben. Lassen Sie sich weiterhin betrügen. Lassen Sie Verwirrung aufkommen; es ist von keinerlei Bedeutung. Hier in der Mandschurei werden keine wichtigen Entscheidungen fallen. Schauen Sie lieber nach Berlin, nach Tokio, nach London und nach St. Petersburg; dort fällt die Entscheidung über Frieden und Krieg.

Wenn Sie dringend der Hilfe bedürfen, dann kommen Sie zu mir. Es mag Ihnen sogar eine Beruhigung sein zu erfahren, daß ich – trotz allem – ein Verbündeter Rußlands gegen Japan bin – zum Wohle meines eigenen Volkes und aus freier Wahl.«

»Vielen Dank, Herr Huang«, sagte Igor, und war nun endgültig überzeugt, daß er sich verabschieden müsse.

»Und, Igor – sagen Sie nicht immer ›Herr Huang‹ zu mir.«

»Jawohl, Herr Huang.«

Das Lachen riß die Schranken zwischen ihnen nieder. Als sie zusammen zu Abend aßen, trug Igor, wie Huang, ein chinesisches Gewand. Später schlief er in einem Raum, der das Jerusalem-Zimmer hieß und von dessen Wänden a fresco gemalte Patriarchen auf ihn herabblickten. Die kostbaren westlichen Möbel und die ausgesucht schönen Kunstgegenstände waren ein Geschenk David von Glasmans.

Die Vertrautheit jenes Abends vertiefte sich noch im Laufe der Wochen. Mit keinem anderen Menschen außer dem Blonden hatte Igor so offen von allem gesprochen, was ihm am Herzen lag, von seiner Mutter und Julie, von Boris – voller Stolz – und Georgi, von Katja und Alexis. Sogar Lydia beschrieb er und imitierte ihren komisch watschelnden Gang. Nur Tamara erwähnte er nicht.

Alexis hatte schon oft versucht, Igor mit den weißen Jadefiguren seines Großvaters das Schachspielen beizubringen – ohne Erfolg. Nun spielte Igor mit Huang und fand große Freude daran, obwohl er zuletzt doch nie gewann. Und allmählich begann er, Chinesisch zu lernen: Er hatte ein ausgezeichnetes Ohr für Sprachen und einen geduldigen Lehrer.

Aber auch Huang lernte etwas von Igor – die Bedeutung des Wortes ›Sohn‹. Wenn er zusah, wie Igor an Kavallerie-Wettkämpfen teilnahm und sie gewann, war er stolz auf ihn wie ein richtiger Vater.

Von seiner Mutter erhielt Igor lange Berichte über das Gut und seine Bewohner, von dem Blonden kurze, freundschaftliche Nachrichten, in denen er ihn über die Entwicklung des Gestütes informierte, von Georgi ungeduldiges Gekritzel mit Prahlereien über Zusammenstöße mit seinen Vorgesetzten und von Julie sorgfältig formulierte, konventionelle Briefe. Sogar Boris, der sich mit der Feder in der Hand noch nie wohl gefühlt hatte, schrieb gelegentlich ein paar Zeilen über die Pferde, das Wetter, die Ernte und Julie, die von Tag zu Tag bezaubernder werde.

Igors Antworten waren formell und selten, viele in Huangs Arbeitsraum oder im Jerusalem-Zimmer geschrieben. Häufiger als Briefe schickte er seiner Julie Geschenke: Truhen, Lackkästchen, Brokat, Jadeschalen und Lapislazuli; dem Blonden sandte er einen herrlichen Sattel; Ronja eine ungewöhnliche Peitsche; Boris ein T'ang-Pferd und Georgi eine Seidenmalerei mit chinesischen Drachen.

»In Port Arthur«, schrieb Igor mit vielen Pausen, in denen er auf dem Federhalter kaute, »läßt mir mein Dienst nur wenig Zeit. Hier in Harbin bin ich fast immer so frei wie ein Vogel. Ein erstklassiger Leutnant erledigt die Routinearbeiten für mich – das Aufrechterhalten von Ordnung und Sicherheit, das ich organisiert habe und das jetzt reibungslos läuft –, und so habe ich mehr Zeit, mich auf das Erlernen der chinesischen Sprache zu konzentrieren. Es ist eine Sprache, die mich zur Verzweiflung treibt, aber sie ist sehr wichtig für meinen Dienst, und darum schlage ich mich tagtäglich damit herum. Diese einsilbigen Wörter sind ja nicht schwer, aber die unterschiedliche Betonung, das ist die Hölle! Huang lacht mich aus; er sagt, es sei überhaupt nicht schwer (natürlich, für ihn nicht!), und ich hätte ein besonderes Talent, eine geistreiche Sprache lächerlich zu machen.«

Seine Briefe waren alle an die Familie gerichtet, nur einer nicht; der war nur für die Augen der Mutter bestimmt.

»Ich kann«, so schrieb er darin, »die ummauerte Stadt inmitten der Stadt Harbin nicht mit Worten beschreiben – weder sie, noch Huangs Palast, noch ihn selber. Er ist groß, fast so groß wie ich, aber viel magerer. Oft ist er ein Mann des Westens, ein anspruchsvoller, vornehmer Herr, dessen Verhalten mir Onkel Alexis in Erinnerung ruft. Dann wieder ist er der Erhabene, eine Art Fürst. Manchmal finde ich ihn einfach rätselhaft. Dann sitzt er, die Inkarnation der Gelassenheit, unergründlich und unmenschlich, mit halb geschlossenen Augen da und läßt Gebetskugeln durch seine Finger gleiten. Diese Verwandlung vom nüchternen Realisten, den ich anerkenne und begreife, zum orientalischen Mystiker ist sehr verwirrend.

Du würdest Dich freuen, ihn über Großvater sprechen zu hören. Er erzählt wundervolle Geschichten aus jenen Tagen. Ich glaube, Huang Hui Tsung ist der erstaunlichste Mensch, den ich jemals erlebt habe.«

Und noch ein Brief kam für Ronja; er wurde durch Privatboten abgegeben, zu einer Zeit, als Boris nicht in Kiew war.

»Sehr verehrte Frau Ronja,
China hat Ihren Sohn Igor in seinen Bann geschlagen. Seine Tage und Nächte sind ausgefüllt mit Abenteuern, die nicht alle nach meinem Geschmack ausfallen. Aber: ›Aus Dunkelheit steigt Licht und Sonne.‹ Auch ich fühlte mich in jenem Alter als Eroberer eines Traums. Die zarten Konturen, der Geschmack an sanfteren Tönen, das alles entwickelt sich erst später.

In der Dämmerung gehe ich oft mit Igor in meinem ummauerten Garten spazieren. Aus der Ferne hören wir den ewigen Gesang der Mönche, das Läuten von silbernen Glocken.

Wenn ich meine Pfeife geraucht habe, gebe ich mich der angenehmen Vorstellung hin, daß Igor mein Sohn ist. Ich werde diese Träume sorgsam hüten. Ich will, daß Igor zu seiner blauäugigen Julie zurückkehrt, die auf ihn wartet. Igor reitet auf einem Tiger.

Ihr ergebener Diener
Huang Hui Tsung«

Erst einen guten Monat, nachdem die letzte Geschenkkiste aus der Mandschurei eingetroffen war, fiel ihnen auf, daß sie keine Briefe mehr erhalten hatten.

Zuletzt wurde es sogar Julie klar, daß Igors Schweigen zu lange dauerte, und sie begann sich Sorgen zu machen. Eines Morgens fand sie Ronja an ihrem Schreibtisch, wo sie in einem Brief an Huang ihrer Besorgnis Ausdruck verlieh.

Rasch faltete Ronja das Blatt und fragte freundlich: »Was hast du, Julie? Du bist so blaß.«

»Ich bin unruhig wegen Igor.«

»Das ist dumm von dir«, erklärte Ronja mit einer Sicherheit, die sie überhaupt nicht empfand. »Igor liebt es, Geschenke zu schicken, aber er haßt es, Briefe zu schreiben. Und außerdem ist er vermutlich im Frühjahrsmanöver. Da kann es Wochen und Wochen dauern, bis wir wieder von ihm hören.«

Julie setzte sich ganz dicht neben ihre Wahlmutter. »Ich habe ein bißchen Angst.«

»Aber Liebling!« Ronja ergriff Julies Hand. »Wenn Igor krank wäre oder Unannehmlichkeiten hätte, dann wären wir benachrichtigt worden. Sei unbesorgt, mein Kind.«

Als hätte sie nichts gehört, hob Julie nachdenklich den Kopf. »Glaubst du an Träume, Mutter Ronja?«

Ronja lächelte. »In deinem Fall glaube ich an frische Pflaumen und ein wirksames Abführmittel. Komm, erzähl mir deinen Traum, und dann vergiß ihn wieder.«

»Es war schrecklich!« Julie schauderte. »Igor fiel von einem hohen Turm. Ich wollte ihn auffangen, aber ich konnte es nicht. Im Traum wußte ich, daß nur deine Hände stark genug waren, ihn aufzufangen. Ich rief nach dir, damit du Igor retten solltest, aber du probiertest gerade vor Boris ein neues rotes Kleid an und hörtest mich nicht.«

Ronja stand auf. »Komm mit, mein Kind. Wir wollen einen Spaziergang machen.«

Sie gingen nicht weit, nur einen Pfad entlang bis in den Apfelgarten. »Versuche nicht, eine Bedeutung in deinen Traum hineinzulesen, Liebes«, riet Ronja ihr. »Träume sind unzuverlässig, ganz gleich, was die Zigeuner sagen. Ich würde mir keine Gedanken machen.«

In dieser Nacht schlief Ronja sehr unruhig. Als Lydia am anderen Morgen mit dem Tee hereinkam, sagte sie: »Wenn ein Brief aus Harbin oder Port Arthur eintrifft, bringe ihn mir sofort herauf. Ich möchte nicht, daß er mit der übrigen Post auf dem Tisch in der Halle liegenbleibt.«

Der Brief, den Lydia ihr einige Tage später in ihrer Schürzentasche brachte, war am 1. Mai 1903 aufgegeben worden. Er trug ein dienstliches Siegel: Der Kommandant des Marinestützpunktes Port Arthur. Ronja verschloß ihre Tür; erst dann brach sie das Siegel und riß den Umschlag auf.

»Meine liebe Ronja,

als wir noch Kinder waren, da sagten Sie einmal etwas, das Sie inzwischen bestimmt vergessen haben, ich aber nicht: Sie nannten mich einen selbstgestrickten Feigling. Mag sein, daß Sie recht hatten. Ich sollte diesen Brief an Igors Vater richten, und nicht an seine Mutter. Jedoch wie die meisten Ihrer Freunde, habe ich Boris erst bei Ihrer Hochzeit kennengelernt. Und seitdem habe ich ihn in all den Jahren nur gelegentlich wiedergesehen. Daher bringe ich es nicht fertig, ihm selber zu schreiben. Aber genug um den heißen Brei herumgeschlichen! Hier die Tatsachen: Igor rettete bei einem Bootsunfall der Tochter eines Mandarin das Leben; er freundete sich mit ihr an – und jetzt erwartet sie ein Kind. Soweit nun ist das nichts Ungewöhnliches. Schwerwiegend an der Affäre ist die Tatsache, daß es sich bei dem Mädchen um Lotus, das einzige Kind von Huang Hui Tsung, handelt, der gelbe Seide trägt, die Farbe der Kaiserfamilie. Er ist weltlicher Herrscher aller mandschurischen Chinesen. Er ist das Symbol Chinas. Ich kann Ihnen seine ungeheure Macht und sein Prestige nicht eindringlich genug schildern.

Ronja, es gibt hier viele Rätsel, viele unerklärliche Fragen. Sie müssen wissen, daß sich der Klatsch hier im Osten niemals mit der Schande eines Mädchens der Aristokratie befaßt. Warum aber bekam ich einen anonymen Brief, von weiblicher Hand und in fehlerhaftem Russisch? Warum wird Igor weder bestraft noch bedroht? Warten die Chinesen mit einer unaussprechlichen Marter auf ihn? Traditionsgemäß muß Lotus Selbstmord begehen, wenn Igor sie nicht heiratet. Es geht über meinen Verstand.

Offiziell kann ich ihn nicht befragen, da niemand gegen ihn Klage erhoben hat. Inoffiziell jedoch habe ich ihn dringend gebeten: ›Heiraten Sie das Mädchen, Igor‹, habe ich zu ihm gesagt. ›Ich werde Ihre sofortige Versetzung veranlassen. Eine stille Scheidung, und niemand wird etwas erfahren.‹

Aber er weigert sich entschieden. ›Nein, Herr Admiral‹, sagt er. ›Niemals! Julie, meine zukünftige Frau, wartet auf mich.‹ Und nicht einmal die notwendigen Antragsformulare für eine Versetzung will er ausfüllen. Von St. Petersburg möchte ich keine Weisungen einholen.

Nachdem ich lange mit mir gekämpft habe, Ronja, erscheint es mir als das beste, wenn Sie sofort herkommen. Vielleicht können Sie ihn zur Vernunft bringen.

Igor ist ein guter Soldat, einer der besten. Er ist beliebt bei den Chinesen, und seine Männer verehren ihn.

Sagen Sie Tamara herzliche Grüße von mir. Sagen Sie ihr, daß ich ihre saftige Zigeunersprache ebensosehr vermisse wie Ronjas Peitsche.

Ihr ergebener Freund und Bewunderer

Pjotr Jaroslow«

An diesem Tag schloß sich Ronja in ihrem Zimmer ein und kam nicht mehr hervor. Als Lydia laut und Julie schüchtern anklopfte, schickte sie sie davon, verweigerte sowohl ihre Gesellschaft als auch etwas zu essen und behauptete, furchtbare Kopfschmerzen zu haben. Immer wieder wurde sie von Weinkrämpfen geschüttelt und warf sich verzweifelt auf ihr Bett. Danach badete sie ihr Gesicht in kühlem Wasser und wanderte unablässig rauchend in ihrem Zimmer auf und ab, krampfhaft bemüht, eine Lösung für dieses Problem zu finden, eine Möglichkeit, diesen Alptraum zu verscheuchen, der sie gefangen hielt.

Gegen Abend spürte sie, daß ihr gewohnter Lebensmut zurückkehrte, und gleichzeitig begann sich in ihrem Kopf ein Plan zu formen. Sie öffnete weit die Fenster, um den Rauch zu vertreiben, und schloß ihre Zimmertür auf. Gerade war sie mit Umkleiden fertig, da kam Boris herein, küßte sie leicht auf den Mund und meinte zufrieden: »Julie ist schon unten. Ich muß mich nur noch waschen, dann komme ich auch zum Essen.«

Ronja warf ihm einen düsteren Blick zu. »Wo bist du den ganzen Tag gewesen?«

Verärgert von ihrem Ton, gab Boris keine Antwort.

»Warst du bei Tamara?«

»Ja«, gab er voll Unbehagen zu.

»Sie macht sich sehr nützlich, nicht wahr?« Ronjas Stimme war laut, und ihre Wangen waren gerötet. »Ich nehme an, ihre Leute haben wieder einmal wilde Pferde eingefangen, damit sie dich holen lassen kann, um sie auszusuchen.«

Boris packte sie grob bei den Schultern. »Kaum hörst du Tamaras Namen, da gehst du schon an die Decke. Ich habe es satt, Ronja. Es ist vorbei. Es ist aus. Ich lasse nicht zu, daß du dich so quälst. Und mich.«

Weit davon entfernt, besänftigt zu sein, machte sich Ronja los. »Ach was! Hol dir lieber was zu trinken«, höhnte sie. »Du scheinst es nötig zu haben.«

Und dann sagte sie mit sehr dünner, sehr ernster Stimme: »Bitte, setz dich. Ich muß mit dir über Igor sprechen.« Sie sank auf die Chaiselongue und bekämpfte mit Mühe das Verlangen, abermals loszuweinen.

Boris blickte hinab auf das liebliche, herzförmige Gesicht und war besorgt um sie. Es war alles so verständlich, nun, da er wußte, daß

Igor ihr Kummer machte. Ronja wartete stumm, bis er Platz genommen hatte.

»Es ist alles wie gehabt«, sagte sie dann. »Alles. In der Mandschurei wird die Tochter eines Mandarins ein Pirow-Kind zur Welt bringen – Huangs Tochter.«

Sie reichte Boris den Brief. Er las hastig. Heißer Tatarenzorn stieg in ihm auf; da er aber Ronjas Kummer nicht noch vergrößern wollte, hielt er den Blick gesenkt, während er das Papier in seiner Hand zerknüllte und in das Feuer warf.

»So ein Klatschmaul! Und dieser Narr ist Kommandant der Pazifik-Flotte – unglaublich!«

»Mehr hast du nicht zu sagen?«

»Nein! Dein Freund Pjotr ist ein unheilbarer Dummkopf. Jeder Esel hätte diese Blume abreißen können.«

»Glaubst du wirklich, Boris?«

»Was denn sonst? Nehmen wir einmal an, daß Huang tatsächlich eine Tochter hat, obwohl sie weder von ihm noch von Igor jemals erwähnt worden ist. Nehmen wir weiter an, und zwar aufgrund sehr magerer Beweise – eines angeblichen, anoymen Briefes –, daß sie schwanger ist. Warum aber Igor? Und wenn er wirklich diesen Chinesenbauch gefüllt hat, dann muß ihm das sehr, sehr leicht gemacht worden sein. Bei all seinen Schwächen ist Igor auf gar keinen Fall ein Mann, der einen Freund betrügt oder die Tochter eines Freundes verführt. Warum hat Huang nichts unternommen? Entweder weil Igor unschuldig ist oder weil ihm niemand verübeln kann, was er getan hat. Das ist die einzig logische Antwort darauf. Du brauchst dir keine Sorgen zu machen.«

Von ganzem Herzen wünschte sich Ronja, Pjotrs Brief als die Torheit eines Narren abtun zu können. Sie konnte es nicht. Vor ihrem inneren Auge stand immer wieder der Mann, den sie niemals gesehen hatte. Sie konnte Julies Traum nicht vergessen. Und – triftigster Grund von allen – sie hatte vor langer Zeit schon gelernt, auf die Stimme ihres Herzens zu hören.

Ruhig legte Ronja ihre kalten Hände in seine warmen und sagte: »Boris, ich fahre nach Harbin.«

Wie von einer Natter gebissen, sprang Boris auf. »Den Teufel wirst du!« tobte er.

Sie ließ ihm Zeit, bis er sich von seiner wütenden Überraschung erholt hatte. Dann sagte sie sehr sanft: »Doch, mein Geliebter, ich fahre. Ich muß fahren.«

»Aber warum, Ronja – warum?«

Die Qual in seinem Aufschrei erschreckte Ronja. Boris setzte sich neben ihrer Chaiselongue auf den Fußboden und versuchte, mit seinem Verstand zu ihrem Herzen durchzudringen. »Was kannst du in einer so absurden Situation erreichen?« fragte er langsam. »Eine Heirat kommt nicht in Frage. Huang ist in der Lage, selber für seine Tochter zu sorgen. *Sie* braucht dich nicht. Und was Igor betrifft – nun, du kannst ihm nicht immer weiter die Nase wischen. Er ist ein Mann geworden, mein Liebling.«

Es war, als hätte er gegen die Wand geredet. Als Antwort wiederholte Ronja nur: »Ich fahre. Ich muß fahren. Nichts kann mich zurückhalten. Niemand kann mich daran hindern.«

Stumm saß Boris zu ihren Füßen und gestand sich ein, daß es ihm nicht um Igor ging – er kämpfte vor allem für sich selber. Und er verlor den Kampf. Ihr Verstand war für jedes Argument unzugänglich. Es hatte keinen Zweck, ihr die Reise ausreden zu wollen. Er kapitulierte. »Also gut, mein Täubchen. Ich kann dich nicht halten. Ich fahre mit.«

»Nein. Ich muß allein fahren.«

Das kurze Schweigen, das nun entstand, war quälend.

»Warum?«

»Einer der Gründe ist Julie.« Ronja blickte ihm in die Augen. »Sie darf es nie erfahren. Die anderen Gründe? Wenn ich sie dir erst erklären muß, dann wirst du sie doch nicht verstehen.«

Boris wußte alles, und es machte ihm Angst. Er empfand Scham darüber, daß die Vergangenheit nicht sterben wollte. Sein einziger Wunsch auf dieser Welt war es, Ronja daheim zu behalten. Auf einmal zog er sie in seine Arme und küßte sie leidenschaftlich. »Du weißt, wie sehr ich dich brauche«, sagte er. »Wie sehr ich dich liebe. Wie kannst du es fertigbringen, mich zu verlassen?«

Sie machte sich los. »Ich verlasse dich nicht«, berichtigte sie, als sei er ein störrisches Kind. »Ich verreise nur für ein paar Wochen.« Und dann, mit weniger sanfter Stimme: »Du wußtest genau, was deine Treue für mich bedeutet. Wußtest genau, wie sehr ich dich brauchte – ganz brauchte. Wie konntest du es da fertigbringen, mich immer wieder zu betrügen? Wie konntest du mich Tamaras wegen berauben?«

Die Bitterkeit, die in seiner Stimme lag, war ebenso groß wie die ihre. »Das ist ein guter Vergleich, Ronja«, sagte er und ging hinaus.

Bevor er in jener Nacht schlafen ging, schrieb Boris an Katja und Alexis. Der Brief schloß:

»Es hat keinen Sinn, länger mit Ronja zu diskutieren. Sie identifiziert die Anschuldigungen gegen Igor mit meinen eigenen, längst vergangenen Seitensprüngen. In Lotus sieht sie Tamara (die sie noch immer haßt und doch lieben muß).

Ich bin überzeugt, daß Ihr im Hinblick auf diese Reise, die Ronja vorhat, mit mir einer Meinung seid. Dem Himmel sei Dank, daß Ihr Euch in Moskau aufhaltet. Wenn Ihr sie auf dem Bahnhof trefft, hat sie sich bis dahin vielleicht soweit beruhigt, daß sie Vernunftgründen zugänglich ist.

Falls irgend möglich, haltet sie auf. Ich bitte Euch herzlich darum!

Boris.«

Mitten in der Nacht fuhr Ronja erschrocken aus tiefem Schlaf hoch. Boris, der neben ihr lag, fragte: »Was ist denn, Kleines?«

»Der Brief, Boris! Ich habe vergessen, ihn zu verbrennen.«

»Komm, schlaf nur weiter. Das habe ich schon besorgt.« Er zog sie an sich, und sie berühte mit den Fingerspitzen seinen Mund. »Ich liebe dich, Boris«, murmelte sie schlaftrunken. »Wenn ich nur wüßte, warum, aber wenn ich wütend oder ängstlich bin, muß ich dir einfach weh tun.« Er zog sie noch fester an sich, und kurz darauf war sie eingeschlafen.

Als Lydia am nächsten Morgen mit dem Teetablett erschien, forderte Ronja sie auf: »Komm, setz dich, meine Gute. Wir müssen etwas besprechen.« Und wie immer vertraute sie Lydia alles an. Nachdem sie ihren Bericht beendet hatte, nickte die Alte weise. »Sie tun recht daran, daß Sie fahren, Herrin. Möge Gott mit Ihnen sein.«

»Es wäre möglich, daß ich im Haus hinter der Mauer nicht willkommen bin«, sinnierte Ronja. »Pack eine ausreichende Menge Bettwäsche zusammen und außerdem alles, was ich sonst noch brauche, wenn ich in einem primitiven Gasthaus wohnen muß. Ich verlasse mich darauf, daß du den Haushalt hier in seinem gewohnten Ablauf hältst. Sollten jedoch Schwierigkeiten auftauchen, so lasse Katja holen.«

Der Tag verging mit eiligen Vorbereitungen. Erst als Boris mit der Fahrkarte und einer reichlichen Summe an Bargeld heimkehrte, hatte Ronja endlich einen Augenblick Zeit für ihn.

»Bitte, schreib oft an Georgi«, sagte sie aufgeregt. »Und wenn er ein paar Tage nach Hause kommt, paß gut auf ihn auf. Versuch ihn zu bändigen.«

Julie erfuhr lediglich, daß Ronja nach Moskau fahren mußte, solange Alexis und Katja noch dort waren. »Ich würde dich ja gern mitnehmen, Kind, aber . . .«

»Verzeih, Mutter Ronja«, unterbrach sie Julie, »aber ich möchte wirklich nicht mit. Vater Boris würde sehr einsam sein, wenn wir beide fort wären. Außerdem möchte ich hier sein, wenn Georgi nach Haus kommt.«

Als Ronja sich am nächsten Tag von Julie verabschiedete, sah sie, daß sie sich keine Gedanken zu machen brauchte. Die Kleine freute sich schon auf die Aussicht, Herrin des Hauses spielen zu dürfen. Sie schenkte Ronja ein sonniges Lächeln, eine liebevolle Umarmung und einen herzlichen Gruß. »Liebe Grüße an meine Tante und an meinen Onkel.«

Boris legte ihr einen dicken Strauß Frühlingsblumen in den Arm, hob sie fürsorglich die hohe Stufe hinauf und folgte ihr ins Abteil. »Viel Glück auf deiner sinnlosen Reise, mein Schatz. Komm bald zurück.« Er küßte sie und sprang wieder auf den Bahnsteig hinab.

Der Zug rollte durch flaches Land, das hellgelb von jungem Weizen war, und die rhythmische Bewegung besänftigte Ronjas inneren Aufruhr. Nun konnte sie ihre düsteren Ahnungen vergessen. Bald würde sie die Wahrheit erfahren. Ihre Stimmung stieg.

Bequem auf der langen, roten Plüschbank ausgestreckt, träumte sie vom Ende ihrer Reise – von einem Mann, den sie sich majestätisch, weise und gelassen vorstellte, der ihr von ihrem Vater erzählen und ihren Sohn von Schuld freisprechen würde, damit er in Ehren leben konnte. Den ganzen Tag über schlummerte sie immer wieder ein wenig, und ihre Vorfreude wuchs. Dies war ein großartiges Abenteuer! In Moskau stieg eine ausgeruhte, erholte Ronja aus dem Zug.

Kaum hatte sie Alexis und Katja entdeckt, da wurde ihr klar, daß Boris die beiden benachrichtigt hatte. Nur Alexis breitete die Arme aus, als sie mit beflügelten Schritten näher kam, und drückte sie herzhaft an sich. Katja wartete verschlossen und steif, mit ausdruckslosem Gesicht. Ihr Kuß war oberflächlich.

»Was in aller Welt hat Boris denn außer meiner Ankunftszeit noch in das Telegramm gepackt?«

»Gar nichts«, erwiderte Katja. »Die Einzelheiten über dein verrücktes Unternehmen und seine Bitte ›Haltet sie auf, wenn ihr könnt‹ erhielten wir gestern mit der Post.«

»Ach, wie schade! Ich hätte es euch so gern selber erzählt.«

»Das wirst du wohl besser auch tun.« Katjas Stimme war hart vor Zorn. »Irgendwie wird es dir sicher gelingen, diese hirnverbrannte Reise in die Mandschurei zu rechtfertigen. Dein Dickschädel ist ja bekannt. Was ist eigentlich los, Ronja? Ist dir dein Leben zu ruhig geworden? Langweilt dich dieser neue, dir plötzlich ergebene Boris womöglich?«

Ronjas Lachen unterbrach das Verhör. »Boris – mich langweilen? Wirklich, Katja, du machst dich lächerlich.«

Nun kam Alexis seiner Frau zu Hilfe. »Nenn uns wenigstens einen stichhaltigen Grund für dein gedankenloses und, vergib mir bitte, wenn ich das sage, sehr theatralisches Verhalten. Warum mußt du unbedingt das tun, was wir, die wir dich lieben, für einen Fehler halten?«

Ronjas Stimme klang herzlich, ihre Miene war sanft. »Vor langer Zeit sah ich einen Mann, und mein Herz sagte mir: ›Für diesen Mann bist du geboren, und er für dich.‹ Jetzt sagt mir mein Herz: ›Eile in die Mandschurei, Ronja. Igor braucht dich.‹ «

»Bemerkenswert«, stellte Alexis fest. Aber Katja, die das Wirken von Ronjas Herzen ihr Leben lang miterlebt hatte, lächelte. Sie berührte Ronjas Hand. »Geh, kleine Schwester«, sagte sie. »Du hast den allerbesten Grund.«

Während Gepäckträger die Koffer durch das offene Fenster hoben, winkte Ronja von der Zugtür aus noch einmal zurück und warf Alexis und Katja eine letzte Kußhand zu. Dann ruckte der Zug an, und der Schaffner, ein Mann namens Lew, der von Alexis ein großzügiges Trinkgeld erhalten hatte, verbeugte sich und geleitete sie zu ihrem Abteil. Dort erklärte er ihr, während sie durch die Bahnanlage fuhren: »Die meisten Damen nehmen das untere Bett. Das ist ein schwerer Fehler, Frau Pirow. Das obere, das muß man nehmen. Das ist weiter entfernt vom Vibrieren der Räder.« Ronja schenkte ihm ein aufmunterndes Lächeln. »Tee mit Zitrone und Zucker gibt es in der ersten Klasse umsonst. Wenn Sie was brauchen, klingeln Sie nur – jederzeit, Tag und Nacht.« Ronja nickte. »Der Speisewagen ist gleich nebenan. Unsere Küche ist gut. Einfach, aber gut. Der Steward kauft an jeder Station frische Butter, Schwarzbrot, lange, weiße Rettiche, grüne Zwiebeln, saure Sahne, Kaviar, frischen Fisch und frisches Geflügel. Aber kein Obst – überhaupt keines. Das kaufe ich von den Bauersfrauen. Im Augenblick sind wilde Beeren am besten. Soll ich Ihnen welche holen?«

»Vielen Dank, Lew«, sagte Ronja freundlich. »Das wäre sehr nett von Ihnen.«

Hingerissen sagte Lew mit ernstem Gesicht: »In einem Zug tut man gut daran, vorsichtig zu sein. Halten Sie Ihre Tür verschlossen und vergessen Sie nicht, den Sicherheitsriegel vorzulegen, ehe Sie schlafen gehen.«

Abermals dankte sie ihm. »Während der Aufwärter das Abteil zur Nacht herrichtet, werde ich essen«, erklärte sie. »Meine Wäsche und meine Decken sind da, in dem Schrankkoffer. Auf dem Sitz brauche ich nur den Handkoffer. Das übrige Gepäck kann verstaut werden.«

Als Ronja den Speisewagen betrat, sahen Kaufleute, Holzbarone und Marineoffiziere von ihren Tellern auf und verstummten, während der Steward sie durch den rauchgefüllten Wagen zu einem freien Tisch führte. Mehrere Herren erhoben sich, um ihr den Stuhl heranzurücken, und ihre Dankesworte galten ihnen allen, entließen sie gleichzeitig aber auch alle. Ein flüchtiges Lächeln huschte über das Gesicht des Stewards. »Darf ich das Menü für Madame zusammenstellen?«

Mahlzeit folgte auf Mahlzeit – mit einer Monotonie, die sich dem regelmäßigen Auftauchen der einzelnen Stationen dieser scheinbar endlosen Reise anglich. Zuvorkommend erdachte der treue Lew immer neue Abwechslungen für sie, und einmal bestand das Programm in einer Besichtigung des ganzen Zuges. In der zweiten Klasse saßen Soldaten, Matrosen und Arbeiter sowie ein paar Frauen, die Ehemänner suchten, vorzugsweise reiche Orientalen. Bis sie die gefunden hatten, wetteiferten sie miteinander in der Ausübung ihres Berufes, der sich hinter zugezogenen Vorhängen abspielte, und füllten ihre Strümpfe mit Rubeln.

Der Gestank in der verlausten dritten Klasse, das passive Leiden der Frauen und Kinder dort trieb Ronja Tränen in die Augen. Dies war der armseligste, schmutzigste Anblick, der sich ihr jemals geboten hatte: sechzig zusammengepferchte Menschen, ganz zu schweigen von dem Gewimmel der Katzen, Hunde und Ziegen. Nie hätte sie, die nur ein paar Wagen entfernt in Sauberkeit und allem Komfort reiste, sich träumen lassen, daß mit Armut geschlagene Menschen auf harten Holzbänken sitzen mußten, während die Kinder mit ihren teigigen Gesichtern sich mit den Tieren in einen schmalen Gang teilten, der in einen Morast aus Zwiebelschalen, Gerippen von Salzfischen und menschlichen wie tierischen Exkrementen verwandelt war. Lew schlug die Tür zu.

»Warum benutzen sie nicht die Toilette?« flüsterte Ronja entsetzt.

»Es wird ihnen zu anstrengend. In den ersten Tagen stehen sie immer noch stundenlang an, um in den Waschraum zu kommen. Dann geben sie es auf.«

»Aber warum wird der Wagen nicht saubergehalten?«

»Der Schmutz ist älter als diese Menschen. Er stört sie nicht. Sie wären erstaunt, wenn Sie wüßten, wie schnell sich die Menschen an so etwas gewöhnen.« Damit wollte er Ronja, deren Erschütterung immer noch zu spüren war, wohl beruhigen. »Sie haben ein zu weiches Herz, Frau Pirow. Sie wissen doch: ›Die Tränen der Bauern sind nichts als Wasser.‹«

Wie furchtbar, dachte Ronja. Mit wenigen Worten hat dieser schlichte Mann unbewußt die Philosophie eines ganzen Volkes umrissen.

In der zweiten Woche blieb der Zug ohne ersichtlichen Grund – sie befanden sich mitten auf freiem Feld – auf das Winken einer roten Flagge hin stehen. Zivilisten und Militärbeamte kamen in die Wagen und befahlen den Passagieren der ersten Klasse, sich in den Speisewagen zu begeben. Dort mußten sie warten, während bewaffnete Soldaten die zweite und dritte Klasse räumten. Nach einem Tag, der ihnen endlos vorkam, verkündete ein Offizier: »Jedes Betreten und Verlassen der Stadt Harbin ist strengstens verboten. Es herrscht eine Cholera-Epidemie, die Stadt steht unter Quarantäne. Die Seuche verbreitet sich in der ganzen Provinz.«

Alles redete aufgeregt durcheinander. Einige verlangten, der Zug solle sofort nach Rußland zurückkehren; es gab Drohungen, Flüche und fast eine Panik.

»Ruhe!« schrie ein Beamter.

Aber Ronja ließ sich den Mund nicht verbieten. Sie erklärte: »Mein Sohn ist in Harbin. Ich muß weiterfahren.« Sie schmeichelte: »Ich habe keine Angst vor der Cholera. Man wird gute Pflegerinnen brauchen, und ich bin eine gute Pflegerin.« Sie drohte: »Ich bin Ronja von Glasman-Pirow. Keiner von Ihnen hat Macht genug, mich aufzuhalten.«

Darauf gab es keine Antwort.

Und dann bemerkte Ronja zum erstenmal einen hageren Mann, der die von einem Bart umrahmten Lippen in angestrengter Konzentration vorgeschoben hatte. Er beobachtete sie prüfend und schien, wie sie zu erkennen glaubte, einen Entschluß zu fassen. Er kam zu ihr herüber. »Ronja von Glasman-Pirow«, sagte er, »Sie sind eine erstaunliche Frau.« Sie richtete den ganzen Charme ihres Lächelns auf diesen Fremden. Als er ihr Lächeln erwiderte, spürte sie, daß sie gewonnen hatte. Gemeinsam bahnten sie sich einen Weg in eine Ecke des Speisewagens, wo er ihr flüsternd mitteilte: »Mein Herr, Huang Hui Tsung, erwartet Sie. Haben Sie Kraft und Mut genug, weiterzufahren?«

»Hat ein Vogel Kraft genug zum Singen?«

»Also gut.« Er musterte sie nüchtern. »Ich habe Befehl, Sie nach Harbin zu begleiten.«

»Wer sind Sie?« erkundigte sich Ronja und fragte, als sie keine Antwort erhielt: »Wo ist Igor?«

»Vor zwei Tagen ging es ihm noch gut. Er war lediglich erschöpft von seinen sich selbst auferlegten Pflichten.«

Er drängte sich durch die Menge bis vorn in den Wagen, wo er den Umstehenden mit erhobener Hand Schweigen gebot. »Darf ich um Ihre Aufmerksamkeit bitten. Die Transsibirische Eisenbahn hat Madame Pirows Ersuchen stattgegeben. Dieser Zug wird von allen Passagieren außer Madame und mir selber, und ebenfalls von allen Angestellten bis auf den Lokomotivführer und seine Leute geräumt werden und dann nach Harbin weiterfahren. Sie alle bleiben hier unter militärischem Schutz. Ein anderer Zug ist bereits von Moskau her unterwegs, der Sie abholen wird. Ich bitte Sie dringend, den Zug geordnet und ruhig zu verlassen. Die Passagiere der zweiten und dritten Klasse sind schon ausgestiegen.«

Es vergingen nahezu zwei Stunden, bis die erregten, wütenden Passagiere die erste Klasse geräumt hatten. Zwei Männer erwogen, den Lokomotivführer zu bestechen und den Zug einfach zu stehlen, damit er sie ins europäische Rußland zurückbringe. Andere planten, seine Abfahrt nach Harbin zu verhindern, und allen zusammen gelang es, die allgemeine Verwirrung durch unaufhörliches Drängen und Schreien noch zu vergrößern. Ein scharfes Kommando: »Werfen Sie Ihre Gepäckstücke auf die Schienen und steigen Sie aus!« wurde mit einem einstimmigen »Nein!« beantwortet.

Erst ein in die Luft gefeuerter Warnschuß hatte den gewünschten Erfolg. In der Erkenntnis, daß Worte nichts gegen Gewehre vermögen, begannen die Passagiere einer nach dem anderen zu gehorchen. Neben Ronja auf der Aussichtsplattform stehend, sprach der hagere Mann zu der Masse der emporgewandten Gesichter: »Jeder, der beim Stehlen erwischt wird, wird sofort erschossen. Sehen Sie –« er deutete nach Süden –, »ungefähr eine halbe Meile von hier entfernt steigt Rauch auf. Dort befindet sich ein Lager, wo Frauen Suppe kochen und Männer Wild abhäuten und Milchwodka trinken. Klopfen Sie an die Tür einer Jurte, und Sie werden willkommen geheißen. Gastfreundschaft ist in diesem Land oberstes Gesetz.«

Der Pfiff der Lokomotive schrillte durch die dünne Luft; Beamte sprangen auf ihre kleinen Mongolenpferde; der Zug ruckte an, und das Häuflein der wütenden Passagiere wurde mit wachsender Entfernung immer kleiner.

Ronja und ihr geheimnisvoller Begleiter begaben sich in ihr Abteil. Ronjas Neugier hinsichtlich dieses Mannes war beinahe unerträglich, aber sie wußte, sie würde jeden Trick anwenden müssen, der ihr zur Verfügung stand, wenn sie etwas über ihn erfahren wollte. Ihren Eröffnungszug erwägend, griff sie in ihre Handtasche und holte eine Zigarette heraus. Zuvorkommend gab er ihr Feuer. »Möchten Sie auch eine?« fragte sie.

»Nein, danke«, gab er zurück. »Wie ich sehe, tragen Sie eine Pistole.«

»Geladen«, bestätigte Ronja. »Und ich weiß auch, wie man damit umgeht. Obwohl ich mich, offen gesagt, mit einer Peitsche in der Hand sicherer fühle.«

»Das habe ich mir gedacht.«

»Entschuldigen Sie«, entgegnete Ronja rasch, »Sie sagten: ›gedacht‹. Meinen Sie nicht eigentlich, daß Sie es wußten?«

»Doch.«

»Würden Sie mir bitte Ihren Namen sagen?«

Mit unveränderter Ruhe blickte er sie an und erwiderte: »Ich habe viele Namen.«

»Einer genügt.«

»Geben Sie mir einen Namen, und ich höre auf ihn.«

»Wie hat mein Vater Sie genannt?«

»Wollen Sie das wirklich wissen?«

Ronja nickte.

»Von Geburt bin ich Pole. Mein Vater wurde wegen Hochverrat angeklagt und brachte sich um. Ich war damals neunzehn und Zivilist, aber ich wurde verhaftet und an seiner Statt vor Gericht gestellt. David von Glasman war mein Zola. Vor dem Kriegsgericht verteidigte er mich und erreichte meinen Freispruch. Seitdem ist es mein Beruf, Regierungsgeheimnisse auszukundschaften.«

Ronja starrte diesen stolzen, gequälten Mann an. »Würden Sie mir noch einiges sagen?« Er nickte.

»Sind Sie der geheimnisvolle Sekretär?«

»Ich habe Ihrem Vater gedient«, erwiderte er. »Als er sich aus dem öffentlichen Leben zurückzog, schickte er mich zu Huang.«

Überzeugt, daß sie nichts weiter von ihm erfahren würde, stand Ronja auf, reckte sich und sagte: »Ich habe Hunger. Ich werde jetzt in die Küche gehen und für uns und die anderen etwas zu essen holen. Kommen Sie, wann immer Sie fertig sind, Ladislaus.«

Fast ein Vierteljahrhundert war vergangen, seit er zuletzt diesen Namen gehört hatte. »Ist das der Name, den Sie mir geben?«

»O nein«, sagte sie. »Das ist der Name, den Ihnen Ihr Vater gegeben hat. Ich werde Sie Ruben nennen. Und Sie dürfen mich Ronja rufen.«

Nun lächelte er. »Warum Ruben?«

Sie ging hinaus, den Korridor entlang, und ließ die Frage unbeantwortet in der Luft hängen.

Wenige Stunden bevor der Zug in Harbin einlaufen sollte, sagte Ruben zu Ronjas Entsetzen: »Ich habe beschlossen, den Zug zurückfahren zu lassen.«

Ronja war sich darüber klar, daß er die Macht dazu hatte, und so erklärte sie: »Wägen Sie dieses Risiko gut ab, Ruben, mein Freund. Ich werde mir höchstwahrscheinlich ein Bein brechen, wenn ich abspringe. Es ist ein langer Weg bis ins Lager, wenn man kriechen muß.«

Seltsamerweise schien er ihr jedes Wort zu glauben. »Versprechen Sie mir wenigstens«, bat er, »daß Sie direkt in die Berge hinaufgehen werden, wo Sie in Sicherheit sind. Ich werde Igor zu Ihnen bringen.«

»Nein«, widersprach sie. »Ich werde nicht in die Berge gehen. Ich werde nicht einmal in das Haus hinter der Mauer gehen. Ich will sofort zu meinem Sohn.«

Der hochgewachsene Mann stand auf und schaute auf Ronja herab. »Wie Sie wünschen. Machen Sie sich bereit. Wir sind gleich da.«

Drei Stunden später verabschiedete er sich von ihr. »Vielleicht sehen wir uns nie wieder, Ronja.« Sie reichte ihm ihre behandschuhte Hand, und er führte sie an die Lippen.

»Auf Wiedersehen, Ruben. Gott segne Sie.«

In einem Schlafsaal voll verrottetem Holz, Dreck und Gestank fand sie Igor und viele andere Männer. Dreizehn von ihnen waren tot.

16

So bitterkalt war der Winter 1902–1903, daß die Bäume, als er endlich dem Frühling wich, kahl blieben und keine Früchte trugen. Auch gab es in jenem Jahr keine Regenzeit, so daß auf den ausgedörrten Feldern Mais und Weizen, Tee und Sojabohnen schwarz wurden und keine Ernte brachten. Hungersnot ging Hand in Hand mit Seuchen, die alle Haustiere töteten. Als die Maulbeerbäume starben, stellten die reichen Seidenhändler die Lohnzahlungen ein, und die Arbeiter hatten kein Geld, importierten Reis zu kaufen.

Mit leerem Magen scharrten die Menschen Wurzeln aus der Erde und tranken gierig verseuchtes Wasser. Babies saugten an trockenen

Brüsten, selber runzlig und kurz vor dem Tod. Die Ratten von Harbin krochen auf ihren aufgeblähten, verlausten Leichen herum. Und dann kam, als unvermeidliche Folge, die Seuche.

Die Reichen der neuen Stadt, Kaufleute, Bankiers, ja sogar Lehrer und Beamte, warten taub gegen das Flehen der Unglücklichen, die sie ja doch nicht retten konnten, und flohen in die Berge.

Igor und seine Männer blieben. Er machte Schluß mit seinem Privatleben, vergaß Japaner, Saboteure und Spionage. Sogar die Pferde vergaß er und kannte nur noch einen einzigen Luxus: Wenn er sich, fast immer voll angekleidet, für ein paar Stunden der Rast auf seinem Bett ausstreckte, gestattete er es sich, von Julie zu träumen, von ihrer süßen Reinheit und ihren zärtlichen Liedern.

In dieser Krisensituation verwandelte er Harbin in eine Polizeistadt und sorgte unnachsichtig für Recht und Ordnung. Die Patrouillen, die Igor ausschickte, um die Bevölkerung zu schützen, bewachten diskret auch die Stadt hinter der Mauer. Er selber übernahm, ausschließlich von Freiwilligen begleitet, den Dienst im alten Chinesenviertel. An jedes verseuchte Haus, sei es nun groß oder klein, legten sie Feuer und warfen die in den stinkenden Seitengassen aufgetürmten Leichen in die Flammen.

Wo immer Igor Nahrungsmittel fand, stahl er sie und brachte sie den Kindern, aber die Not war zu groß, die Vorräte zu klein. Versuche, das Trinkwasser zu reinigen, verliefen ohne jeden Erfolg. Die Bevölkerung, schmutzig, leichtsinnig und durstig, begriff nicht, was er wollte.

Es konnte nicht ausbleiben, daß die Cholera seine Männer einen nach dem anderen niederwarf. Auch Igor selber, abgemagert und geschwächt, war schließlich gezwungen, in die Kaserne zurückzukehren. Er tat für seine Leute, was in seinen Kräften stand, nur eines nicht: Er brachte es nicht fertig, Huang um Hilfe zu bitten, den einzigen Menschen, der ihm helfen konnte und es auch getan hätte.

Als Igor sich zu erbrechen begann und spürte, daß er vor Fieber glühte, schob er mit seinen schwachen Kräften einen Toten von seinem Bett und legte sich hin.

Von da an trieb er in einer Welt halber Bewußtlosigkeit, bis Ronja an seiner Seite kniete. Als er die Augen aufschlug und sie sah, war er durchaus nicht überrascht. Er brauchte sie, und sie war da.

Zum erstenmal seit Tagen sprach Igor einen klaren Satz. »Hast du eine Rikscha, Mutter?«

»Ja, mein Sohn.«

»Fahre sofort zu dem Haus hinter der großen Mauer. Sage Huang, daß wir Lebensmittel und sauberes Wasser brauchen. Aber sprich vorher mit Duvid. Wenn er noch lebt.«

Ronja fand Duvid auf einer schweißdurchtränkten Matte auf dem Fußboden, doch er war über jedes Erkennen hinaus. Er strömte den scharfen Gestank nach Erbrochenem und Exkrementen aus, sein Atem ging mühsam und röchelnd, seine Haut war so eingesunken, daß die Knochen scharf und spitz herausstanden. Trotzdem setzte sie sich in den Schmutz und streichelte seine eiskalte Stirn. Seine Augenlider zuckten, seine Lippen bewegten sich; »Mama!« wimmerte er und starb.

Äußerlich vollkommen ruhig, öffnete Ronja den Schrankkoffer, den sie in die Mitte des Schlafsaales gestellt hatte, holte eine Flasche Wodka heraus, löste mit geschickter Hand den Verschluß und schüttete sich den Alkohol über Arme und Hände. Sie nahm zwei weiße Leinentücher heraus, deckte mit einem den toten Duvid zu und zog das andere über die Leiche neben Igors Bett.

Alle Männer im Raum, deren Augen noch nicht den Dienst versagten, sahen ihr voller Interesse zu. Angefeuert von der Hoffnung, die sie in ihren Gesichtern las, löste Ronja ihren verschmutzten Rock, ließ ihn zu Boden fallen und zog einen sauberen an. Dann befestigte sie, während sie einen kleinen Handspiegel hielt, ein Band in ihrem Haar. In diesem Augenblick hörten die Männer auf, über sich selber nachzudenken.

Ronja wandte sich an einen jungen Soldaten, dessen Augen trüb und riesengroß vor Angst waren.

»Wie viele Männer haben wir verloren?« fragte die Mutter seines Hauptmanns.

Soldat Jurili Zybine nahm all seine Kraft zusammen und sagte: »Weiß nicht.«

»Wir werden keinen einzigen mehr verlieren«, verkündete Ronja fest.

Und alle glaubten ihr, sogar der angstgeschüttelte Achtzehnjährige, der jetzt mit etwas kräftigerer Stimme sagte: »Der Rest der Abteilung ist mit dem Leutnant auf Befehl des Hauptmanns unterwegs.«

»Und wer hat hier das Kommando, mein Sohn?«

»Sie, Madame Hauptmann.« Die geflüsterten Worte kamen von einem Mann mit dem Gesicht eines kranken Fuchses.

Ronja zwang sich zu einem Lächeln. »Nun, wenn das so ist, dann geben Sie bitte meine Befehle an Ihren Leutnant weiter. Ich gehe jetzt Hilfe holen. Sollte er wiederkommen, ehe ich zurück bin, richten Sie ihm aus, er soll die Leichen von Duvid und dem anderen Soldaten nicht verbrennen. Sie werden ihrem Glauben gemäß beerdigt werden.«

Als Madame Hauptmann nach dem Haus hinter der Mauer aufbrach, hoben die Männer auf den Betten, den Matten, dem nackten Fußboden kraftlos die Hand zum Salut.

Die außergewöhnlichen Umstände ihres ersten Zusammentreffens brachten den starken Gegensatz ihrer Charaktere zum Vorschein. Ronja unterdrückte den Wunsch, von Lotus zu sprechen, und betrachtete es statt dessen als ihre oberste Pflicht, Igor und seine Männer zu retten. Huang interessierte sich für nichts als für sie und Igor.

Für Huang, den Beobachter der Menschheit im allgemeinen, dem Erforscher von Geschichte und Legende, dem Kenner der Spielregeln der Politik und der Kunst des Regierens im Hinblick auf ihren Beitrag zur sozialen Evolution, war der einzelne, abgesehen von denen, die ihm nahestanden, bedeutungslos. Für Ronja, eine Frau mit wenig Geduld für Theorie, zählte nur das Hier und das Jetzt des Überlebens, und ihr Herz gehörte allen Leidenden gleichermaßen.

Huang stand nicht vor einer bleichen Prinzessin, sondern vor einer entschlossenen, nüchternen Frau, die viel zu beschäftigt mit ihrer Mission war, um Zeit mit höflichen Phrasen zu verlieren. Als er ihr Tee und köstliche Törtchen anbot, sagte sie: »Ich brauche eine kräftige warme Mahlzeit.«

Die Nachricht, daß Igor erkrankt war, bekümmerte ihn tief. »Vor ein paar Tagen ging es ihm gut, und er war im Chinesenviertel. Dies hätte nicht zu geschehen brauchen, hätte er meinen Brief beachtet, in dem ich ihn bat, die Altstadt für russisches Personal zu sperren. Ich werde ihm eine Sänfte schicken – auf der Stelle.«

Zu seinem Erstaunen erklärte Ronja: »Unsinn, Huang, mein Freund. Sie wissen so gut wie ich, daß Igor dort bleiben und das Schicksal seiner Männer teilen muß. Darf ich jetzt etwas essen und später reden?«

Huang hatte nicht gewußt, daß es eine Frau wie Ronja gab, und daraus schloß er, daß es keine zweite Frau wie sie gab. Empfänglich für ihre Offenheit, legte er das konventionelle Verhalten des chinesischen Gastgebers ab und begann sich eines Idioms zu bedienen, das dem ihren nicht unähnlich war.

Ronja lachte erfreut über sein rasches Erkennen dessen, was diese Stunde verlangte, und sagte: »Halten Sie mit! Wenn ich einmal Zeit habe, werde ich sittsam und vornehm sein. Und dann werde ich auch die wunderschöne Wohnung genießen, die Sie mir so großzügig angeboten haben.«

Huang, ein Mann mit exquisitem Geschmack, richtete den Blick auf seine gefalteten Hände, während Diener in langen Gewändern Ronja Platten mit köstlichen Speisen reichten. Sie hatte seit dem vergangenen Abend nichts mehr gegessen, und so bediente sie sich reichlich und mit deutlichem Vergnügen.

Belustigt sah Huang zu, wie Ronja sich geeiste Suppe, frisches Krebsfleisch, Bohnensprossen mit Wasserkastanien, gedämpfte Klöße mit geschnitzeltem Hühnerfleisch und Gemüse, reife Feigen und Mandeltee schmecken ließ.

Es war gut, daß er über den Reichtum eines Kaisers verfügte und daß seine asiatische Natur mit westlichem Denken durchsetzt war, denn während Ronja alles aufzählte, was sie brauchte, dehnte sie den Umfang ihrer Mission auf das ganze alte Viertel aus. »Wir können uns nicht darauf beschränken, das Leben weniger Soldaten zu retten«, stellte sie fest. »Wir müssen die Epidemie eindämmen.«

Er versprach alles, um was sie ihn bat: frische Lebensmittel, sauberes Wasser, Medikamente, Baumaterial und Kulis zum Arbeiten. Als sie jedoch sagte: »Zwei Tote bleiben in der Kaserne, ein Jude und ein griechischer Katholik; ich habe den Soldaten versprochen, daß jeder nach den Regeln seines Glaubens beerdigt wird. Bitte, veranlassen Sie das«, da antwortete Huang mit einem entschiedenen »Nein«.

»Meine liebe Ronja, ich will zwar gern alles tun, um was Sie mich bitten, aber ich bin nicht allmächtig. Was Sie vorhaben, verstößt gegen das Gesetz. Alle, die an der Cholera sterben, müssen verbrannt werden.«

»In Harbin sind Sie das Gesetz«, erwiderte sie hartnäckig. »Wenn wir die Leichen in Särge voll Chlor einsiegeln, besteht keine Gefahr. Und falls es in Harbin keinen Rabbi gibt, kann auch ein anderer Geistlicher die Einsegnung vollziehen.«

Er lächelte. »Meine liebe Ronja, kennen Sie einen Ort auf Erden, an dem es keinen jüdischen Rabbi gibt?«

»Gewiß«, sagte sie. »Auf einem christlichen Friedhof.«

Huang hob kapitulierend die Hände. »Wenn die Epidemie abgeklungen ist, sollen die toten Soldaten ein anständiges Begräbnis bekommen.«

Nachdem diese Angelegenheit erledigt war, fand Ronja, nun könne sie von ihren Gründen für die Reise nach Harbin sprechen. »Obgleich ich Angst vor der Antwort habe, muß ich es wissen. Erzählen Sie mir von Lotus, Ihrer Tochter, und von meinem Sohn Igor. Aber die Wahrheit, bitte, und keine Schönfärberei.«

»Was hat Igor Ihnen erzählt?«

»Gar nichts. In keinem einzigen Brief hat er sie oder ein anderes Mädchen erwähnt. Wir haben unsere Informationen von einem Freund aus meiner Kinderzeit. Admiral Jarsolow, der einen anonymen Brief aus Harbin bekommen hat.«

Ronja hielt inne, entsetzt über den Ausdruck auf Huangs Gesicht. Es wurde jedoch sofort wieder glatt, und Huang sagte freundlich: »Es gibt vieles, was wir einander erzählen müssen. Die Zeit dafür wird kommen. Vorläufig nur soviel: Auf Igor fällt weder Schande noch Schuld oder Unehre.«

Vor Erleichterung füllten sich Ronjas Augen mit Tränen. Mehr wollte sie gar nicht wissen. Jetzt brannte sie darauf, an die Arbeit zu gehen. Doch vorher begab sie sich, als Dank für seine Liebenswürdigkeit, noch mit Huang in dessen innersten Garten, wo sie zusammen Tee tranken. Nur die Tatsache, daß sie noch etwas von ihm brauchte, hielt sie davon zurück, sich gleich zu verabschieden. Ronja hatte gehofft, Huang würde freiwillig anbieten, was sie so nötig hatte: Pflegerinnen. Daß er es nicht tat, war keine Gedankenlosigkeit. Ohne Pflegerinnen konnte Ronja nichts ausrichten, aber Huang wollte seine chinesischen Frauen nicht aus den Bergen zurückholen, um russische Soldaten zu pflegen. Sie stellte ihre Tasse hin, erhob sich und sah sich nachdenklich um. »Wenn alles untergeht, Huang, mein guter Freund, möge dieser Garten mit seinem Frieden, seinem kühlenden Schatten und seiner Schönheit erhalten bleiben. Dank für alles. Und jetzt muß ich gehen.«

Sie schlenderten langsam zum äußeren Tor, wo er ihr in eine wartende Rikscha half. Er bat: »Bringen Sie Igor meine herzlichsten Grüße.«

Ronja gab ihm die Hand, sah ihm ins Gesicht und sagte: »Bitte, tragen Sie dem Jungen auf, mich zum vornehmsten Freudenhaus von Harbin zu fahren.« Und mit schelmischem Lächeln fügte sie hinzu: »Ich brauche Pflegerinnen.«

»Aber Madame! Ich bin durchaus bereit, Ihnen . . .«

Sie winkte ab. »Nein, vielen Dank, Huang.«

»Bring Madame Pirow zum Etablissement von Madame Anna Marie«, befahl Huang.

17

Das Leben hatte Anna Marie gelehrt, daß wohlbehütete Frauen wie Ronja Pirow weibliche Wesen ihrer Art verachten, also konnte nur ein sehr dringender Notfall die vornehme Dame zu ihr führen. Anna Marie stand an der reichverzierten Tür ihres Hauses und maß die Besucherin mit herausforderndem Blick. Der Teufel soll mich holen, wenn ich es ihr leichtmache, dachte sie.

Ihre Grobheit war Absicht. »Ich bin Anna Marie aus Berdischew; ich bin mein eigener Herr und keinem Menschen verpflichtet. Sie sind Ronja von Glasman-Pirow aus Kiew. Ich bin eine Frau, die kein Blatt vor den Mund nimmt; mehr brauchen Sie nicht über mich zu wissen. Wenn Sie im falschen Augenblick an den falschen Ort gekommen sind, dann habe ich nichts mit Ihnen zu besprechen.«

Ronja ließ sich nicht einschüchtern, auch nicht, als es aussah, als werde ihr die Tür vor der Nase zugeschlagen. »Anna Marie aus Berdischew. Das ist ein hübscher Name!«

Anna Marie mußte wider Willen lächeln. »Ach was, hören wir auf mit dem Unsinn! Wir brauchen uns gegenseitig nichts vorzumachen.« Sie führte Ronja durch Perlschnürenvorhänge in einen sauber aufgeräumten Salon. »Nehmen Sie Platz.« Sie klatschte in die Hände, und ein Dienstmädchen steckte den Kopf durch die Schnüre. »Tee!« befahl sie, und der Kopf verschwand. »Leider kann ich Ihnen weder Konfekt noch Obst anbieten. Ihr Sohn, der Hauptmann, ist mit all meinen Vorräten auf und davon.«

»Vielen Dank«, entgegnete Ronja, »ich habe gegessen. Aber ich würde gern eine Zigarette rauchen.«

Anna Marie holte eine Schachtel mit russischen Zigaretten aus ihrer Rocktasche.

Als beide Frauen mit Feuer versorgt waren und rauchten, konnte Ronja nur mühsam ihre Ungeduld unterdrücken. Sie wollte zur Sache kommen. Endlich fragte Anna Marie: »Was hat Sie zu mir geführt?«

»Ich brauche Ihre Hilfe.«

»Dann hat dieser geschniegelte Chinese Sie also im Stich gelassen, der Lump!«

»Sie wissen, daß ich im Haus hinter der Mauer war?«

»Ich weiß alles, was in dieser Stadt geschieht«, erklärte Anna Marie. »Oft schon, bevor es passiert.«

Ronja war viel zu müde, um diplomatisch zu sein. »Anna Marie«, sagte sie, »der Tag ist fast vorüber. Sie sagen, daß Sie eine sehr offenherzige Frau sind. Gut. Auch ich neige zur Offenheit. Der ehrenwerte Huang Hui Tsung hat mir alles gegeben, in überreichlichem Maß sogar, nur eines nicht, und gerade das brauchen die Kranken am notwendigsten – Pflegerinnen. Deswegen bin ich zu Ihnen gekommen.«

»Hm«, machte Anna Marie. »Das ist ein recht anspruchsvoller Wunsch.«

»Ja, das ist es«, gab Ronja zu. »Cholerakranke pflegen bedeutet, sich in Lebensgefahr zu begeben.«

Die untersetzte Russin war tief gekränkt. »Glauben Sie etwa, ich hätte Angst davor? Nein, aber bei einer Epidemie - und ich habe eine beträchtliche Anzahl davon überstanden - muß ich meinen gesunden Menschenverstand gebrauchen, wenn ich mit dem Leben davonkommen will. Ich habe nur ein Leben. Außerdem muß ich dafür sorgen, daß mein Geschäft nicht leidet. Ich habe mein Leben lang gearbeitet, bis ich es aufgebaut hatte.

Darum schließe ich in solchen Fällen mein Haus und schicke meine Mädchen in die Berge, wo sie ein Vermögen verdienen. Es sind gute Kinder.« Ihr Blick wurde beinahe weich. »Sie tun ihre Arbeit und versuchen nicht, mich um meinen Anteil zu betrügen. Währenddessen bleibe ich hier und kümmere mich um unser Haus. Ich koche das Wasser ab. Koche alles ab. Und überlebe.«

»Holen Sie die Mädchen zurück. Es geht um Russen; sie brauchen dringend Pflegerinnen.«

»Sie haben gut reden.«

Ronja fürchtete, sie könnte die Selbstbeherrschung verlieren und die geringe Chance zerstören, die ihr noch bliebe. Sie sagte: »Ich kehre jetzt in die Kaserne zurück, um nach meinem Sohn zu sehen. Für die anderen Männer werde ich tun, was ich kann. Morgen benachrichtige ich Huang Hui Tsung, daß ich Chinesinnen haben muß.«

Anna Marie war ärgerlich. »Sie wollen mich wohl nicht verstehen, wie? Meine Mädchen sind mir teuer, so teuer wie Ihnen Ihr Sohn. Kein Zuhälter peitscht oder raubt meine Mädchen aus. Dafür sorge ich. Ich weise ihnen selber die Kunden zu. Und wenn sie aufhören, für mich zu arbeiten, finden die meisten einen guten Ehemann. Jeder, die heiratet, richte ich eine schöne Hochzeit aus - auf meine Kosten – und gebe ihr eine anständige Mitgift. Verstehen Sie jetzt?«

»Das einzige, was ich verstehe, ist, daß russische Soldaten sterben müssen, wenn ich keine Pflegerinnen für sie bekomme.«

Anna Marie klatschte in die Hände, und zwei hübsche junge

Chinesinnen kamen schüchtern durch die Portieren. Sie sagte etwas in schnellem Chinesisch, und die beiden liefen flink wieder hinaus.

»Meine Mädchen werden morgen abend hier sein. Wenn Sie sie gesehen haben, Ronja Pirow, dann werden Sie begreifen, was ich Ihnen klarzumachen versucht habe.«

Nun, da sie den Sieg errungen hatte, war Ronja erschöpft. Sie konnte nur noch sagen: »Ich danke Ihnen.« Dann erhob sie sich und folgte den Mädchen hinaus.

»He, wo wollen Sie hin?« Anna Maries Stimme klang rauh vor Bewegung. »Sie werden nicht ohne mich gehen! Warten Sie!« Noch während sie sprach, richtete sie, wie eine sorgsame Hausfrau, die Sessel gerade, schüttelte die Kissen auf, drehte die Lampe herunter. »Der Teufel soll dieses Wetter holen! Diese verdammte Hitze. Bei so hohen Temperaturen und der großen Feuchtigkeit blüht und gedeiht die Seuche.« Sie sah, daß Ronja vor Ungeduld die Stirn runzelte. »Ich bin soweit. Am besten nehmen wir leichte Schals mit. Vielleicht kühlt es sich doch noch ab.«

In der Rikscha verkündete Anna Marie selbstgefällig: »Niemand soll sagen können, daß Anna Marie aus Berdischew ihren Zaren im Stich gelassen hat.«

»Sie werden gefeiert werden wie eine Heldin«, versicherte Ronja voller Überzeugung.

Die andere lachte rauh. »Nein, meine Liebe. Sie werden die Heldin sein. Ich bin und bleibe nur eine alte Hure.«

Die Rikscha hielt vor der schmutzigen Kaserne. Ronja rührte sich nicht.

»Ihr Haus liegt sehr nahe bei der Kaserne«, stellte sie fest.

»Ich habe die beste Lage von ganz Harbin.«

Ronja legte Anna Marie die Hand auf das Knie. »Ich möchte Sie um einen Gefallen bitten. Darf ich bei Ihnen wohnen, bis es den Männern bessergeht? Das Haus hinter der Mauer ist zu weit entfernt. Ich würde nur unnütz Zeit verlieren, wenn ich dauernd hin und her laufen müßte.«

Es war viele Jahre her, seit Anna Marie über etwas schockiert gewesen war, jetzt aber starrte sie Ronja entsetzt ins Gesicht. »Nein!« stieß sie hervor. »Das gehört sich nicht. Was ist bloß los mit euch vornehmen Damen, heutzutage? Die Schwester einer Gräfin im Haus einer . . .«

Ronja war sehr gerührt. Sie sagte ernst: »Warum denn nicht, Anna Marie? Ihr Haus ist hübsch. Es gefällt mir. Warum sollte ich also nicht bei Ihnen wohnen?«

Die harte, kleine Frau, die nur bei Taufen und Hochzeiten -

nicht aber bei Beerdigungen – Tränen vergoß, wischte sich mit dem Handrücken über die Augen.

In jener Nacht kämpfte Ronja, an Igors Seite sitzend, verbissen gegen den Schlaf und merkte erst, als sie mit einem Ruck hochschreckte, daß sie auf ihrem Stuhl eingenickt gewesen war. Jedesmal, wenn sie aufschaute, sah sie Anna Marie, das sonst so blühende Gesicht fahl vor Müdigkeit, von einem Kranken zum anderen gehen, dem einen gut zureden, den anderen waschen, dem dritten die Bettschüssel bringen. Stunde um Stunde riefen die Männer nach ihr, und Anna Marie gab allen, wonach sie verlangten.

Gegen Tagesanbruch erhob sich Ronja mit steifen Gliedern von ihrem Stuhl und trat zu der anderen. »Ruhen Sie sich aus«, flüsterte sie. »Ich werde Sie ablösen.«

»Ich bin nicht müde.«

»Wir schaffen es nicht, wenn wir uns nicht abwechseln«, warnte Ronja.

»Vielleicht haben Sie recht. Wecken Sie mich um zehn. Ich setze mich draußen in die Rikscha.«

Als Ronja später auf die Straße hinaustrat, lag Anna Marie eng zusammengerollt, die glühende Sonne im Gesicht, auf dem Rikschasitz und schlief. »Was ist?« murmelte sie benommen.

Ronja wies zu der staubigen Straße hinüber, die auf das Lager zuführte, und augenblicklich war Anna Marie auf den Beinen. Das schmutziggraue Band entlang kam eine Wagenkarawane gekrochen, hochbeladen mit Vorräten, auf beiden Seiten von langen Reihen von Kulis begleitet. Anna Marie setzte sich abrupt wieder hin, und Ronja reichte ihr Tee und eine Scheibe weißes Brot. »Woher haben Sie das?«

»Der Leutnant hat es mitgebracht.«

Während Anna Marie aß, erzählte Ronja. »Ich habe einen neuen Lagerplatz ausgesucht, ein ebenes Feld ungefähr eine Meile von hier entfernt und näher am Fluß. Der Leutnant ist ein sehr hilfsbereiter junger Mann – und sehr fähig. Er hat jeden Mann, der noch gesund ist, dafür abgestellt. Bis Ihre Mädchen eingetroffen sind, werden wir wohl schon ein provisorisches Lazarett fertig haben – zumindest vier Wände, ein Dach über dem Kopf, einen Fußboden auf Stelzen, damit die Nässe nicht hereindringt, und saubere, mit Mull überzogene Feldbetten.«

»Sehr gut«, lobte Anna Marie. »Weiter.«

»Wir werden uns in unsere Pflichten teilen müssen. Ich kann gut kochen, aber ich würde mich lieber um die Kranken kümmern.«

Es kam Anna Marie nicht in den Sinn, diese Einteilung zu kritisieren. »Ich werde die Küche übernehmen und Ihnen außerdem helfen.« Sie blickte zum Himmel empor. »Bei diesem Wetter können wir die Kochherde ruhig im Freien aufbauen und die Vorräte ebenfalls draußen lagern. Die Mädchen können, genau wie die Männer, abwechselnd in Zelten schlafen. Dieser nette Leutnant sollte aber lieber einen Wachtposten mit Gewehr davor aufstellen.« Sie lächelte weise. »Cholera hin oder her, den Männern traue ich nicht.«

Als dann die Mädchen eintrafen, befangen und still bei dem Gedanken an das, was vor ihnen lag, waren alle Kranken gebadet, rasiert, hatten die Haare gewaschen bekommen und trugen frische Nachthemden. Dann transportierte man sie mit Bahren in das Notquartier auf dem Feld. Igor, den Hauptmann, trugen die Ordonnanzen als letzten hinüber. Anna Marie schritt neben ihm her.

Ronja blieb mit einer Abteilung Männer zurück; sie war unendlich erleichtert, jetzt endlich einen ölgetränkten Stofflappen anzünden und das ganze Gebäude mit allem, was es enthielt, in Brand setzen zu können. Das faulende Holz fing sofort Feuer und loderte vor dem dämmernden Himmel hoch auf.

Während der nächsten paar Tage blieb die Witterung tagsüber heiß und feucht, und des Nachts heiß und drückend. Den Männern wollte es trotz der sauberen, neuen Umgebung und der unermüdlichen Pflege der Frauen nicht bessergehen. Gequält von Erbrechen, Durchfall und Harnverhaltung, klagten sie unablässig über brennenden Durst. Trotzdem behielten sie nicht einen einzigen Schluck Wasser bei sich.

Sorgenerfüllt beobachteten Anna Marie und Ronja, wie sie zu Skeletten abmagerten. Die Frauen sahen ein, daß sie nach einer neuen Behandlungsmethode suchen mußten, doch alles, was sie probierten, blieb wirkungslos. Verzweifelt schlug Ronja vor: »Versuchen wir's doch mal mit Irrigieren. Wir müssen unbedingt die Körperflüssigkeit auffüllen. Töpfe haben wir genug, also brauchen wir nur noch Gummischläuche für Irrigatoren.«

»Und wo, zum Teufel, sollen wir Gummischläuche hernehmen?« fragte Anna Marie.

»Von Huang natürlich. Woher sonst?«

Ronja schrieb:

Mein lieber Freund,

die Männer liegen im Sterben. Sie sind mit ihren Kräften am Ende, und nur ihre erstaunliche Willenskraft und die unglaublich hingebungsvolle Pflege der Mädchen hat sie bisher am Leben erhalten.

Igors Zustand ist besser als der der anderen; er ist weniger ausgemergelt und mit der Fähigkeit gesegnet, trotz seiner Leiden schlafen zu können. Ich glaube, er wird als einziger die Krankheit überstehen. Wenn wir jedoch auch die anderen retten wollen, brauche ich wieder einmal Ihre Hilfe: Dieses Mal sind es Gummischläuche für Irrigatoren und noch mehr Salz.

Um Ihre Frage zu beantworten: Ja, ich bekomme ausreichend Schlaf. Sie brauchen sich meinetwegen keine Sorgen zu machen. Wenn ich die Augen schließe, sehe ich Ihren Garten und fühle mich erfrischt.

Da es keine Worte gibt, um meine Dankbarkeit auszudrükken, will ich es gar nicht erst versuchen.

Ronja

PS: Fast hätte ich es vergessen: Es eilt nicht mit den Beerdigungen. Wenn ich aber noch um eines bitten darf: Wäre es möglich, Grabsteine aus weißem Marmor für die Toten zu machen, da ja in Ihrem Land Weiß die Farbe der Trauer ist? Die Inschriften sollen lauten:

Soldat Leo Pirodsky
Geboren 1882 Smolensk, Rußland
Gestorben 1903 Harbin, Mandschurei
Im Dienst seines Zaren

Soldat Duvid Bulatski
Geboren 1882 Warschau, Polen
Gestorben 1903 Harbin, Mandschurei
Er mußte sterben, weil er lebte

Einige Stunden später blickte sie hoch, weil Anna Marie plötzlich aufschrie. »Mein Gott!«

In der offenen Tür stand eine elegante Gestalt. Es war Huang, unverkennbar westeuropäisch; in seinem Maßanzug aus der Savile sah er aus, als sei der Buckingham Palast ein passenderer Rahmen für ihn als ein Feldlazarett. Obgleich Ronja sich freute, ihn hier zu sehen, konnte sie ein paar scheltende Worte nicht unterdrücken. »Sie hätten nicht herkommen dürfen! Es ist viel zu gefährlich.«

Huang verbeugte sich mit einer Spur Ironie. »Ich glaube kaum, daß die Gefahr für mich größer ist als für Sie, meine verehrungswürdigen Damen«, sagte er und reichte Ronja ein Päckchen. »Ich bringe Ihnen, um was Sie gebeten haben, und außerdem den Segen des Schlafs für Ihre Männer: getrocknete Mohnkapseln. Kochen

Sie sie zu einem dicken Sud und geben Sie den Kranken alle paar Stunden einen Löffel voll. Dann werden sie ruhen können. Wir Chinesen sind bewandert in der Kunst, die Cholera zu behandeln.«

Ronjas Stimme war belegt, als sie das Päckchen nahm. »Das werde ich Ihnen nie vergessen, Huang.« Dann fiel ihr ein, daß sie Anna Marie noch nicht vorgestellt hatte, und sie sah sich im Zimmer um. Die taktvolle Frau hatte sich zurückgezogen. »Dann will ich gleich anfangen, den Saft zu kochen«, erklärte Ronja. »Bitte, zeigen Sie mir, wieviel Wasser ich nehmen muß.«

»Führen Sie mich zuerst zu Igor. Und dann geben Sie Anna Marie die Mohnkapseln. Sie weiß bestimmt, wie man sie zubereitet.«

Igor brachte ein schwaches Lächeln zustande, als sein Pflegevater ans Fußende seines Bettes trat, und flüsterte: »Ich danke Ihnen, daß Sie gekommen sind.«

»Nicht sprechen, mein Sohn! Ruhen Sie sich aus.« Huang nahm in Ronjas Sessel Platz; sein Ausdruck war zärtlich und melancholisch. Erschüttert über seine innige Liebe zu ihrem Sohn, ließ Ronja die beiden allein.

Sie konnte nicht wissen, daß Huang den kahlen Raum, die elenden, halbtoten Männer, die drallen, lebhaften Mädchen abstoßend fand, denn er schloß das alles aus seinen Gedanken aus und konzentrierte sich ganz auf Igor. Er war so vertieft in die Betrachtung des geliebten Jungen, daß es mehrere Stunden dauerte, bis er auf eine Berührung seiner Schulter reagierte. Ronja blickte auf ihren schlafenden Sohn hinab, legte den Finger auf die Lippen und winkte Huang, ihr zu folgen.

Draußen entschuldigte er sich. »Ich muß geträumt haben.«

»Mit offenen Augen. Wir haben den Männern die erste Dosis Mohnsaft gegeben. Und jetzt bitte ich Sie, essen Sie mit uns. Anna Marie hat Ihnen zu Ehren ein ausgezeichnetes Abendessen zubereitet.«

Ronja, die vornehme russische Dame, Huang, der weltliche Führer und eigentliche Herrscher der Mandschurei, Anna Marie, die Freudenhausdame, ihre Mädchen und Leutnant Simon Petipa speisten miteinander in herzlicher Freundschaft und bester Stimmung, während die kranken Soldaten schliefen.

Zwei Tage darauf verschwand die Sonne hinter Wolken, und es erhob sich ein heftiger, kalter Wind. Ronja rief sofort ihren Stab zusammen. »Sichert die Zelte«, wies sie Anna Marie und den Leutnant an, »und sagt den Männern, daß unsere Gebete endlich erhört worden sind. Wir werden Regen bekommen.«

Es war friedlich im Krankenzimmer. Mit Hilfe des bitteren Saftes, den sie hatten trinken müssen, waren die Männer zur Ruhe gekommen. Außerdem diente der Sud dazu, ihre Körperflüssigkeit aufzufüllen. Sie aßen, und ihre aschfarbene Haut nahm wieder menschliches Aussehen an.

Der harte, saubere Regen spülte die Cholera fort. Am Ende des dritten Tages kam die Sonne wieder hervor, und die Epidemie war besiegt. Inmitten einer strahlenden Welt traf Ronja die Vorbereitungen zur Erfüllung ihres Versprechens: Sie wollte die Soldaten Bulatski und Pirodsky beerdigen. Es war keine leichte Aufgabe, die sie sich da gestellt hatte.

Der Rabbi, kein Joseph Lewinsky, der Pfarrer, kein Iwan Tromokow, schlugen ihr beide rundweg die Bitte ab. »Ich werde nur die Meinen begraben«, erklärte der Pfarrer, erklärte der Rabbi.

Doch Ronja, deren Söhne ihre Wurzeln in beiden, dem Alten und dem Neuen Testament, hatten, gab nicht nach. »Laßt sie in der Ewigkeit schlafen, wie sie lebten und starben – zusammen. Kein Grab ist geweihter als das andere.«

Doch was sie auch vorschlug, nichts war ihnen recht. Erst der wohlbedachte Besuch eines bärtigen Mannes veranlaßte sie zur Zusammenarbeit. Der hagere Mann hatte seine eigenen Methoden, und er hatte seine Befehle. Es gefiel Huang Hui Tsung, Madame Pirow einen Freundschaftsdienst zu erweisen.

Leo Pirodsky und Duvid Bulatski wurden Seite an Seite in einem buddhistischen Tempel beigesetzt. Auf dem Grab des einen stand ein byzantinisches Kreuz; auf dem des anderen der Davidstern. Der Rabbi, unterstützt von der vorgeschriebenen *minyan* von zehn erwachsenen Juden, und der Pfarrer mit seinen Meßgehilfen leiteten die Totenfeier. Ronja und ihre Freunde Huang und Anna Marie waren die einzigen Trauernden.

Das Abschiedsfest, das die Mädchen für Ronja gaben, war vorüber. Es hatte ganz einfach aufgehört. Die erschöpften Mädchen waren eingeschlafen.

Nur Ronja und Anna Marie, älter, aber wesentlich robuster, waren hellwach. Auf der Couch sitzend, die bloßen Füße auf ein Kissen gelegt, lauschte Ronja dem leisen Ticken der Uhr auf dem Kamin. So tickt mein letzter Abend im Bordell dahin, dachte sie und fragte sich, wie bald nach ihrem Abschied Anna Marie die Pforten ihres Hauses wieder öffnen werde. Sie sah ihr zu, wie sie Gläser einsammelte, Aschenbecher leerte und unsichtbaren Staub von Tischplatten wischte, und sagte leise: »Hören Sie auf, herumzulaufen, und setzen Sie sich. Ich möchte mit Ihnen reden.«

»Es ist sinnlos, Ronja. Ich gehe jetzt in die Küche und mache uns noch ein Glas Tee. Während das Wasser heiß wird, räume ich noch die Reste fort.«

Ronjas Blick ließ sie innehalten. »Ich kehre noch nicht nach Kiew zurück. Ich bleibe ganz in der Nähe; wir werden uns noch einmal sehen«, sagte sie.

»Nein, das werden wir nicht«, fuhr Anna Marie auf. »Ich will nicht, daß Sie noch einmal hierher kommen. Die Cholera ist vorüber. Fahren Sie nach Hause. Fahren Sie dorthin zurück, wo Sie hingehören: nach Kiew.«

»Ich habe in Harbin noch etwas zu erledigen«, erwiderte Ronja.

»Fahren Sie heim, Ronja. Was getan ist, können Sie nicht mehr ändern.«

»Ich kann nicht ... Seltsam. Mein Mann sagt auch immer: ›Getan ist getan.‹«

»Er hat recht. Ich mache jetzt Tee.«

Als sie aus der Küche zurückkam, sah sie, daß Ronja rauchte, und war verblüfft, als sie von ihr gefragt wurde: »Sind Sie eigentlich reich?«

Ohne Unwillen zu zeigen oder Umschweife zu machen, erwiderte sie wie eine echte Russin: »Was meinen Sie mit reich?«

»Bitte, sagen Sie es mir.«

»Wenn man lügt, stirbt man«, stellte Anna Marie fest. »Lügt man nicht, stirbt man auch. Also sagt man besser die Wahrheit. Außerdem mache ich mich dadurch, daß ich mein Geld zähle, nicht reicher und Sie nicht ärmer. Oder vielleicht ist es auch anders herum, mich nicht ärmer und Sie nicht reicher. Aber wie dem auch sei, ein finanzieller Leviathan bin ich nicht. Man könnte sagen, für die Reichen bin ich arm, und für die Armen bin ich reich. Verhungern werde ich nicht. Sind Sie jetzt zufrieden?«

Ronja lächelte. »Haben Sie Familie in Rußland?«

»Gewiß. Denken Sie, ich bin auf einem Baum gewachsen?« Anna Marie seufzte. »Die Summen, die ich nach Berdischew geschickt habe! Alle meine Nichten habe ich verheiratet, zwei sogar mit Ärzten, und *Ärzte* kosten, liebe Ronja!«

»Weiß man dort, woher Sie Ihr Geld haben?«

»Sie kennen doch das alte Sprichwort ›Auf jeden Topf paßt ein Deckel‹. Vor Jahren schrieb ich heim, daß ich einen reichen Holzbaron geheiratet hätte. Solange das Geld weiterhin pünktlich kommt, werden keine Fragen gestellt.«

»Hören Sie, Anna Marie, geben Sie Ihren Beruf auf. Sie haben Ihren Gatten verloren. Er ist an der Cholera gestorben. Ich, Ronja Pirow, werde das bestätigen.« Ronja war begeistert von ihrem Einfall. »Als reiche Witwe kehren Sie nach Berdischew zurück. Suchen Sie sich einen Witwer, einen mit viel Feuer und ein paar recht wilden Kindern, damit Sie etwas zu tun haben. Boris und ich werden gern zu Ihrer Hochzeit kommen.«

Anna Marie seufzte. »Ich will keine großen Worte machen.« Abermals zitierte sie ein russisches Sprichwort. »›Die Sünden des Mannes bleiben vor seiner Schwelle; die Sünden der Frau dringen ins Haus.‹«

Und plötzlich richtete sie sich auf und sprach aus, was sie in Wirklichkeit dachte. »Warum soll ich nach Berdischew zurückkehren? Hier in Harbin, da *bin* ich wenigstens wer.«

Ronja gab ihrer Freundin einen Kuß. »Gute Nacht und auf Wiedersehen bis morgen, Anna Marie aus Harbin«, sagte sie.

18

»Sie sind schlanker als damals, als wir uns zum erstenmal sahen, Ronja«, sagte Huang, als er ihr früh am nächsten Morgen aus der Rikscha half. Sie war durchaus nicht erstaunt gewesen, als die riesigen Torflügel aufschwangen und ihr Gastgeber herauskam, kaum, daß die Räder ihres kleinen Fahrzeuges zum Stillstand gekommen waren. Der Haushalt und sein Herr hatten auf ihre Ankunft gewartet.

Sie wandte ihr weißes, erschöpftes Gesicht zu ihm auf. »Zum erstenmal seit Jahren bin ich wirklich müde, aber das habe ich erst heute morgen gemerkt, als plötzlich nichts mehr für mich zu tun war.«

Das war jedoch nur die halbe Wahrheit, wußte Huang. Er konnte es deutlich von ihrem Gesicht ablesen: Sie hatte nicht vergessen, daß der Hauptanlaß für ihre Reise immer noch ungeklärt zwischen ihnen stand. Er wollte gerade vorschlagen, eine ernsthafte Unterredung vorerst noch aufzuschieben, als sie schon selber darum bat.

»Würden Sie es für sehr unhöflich halten, wenn ich Sie darum bäte, mich in das hübsche Zimmer zurückziehen zu dürfen, das Sie mir neulich gezeigt haben? – Mein Gott, wie lange das her ist! – Ich muß mich einige Tage gründlich ausruhen und erst einmal ein wenig Abstand von allem gewinnen. Wenn ich schön lange schlafen kann, dann habe ich beim Aufwachen Hunger wie ein Wolf und bin wieder vollkommen frisch.«

Huangs Lächeln enthob Ronja jeglichen Schuldgefühls. Er rief eine Chinesin herbei, die Russisch sprach, und wies sie an: »Ich lege das Wohlbefinden und die Bequemlichkeit von Frau Ronja in deine erfahrenen Hände.«

Als Ronja sich erhob, gab Huang ihr einen Brief von zu Hause:

»Mein Täubchen,

ich bin einsam. Ich esse. Ich arbeite. Und ich bin einsam. Ich liege in Deinem Bett, mit leeren Armen. Komm zu mir zurück! Dir meine ganze Liebe, jetzt und für immer,

Boris«

Mit dem Blatt in der Hand schlief sie vor Erschöpfung und Müdigkeit ein.

Den Samstag, den Sonntag und fast den ganzen Montag hindurch schlief Ronja; sie regte sich nur gelegentlich, um die Hand nach einem Glas Fruchtsaft oder einer Schale Suppe auszustrecken, die ihre Beschützerin brachte. Nach siebenundfünfzig Stunden Schlaf erwachte sie, wie sie vorausgesagt hatte, frisch und gekräftigt.

An Boris schrieb sie: »Du fehlst mir auch, mein Liebling. Aber es gibt noch etwas, das mich hier zurückhält. Ich werde nach Kiew heimkehren, sobald die Zeit dafür gekommen ist. Und solltest du dumm genug sein, Deine Drohung, mir hierher zu folgen, wahrzumachen, dann weigere ich mich, Dich zu empfangen!«

Huangs Garten wurde zum Refugium für Ronja; er war so wunderbar weltabgeschieden wie ein Kloster. Eines Tages, als sie allein dort saß, zog Ronja die Schuhe aus und hielt ihre Füße in das kühle Wasser des Sees, über dessen Oberfläche goldene Sonnenstrahlen huschten. Diesen Platz hatte sie vorher noch nie gesehen, und als sie ihn fand, hatte ihr Herz einen Freudensprung getan. Auf einem Inselchen stand ein kleines Marmorbauwerk, halb hinter Weinranken und blühenden Sträuchern verborgen, deren Farben das Weiß der Steine noch leuchtender machten. Als Huang sie endlich fand, krochen schon Schatten über das Gras.

»Sie haben den Tee versäumt, Ronja.«

»Ich habe mich in dieses friedliche Plätzchen verliebt«, sagte sie. »Bleiben Sie doch ein wenig. Es ist die sanfte Tageszeit, angefüllt mit Geheimnissen. Igor hat mir versprochen, Sie würden mir von meinem Vater erzählen. Wenn Sie jetzt in der richtigen Stimmung dazu wären, so würde mich das sehr freuen.«

Huang setzte sich neben sie ins Gras und begann: »Ihr Vater hat den Lauf der Geschichte und meines Lebens bestimmt, indem er unserer Dynastie ein Ende bereitete.

Als ich noch jung war, brachte David von Glasman einen Mann meines Alters in dieses Haus – Sergius Witte. Sie wollten eine Bahnlinie bauen – die Transsibirische Eisenbahn. Und diese beiden haben es so geschickt verstanden, uns die Mandschurei zu stehlen, daß mein Vater des Glaubens war, er habe einen weisen Entschluß gefaßt, als er Rußland einen Stützpunkt in der Mandschurei gewährte, und dieser Handel sei ein großer Sieg für uns.

Vater kannte keinen Ehrgeiz. Seit Jahrhunderten hatte es in unserem Haus keinen Raum für Ehrgeiz gegeben. Daher lebte er als orthodoxer Buddhist, ein Fremder in der Welt der Eroberungen und der Intrigen. Seine einzige Verpflichtung im Leben galt seinen Ahnen, die ganz China erobert hatten: Er mußte einen Erben zeugen. Dieser Verpflichtung hatte er sich mit meiner Geburt entledigt.

Danach zog er sich, soweit das möglich war, noch mehr von dem unerbittlichen Kampf der Politik und der Menschen zurück; er trieb, dem Opium verfallen, hinüber in ein gebrechliches Greisentum und verbrachte seine Tage mit Malereien im klassischen T'ang-Stil.

Zu seiner Verteidigung muß ich sagen, daß er der Realität und der Verantwortung nicht ganz entsagt hatte. Räuberbanden wurden immer kühner; die Ausbrüche von Feindseligkeiten zwischen rivalisierenden Familienverbänden wurden immer gewalttätiger und häufiger. Vor diesem Hintergrund allgemeiner Unruhen hörte er auf die Empfehlungen David von Glasmans – nicht nur, weil dieser ein Mann war, dem er persönlich Vertrauen schenkte, sondern weil er ein Bote Ihrer Majestät der Kaiserin Marie von Rußland war.«

Huang schwieg eine Weile und starrte ins Wasser. Dann sprach er weiter.

»Sie wissen, wie machtvoll die Persönlichkeit David von Glasmans war; sogar ein welterfahrenerer Mann als Vater hätte den Versprechungen geglaubt, die er im Namen seiner Herrscherin machte. Er verlangte nichts weiter, als daß man Rußland erlaubte, in beschränktem Maß in die Mandschurei einzudringen. Gemeinsam wollten sie die Entfernung zwischen Irkutsk und Wladiwostok verringern, wollten russische Macht mit chinesischer Größe vereinen – denn zweifellos hatten sie nichts voneinander, alles aber von Japan zu befürchten. Rußland, angeblicher Verfechter des Weltfriedens, bat um das Vorrecht, in Harbin einen Militärstützpunkt einzurichten, dessen spezifische Aufgabe es sein sollte, Ordnung und Sicherheit aufrechtzuerhalten und China vor seinen Erzfeinden zu schützen, vor der Möglichkeit eines brutalen Überfalls durch Deutschland und vor dem chinesischen Kaiser selbst, jener rätselhaften Erscheinung, die sich unzufrieden und kriegslustig zeigte. Der Preis? Oh, rein gar nichts. Nur ein kleines Geschenk: das Recht, eine Bahnlinie zu bauen.«

Noch nie hatte Ronja soviel Bitterkeit in Huangs Stimme gehört. Sie flüsterte: »Mein Gott, Huang!«

Er zuckte die Achseln. »Das übrige wissen Sie ebensogut wie ich. Rußland hat seine Bahnlinie bekommen, einen Speer, dessen Spitze tief in die Mandschurei und weiter bis nach Korea drang. Sergius erlangte Macht und Reichtum. Und ich, der einzige Nachkomme meines Vaters, erhielt . . .« Seine Stimme brach. »Ronja, es ist mir unmöglich, etwas vor Ihnen zu verbergen. Ich entwickelte eine Neigung zum westeuropäischen Lebensstil, und mein ganzes Streben . . .« Er verstummte und reichte Ronja die Hand. »Der Tag ist uns davongelaufen.«

Ohne darauf zu achten, daß ihre Füße naß waren, ging Ronja voraus, über den samtweichen Rasen zum Haus, und überließ es Huang, ihre Schuhe aufzuheben. Als sie ein gutes Stück vom See entfernt waren, sagte sie finster und nachdenklich:

»Ich glaube, ich habe meinen Vater nie richtig verstanden. Ruth, meine Mutter, hat ihn verstanden, und meine Schwester Katja auch. Aber nicht ich. Ich sah ihn nur, wie ich ihn sehen wollte. Als ich Boris geheiratet hatte, verließ er uns, und später erinnerte ich mich nur an das schöngefärbte Bild, das ich mir selber von ihm gemacht hatte. Werden Sie mir Ihre Geschichte zu Ende erzählen?«

»Morgen«, versprach er. »In unserem Garten.«

Als sie vor ihm durch die Haustür ging, drehte sie sich um. »Wir wollen uns hier treffen. Heute abend möchte ich noch an Boris schreiben. Er und Zuhause, das alles ist auf einmal so furchtbar weit fort.«

Am anderen Morgen lag ein dicker Brief auf ihrem Teetablett. Er enthielt ein Paket Zeitungsausschnitte, die sie flüchtig durchsah und dann in den Umschlag zurücksteckte. Später, wenn sie erfahren hatte, was zu erfahren sie hergekommen war, gab es noch Zeit genug für Neuigkeiten aus Rußland.

Im Garten fand Ronja Huang schon vor; er war anscheinend sehr heiter gestimmt.

»Soll ich fortfahren mit meiner Geschichte?« fragte er sie.

»Ja, bitte.«

Der Tod seiner Mutter hatte sein Leben verändert. Jetzt gab es niemand mehr, bei dem er Verständnis fand, niemand, den er lieben konnte, und so widmete er sich ganz seinen Büchern. Obgleich die Menschen im Palast sehr freundlich waren, fühlte er sich zwischen ihnen wie ein Fremder, und kein menschliches Wesen bedeutete ihm etwas, bis David von Glasman und Sergius Witte eintrafen. Er geriet vollkommen in Davids Bann und wurde sehr eifersüchtig auf Sergius.

»Ich erwies mich Ihrem Vater nützlich, wo immer ich konnte, und hatte es mir in den Kopf gesetzt, daß er mich mitnehmen müsse, wenn er Harbin verließ. Er schien gerührt von meiner Anhänglichkeit und fing an, mich ›Sohn‹ zu nennen. Und er erzählte mir von Ihnen, Ronja – jung, wild, das schönste Mädchen von ganz Rußland. Ich begann Sie zu lieben.« Er lächelte traurig. »Tag um Tag plagte ich ihn mit Fragen, und er ergänzte das Bild, das er von Ihnen gezeichnet hatte, immer mehr.« Ronja machte eine komisch-wegwerfende Geste.

»Aber ja«, widersprach Huang. »Sie hatten eine Vorliebe für alles, was wild war: Zigeunermusik, ungezähmte Pferde, Schwimmen im Fluß unter dem Sommermond, Schlafen auf freiem Feld, Laufen durch den Wald, schnell wie ein Reh.

›Beschreiben Sie mir ihr Gesicht‹, bat ich ihn.

Und er sprach wie ein Dichter von Ihnen: von Ihrem Kinn – eine Winzigkeit zu energisch –, von Ihrem Mund – eine Winzigkeit zu breit –, von Ihren Wangenknochen – eine Winzigkeit zu hoch –, von Ihren weit auseinanderstehenden Augen und von der herrlichen Harmonie Ihrer Haut.

Ich träumte und wagte es nicht, ihm meine Hoffnungen anzuvertrauen. Dann, eines Tages, als wir den Tee tranken – nicht auf unsere Art aus Porzellanschalen, sondern wie der Europäer, der er ja war, aus hohen, hauchdünnen Gläsern –, sagte er zu meinem Vater: ›Erlauben Sie mir bitte, daß ich Ihren Sohn für einige Zeit mitnehme. Ich möchte ihm Europa zeigen, mein Europa, und ich möchte, daß er in den Vereinigten Staaten die Harvard-Universität besucht.‹

Mein Vater gab seine Einwilligung. An diesem Tag nannte ich Ihren Vater zum erstenmal nicht mehr Gospodin von Glasman, sondern ich sagte zu ihm Vater David.«

Eine Zeitlang war alles gutgegangen. David von Glasman machte es sich zur Aufgabe, dem Pflegesohn seine eigene Lebensart und die deutsche Sprache nahezubringen. Gemeinsam reisten sie in unvorstellbarem Luxus, und die Kunde von ihrem Kommen lief vor ihnen her, so daß sie überall wie Diplomaten empfangen wurden. Nur eines trübte das Vergnügen ihrer Freundschaft: Huang in seiner Eifersucht war überzeugt, daß David Ronja für Sergius bestimmt hatte. Am Tag seiner Abreise nach den Vereinigten Staaten konnte er die Ungewißheit nicht länger ertragen; er besann sich auf seine Stellung als Mandarin und bat förmlich um ihre Hand. Die Werbung wurde sofort und mit aller Entschiedenheit zurückgewiesen. Ronja sei weder für Huang noch für Sergius bestimmt, erklärte David, fügte aber, als er das unglückliche Gesicht des Jungen sah, freundlich hinzu: »Vergib mir, Huang, mein Sohn.«

So tief verletzt war Huangs Stolz, daß er beschloß, sich auch körperlich aus David von Glasmans Nähe zu entfernen. Sie begegneten sich nur noch einmal: am Nachmittag desselben Tages in der Kabine des Dampfers nach Boston. »Huang, mein Sohn«, sagte David, »dein und Ronjas Schicksal sind durch Welten getrennt, aber in der vergangenen Nacht habe ich geträumt, daß ihr Unglück droht. Wenn meine Ronja dich jemals brauchen sollte, so hilf ihr, ich bitte dich!«

Huang versprach es. Sie umarmten sich noch einmal und nahmen Abschied.

Doch die Verbindung zwischen ihnen riß niemals ganz ab. Bis zu Davids Tod schrieben sie sich, und David gab Huang zwei kostbare Geschenke: einen vertrauenswürdigen Diener, den Mann, den Ronja Ruben genannt hatte, und eine Miniatur von Ronja.

Damit war die Geschichte zu Ende. Ein König hatte ihr seine Ergebenheit zu Füßen gelegt, aber Ronja konnte sich nicht daran freuen. Nie wieder würde sie im Spiegel ihrer Erinnerung jenes Bild ihres Vaters sehen, das vor so langer Zeit für sie Wirklichkeit geworden war und das sie eifersüchtig bewahrte. Es war unwiderruflich blind geworden.

Huang beschwor sie: »Seien Sie nicht traurig. Er hat mir ein unvergleichliches Geschenk gemacht.«

»Wie können Sie nur so philosophisch sein! Sie sind wirklich ein unbegreiflicher Mensch, Huang. In einem Augenblick spielen Sie den Europäer, im nächsten sind Sie schon wieder das fleischgewordene Symbol chinesischer Noblesse. Was sind Sie wirklich?«

»Ist das von Bedeutung, Ronja? Muß eines unbedingt das andere ausschließen?«

»Sagen Sie mir, mit wem ich spreche.«

»Mit einem Freund. Sprechen Sie ungescheut.«

»Nicht ein einziges Mal haben Sie Lotus oder die Hölle erwähnt, die dieses arme Mädchen erleiden muß«, sagte Ronja vorwurfsvoll. »Und Igor hat auch nicht davon gesprochen. Ich habe es satt, meine Zunge im Zaum zu halten. Lotus trägt meinen Enkel. Sie braucht mich. Warum habe ich sie nicht kennengelernt? Und weiterhin, wie können Sie es wagen, zu behaupten, Ihre Dynastie sei am Ende? Ist denn der Same Igors, den Sie lieben und den Sie Sohn nennen, Ihrer Ahnen nicht würdig? Wollen Sie die Arroganz David von Glasmans kopieren?«

Huang wandte den Blick ab.

»Sehen Sie mich an, Huang!«

Er sah sie an, und sie war erschrocken über das Leid, das in seinen Augen stand. »Es hat«, sagte er mit verzweifelter Langsamkeit, »niemals die geringste Möglichkeit einer Schwangerschaft bestanden, Ronja. Lotus war Nymphomanin. Sie ist schon zwei Jahre, ehe sie sich Igor aufgedrängt hat, in Wien bei einer Abtreibung sterilisiert worden.«

Der Schrei blieb in Ronjas Kehle stecken. Ihre Augen füllten sich mit Tränen.

»Sie sagen immer ›war‹. Wo ist Lotus? Was haben Sie mit ihr gemacht?«

»Ich habe ihr den Schlaf gegeben.«

Instinktiv fiel Ronjas Blick auf Huangs Hände. Die Farbe wich aus seinem Gesicht, und er rieb sich die Finger an seinem Seidengewand. »Sie hat jetzt Frieden, Ronja, ohne Qual. Sie ruht an der Seite ihrer Mutter.« Er hob die Hand und deutete auf das weiße Marmorgrabmal. Ronja schlug die Hände vor ihr Gesicht und floh.

19

Ronjas erster Impuls war, aus Huangs Haus zu fliehen, wie sie aus seiner Gegenwart geflohen war. Doch als sie in ihrem üppig eingerichteten Zimmer auf ihrem Bett lag, ging das krampfhafte Schluchzen allmählich vorüber und mit ihm ihr Entsetzen. Sie hatte kein Recht, eine Tragödie zu verurteilen oder gutzuheißen, die einem Code unterlag, den sie als Europäerin nicht begreifen konnte. David von Glasmans Verhalten mochte dem Chinesen Huang ebenso ungeheuerlich vorkommen wie ihr das seine.

In der Nacht schlief sie und träumte und erwachte am nächsten Morgen von allem Kummer befreit. Nach einem Bad erschien es ihr als das Natürlichste von der Welt, in den Garten zurückzukehren und dort, wie schon so oft, zu sitzen und zu dem weißen Mausoleum hinüberzublicken, das sich im Wasser spiegelte. Als Huang sich zu ihr gesellte, lächelte sie ihm zu, und es gelang ihm, ihr Lächeln auch zu erwidern. Es war die einzige Brücke, die sie jetzt zwischen sich bauen konnten, aber es war genug.

Nach und nach nahmen sie ihr Gespräch wieder auf. Ronja erzählte freimütig von Boris, wie sie sich kennengelernt hatten, sich liebten und stritten; Huang lauschte mit ausdrucksloser Miene. Aus der Vergangenheit glitt sie unmerklich hinüber in die Zukunft und stellte die Frage, von der sie nun, da sie seine Gedankengänge kannte, genau wußte, daß nur Huang sie beantworten konnte. Wie konnte sie das Fortbestehen des Hauses von Glasman sichern? Katja war der einzige Vertreter der Familie bei Hof – es hatte immer einen gegeben, seit die von Glasmans nach Rußland gekommen waren. Sollte sie Georgi an die Brusilows und an das Haus Romanow abtreten, um die Familie, um Igor, Georgi selber und den Blonden zu schützen? Sie hielt inne. »Hat Igor Ihnen von dem Blonden erzählt?«

»Nein«, erwiderte Huang ernst, »aber ich weiß von ihm.«

Ruben, dachte Ronja; ein erstaunlicher Mann!

»Der Garten lenkt ab«, sagte Huang. »In meinem Arbeitszimmer funktioniert mein Gehirn besser. Dort möchte ich Ihnen neues Wissen geben, damit Sie auf diese Frage selber die Antwort finden können.«

Während der restlichen Tage der Woche wurde Huang zum Lehrer, brillant, unerbittlich, nüchtern. Er sprach vom Elend der russischen Massen, von den pervertierten Neigungen seiner Herrscher, von dem ihnen eingeborenen Verfall, der die Gefahr der Zerstörung in sich trug und damit das Ende der Sicherheit, die sie, Ronja, suchte.

Nikolaus II. beschrieb er als einen Frosch, der rückwärts hüpft, die Kaiserin Alix als Wahnsinnige. »Aber sie beherrscht ihren Mann vollkommen, und sie wiederum wird von Rasputin beherrscht, so weit, daß sie Sergius aus dem Amt gedrängt hat. Bald wird sie die Entlassung jedes ergebenen Freundes erreicht haben, den Sie in der Regierung besitzen.«

Er brachte Ronja, die Jüdin mit dem wachen Instinkt für das Überleben, in Konflikt mit Ronja, der Autokratin, die an ihrer gewohnten Welt festhalten wollte. Konnte die Ukraine die Romanows nicht überdauern? Konnten Liberalismus und Kompromiß nicht einen neuen Staat gründen?

Nikolaus des Zweiten Sturz war nicht mehr fern, und Demonstrationen und Aufstände ließen sich nicht länger durch brutale Repressionen unterdrücken. Der deutsche Kaiser wartete im Abseits auf den Augenblick, da der Zar abgelenkt werden mußte, und war bereit, ihm diese Ablenkung in Form eines weltumfassenden Krieges zu bieten.

Hier im Osten fühlte sich Japan von Rußlands Eroberungslust bedroht und war entschlossen, jede weitere Expansion in Korea zurückzuschlagen. Wenn die Japaner Krieg führten, wie sie es zweifellos tun würden, dann würden sie ihn auch gewinnen, weil nämlich England und die Vereinigten Staaten wollten, daß sie gewannen. Und weil die russische Regierung von einer unüberwindlichen Lethargie befallen war, weil Rußlands Führer entzweit waren, weil der Zar seine einfältigen Verwandten als Admirale und Generale einsetzte und seine Armee in der Mandschurei nicht mit Nachschub versorgte.

Ein besiegtes Rußland konnte Unruhen nicht mehr unterdrükken. Huang sah eine Zeit voraus, die nicht mehr fern war, eine Zeit, da die Stimmen der Bauern sich lauter und lauter erhoben, da heimlich immer mehr Kampfrufe ertönten, da die Schwarzen Hundert an Macht zunahmen, da Ströme von Blut flossen und die Juden, immer die Juden, zur ersten Zielscheibe des Hasses erwählt wurden.

»Fliehen Sie, Ronja! Fliehen Sie!« drängte Huang.

»Muß das sein? Es würde mir das Herz brechen. Ich liebe mein Land, und das Haus, das Boris für mich gebaut hat; ich liebe mein Volk und mein Leben.«

»Europa ist krank«, sagte Huang. »Es wird Zeit, daß Sie zu Ihrer Familie zurückkehren. Sie haben angefangen zu begreifen. Jetzt finden Sie selber die Antwort: Zarismus und Tod oder die Vereinigten Staaten und Leben.«

»Boris, Alexis und Katja werden empört sein«, sagte Ronja. »Sie werden das, was ich von Ihnen gelernt habe, für bedauerlichen Defätismus halten. Was ich tun werde, weiß ich noch nicht; ich weiß nur, daß meine Enkel nicht ermordet werden. Das kann ich Ihnen versprechen.

Sie haben recht, Huang, ich muß nach Hause. Ich habe alles erfahren, was ich wissen muß.«

»Nicht alles«, lächelte er. »Sie werden sich auch nicht in einem Tag oder in einem Jahr entscheiden. Aber bereiten Sie sich vor. Machen Sie nach und nach Ihre Effekten in Kiew flüssig und transferieren Sie sie von Rußland nach San Francisco. Wenn Sie es wünschen, werde ich das arrangieren. Ich stehe mit der Wells Fargo Bank dort in Geschäftsverbindung.«

»San Francisco?« Sie zog ein erstauntes Gesicht. »Nicht New York?«

»In San Francisco wartet ein Hügel auf Sie«, sagte er.

»Ich werde tun, was Sie sagen.«

»Sie haben eine Fahrkarte für den morgigen Zug«, erklärte Huang ernst. »Ich werde Boris von Ihrer Ankunft verständigen.«

Am nächsten Morgen betrat Huang zum erstenmal Ronjas Räume und überreichte ihr sein Abschiedsgeschenk: Schmuckstücke aus Jade und Smaragden und einen goldenen Rosenkranz, dessen Perlen alle das geschnitzte Bild Buddhas trugen. Schließlich wandte er sich an sie:

»Mit den Worten unserer Ahnen sage ich Ihnen: ›Du hast deine Kranken gepflegt, du hast deine Toten begraben, du hast dir einen Platz im Himmel verdient.‹ Kehren Sie heim. Schneiden Sie Rußland mit einem raschen Schnitt aus Ihrem Leben. Sie können es, weil Sie es müssen.«

Ronja sagte nur: »Leben Sie wohl, mein Freund.« Sie umarmten sich nicht. Es wäre nicht schicklich gewesen.

Igor fuhr allein mit ihr zum Bahnhof. Als die beiden Pferde sie die Straße entlangzogen, sagte Igor mit einer Heftigkeit, die sie überraschte: »Du bist zu lange geblieben, Mutter.«

»Wenn das so ist, dann mach du nicht den gleichen Fehler«, erwiderte Ronja scharf.

Sie überlegte, wie sie die Abwehr ihres Sohnes durchbrechen könnte. Sie nahm eine Zigarette heraus, und in der Brise, die durch die Kutsche strich, während sie über die Kopfsteine holperte, gab er ihr Feuer.

»Ich wünsche mir so sehr, du hättest deine Rückstellung nach Rußland beantragt«, sagte sie. »Die Mandschurei ist wie ein Exil.«

»Mir gefällt es hier.« Er streckte trotzig das Kinn vor.

»Dir gefällt die ungezügelte Freiheit, die du hier genießt.«

Igors Augen wurden schmal. Kurz darauf brachte er die Pferde zum Stehen.

In ihrem Abteil angekommen, deutete Ronja auf die Tür. »Mach sie zu.«

»Bitte, Mutter, schimpf jetzt nicht mit mir, wo du Harbin verläßt«, sagte Igor.

»Komm mit nach Haus«, drängte sie ihn. »Heirate Julie – jetzt.«

»Ich kann nicht, Mutter.«

Verzweifelt fragte Ronja: »Was hält dich in der Mandschurei? Gutes oder Böses?«

Sein Gesicht war hart, und er blieb stumm, doch sie versuchte es noch einmal.

»China ist ein unsicherer Boden für dich, mein Liebling. Reiß dich davon los. Begrabe deine Unruhe hier und laß sie zurück. Unterzeichne die Papiere und komm nach Haus zu den Menschen, die deinesgleichen sind, zu deiner Heimat und zu deiner Julie.«

Aber er sagte nur: »Nein.«

Es blieben noch mindestens fünf Minuten bis zur Abfahrt des Zuges, aber Igor sah Ronja fest in die Augen und bat schon jetzt voll Zärtlichkeit: »Sag Julie, daß ich sie liebe und daß ich zu ihr heimkehren werde.« Dann küßte er sie und ging.

20

Am Tag, als der Zug in Moskau eintreffen sollte, nahm Ronja sich die Zeitungsausschnitte vor, die ihr von Boris nach Harbin nachgeschickt worden waren. Sie machte es sich auf dem Bett bequem und vertiefte sich in die Lektüre. Was sie fand, war eine seltsame Mischung von Schmeicheleien und bösartiger Kritik, wobei die positiven Berichte weitgehend aus der von der Regierung kontrollierten Presse stammten, die sich in überschwenglichen Lobeshymnen über Ronjas Heldentaten erging. Voll Ingrimm aber stellte sie fest, daß keine dieser Elogen darauf schließen ließ, daß sie eine Jüdin war.

Danach kamen Schlagzeilen, die so übel waren, daß sie sich nur hier und da überwinden konnte, den dazugehörigen Text zu lesen: NEUESTE MELDUNG! DAME DER RUSSISCHEN GESELLSCHAFT UND CHINESISCHER POTENTAT . . . BORIS PIROW VERLEIHT SEINER MEINUNG HANDGREIFLICH AUSDRUCK ... ÄRZTE ERKLÄREN, REDAKTEUR WIRD SEINEN VERLETZUNGEN VIELLEICHT ERLIEGEN . . . SOLDATEN VEREHREN IHRE WOHLTÄTERIN WIE EINE HEILIGE . . . VON GLASMAN-TOCHTER REKRUTIERT PROSTITUIERTE, UM CHOLERA ZU BEKÄMPFEN.

Das letzte Bündel bestand aus Berichten der revolutionären Untergrundpresse. Aufmerksam las Ronja jedes Wort und entdeckte unter der gepfefferten Sensationsmache kochenden Haß. Ihre Beweggründe wurden ausgelegt als ›nicht Tapferkeit, sondern persönliche Ruhmsucht, nicht Mitleid, sondern Egoismus‹, als ›Abenteuerlust, die ihr wichtiger war als das Leben von russischen Bürgern und Soldaten‹.

Elend und krank im Herzen starrte sie auf die Ausschnitte, die sie in ihren Koffer zurückgelegt hatte, und kämpfte um ihre Selbstbeherrschung. Kurz darauf klopfte es an die Tür. Es war Lew, der Steward, der ihr, wie er mit grimmiger Miene erklärte, neue Nachrichten brachte. Ronja umklammerte den Türgriff. Der Zug verringerte seine Geschwindigkeit.

»Was gibt es denn, Lew?«

»Wir haben Befehl, in ungefähr zwanzig Minuten einen sehr wichtigen Passagier aufzunehmen.« Ronja sah Erregung in seinen Augen flackern. »Es muß ein Reporter von einer einflußreichen Zeitung sein, Frau Pirow.«

»Da haben Sie sicher recht, Lew. Ich hoffe, Sie lassen mich auch dieses Mal nicht im Stich. Sagen Sie einfach genau dasselbe, was Sie bisher auch gesagt haben: ›Frau Pirow gibt kein Interview.‹ Sollte man Sie bedrohen oder Sie bestechen wollen, geben Sie ruhig nach. Dann werden mir die Soldaten den Kerl schon vom Leib halten.«

»O nein«, protestierte Lew. »Wenn wir Sie beschützen müssen, dann will ich auch dabei sein. Der russische Zugführer ist ein harter Bursche, und der, der vor Ihnen steht, hat auch gelernt, wie man mit einem Revolver umgeht. *Ich* bin Ihrer Gastgeberin, der Transsibirischen Eisenbahn, für Ihre Sicherheit verantwortlich, nicht die Soldaten. Außerdem«, fügte er vertraulich hinzu, »haben alle männlichen Passagiere der ersten Klasse, auch die, die noch kurze Hosen tragen, geschworen, jeden Fremden, der es wagen sollte, Sie zu belästigen, in Stücke zu reißen.«

Ronja lächelte strahlend. »Ich bin überzeugt, mein guter Lew, daß Sie jeden Eindringling zurückweisen werden, so listig er es auch anstellen mag.«

Stolzgeschwellt fragte er: »Haben Sie Hunger, Frau Pirow? Soll ich Ihnen das Essen bringen?«

»Nein, danke«, erwiderte sie. »Schauen Sie sich unseren neuen Passagier an, und dann bringen Sie mir Tee und erstatten Bericht.«

Ronja schloß und verriegelte die Tür und zog die Sonnenblende herunter. Nachdem sie so Licht und Luft ausgesperrt hatte, zog sie sich aus, kühlte ihren Körper mit einem nassen Schwamm und warf einen losen Morgenmantel über. In diesem stickigen Abteil dehnte sich die Zeit unerträglich. Jeder Nerv und jeder Muskel ihres Körpers schrie nach Bewegung – so sehr, daß sie vom Bett auf den Stuhl und wieder zurück wechselte, ohne jedoch Erleichterung zu finden. Dann stand sie kurz entschlossen auf, hob die Arme hoch über den Kopf, bückte sich und berührte mit den Fingerspitzen die Zehen. Als sie hundert Rumpfbeugen gezählt hatte, blieb der Zug stehen. Sie starrte zum Fenster und kämpfte mit dem Wunsch, einen Blick hinauszuwerfen. Sie verfluchte diesen Aufenthalt, der ihr Wiedersehen mit Boris hinauszögerte.

Da klopfte es an ihre Tür. Ronja, die Lew mit dem Tee erwartete, schob den Riegel zurück und rief: »Herein!« Sie hatte keine Zeit mehr, einen Schritt vorzutreten, denn die Tür flog mit einem Krach auf, Boris stürzte herein und packte sie um die Taille. Da sie das Gesicht zu ihm emporgewandt hatte, wartete er nur noch lange genug, um die Tür ins Schloß zu werfen.

Die Männer, die sich im Korridor versammelt hatten, gingen auseinander. Jeder Zweifel an den Gefühlen der Pirows füreinander, den der Klatsch in den Zeitungen etwa erzeugt hatte, war damit endgültig zum Schweigen gebracht.

Nachdem Boris mit diesem ersten langen Kuß seine Sehnsucht gestillt hatte, legte er den Kopf schief, blickte sie eindringlich an und küßte sie abermals. Auf die Nasenspitze. Ronja und Boris, die einander soviel zu sagen hatten – beide waren in diesem Augenblick stumm. In der Enge des Abteils, und während die Räder des Zuges sich wieder zu drehen begannen, ließen sie nur ihre Körper zum rhythmischen Dröhnen der Eisenbahnschwellen sprechen, so lange, bis sie, erfüllt von beglückter Zufriedenheit, endlich still liegen blieben.

Und nun verlangte er auch nach der – vollkommen unnötigen – gesprochenen Bestätigung ihrer Liebe, und Ronja versicherte Boris, daß sie ihn liebe, und Boris versicherte Ronja, daß er sie liebe, und beide waren glücklich darüber.

Wochenlang hatte Boris Qualen durchlitten; nun konnte er aus seiner Hölle der Eifersucht und der einsamen Nächte wieder emportauchen, einer Hölle, die noch grauenhafter geworden war durch Alpträume, in denen ihn seine Mutter, die blonden Zöpfe im eisigen Seewind fliegend, über Berg und Tal verfolgte. Ronja brachte ihm die Erlösung. Sie war noch sein, war noch mit ihm verbunden durch ein von Gott geknüpftes Band.

»Ruh dich ein wenig aus«, sagte er, als er sich aus der Umarmung löste und aufstand.

Sie lachte. »Ich bin nicht müde. Aber ich habe einen Mordshunger.«

Tagelang, selbst noch vor einer Stunde, hatte sie sich wie ein gejagtes Tier gefühlt, das die Nähe der Menschen meidet. Nun verspürte sie Lust, mit ihrem wunderbaren Boris zu prahlen und sich stolz an seiner Seite zu zeigen. Aus einem Schrankkoffer, den sie seit ihrer Abreise aus Kiew nicht mehr geöffnet hatte, holte sie ein Kostüm, das Boris besonders liebte. Als er aus dem Waschraum kam, krauste er finster die Stirn. »Du sollst nichts tragen, was du für ihn getragen hast. Jetzt nicht und nie mehr, Ronja!«

Sie war erschrocken über seine ungestüme Heftigkeit, mochte aber nichts sagen, was diese glückliche Stunde verdunkelt hätte. »Gut«, gab sie nach und erklärte: »Was ich im Lager getragen habe, wurde verbrannt. Fast alles andere habe ich den liebenswürdigen Chinesinnen geschenkt, die mich bedient haben.«

So leicht jedoch ließ er sich nicht zufriedenstellen. »Wirf alles fort, was mit dem Garten hinter der Mauer zu tun hat«, verlangte er. Ronja dachte an Huang, an seine Treue, an seinen Rat, an seine fürstlichen Geschenke – aber sie dachte auch: Nur ein Narr hält seine Zunge nicht im Zaum. Und sie war kein Narr.

»Mach dich schön«, bat Boris.

»Ich will's versuchen. Gib mir doch bitte mal meine Stiefel.«

Frohsinn lag in der Luft, sogar die Zugbesatzung ließ sich von der Feststimmung anstecken und machte keinen Versuch, Moskau pünktlich zu erreichen. Den Pirows blieb reichlich Zeit für das Essen.

Als sie den Speisewagen betraten, wurde ihnen ein herzlicher Empfang zuteil. Und Boris erblickte darin die Bestätigung einer Tatsache, die ihm schon lange bekannt war: daß Ronja in ihren hochhackigen, knielangen Stiefeln, dem eng taillierten Kostüm, dessen Jacke wie eine Reitjacke geschnitten und mit Zobel besetzt war, mit ihrem kleinen Zobelhut über dem bezaubernden Gesicht, daß diese Ronja die schönste Frau von ganz Rußland war. Ronja hingegen hielt ihren Boris für den schönsten Mann der ganzen Welt.

Boris' Stolz auf Ronja verlangte nach einem Ventil. »Zu trinken für alle!« rief er dem Weinkellner zu.

Bis auf den letzten Mann erhoben sie sich von den Plätzen; Gläser wurden gefüllt und Trinksprüche ausgebracht. Ronja und Boris aber schwiegen, als sie miteinander anstießen. Sie sahen sich tief in die Augen und tranken.

Der Mann, der den Schlafwagen erfand, hatte bestimmt nicht an Riesen gedacht. Nachdem Boris lange genug versucht hatte, seinen langen Körper in das Bett des Schlafwagens nach Kiew zu zwängen, zerrte er fluchend Kissen, Leintücher und Decke herunter und breitete sie auf dem Fußboden aus. Der Boden war, wie vorauszusehen, hart, und er schlief sehr unruhig – so nahe bei Ronja, und doch so fern von ihr. Unfähig, diese Marter noch länger zu ertragen, sprang er auf und riß seine schlafende Frau an sich, die, halb noch im Traum, zu ihm sagte: »Im Garten bei Huang fand ich Verständnis.« Heißer Zorn packte Boris; rücksichtslos und brutal stürzte er sich auf sie und nahm sie – auf dem Fußboden.

»Verzeih, Liebste«, murmelte er später beschämt.

Ronja, die sehr genau wußte, was ihn so zornig gemacht hatte, flüsterte noch einmal: »Huang ist in keiner Hinsicht dein Rivale, Boris.«

Seine Wut kehrte zurück. »Um Himmels willen, hör auf mit diesen ewigen Beteuerungen, Ronja! Wir wollen ihn nie wieder erwähnen – niemals!«

»Das ist unmöglich, Boris. Huang ist unser Freund, und er hat dir nichts gestohlen. Er hat mir eine ganz neue Welt von Ideen aufgetan, und ich werde seinen Rat befolgen. Außerdem hat er deinem Sohn wahrscheinlich das Leben gerettet.« Sie berichtete ihm von Lotus. Abschließend sagte sie: »Die Schuld trifft niemanden, am wenigsten Igor.«

Zerknirscht fragte Boris: »Habe ich dir weh getan, mein Täubchen?«

»Ich habe mich über dieses Echo meines alten, wilden Boris gefreut«, antwortete sie.

»Es gab eine Zeit, da hast du mich für Geringeres mit der Peitsche geschlagen.«

Für den Rest der Nacht hielt er sie so fest in seinen Armen, als fürchte er, sie könne ihm davonlaufen.

Georgi und der Blonde gaben schamlos an. Wie zwei Verrückte jagten sie auf ihren Pferden neben dem Zug her und schwangen sich, als er langsamer wurde, lachend und jubelnd vom Rücken der Tiere auf die hintere Plattform. Abteil um Abteil durchstürmten sie, bis sie Boris und Ronja fanden. Georgi riß seine Mutter in die Arme, hob sie strahlend vom Boden auf und drückte ihr einen schmatzenden Kuß auf den Mund. Als er sie wieder abgesetzt hatte, trat sie auf den Blonden zu und umarmte ihn ebenso liebevoll wie vorher Georgi. Ohne Rücksicht auf Boris zu nehmen, hielt sie der junge Mann einen Augenblick lang umfaßt.

Die Halbbrüder machten mit ihren Händen einen Sitz und trugen Ronja vor den Augen der wartenden Menge hinaus. Die Kosaken stimmten ein Lied an, und ein paar glückliche Minuten lang blieben die Pirows stehen und ließen sich feiern. Bei der wartenden

Kutsche standen Julie, Alexis und Katja, alle mit ausgestreckten Armen, um die Heimkehrerin zu empfangen. In Julies Augen entdeckte Ronja sogar Tränen, und sie nahm die Kleine zuallererst in den Arm. »Igor schickt dir liebe Grüße«, flüsterte sie ihr ins Ohr. »Er spricht nur von dir und versichert allen:

›Ich gehöre Julie, die in Kiew im Haus meiner Eltern auf mich wartet.‹ «

Am Tor des Pirowschen Gutes kamen ihnen die Zigeuner, angeführt von Tamara, und die Bauern, angeführt von Hochwürden Tromokow, mit lautem Jubel entgegengelaufen. Auf den Stufen der Freitreppe hatten sich Nachbarn und Freunde versammelt, unter ihnen auch Iwan Franko, der ukrainische Dichter, der mit seinen Versen, die er zum Klang einer Bandora deklamierte, Ronjas Heldentat feierte.

Ronja war der erklärte Mittelpunkt der Willkommensfeier an diesem Abend. Aufgefordert zu tanzen, tanzte sie voller Feuer. Aufgefordert, eine Ansprache zu halten, wählte sie die treffendsten Worte. Und gleichzeitig nahm sie alles wahr, was um sie herum vorging: Julie, die, ein wenig beschwipst, etwas von Pirowscher Hemmungslosigkeit ahnen ließ; Tamara, lebensvoll und hinreißend; Boris, der der Zigeunerkönigin keinen Blick gönnte. Mit einem kleinen Schreck bemerkte Ronja, daß Georgi jetzt größer geworden war als Igor und daß er nicht mit den Töchtern der angesehenen Gäste tanzte, sondern fast ausschließlich mit Olga. Olga, Tamaras Nichte, war nicht mehr die kleine Olga von vor einem Jahr, sondern ein üppiges Hexlein, ebenso schön wie ihre Tante. Ronja beschloß, Georgi am folgenden Tag nach St. Petersburg zurückzuschicken.

In jener Nacht schliefen Boris und Ronja in der Hütte am Fluß und kehrten erst um die Mitte des folgenden Nachmittags zum Frühstück ins Herrenhaus zurück. Als sie gegessen hatten, fragte Georgi, mehr aus Gewohnheit als aus einem zwingenden Grund zur Eile: »Darf ich aufstehen?«

»Ja«, sagte Boris. »Du kannst nach oben gehen und packen. Der Zug nach St. Petersburg geht in zwei Stunden. Und du fährst mit.«

Mit den Augen suchte Georgi Hilfe bei seiner Mutter.

»Ich weiß«, sagte Ronja. »Die Zigeuner werden untröstlich sein, wenn du fort bist.«

»Du warst zu einem Fest eingeladen und nicht für längere Ferien«, mahnte Katja.

Da keine Hoffnung mehr bestand, zwinkerte Georgi Julie zu. »Komm, hilf mir packen.«

Alexis wartete, bis sich die Tür hinter den beiden geschlossen hatte. »Ronja, du hast noch gar nichts von Igor erzählt.«

Boris war nicht in der Stimmung, so bald schon wieder von Harbin zu hören. »Ich gehe inzwischen zu den Pferden«, sagte er. »Richte Georgi aus, daß ich ihn dort erwarte. Ich will ihn zum Bahnhof fahren.«

»Komm«, sagte Ronja, als er gegangen war, »wir sagen Georgi auf Wiedersehen und schicken Julie auch mit an die Bahn. Dann können wir uns in meinem Zimmer in Ruhe unterhalten, und Boris braucht, wenn er zurückkommt, nicht alles zum zweitenmal anzuhören.«

Eine Stunde später sagte Alexis: »Meine liebe Ronja, es ist nicht zu fassen!«

Ronja wandte sich an ihre Schwester. »Du schweigst, aber in deinen Augen lese ich Entsetzen. Ihr dürft Huang nicht so hart beurteilen. Ich habe diesen Fehler selbst auch gemacht. Überlaßt Gott das Urteil.«

Die Scheite im Kamin knackten laut. Ronja saß auf einem kleinen Sofa, Boris, ein Glas in der Hand, neben ihr auf einem Schemel. Katja und Alexis hatten es sich in Sesseln bequem gemacht.

Obwohl Boris gelegentlich bei der Erwähnung Huangs ein herabsetzendes Wort einwarf, gelang es Ronja, das Wesentliche ihres neuerworbenen Wissens darzulegen. Zuletzt ließ sie sich aber doch von Boris' Zwischenbemerkungen aufstacheln und begann Huang zu verteidigen.

»Und ich sage, er ist ein Schwarzseher«, schnob Boris verächtlich. »Ein ganz übler Bangemacher.«

»Hör zu, Boris«, versuchte Alexis ihn zu beschwichtigen, »mit bösen Worten können wir auch nichts ändern. Laß Ronja weiterberichten.«

Boris schenkte sich noch einmal ein und setzte sich wieder auf seinen Schemel. »Wenn du unbedingt ständig von Harbin reden mußt«, sagte er, »beschränke dich bitte auf die Huren. Von Huren lasse ich mir gern erzählen. Was für ein verdammter Idiot ich doch war, sie aufzugeben!«

»Da muß ich mich aber sehr über dich wundern.« Ronja zog ihre Stirn kraus. »Ich fand Anna Maries Mädchen höchst langweilig.«

Boris unterdrückte ein Grinsen. »Aber sie reden wenigstens nicht.«

»Aber Liebling, natürlich tun sie das! Ununterbrochen. Wie ein Mühlwerk. Und kichern tun sie Tag und Nacht.«

Alexis zeigte sich nicht amüsiert. »Ich schlage vor, ihr spart eure aufschlußreiche Diskussion über leichte Mädchen bis später auf«, sagte er. »Was mich betrifft, so bin ich nicht sehr beeindruckt von Huangs Ausführungen über die Weltlage, und trotzdem stimme ich ihm seltsamerweise in einigen Punkten bei. Er hat recht damit, daß wir auf einen Krieg nicht vorbereitet sind – weder die Armee noch die Marine, noch das Volk. Der Zar hat keine Ahnung, in was er Rußland da stürzt.«

Boris' Augen wurden schmal. »Wenn ein Krieg unvermeidlich ist, warum sitzen dann die Diplomaten – unsere und ihre – in diesem Augenblick in St. Petersburg und konferieren über die Möglichkeit einer friedlichen Beilegung unserer Differenzen hinsichtlich der Mandschurei und Koreas?«

»Das weiß ich nicht, Boris.« Alexis' Stimme klang bedrückt. »Ich weiß nur, daß Sergius Witte den Japanern nicht traut, und ich traue ihnen ebenfalls nicht.«

»Na schön«, höhnte Boris, »aber was schlägst du vor? Sollen wir uns ducken und unseren Feinden den Hintern küssen, oder sollen wir kämpfen und diese gelben Hunde vernichten?«

Dieses Mal antwortete ihm Ronja. »Wenn Huang recht hat und wir ohne Warnung überfallen werden, haben wir keine Chance, den Feind zu besiegen. Wir können unmöglich eine ganze Armee oder auch nur ihren Nachschub über die einspurige Eisenbahn in die Mandschurei transportieren.«

»Augenblick mal!« erwiderte Boris. »Die Japse sind lästig, aber die uns schlagen? Niemals! Gebt mir Tataren und Kosaken, und wir werden ihnen ohne Kanonen, nur mit Pferden und unseren bloßen Händen, das Herz aus dem Leib reißen.«

Seine begeisterte Zuversicht und sein kindergleiches Vertrauen in den Kampfesmut Rußlands ließen Ronja verstummen. Sie stand auf und ging hinüber an den Kamin. Dort blieb sie stehen und drehte sich um, so daß sie alle sehen konnte.

»Worauf ich mich jetzt ganz konzentrieren möchte«, sagte sie, »das ist die Zukunft unserer Familie. Gott weiß, daß wir so manches Mal schon gewarnt worden und nur mit Hilfe von Bestechung und unseren Verbindungen davongekommen sind. Aber denkt nicht, daß ich vergesse, wie oft wir allzu teuer für Sicherheit, Gunst und Macht bezahlen mußten . . .«

Katja glaubte aus Ronjas Worten eine Gefährdung ihrer eigenen Pläne mit Georgi herauszuhören und war überzeugt, gleich werde die Schwester sagen, sie könne ihn ihr nicht geben. »Bitte, Ronja«, warf sie ein, »bitte nicht jetzt. Du bist überreizt durch die Sorgen um Igor. Wir fühlen mit dir, glaube mir, aber noch besteht keine Gefahr. Ich schlage vor . . .«

Mit einer knappen Bewegung hob Ronja den Kopf. »Huang hat mir Thomas Jeffersons erste Amtsantrittsrede übersetzt. Ich wollte sie auswendig lernen, darum hat er sie für mich abgeschrieben.« Sie holte ein Blatt Papier aus ihrer Handtasche und entfaltete es. »›. . . ein erwähltes Land zu besitzen, das Raum genug hat für unsere Nachkommen bis in die tausendste und aber tausendste Generation, gewissenhaft gleiche Rechte für alle zu bewahren, das Recht auf Anwendung unserer eigenen Fähigkeiten, auf Schaffung unserer eigenen Industrie, auf den Respekt und das Vertrauen unserer eigenen Bürger – Rechte, die uns nicht angeboren sind, sondern die wir uns erst mit unseren Taten und ihrer Würdigung derselben erwerben müssen; erleuchtet von einer tiefen Religiosität, die zwar in den verschiedensten Formen bekannt und praktiziert werden mag, immer jedoch von Aufrichtigkeit, Ehrlichkeit, Mäßigkeit, Dankbarkeit und Menschenliebe geprägt ist.‹ «

Alle waren bewegt, so sehr, daß sie es kaum wagten, einander anzusehen. Boris faßte sich als erster. »Danach streben wir doch alle, mein Täubchen, aber wir wollen es hier verwirklichen – hier in der Ukraine. Wir halten nichts vom Davonlaufen. Und du ja eigentlich auch nicht. Katja hat recht. Du hast zuviel durchgemacht, und jetzt bist du im Grunde eher erschöpft als verängstigt.«

»Das ist nicht wahr, Boris«, sagte Ronja. »Ich lebe in Angst und Schrecken, sobald ich an den Zaren und Rasputin denke. Und ich verzweifle, wenn ich an mein Volk denken muß. Im besten Fall, mein Liebling, können wir Zeit gewinnen.«

»Meine liebe Ronja«, meldete sich Alexis zu Wort, »du bist nicht von Feinden umgeben. Wir sind deine getreuen Freunde! Gemeinsam werden wir eine Lösung finden – hier, in unserem eigenen Land. Wir werden Rasputin beseitigen, und ohne ihn wird die Zarin sterben – oder ganz dem Wahnsinn verfallen. Du und die Deinen, ihr habt nichts zu befürchten. Darauf gebe ich dir mein Wort.«

Ronja fühlte sich unendlich allein. Julie war ein gehorsames Kind; als Ronja ihr sagte, sie solle zu Bett gehen, murmelte sie: »Ich liebe dieses Haus.« Alexis und Katja waren eingefleischte Zaristen, hoffnungslos konservativ. Und Boris, ihr Mann, der die für Tataren typische Verachtung für die Romanows hegte, ja, Boris hatte doch alles, was er wollte: sie, die Ukraine und sogar die Juden. Zar Boris. Aber wer außer ihm besaß die innere Kraft und Stärke, sie zu beschützen? Und was, wenn sie, Ronja, unrecht hatte und alle anderen recht?

Boris sah Ronjas abgespanntes Gesicht und beendete die Diskussion. Er schenkte ihr einen Cognac ein. »Trink das, mein Kleines, und dann komm zu Bett. Ich werde dir deine Füße warmreiben.«

Sie trank und verkündete plötzlich: »Bis auf dieses Gut, auf die Datscha und unseren Grundbesitz in Odessa werde ich all meine Liegenschaften verkaufen und den Erlös in Dollar in die Vereinigten Staaten transferieren. Dazu brauche ich deine Zustimmung, Katja.«

Der Vorschlag wirkte auf Alexis wie ein elektrischer Schock. Dieser finanziell und politisch kluge Mann betrachtete das Geld der von Glasmans als ein Instrument, das er brauchte, um damit den Zaren zu manipulieren. Als geübter Diplomat sagte er jedoch nur: »Ronja, mein Schatz, ich muß unbedingt etwas sagen. Darf ich?«

Und sie, die wußte, daß sie in Alexis einen potentiellen Verbündeten hatte, und auch einem Streit aus dem Wege gehen wollte, nahm ihre weibliche List zu Hilfe. »Ich wage es nicht, Alexis. Ich fürchte mich vor deiner Empörung. Du bist ein so unverbesserlicher Royalist.«

Zu Boris' größter Belustigung glaubte Alexis, sie meine es ernst. »Zu zwei Dritteln falsch, Ronja«, korrigierte er sie. »Aber was für eine außerordentliche Frau du bist! Du begibst dich wegen einer Familienangelegenheit auf die Reise und baust ganz nebenbei mit Huangs Geld ein Lazarett für unseren Zaren. Und nun schlägst du vor, kranke Rubel gegen gesunde Dollars einzutauschen – dicke, schwere Dollars, die hierher nach Rußland zurückströmen werden, Jahr um Jahr, Generation um Generation, Superb! Reinster Champagner! Das ist des brillanten Verstandes eines David von Glasman würdig. Im Namen unserer geliebten Kaiserin-Witwe verneige ich mich vor dir.«

Boris brach in dröhnendes Lachen aus. Ronja wußte nicht, ob sie lachen oder weinen sollte. »Du hast mich vollkommen mißverstanden«, protestierte sie.

»Durchaus nicht, du kleines Wunder. Ich werde alle Angelegenheiten so steuern, daß wir deine finsteren Befürchtungen zerstreuen können und trotzdem noch in der Lage sind, einen ausreichenden Sicherheitsfonds in den Vereinigten Staaten zu deponieren.«

Ronja sah, daß Katja einen verstohlenen Blick auf die Uhr warf; sie sagte: »Gehen wir lieber zu Bett.«

Vor Katjas Tür blieben sie noch einmal stehen, und Katja, die vor Müdigkeit kaum noch die Augen offenhalten konnte, stellte fest: »Siehst du, Ronja, es ist, wie ich sagte. Man hat dich in diesem chinesischen Garten verhext. Zu Hause sieht alles ganz anders aus. Nicht wahr?«

Ronja lag im Dunkeln und lauschte auf den Regen. Sie vermeinte die feinen, silbernen Töne der Tempelglocken zu hören und eine Stimme zu vernehmen, die ihr riet: »Rette dich. Es tost ein reißender Strom. Wenn du die Augen davor verschließt, mußt du darin ertrinken.«

21

Es war bitterkalt am Abend des 6. Februar 1904. Ein arktischer Wind peitschte die Wolken über den Himmel und zerrte an den langen Röcken der vornehmen Damen St. Petersburgs, sowie sie aus ihren Kaleschen stiegen. Erst unter den glitzernden Kronleuchtern des Theaterfoyers schlugen die Damen ihre Zobel- und Hermelinmäntel zurück, damit ihre herrlichen Toiletten und kostbaren Geschmeide gebührend bewundert werden konnten.

St. Petersburg war *en fête*, denn an diesem Abend sollte die göttliche Pawlowa tanzen, und so war das Theater mit den oberen Zehntausend gefüllt, die anschließend bei Diners und Empfängen noch weiterfeiern wollten.

»Bitte, folgen Sie mir, Graf Brusilow«, sagte ein Platzanweiser, und alles drehte sich nach Alexis, Katja und Ronja um, die den Mittelgang entlang zu ihren Plätzen schritten. Juwelengeschmückte Köpfe neigten sich zueinander, und schmale Lippen tuschelten: »Haben Sie schon gehört?« Die ganze Stadt wußte, daß die Kaiserin-Witwe zu ihren Hofdamen gesagt hatte: »An diese Schwestern von Glasman könnte sogar der Teufel sein Herz verlieren. Ich habe Angst um sie.«

Die Lichter verglommen; der Dirigent betrat sein Pult und wurde mit höflichem, durch weiße Glacéhandschuhe gedämpftem Händeklatschen begrüßt. Doch die Unruhe im Saal wollte auch während der Ouvertüre nicht verstummen, und es wurde erst still, als ein neunzehnjähriges Mädchen mit züchtig niedergeschlagenen Augen und seidenweichem Haar auf die Bühne schwebte. Sie schien kaum die Bretter zu berühren, sondern ohne Erdenschwere zu gleiten, zu fliegen, unsterblich und strahlend rein in einer stumpfen, habsüchtigen und sündigen Welt. Reiche alte Damen mit hübschen jungen Protegés, lüsterne Männer, die Zutritt zum Künstlerzimmer und Absichten auf die Primaballerinen hatten, vergaßen für eine kurze Stunde, daß sie nicht rein, jung und schön waren.

Dann war die Vorstellung beendet. Nun wurden die Hände zum Applaudieren aus den Handschuhen gezogen. Kultivierte Stimmen riefen »Bravo!« und »Da capo!«, und die Schneejungfrau machte, die Hände über der Brust gekreuzt, einen so tiefen Knicks, daß vor dem schaumweißen Tutu nur noch ihr langer, schmaler Nacken und ihr dunkler Haarknoten zu sehen waren.

Als endlich der Vorhang fiel, begann das Publikum Pelzstolen, Handschuhe und Programme zusammenzusuchen. Aber die allgemeine Aufmerksamkeit wurde plötzlich noch einmal auf die Bühne gelenkt, als eine Stimme von der Rampe her um Ruhe bat. Es wirkte fast wie ein Sakrileg, daß dort, wo die Pawlowa sich eben verbeugt hatte, nunmehr ein stutzerhafter Mann in viel zu auffälligem schwarzen Samtsmoking stand.

»Meine Damen und Herren«, flehte er, »bitte, hören Sie mich an!« Das Publikum jedoch winkte sich zu, wünschte sich ein gute Nacht und bewegte sich schwatzend den Mittelgang hinauf. Voller Verzweiflung gab der Mann auf der Bühne dem Orchester ein Zeichen, und mit einem ohrenbetäubenden Tusch erzwang die Trompete Ruhe im Saal.

»Meine Damen und Herren«, begann der Mann abermals, »Rußland ist das Opfer eines heimtückischen Überfalls geworden.« Das Schweigen, das auf seine Worte folgte, war lähmend und abgrundtief. »Während noch über eine diplomatische Beilegung unserer Differenzen beraten wurde, hat Japan ohne vorherige Kriegserklärung in Port Arthur zugeschlagen. Die Mehrzahl unserer Schiffe wurde versenkt, diejenigen, die den Angriff überstanden haben, sind eingeschlossen. Rußland befindet sich im Kriegszustand.«

Mit vor Zorn und Schrecken verzerrten Gesichtern, als könnten sie hier schon das Donnern der Kanonen hören, flohen Damen und Herren die Gänge hinauf, drängend und schiebend wie eine Herde in Panik versetzter Tiere.

In diesem Durcheinander wurde Ronja von den Brusilows getrennt, aber sie zeigte nicht eine Spur von Angst und ließ sich von der Menge auf die Straße hinausschieben. Der besorgte Kutscher half ihr in den Wagen, den Alexis und Katja erst eine ganze Viertelstunde später erreichten. Als sie einstiegen, saß Ronja mit geschlossenen Augen da, und ihre Lippen bewegten sich in einem stummen Gebet an Huang, daß er ihren Igor beschützen möge.

Die Kutsche bahnte sich einen Weg durch den dichten Verkehr; Alexis und Katja schauten stumm aus dem Fenster, während Ronja bedrückt vor sich hinstarrte. Zu Hause im Salon nahm Alexis den Damen die Zobelmäntel ab, und Ronja warf, ohne Rücksicht auf ihre langen Handschuhe, ein herabgefallenes Holzscheit auf das Feuer zurück, während Katja, bleich und erschüttert, den Samowar anzündete.

Ronja begann als erste zu sprechen, mit einer Stimme, die verriet, daß sie mit sich selber zufrieden war. »Wenn ich nur nicht so bereitwillig zugestimmt hätte, daß Boris nach Hause fährt, um Julie nicht so lange allein zu lassen! Dann wäre er vielleicht noch nicht fort. Er kann Kiew noch nicht erreicht haben.«

»Er wird es bestimmt unterwegs erfahren und sofort umkehren, Ronja«, meinte Katja.

»Das wäre aber höchst unklug, bei diesem furchtbaren Wetter. Ich werde morgen mit der Bahn hinterherfahren.«

»Einem Zivilisten wird es morgen wohl kaum gelingen, St. Petersburg zu verlassen«, sagte Alexis bedrückt. »Und voraussichtlich auch in den kommenden Wochen nicht.«

»Dann müßt ihr mir einen Schlitten und einen Kutscher leihen, Alexis. Ich muß nach Hause!«

»Meine liebe Ronja«, widersprach er, »das kann ich nicht zulassen. Die Straßen dürften jetzt unsicher sein. Wir müssen warten, bis wir etwas von Boris hören. Er kann höchstens die Hälfte der Strecke nach Kiew zurückgelegt haben und wird, wenn er es erfährt, bestimmt auf der Stelle umkehren, um euch beide abzuholen.«

»Muß ich denn etwa auch fahren?« Katja war hörbar gekränkt.

»Ja, Alexis. Warum eigentlich?« fragte Ronja.

»Ich hätte es dir gern erspart, mein Liebes, wenn ich es nur gekonnt hätte«, sagte Alexis zu Katja. »Die bittere Wahrheit ist, daß deine Anwesenheit hier die Zarin reizt – was wiederum den Zaren nervös macht – und mich ihren Angriffen aussetzt. Und wir haben so wenig Zeit! Ich muß – muß Seine Majestät dazu bringen, daß er Peter Stolypin zum Premierminister ernennt. Ich muß ihn überreden, daß er Sergius Witte wieder nach St. Petersburg ruft. Wenn unsere Freunde erst die Möglichkeit haben, die Regierungspolitik zu bestimmen, dann kann auch ich etwas unternehmen. Bis dahin muß ich mich zurückhalten.«

Während einiger Minuten, die wie eine Ewigkeit schienen, war das Prasseln des Feuers das einzige Geräusch im Raum. »Deine jüdische Verwandtschaft bringt dich in eine sehr nachteilige Position, nicht wahr, Alexis?« sagte Ronja mit tonloser Stimme.

Ehe er sich beherrschen konnte, hatte Alexis schon mit ›Ja‹ geantwortet; dann aber erschrak er und sagte: »Katja, Liebste, für eine kleine Weile muß ich jetzt meinen eigenen Weg gehen – allein. Wenn sich das Blatt wendet, werden wir wieder zusammen sein können, und dann werden wir uns nie wieder trennen, nicht einmal für einen einzigen Tag.«

Rußland, dachte Katja mit Bitterkeit, war die Geliebte meines Vaters. Und jetzt ist es die meines Mannes. Es würde immer so sein. Zu elend, um Worte zu finden, bat sie Alexis mit einer Geste, noch einmal Cognac einzuschenken, und dann saßen alle drei stumm beisammen, tranken und starrten ins Feuer. Zuletzt sagte Katja mit brüchiger Stimme: »Alexis hat recht, Ronja. Deine Teilnahme an jüdischen Angelegenheiten ist wohlbekannt, aber der Hof zuckt die Achseln und denkt lieber nur daran, daß du die Frau Boris Pirows bist. Andererseits halten die meisten Leute meine Konversion für eine reine Farce. Igor kommt in ein Judendorf, verliebt sich in eines der Mädchen dort, und prompt verschonen die Kosaken das Dorf mit ihren Pogromen. Das alles ist durchaus nichts Neues, und doch wird plötzlich alles andere von der Tatsache überschattet, daß wir Juden sind. Warum?«

Ronja sagte: »Es muß jemand dahinterstecken. Wer, Alexis?«

Alexis senkte den Kopf. »Rasputin.«

Katja fuhr herum. Vielleicht hatte Ronja doch recht. Vielleicht ließ es sich wirklich nicht länger in Rußland leben, wenn es einem schmutzigen Muschik mit fanatischen Augen gelang, sie von ihrem Alexis zu trennen! »Was hat Rasputin mit mir, oder was habe ich mit ihm zu schaffen?« wollte sie wissen.

Alexis zögerte. Er war stark versucht, sie zu belügen, und während er Zeit zu gewinnen suchte, indem er für Ronja eine Zigarette anzündete und Katja ein Kissen unter die Füße schob, focht er einen schweren Kampf mit sich selber aus. Als er dann nicht länger ausweichen konnte, begann er zu sprechen – die ganze Wahrheit. »Rasputin hat seine Spione überall; ihm wäre nichts lieber, als mich erpressen zu können. Da er das aber nicht kann, benutzt er dich, Katja, um mir zu schaden, indem er Haß und Mißtrauen sät. Zu unserer frommen Kaiserin sagt er: ›Die Gräfin Brusilow wird von ihrem Gewissen geplagt, weil sie sich schuldig gemacht hat. Sie verschließt ihre Tür, zündet Sabbatkerzen an und verflucht die guten Katholiken.‹ Er tobt: ›Der Samstag, und nicht der Sonntag, ist für die Jüdin der Tag Gottes.‹ Er berichtet der Zarin: ›Die schöne Jüdin trägt den Kopf höher als das gekrönte Haupt. Sie beherrscht den verräterischen Grafen, und durch ihn beherrscht sie den Zaren.‹ Er erinnert sie daran, daß die Mutter des Zaren dein Loblied singt. Er sagt: ›Alix, meine Kaiserin, mein Engel, meine Heilige, meine Göttin, sprich kein Wort gegen die Schwestern von Glasman, sonst wird der Zarewitsch entführt und ermordet, und wir finden seinen geliebten Leichnam – entblößt und beschnitten.‹ Und er verleumdet eure Ehemänner: ›Graf Brusilow ist reich – reicher noch als der Zar‹, sagt er. ›Boris Pirow ist ein Tatar mit unersättlicher Gier nach Macht; er ist stark – stärker noch als der Zar.‹«

Krank vor Abscheu hörten Ronja und Katja ihm zu. »Wenn Rasputin in ihrem mit Ikonen geschmückten Wohnzimmer bei ihr war, hat er die Gedanken der Zarin bewußt vergiftet«, fuhr Alexis fort. »Er sah, wenn ihr Atem schwerer ging und ihre Haut fleckig wurde. Dann änderte er seine Taktik. Sein Blick wurde sanft; seine Augen füllten sich mit einem unheimlichen, zwingenden Licht. Wenn es soweit war, legte er seine Bauernhände auf die bloße Haut der Kaiserin und begann sie zu streicheln. Die Zarin wehrte sich nicht, sondern murmelte nur: ›Überall, Rasputin! Laß keine Stelle meines Körper unberührt von deinen göttlichen Händen.‹

In der Ekstase der Vereinigung versprach sie dann: ›Der Zar, mein geliebter Mann, wird deine Feinde vernichten.‹ Und wenn er sie in den Schlaf wiegte: ›Herr, nur dir gehöre ich.‹«

»Woher weißt du das alles, Alexis?« Ronja schauderte.

»Eine ehemalige Zofe der Zarin wurde vorübergehend ein Opfer von Rasputins Verderbtheit, und er zerstörte damit ihr Leben. Er hüllte sie in seine langen, schwarzen Gewänder, hängte ihr sein Kreuz um den Hals und entehrte sie dann auf das Schimpflichste. Nach diesen fürchterlichen Erlebnissen versucht sie jetzt Buße zu tun, indem sie uns hilft. Monatelang haben wir Freunde des Zaren und Feinde Rasputins die Hoffnung gehegt, Nikolaus die Augen öffnen zu können, damit er Rasputin verhaften läßt.« Er schüttelte den Kopf. »Der Ausbruch dieses Krieges macht unsere Hoffnungen zunichte.«

»Und warum muß Katja St. Petersburg verlassen?«

Alexis senkte den Kopf. »Zuerst müssen wir Sieg und Frieden erringen. Dann können wir Rasputin und, so Gott will, auch die Zarin vernichten.«

»Ist Boris bei deinem Komplott gegen die Kaiserin und Rasputin dein Verbündeter?« fragte Ronja.

Er lächelte und zuckte die Achsel. »Du kennst doch Boris! Er sagt: ›Bringt den Hund um, und wenn es nicht anders geht, die Deutsche auch. Damit erweist ihr dem Zaren den besten Dienst.‹ Aber es liegt mir nun einmal nicht, einen Mord zu begünstigen.«

Alexis sah auf die Uhr. »Die Nacht hat nur noch wenige ruhige Stunden. Ich schlage vor, daß wir sie dazu benutzen, uns zu erholen und ein bißchen zu schlafen.«

Der Tag, der für die Brusilows und Ronja erst lange nach der Mittagsstunde begann, war stürmisch, und kein Wort kam von Boris, das die bedrückte Stimmung der Familie gehoben hätte. Rastlos saßen oder wanderten sie im Haus umher, unfähig, sich auf ein Buch oder Korrespondenz zu konzentrieren. Auszugehen wagten sie nicht, da ja in ihrer Abwesenheit eine Nachricht eintreffen konnte, und so versuchten sie in langen Gesprächen zu ergründen, warum Boris nichts von sich hören ließ.

»Er weiß«, erklärte Alexis zum zehntenmal, »daß *wir* wissen, daß er sofort kommen wird, wenn er es hört, und darum hält er es für unnötig, erst noch zu telegraphieren.«

Ronjas Miene hellte sich auf. »Aber natürlich! Das wird es sein.«

Katja jedoch war nicht überzeugt. »Ich finde es immer noch sonderbar, daß wir nichts von ihm hören.«

In diesem Augenblick klingelte es an der Haustür. Alexis rief: »Ah, da kommt bestimmt eine Nachricht!«

Doch auf den Besuch, der nun gemeldet wurde, waren sie ganz und gar nicht gefaßt. Es war ein Leutnant, ein Lehrer von Georgis Akademie. Er war bestürzt, als er auch Georgis Mutter vorfand, aber ihm blieb keine Wahl – er mußte seine Hiobsbotschaft überbringen. Er entledigte sich seiner Aufgabe ungeschickt und verlegen.

Georgi war verschwunden. Eine Durchsuchung seines Quartiers, des Schulgebäudes und der Ställe ließ darauf schließen, daß er ausgerissen war, und kein einziger seiner Lehrer und Schulkameraden hatte eine Ahnung, wo man ihn suchen könnte.

Der Leutnant, nervös und voll Angst, Madame Pirow könne in einen Anfall von Hysterie ausbrechen, war überrascht und erfreut, als er sah, daß sie höchstens belustigt zu sein schien.

»Ich denke, wir stehen hier vor keinem sehr großen Rätsel«, sagte Ronja. »Haben Sie eine Liste der Rekrutierungsbüros in dieser Gegend?«

Der Leutnant nickte, und Alexis sagte: »Wenn Sie bitte warten wollen? Ich werde gleich meinen Wagen vorfahren lassen, und dann können wir ihn gemeinsam suchen.«

»Ich halte es eigentlich für besser, wenn ich hierbleibe – für den Fall, daß er in Schwierigkeiten steckt und Hilfe braucht«, bot Katja an.

Als sie im Wagen saßen, fragte Ronja den Offizier, ob er eine Kavallerietruppe wisse, die fertig ausgebildet und bereit zum Transport an die mandschurische Front sei. Als er bejahte, befahl Alexis dem Kutscher, sie zur Kaserne dieser Einheit zu fahren. Knapp zwei Stunden später saßen sie einem Kavalleriewachtmeister gegenüber, der sich erinnern konnte, einen großen, blonden und außerordentlich hübschen Kosakenjungen gesehen zu haben.

»Hat sich der Junge freiwillig gemeldet?« fragte Ronja den Rittmeister, der auch herbeigerufen worden war.

Der Offizier nickte.

»Würden Sie uns genau erzählen, was sich abgespielt hat?« bat Alexis. »Sie müssen doch geahnt haben, daß er noch nicht volljährig ist.«

»Nun ja«, erwiderte der Rittmeister, »geahnt habe ich es schon. Aber dann sprang er auf eins unserer Pferde, rief lachend: ›Jetzt paßt mal auf!‹ und begann zu reiten. Dieser Kosakenbengel hat uns eine Vorstellung gegeben, daß uns die Augen übergingen. Er hat unglaubliche Tricks vorgeführt – einfach unglaublich! Und draußen auf dem Schießstand war er ebenso unglaublich mit dem Gewehr. Ich schickte nach unserem befehlshabenden Offizier, und nachdem der Bengel seinen Sack voll Tricks zum zweitenmal ausgeleert hatte, sagte der zu ihm: ›Du mußt ein zweiter Boris Pirow sein, mein Junge‹, und befahl dann mir, ihn augenblicklich einzustellen.«

»Das ist unser Georgi!« Alexis strahlte.

Der Rittmeister lehnte sich in seinen Stuhl zurück. »Ich weiß nicht recht, Graf Brusilow. Der Kosak entspricht zwar Ihrer Beschreibung des verschwundenen Kadetten, aber er kann sich kaum auf russisch verständigen, so ungebildet ist er. Was er sagte, war zwar sehr bildhaft, aber ausgesprochener Kosakendialekt. Nicht einmal schreiben kann er; er mußte statt seines Namens, Peter Sedorow, ein Kreuz unter das Dokument setzen.«

Die Rekrutierungspapiere wurden geholt und ergaben weitere Anhaltspunkte: Alter – 21; Geburtsort – unbekannt –; Familienstand – Waise, keine Verwandten, unverheiratet; Beruf – Zirkusreiter, zur Zeit arbeitslos.

Ronja und Alexis lachten; die Offiziere hingegen nicht. Der Rittmeister drückte seine Zigarette aus, klingelte und sagte zu dem Wachtmeister, der sich meldete: »Bringen Sie Kavallerist Peter Sedorow her!«

Der junge Mann, der wenige Minuten später in das Büro geschlakst kam, salutierte mit der Schwerfälligkeit und Ungeschicklichkeit eines Zivilisten. Selbst seiner Haltung fehlte die militätische Straffheit, als sei er in der Armee noch vollkommen fremd. Sein Blick ließ nicht erraten, ob er außer dem Rittmeister, den er mit schüchternem Lächeln begrüßte, noch jemand erkannte.

»Soldat Sedorow, kennen Sie diese Leute?« Der Rittmeister zeigte auf Ronja, Alexis und den Offizier der Akademie.

Mit einem eindrucksvollen Mangel an Interesse antwortete der Rekrut: »Nein, Herr Rittmeister.«

»Denken Sie nach, bevor Sie antworten, Mann! Haben Sie jemals von einem Georgi von Glasman-Pirow gehört?«

»Weiß nischt von keinem Pirow«, erklärte der Bursche. »Aber das mit dem Georgi ... Vor 'n paar Wochen, da reit ich so daher, da seh ich Zigeunerwagen. Und alle schreien: ›He, Georgi!‹ Ich kenn den Namen nich, darum dreh ich mich auch nich um. Da laufen die hinter mir her und rufen: ›He, Georgi, warte doch!‹ Nie mehr gehört seitdem, diesen Namen. Bis jetzt.«

»Was meinen Sie?« wandte sich der Rittmeister an den Leutnant.

Zu Ronjas und Alexis' Erstaunen sagte der Leutnant unsicher: »Die Stimme verwirrt mich. Was alles andere betrifft, da würde ich schwören, daß es sich um Kadett Pirow handelt. Aber ...«

Der Rittmeister steckte sich eine Zigarette an. Er machte ein unglückliches Gesicht. »Sind Sie sicher, Rekrut Sedorow, daß Sie diese Leute hier noch nie gesehen haben?«

Der Junge starrte einem nach dem anderen ins Gesicht. »Jawohl, Herr Rittmeister, ganz sicher.«

»Und Sie, Madame Pirow, und Sie, Graf Brusilow, erkennen Sie in diesem jungen Mann Georgi von Glasman-Pirow?«

»Selbstverständlich«, sagte Ronja. »Gewiß«, bestätigte Alexis.

Der Rittmeister sah aus dem Fenster, schüttelte den Kopf und wandte dann seine Aufmerksamkeit wieder den Gästen zu. »Ich sehe keine Möglichkeit, den Rekruten in Ihre Obhut zu entlassen. Es ist meine Pflicht, die Angelegenheit meinem Vorgesetzten zu melden, der, wie ich annehme, eine gründliche Untersuchung anordnen wird. Falls wir nicht vorher von hier verlegt werden, müßten wir die Antwort in wenigen Tagen erhalten. Ich bedaure sehr, Madame, daß Ihr Sohn verschwunden ist.«

Wären die Worte ›falls wir nicht vorher von hier verlegt werden‹ nicht gewesen, so hätte Ronja es Boris überlassen, sich seines Sohnes anzunehmen. So aber schalt sie: »Hör auf mit diesem Theater, Georgi! Kaum fünfzehn Jahre, und schon Soldat werden wollen! Hast du denn überhaupt eine Ahnung, was das heißt? Und meinst du nicht, daß Igor genug um die Ohren hat? Meinst du, er braucht auch noch dich, um bei dir Kindermädchen spielen zu dürfen?«

Der Freiwillige drehte die Augen zur Decke. »Sie machen ja ganz schönen Lärm, Frau«, sagte er.

Alexis entschied: »Fassen Sie Ihren Bericht ab, Rittmeister. Inzwischen werde ich zur Admiralität gehen und eine Order beschaffen, die mir gestattet, meinen Neffen mitzunehmen. Er hat also schätzungsweise zwei Stunden, um sich umzuziehen und fertigzumachen. Ich danke Ihnen für Ihre Freundlichkeit, und guten Tag.«

Der Gegenstand der Auseinandersetzung faßte seinen Vorgesetzten ins Auge und fragte: »Kann ich abtreten, Herr Rittmeister?«

»Nur nicht so rasch, mein junger Kosak«, mischte sich Ronja ein. Kurz entschlossen ging sie hinaus, und als sie nach einer Minute wieder zurückkam, hielt sie die Pferdepeitsche des Kutschers in der Hand. Während alle gespannt zusahen, legte sie ihren Pelzmantel ab und warf ihn auf einen Stuhl. Dann begann sie den jungen Mann zu umkreisen. Nachdem sie die richtige Entfernung abgeschätzt hatte, stellte sie sich in Positur. Alexis und die Offiziere begaben sich vorsichtig aus ihrer Reichweite.

Ronja schlug den Jungen nicht mit der Peitsche, sondern trieb ihn zu einer Reihe von geradezu akrobatischen Sprüngen, hohen und niedrigen, prachtvoll und schnell. Während er hüpfte, legte er flehend die Hände zusammen. Alexis lud auch die sechs Mann, die sich vorn in der Schreibstube befanden, ein, an der Vorstellung teilzunehmen. Inzwischen aber hatte Georgi seine Rolle als Peter Sedorow aufgegeben und widmete sich diesem Spiel mit Hingabe und Begeisterung. Er zwinkerte seiner Mutter zu und tanzte nach ihrer Peitsche. Sie lachte ihn an und schlug – klack, klack – den Takt dazu.

Als Ronja schließlich sagte: »Genug«, brüllten alle vor Lachen, klatschten in die Hände und stampften mit den Füßen. Die Soldaten verlangten nach mehr, und als Zugabe ließ Ronja ihre Peitsche viermal in die vier Ecken des Zimmers knallen, und jedesmal, wenn Georgi sich weiterdrehte, pfiff die Schnur haarscharf an seinen Augenbrauen vorbei.

Welch ein Paar! dachte der Rittmeister und applaudierte heftig. Von seinem Schreibtisch nahm er die Papiere des Rekruten Peter Sedorow, riß sie mitten durch und warf die Fetzen in seinen Abfallkorb.

»Ist das alles, Herr Rittmeister?« erkundigte sich der Leutnant von der Akademie eilig.

»Ja, das ist alles«, erwiderte der Rittmeister. »Einen Rekruten namens Georgi von Glasman-Pirow hat es niemals gegeben.«

»Jawohl, Herr Rittmeister. Danke, Herr Rittmeister. Wir sind Herrn Rittmeister sehr verbunden.«

»Darf ich mich diesem Dank anschließen, Rittmeister?« sagte Ronja.

Lächelnd antwortete er: »Ich hätte diesen Zirkus um nichts in der Welt versäumen mögen. Ich bin es, der Ihnen danken muß, Madame Pirow.« Er sah Georgi an. »Tut mir leid, Sie zu verlieren, Kadett.«

»Ich werde mich bemühen, die Akademie möglichst schnell hinter mich zu bringen, Herr Rittmeister«, sagte Georgi grinsend. »Anschließend werde ich mich sofort bei Ihnen melden.«

Am zweiten Kriegstag verließ Alexis das Haus schon sehr früh und kam erst spät abends heim. Der Zar, so erzählte er Katja und Ronja, sei ganz ›gelähmt‹ vor Angst. Er klammerte sich an die Erinnerung, daß ihm der deutsche Kaiser ein großes asiatisches Imperium versprochen und ihn den Admiral des Pazifik genannt habe. Und nun sei er überzeugt, daß sein Vetter George von England die Erfüllung dieses Traumes verhindern wolle. Die Zarin, sagte Alexis, erhöhe seine Verwirrung noch, indem sie dem armen Teufel empfohlen habe, sich nur auf Rasputin zu verlassen und alle Juden zu bestrafen. Dessen war er ganz sicher. Und ebenfalls wußte er, daß sie vorgeschlagen hatte, die Bauern, die immer noch nach mehr Brot schrien, in den Krieg zu schicken. Das werde ihre jämmerlichen Seelen in Angst versetzen und ihnen Respekt beibringen.

»Der Hof ist ein wahres Wespennest. Noch nie hat man eine so wütende Erregung erlebt. Man will die Juden umbringen, die Presse zensieren und Sergius Witte aufhängen.«

Alexis seufzte. »Armer, naiver Nikolaus! Heute bei der Audienz trug er eine weiße Hose, ein blaues Marinejackett und seine Jachtmütze. Als ich ihn mit ›Herr Admiral‹ titulierte, strahlte er.«

Katja wollte wissen, ob er sich Alexis' Vorschläge angehört und ihnen zugestimmt habe.

»Einen Punkt habe ich gewonnen, einen verloren.« Er zuckte die Achseln. »Logische Beweisführung macht ihn verdrießlich. Das einzige, was bei ihm überhaupt noch wirkt, ist Geduld.«

»Herrlich!« höhnte Ronja. »Ich kann es kaum erwarten, daß Boris kommt und uns aus dieser verdammten Stadt herausholt.«

Er kam, aber erst, nachdem Ronja Stunden an einem der vorderen Fenster gesessen und jede Kutsche, jeden Schlitten beobachtet hatte, die auf dem eisglatten Schnee vorüberjagten, während ihre Sorge um Igor ständig wuchs. Boris hatte so lange gebraucht, weil er zuerst zu Julie gefahren war, um sie zu beruhigen. »Igor ist zum Kämpfen geboren. Wir werden siegen. Warte nur ab.« Sie glaubte ihm aufs Wort. Anschließend hatte er Sara aus ihrem Dorf geholt, damit sie bei Julie bleibe, und dem Blonden befohlen, die beiden mit seinem Leben zu beschützen.

Als Ronja ihren Mann endlich sah, saß er im ersten von zwei Gefährten, die speziell für vereiste Straßen gebaut waren, und die von bis an die Zähne bewaffneten Kosaken gelenkt wurden. Humpelnd kam er ins Haus, wo sie ihm den Stiefel von dem geschwollenen Fuß herunterschneiden mußten. Während er das kranke Bein badete, kam Ronja auf das Thema zurück, das ihr so sehr am Herzen lag. »Warum weigert ihr euch denn alle, der Zukunft ins Auge zu sehen?« fragte sie ihre Familie. »Der Hof ist unentschlossen und habgierig. Die Armee will an die Macht. Die Kirche will Gold. Die Geheimpolizei ist korrupt. Die Bauern wollen Brot, und wir alle wollen das Holz und die Bodenschätze der Mandschurei. Aber niemand, nicht ein einziger, will kämpfen. Laßt uns gehen, bevor es zu spät ist!«

Boris tat ihre Meinung geringschätzig ab. »Die Ukraine«, erklärte er ihr, »ist ein Fels. Wir lassen uns nicht von einem Kiesel zerschmettern.«

Alexis erinnerte Boris daran, daß ganz Rußland eine geeinte Nation war und daß die Ukraine keine separate Flagge besaß.

Katja, dicht vor dem Zusammenbruch, wandte sich an Ronja. »Du bist eine viel typischere Zigeunerin als Tamara. Selbst als Kind hatte es keinen Zweck, deine Tür doppelt und dreifach zu verschließen – du kamst doch hinaus. Ich will dir sagen, was du mit deiner unheilbaren Rastlosigkeit anfangen solltest: Es dauert nur eine Woche, den Ozean zu überqueren. Geh hin und sieh dich drüben um. Mach dir ein Bild von den Indianern. Mach Schlagzeilen. Diesmal kannst du sogar internationales Aufsehen erregen. Aber tu mir den einzigen Gefallen und erspare uns dein ewiges Lied: ›Mein Herz sagt mir, daß ich nach Amerika fahren soll.‹ «

Angesichts von Katjas Schelte und dem harten Tatarenblick in Boris' Augen holte Ronja tief Luft, ergriff Boris' Hand und sagte liebevoll zu ihrer Schwester: »Katja, mein Herz und mein Kopf streben in zwei verschiedene Richtungen. Habt Geduld mit mir, bis ich Nachricht aus der Mandschurei bekommen habe.« Katja wurde von Schluchzen geschüttelt und warf sich in Ronjas Arme.

Beim Abschied gab es abermals Tränen – furchtbare, stumme Tränen. Nachdem Alexis seine Frau zum Abschied noch einmal geküßt hatte, wandte er sich um und kehrte ins Haus zurück, während Boris seine weinende Schwägerin in die Arme nahm, bis das qualvolle, krampfhafte Schluchzen nachließ.

Er zog sie liebevoll an sich, drückte Ronja einen Kuß auf die Nase und rief: »Und jetzt –auf, nach Hause!« Damit sprang er aus dem Wagen, erklomm den Kutschersitz und nahm die Zügel. Hoch oben warf er den goldblonden Kopf mit dem lachenden Gesicht in den Nacken. »Nach Hause!« rief er den Pferden zu. »Irgendein Dummkopf hat einen Krieg begonnen. Wir haben einen schweren Weg vor uns.«

22

Igor erfuhr von dem Überfall auf Port Arthur, und unmittelbar darauf liefen Berichte und Befehle bei ihm ein, allesamt so hysterisch, so widersprüchlich und verwirrend, daß er sie wütend zerknüllte und versuchte, sich auf eigene Faust ein Bild von der Lage zu machen. Tausende von Meilen trennten die Garnison vom Oberkommando, wo offenbar alles drunter und drüber ging. Es blieb ihm überlassen, Entscheidungen zu treffen, und mit der Zeit begann er den Krieg als eine private Auseinandersetzung zwischen ihm selber und dem Volk, das er die ›Japse‹ nannte, zu betrachten.

Es würde ein einsamer Krieg werden, das war ihm klar – ein Krieg, in dem seine Männer einsam töteten und einsam getötet wurden, ganz ohne Verbindung mit der russischen Hauptarmee. Und es würde ein Krieg werden, der ihn teuer zu stehen kam, eine Voraussage, die sich als zutreffend erwies. Die Japaner waren nicht der einzige Feind, mit dem sich Igors Männer herumschlagen mußten: Die von Maden wimmelnden, faulenden Lebensmittel machten sie krank, und als sie keine Munition mehr hatten, mußten sie mit Messern gegen Kanonen kämpfen. Das feindliche Feuer, mehrere Selbstmorde, entsetzliche Erfrierungen – das alles schwächte seine kleine Armee, und außerdem mangelte es Igor praktisch an allem, was die Kampfkraft seiner Truppe aufrechterhalten konnte. Bitterer jedoch als alles andere traf ihn die vollkommene Indifferenz, mit der das Oberkommando auf seinen Bericht über die Lage und die Bedürfnisse seiner Einheit reagierte.

Eines Nachts, während einiger ruhiger Stunden, erwachte Igor schweißnaß vor Wut. Er richtete sich auf, schwang die Füße aus dem Bett auf den kalten, nackten Boden, drehte sich eine Zigarette und machte Bestandsaufnahme. Mangel an allem, wohin er auch sah. Die Männer so sehr entmutigt, daß sie nicht mehr lange durchhalten konnten. Und was hatte er auf der Aktivseite seines Kontos zu verbuchen? Nur einen Posten: Er war vertraut mit dem Terrain.

In diesem kältesten aller mandschurischen Winter, der sogar noch härter war als der vorhergehende, ohne warme Kleidung, ohne Munition, Medikamente und Wodka, hatte er keine Wahl: Er mußte seine Taktik ändern und sich in die Berge zurückziehen. Ein Straßenkampf würde zu viele Menschenleben kosten. Als Guerilla jedoch konnte er überraschend und hart zuschlagen und wieder in seinem Schlupfwinkel verschwinden. Nur – auch für eine derartige Operation brauchte man Nachschub. Igor hätte ihn vielleicht haben können, ohne zu rauben und zu plündern. Doch offen gestanden wollte er das gar nicht.

Denn in dieser ganzen ekelhaften Angelegenheit fand er niemand verabscheuungswürdiger als die Kriegsgewinnler, die mit dem Feind Geschäfte machten, und so schickte er seine Männer dreimal auf Beutezüge aus. Einmal ging er auch selber – allein, und klopfte an Huangs großes Tor.

»Leeren Sie die Taschen der Kriegsgewinnler«, forderte er mit barscher, heiserer Stimme, kaum daß er eingelassen worden war. »Ich brauche Gold.«

Und Huang, dem bei Igors Anblick vor Kummer und Leid das Herz brechen wollte, verschaffte ihm Gold. Mit diesem Gold kaufte sich Igor eine Armee; er zahlte gut für die Söhne armer, hungriger Chinesen, und davon gab es hier viele. Diese Bauernjungen sahen aus, als seien sie hart und zäh; daß sie es tatsächlich waren, bewiesen sie, als es hieß, Igors Befehle auszuführen.

Lebensmittel waren noch immer verzweifelt knapp. »Stehlt«, sagte Igor, und sie stahlen. Sogar Pferde. Und Farbe. Wie Gespenster bewegten sich seine Männer über den Schnee – ihre gesamte Ausrüstung, die Sättel und sogar die Kleidung hatten sie weiß übermalt.

Sie wollten Frauen, doch Igor sagte nein. Und so ergrimmt sie auch darüber waren, keiner von ihnen war so verwegen, sich seinem Befehl zu widersetzen.

Abermals ging er zu Huang und bat um die Dinge, die er brauchte, ehe er ihn noch richtig begrüßt hatte. »Ich brauche Waffen, Munition, scharfe Säbel für lautlose Überfälle, Lederzelte, sibirische Winterkleidung, Schneestiefel, Schlitten ...« Und Huang mußte an eine andere Stimme denken, die einmal gesagt hatte: »Ich brauche frische Lebensmittel, sauberes Wasser, Medikamente, Hilfskräfte, Gummischläuche und weißen Marmor ...«

Um Ronjas willen erfüllte er Igors Wünsche; dann sagte er: »Ich freue mich, daß Sie zu mir gekommen sind, Igor. Ich hatte mir vorgenommen, Sie aufzusuchen. Ich möchte Sie um etwas bitten.«

Ohne zu zögern, sagte Igor: »Alles, was Sie nur wollen, Vater Huang.«

»Lassen Sie ab von diesem Krieg.«

Ungeduldig erwiderte Igor: »Ich brauche ein Bad und frische Kleider. Für Scherze bin ich zu müde.«

Huang wußte, daß es keinen Sinn hatte, aber er blieb hartnäckig. »In diesem Krieg kann man keine Lorbeeren gewinnen. Der Zar ist es nicht wert, daß Sie Ihr Leben für ihn opfern, und aus dem Tod gibt es keine Wiederkehr. Erlauben Sie mir, daß ich Sie aus der Mandschurei in die Vereinigten Staaten schicke. Ich habe Sie zu meinem Erben eingesetzt. Nehmen Sie Ihre Erbschaft schon jetzt, und Ihre Mutter wird Julie zu Ihnen bringen.«

Igor zog einen Stuhl herbei und setzte sich. »Darf ich meine Verwundeten hierher bringen?« fragte er.

»Ja, Igor.« Huang lächelte resigniert. »Bitte, bleiben Sie über Nacht hier, mein Sohn.« Seine Stimme verriet Besorgnis.

»Das habe ich vor«, antwortete Igor. »Ich muß meine Einkäufe erledigen, und ich möchte zur Hand sein, wenn alles aufgeladen wird.«

Zwei Nächte später verließ Igor zu Pferde und an der Spitze einer Wagenkarawane Huangs Palast hinter der Mauer. In den Vorbergen hatte er einen Treffpunkt mit seinen Männern ausgemacht, zu dem er den Zug jetzt führte. Gegen Morgen fand die wiedervereinte Truppe einen Lagerplatz. Dank seines verblüffenden Instinkts hatte Igor, der niemals zuvor hier oben gewesen war, einen idealen Schlupfwinkel entdeckt: eine natürliche Festung mitten zwischen den schroffen Felsen. Hier konnte der Rauch von den Kochfeuern emporsteigen, ohne gesehen zu werden. Eilig schlugen sie das Biwak auf, dann aßen sie und schliefen den ganzen folgenden Tag hindurch. Ihre Aktionszeit war die Nacht.

Als das letzte Tageslicht am Himmel verblaßte, versammelten sich die Männer um Igor. Er bestimmte die Route, auf der sie zur Ebene hinabsteigen sollten. Sie teilten sich in kleine Gruppen auf. Während reguläre Soldaten gewöhnlich zusammenarbeiten mußten, war hier jeder auf sich allein gestellt. Sie schwärmten aus und griffen an, lautlos und unsichtbar, gewandt wie Katzen und mit furchtbarer Tapferkeit.

Wochen hindurch gelangen den Männern jede Nacht lohnende Handstreiche, bei denen Glück und Überraschung auf ihrer Seite waren. Am 18. Mai plante Igor, in der Dunkelheit mit drei Kompanien, einer russischen und zwei chinesischen, ein Proviantmagazin zu überfallen und niederzubrennen. Es war beinahe eine Routineangelegenheit und verlief peinlich genau nach Plan. Igor jedoch befand sich in einer wilden Tatarenstimmung. Nur wenige Minuten zu Pferde entfernt lag ein Gebäude, das die Japaner liebten und er verabscheute – ein wenig dauerhafter, leichter Holzbau, der alle möglichen Annehmlichkeiten wie Festräume und ein Theater enthielt. Es war im eigentlichen Sinne kein militärisches Ziel, doch Igor wußte, daß die Zerstörung dieses Hauses für die Japaner wie ein Schlag sein würde, der sie tief treffen und in rasende Wut versetzen mußte. Außerdem hatten sie einen Preis auf seinen Kopf ausgesetzt, der ihm zwar keine Angst einjagte, der aber in ihm den unwiderstehlichen Wunsch erweckte, dem Feind einen Streich zu spielen.

Voll wilder Erregung saß er ab und führte seine Männer in gebückter Haltung bis an den Stacheldrahtzaun, der das Gebäude umgab. Als er die günstigste Stelle zum Hinüberklettern ausgekundschaftet hatte, befahl er Leo, dem Russen, zurückzuschleichen, die Pferde loszumachen und sie herzubringen, damit sie in Sekundenbruchteilen fliehen konnten. Leo bekreuzigte sich. »Aber nicht ich, Herr Hauptmann«, gab er flüsternd zurück. »Ich werde lieber da hinten auf Sie warten.« Leo deutete auf die Pferde. Die Chinesen, die ihre Gesichter geschwärzt hatten, verschmolzen mit der Dunkelheit.

Dann mußte er es eben allein ausführen. Mit einem Satz sprang er über den Zaun und lief, so schnell er konnte, aber vollkommen lautlos auf das Gebäude zu. Im Schutz des hervorstehenden Daches steckte er ein Bündel mit Kerosin getränkter Lumpen in Brand, das er zu diesem Zweck mitgebracht hatte, und warf es durch ein offenes Fenster. Kaum hatte er sich umgedreht, um sich in Sicherheit zu bringen, da stand schon das ganze papierleichte Bauwerk in Flammen. Aus der angrenzenden Kaserne kamen Männer gestolpert, die im Laufen ihre Gewehre hoben. Die meisten Schüsse gingen fehl, aber drei Kugeln schlugen in Igors linkes Bein und seine Hüfte.

In vollem Galopp sprengte Leo an den Stacheldrahtzaun heran; Igors Pferd hatte er neben sich am Zügel. Rasch hob er den Verwundeten über den Zaun und in den Sattel. Der Himmel wurde schon langsam hell.

»Mach, daß du wegkommst!« stöhnte Igor. »Ich schaffe es schon allein.«

Leo warf noch einen Blick auf die verfolgenden Japaner zurück, dann gab er seiner Mähre die Sporen und verschwand in den Bergen. Igor war allein; seine Kraft ließ nach, Blut strömte über das Sattelleder und an der Flanke des Pferdes herab. Das Tier roch das Blut und raste mit seinem halb bewußtlosen Reiter in wilder Flucht davon. Es lief nach Haus, in die Sicherheit, und Zuhause, das war für das Pferd der Stall des Palastes hinter der Mauer in Harbin.

Vor dem Tor hoben Huangs Diener Igor herunter, ohne darauf zu achten, daß sie sich Hände und Kleider mit Blut besudelten. Behutsam stützten sie ihn, als er zu schwanken begann und ohnmächtig wurde.

Zehn Stunden dauerte es, bis er aus dem Refugium der Bewußtlosigkeit wieder emportauchte und Huang mit seinem Arzt am Fußende seines Bettes stehen sah. »Wann kann ich zurück?« fragte Igor sofort.

Selbst in seinen Fieberphantasien schien Igor ganz und gar besessen von diesem Krieg, der doch inzwischen so teuer verloren worden war. »Schwein!« schrie er und fuhr aus den Kissen hoch. »Feigling! Verräter! Lump!« Alle diese Kraftausdrücke galten Anatol Stoessel, dem Kommandanten von Port Arthur, der am 2. Januar 1905 kapituliert hatte, obwohl er noch über zwei Millionen Schuß Munition verfügte. »Dieser Feigling!« schrie Igor, und der Arzt griff nach einer weiteren Schale Opiumsaft, während Huang schon den Löffel bereithielt, um dem Kranken die Arznei einzuflößen.

Unter der Einwirkung der Drogen heilten Igors Wunden, und mit der Genesung machte auch seine Rebellion Fortschritte. Am Abend des siebenten Tages warf er dem Arzt die Medikamente ins Gesicht und riß sich die Bandagen herunter. Da wußte Huang, daß es ihm wieder besserging. Trotz aller Vorhaltungen stieg Igor aus dem Bett und begann sein Bein zu trainieren. Huang ging hinaus, aber hinter sich verschloß er die Tür.

Beim Abendessen waren sie beide nach außen hin höflich, innerlich aber gespannt. Huang ließ seinen Gast nicht aus den Augen, dessen Blick verstohlen immer wieder zu der Uhr auf dem goldenen Wandhalter glitt. Beide wußten, daß Igor an diesem Abend noch bei seinen Männern sein wollte, so bald jedenfalls, wie es ihm unter Wahrung der nötigsten Höflichkeitsregeln möglich sein würde. Huang war ungewöhnlich still, und Igor spürte voll Nervosität, daß er wieder einmal Vorwürfe wegen seiner Handlungsweise zu hören bekommen werde. Sie tranken Tee, und dann erhob sich Huang und ging voraus in die Bibliothek, wo Kerzen brannten und Blumenduft die Luft erfüllte. »Setzen Sie sich«, bat er Igor.

Igors Unruhe wuchs und steigerte sich zu etwas viel Quälenderem. Huangs Stirn war nachdenklich gekraust, und Igor schoß der Gedanke durch den Kopf, daß er vielleicht schlechte Nachrichten aus Rußland bekommen hatte. Bei dieser Überlegung geriet er so bedrohlich in die Nähe einer Panik, daß er Huang nicht zu fragen wagte, was denn um Himmels willen geschehen sei.

Huang jedoch suchte verzweifelt nach einer Möglichkeit, Igor zu schonen, und es bedurfte all seiner Willenskraft, das auszusprechen, was, wie er wußte, gesagt werden mußte.

Vor lauter Sorge klang seine Stimme rauh. »Es ist alles vorbei, Igor. Rußland hat vor den Japanern kapituliert.«

Es war, als hinge ein Schwert zwischen ihnen.

»Verdammt noch mal, was wollen Sie damit sagen?« Igor hatte alle Höflichkeit fallenlassen.

Huang beugte sich vor. Betont langsam und nachdrücklich sprach er die furchtbare Nachricht aus. »Rußland hat aufgegeben. Nachgegeben. Es hat sich in aller Form aus dem Krieg zurückgezogen ... Ich bin aufs tiefste beschämt.«

In Wogen schwemmten Emotionen über Igors Gesicht: Ungläubigkeit, dann Wut und tiefste Demütigung. Der junge, der gesunde Igor begann am ganzen Leibe zu zittern.

»Weinen Sie nur«, sagte Huang. »Der Mensch wird mit Tränen in seiner Seele geboren.« Und mit einem Blick auf das weiße Gesicht Igors: »Denken Sie an Ihre Mutter. Denken Sie an Julie.«

Huang hatte Boris niemals gesehen, er ahnte nicht, wie Boris aussah, wenn er vor Wut raste. Und so verwandelte sich Igor vor seinen Augen auf einmal in einen Fremden, Unbekannten, in einen Tataren, der wahrer Wahnsinnstaten fähig war. Die Stimme, mit der er sprach, war eiskalt wie Stahl. »Ich will alles wissen. Was ist geschehen?«

»Der Drahtzieher war Deutschland. Frankreich hat bezahlt. Nikolaus II. hat zu beider Pfeife getanzt. Graf Brusilow, Ihr Onkel, hat ihn gewarnt; Sergius Witte hat ihn gewarnt; ich habe ihn gewarnt; die Vereinigten Staaten und Großbritannien haben ihn gewarnt. Aber euer Zar, dieser Tölpel, lebte ja nur seinen Illusionen. Sein kleiner Krieg mit Nippon war amüsant, eine herrliche Gelegenheit, ›Lord und Admiral des Pazifik‹ zu spielen. Wie ein beschränktes Kind sandte er die Ostseeflotte rund um die Welt, bemannt mit Landmatrosen und ohne Möglichkeit, Kohlen zu fassen. Sein hirnverbrannter Befehl lautete schlicht und einfach: ›Versenkt und zerstört die japanische Flotte im Gelben Meer.‹

Warum sollen wir uns mit den Einzelheiten dieser Entsetzensfahrt das Herz schwermachen? Wichtig ist nur das Ende. Admiral Togo schnitt dem Feind in der Tsushima-Straße den Weg ab. Es dauerte nicht mehr als eine knappe Stunde, bis er die Russen vernichtet hatte. Sie wurden regelrecht abgeschlachtet, obgleich es heißt, daß drei Schiffe davongekommen sind. Wie dem auch sei – der Krieg ist aus.«

Igor, der innerhalb der vergangenen Stunde zwar zum Mann geworden war, konnte sich immer noch nicht von seinem knabenhaften Privatkrieg freimachen. »Nein. Er ist nicht aus. Ich habe noch nicht kapituliert. Wir haben noch nicht einmal zu kämpfen *begonnen!*«

Igor war, wie Huang jetzt einsah, als Junge schon zum Siegen erzogen worden, darum war er auch jetzt so verzweifelt darüber, daß seine Seite verloren hatte. Aber er war ein tapferer und liebenswerter Junge, der ganz allein versuchte, die Ehre seines Landes zu retten.

Streng sagte er: »Von jetzt an verweigere ich Ihnen die Erlaubnis, chinesische Soldaten für Ihre Kämpfe einzusetzen. Ich werde Sie auch nicht mehr mit Material und Pferden versorgen, denn ich will nicht, daß ein Bandit aus Ihnen wird. Sie müssen die Niederlage Ihres Landes hinnehmen. Was Sie vorhaben, ist Landesverrat.«

Igor, der schon davon träumte, daß Boris und der Blonde sich an der Spitze einer Armee von Tataren und Kosaken – echten Soldaten! – mit ihm vereinten, war betroffen, als Huang so seine Hoffnungen zunichte machte.

»Wie können Sie es zulassen, daß die Japaner die Macht an sich reißen? Lieben Sie sie so sehr? Werden sie Ihren Rang und Ihre Würde ebenso respektieren wie wir? Wie können Sie von Freiheit reden und gleichzeitig dulden, daß Harbin in die Hand der Japaner fällt?«

Huang blieb würdevoll und vernünftig. »Das sind Entscheidungen, die Sie persönlich nicht betreffen, Igor. Die Geschichte lehrt, daß China schon immer seine Eroberer zugrunde gerichtet hat. Nippon wird die Mandschurei nicht sehr gastfreundlich finden.«

Sehnsüchtig blickte Igor zur Tür; es fiel ihm schwer, den Impuls zu unterdrücken, der ihn trieb, auf der Stelle zu seinen Männern zurückzukehren. Huang war der Klügere von ihnen beiden. Er sah nicht nur, er hatte vorausgesehen. »Jeder Versuch ist zwecklos, Igor. Sie sind mein Gefangener.«

Igor reagierte mit aufrichtiger Bewunderung. »Da soll mich doch gleich der Teufel holen! Ich dachte, nur Boris könnte mit derartigen Tricks arbeiten!«

Huang lächelte matt. »Ich habe von Ihnen und Ihrer Mutter gelernt.«

Stunden zuvor schon hatte er Boten in die Berge geschickt, die den Männern in Igors Namen Befehle brachten. Die Truppe sollte sich auflösen und nach Harbin reiten, wo sie ihren Sold ausbezahlt bekommen würde. Da von russischer Seite nichts für die Repatriierung der Soldaten getan worden war und da er wußte, wie sehr Igor das Wohl seiner Männer am Herzen lag, hatte er für freies Geleit durch die Mandschurei Sorge getragen. Dies alles begann er Igor jetzt zu erklären.

»Sie«, fuhr er dann fort, »sind nach St. Petersburg abkommandiert worden, wo Sie und Ihre Mutter einen Orden verliehen bekommen. Nikolaus wird Sie auf beide Wangen küssen, aber nicht, weil es sein Wunsch ist, sondern weil er jetzt Männer wie Witte, Stolypin und Ihren Onkel braucht, um die Friedensverhandlungen zu führen. Sie, mein lieber Sohn, sind zum Major befördert worden. Der Zar sitzt immer noch auf dem Thron. Gelber Senf und winzige Engelsaugen zeigen an, daß der Frühling gekommen ist, und nun habe ich noch eine Nachricht für Sie: Sie sollen hier warten, bis weitere Befehle für Sie kommen, Major. Möchten Sie nun als mein Gast hierbleiben, oder muß ich . . .«

»Ich ziehe es vor, Ihr Gefangener zu sein«, erklärte Igor mürrisch.

Huang akzeptierte seine Unhöflichkeit. »Innerhalb der Mauern können Sie sich frei bewegen. Aber versuchen Sie nicht, den Palast zu verlassen. Es wird Ihnen nicht gelingen.« Dann sagte er mit weicherer Stimme: »Es ist nicht mein Wunsch, Igor, es ist unsere Zeit, die mich zwingt, Sie zum Gefangenen zu machen.«

»Sagen Sie das meinen Leuten! Ich habe ihnen den Sieg versprochen, und sie haben mir geglaubt.«

Huang wünschte ihm eine gute Nacht und ging.

Am 13. Mai, als Huang und Igor noch beim Frühstück saßen, brachte ein Diener ein Telegramm für Major Igor Pirow. Er legte es neben Huangs Teller, und dieser reichte es Igor mit den Worten: »Wahrscheinlich ist dies das letzte Mal, daß wir zusammen essen.«

»Nein«, entgegnete Igor. »Ich komme wieder.«

An einem strahlenden Sommertag gegen Ende Juli sprang Igor in Kiew aus dem Zug und fand, bis auf seine Mutter, seine Tante und sein Mädchen, die ganze Pirow-Familie versammelt, um ihn daheim willkommen zu heißen. Julie, so sagte ihm Boris, sei zu Hause geblieben und Ronja habe sie ins Bett gesteckt, da sie von der Aufregung über seine Heimkehr vollkommen überdreht zu sein schien. Mutter und Tante zögen es vor, ihn allein, abseits der Menge, zu begrüßen. Das seltsame Empfangskomitee schloß sogar die Pirowschen Zigeuner mitsamt Tamara sowie eine Kavallerie-Eskorte ein. Igor selbst war in einem Zustand so großer Erregung, daß er sich an die Einzelheiten der Fahrt zum weißen Herrenhaus nicht mehr erinnern konnte. Doch von dem Augenblick an, da er das Zimmer betrat, in dem Julie lag, war ihm das kleinste Detail tief ins Gedächtnis geprägt. Er wagte es kaum zu glauben, daß dieses Elfchen, das er da sah, wirklich aus Fleisch und Blut bestand – so lange hatte er nur von ihr geträumt.

»Ich fühlte mich einfach gräßlich«, sagte da aber eine sehr menschliche kleine Stimme, und als er sie in die Arme schließen wollte, hielt sie ihn einen Augenblick von sich ab und musterte aufmerksam sein Gesicht. Es war etwas darin verändert, aber das bezaubernde Grübchen war noch da, und auch sein Lachen war noch so lieb wie früher. Vor Freude wurde Julie ganz rot.

Igor setzte sich zu ihr ans Bett und schlug die Decke zurück. Sie trug ein weißes Nachthemd, in dem sie ganz klein und verloren wirkte. Er nahm sie fest in die Arme und spürte, wie sie bebte. Und dann tat er etwas für ihn Erstaunliches: Er sprach sanft, liebevoll auf sie ein, bis Julies Angst verflogen war und sie ihm einen kleinen, glücklichen Kuß aufdrückte. Er wühlte Igor nicht auf, er verursachte ihm auch kein Herzklopfen, und er befriedigte ihn nicht, aber er war genau das, was Igor sich von Julie wünschte.

Er deckte sie wieder zu und machte es sich an ihrer Seite bequem. »Sing mir etwas vor, kleine Julie«, bat er, und als sie ihm den Wunsch erfüllte, da wußte er endlich, daß er wieder zu Hause war.

Die Tür ging auf, und Ronja kam herein. »Ich bin so einsam«, sagte sie und setzte sich zu ihnen.

»Gut, daß du kommst«, erklärte Igor. »Nun brauche ich nicht mehr nach unten zu gehen, um dir zu sagen, daß du alles für die Hochzeit vorbereiten sollst.«

Ronja lachte ihr schönes Lachen. »O Igor, das ist das erste vernünftige Wort, das ich seit deiner Ankunft von dir gehört habe!«

Beide wandten sich um und sahen Julie an. Sie holte tief und beseligt Atem. »Igor, wir wollen dieses Haus nie verlassen, ja? Nicht einmal für eine Hochzeitsreise.«

Die Hochzeit war beinahe überflüssig. In den vier Jahren, die sie unter dem Dach des Pirowschen Hauses gelebt hatte, war Julie zu einer echten Pirow geworden; den Namen Brodsky hatten die Bauern vergessen; sie sahen in ihr nur noch Ronjas Tochter und Boris' Liebling, und daher ihre eigene junge Herrin. Die Zigeuner hatten sie wegen ihrer Lieder ins Herz geschlossen und weil sie zu Igor gehörte. Die Dienstboten des Hauses verwöhnten sie wie ein Familienmitglied; Hochwürden Tromokow liebte sie wegen ihres ungewöhnlichen Liebreizes und ihres Wissensdurstes; Rabbi Lewinsky sorgte sich ein wenig, weil er fürchtete, sie könne vielleicht zuviel Bildung und zuwenig Religion bekommen. Die Eheschließung konnte also nichts mehr an Julies Stellung im Hause ändern; sie gab ihr nur noch das Recht, mit Igor zu schlafen.

Bei einer großen Hochzeit hätte man vor dem Problem gestanden, wie man Abraham und Rhea mit ihren Kindern, Sara, den Bäcker und Julies Freund, den Bauern, mit der Creme von Kiews guter Gesellschaft unter ein Dach bringen sollte. Außerdem war es unmöglich, in Gegenwart von Gästen, von denen einige zweifellos zu den Schwarzen Hundert gehörten, durch Rabbi Lewinsky eine jüdische Trauung vollziehen zu lassen. Denn bei den Schwarzen Hundert handelte es sich um jene unheimliche Organisation, die bei den Pogromen von Kischinjow und Odessa wahre Orgien der Vergewaltigung und des Mordens unterstützt und organisiert hatte.

Aber es gab auch noch einen anderen Grund – unausgesprochen zwar, aber dennoch bedrohlich real. An einem Sonntag, als Igor in der Mandschurei, ohne eine einzige Kugel zur Verfügung zu haben, gegen die Feinde des Zaren kämpfte, waren die Wachtposten des Winterpalais bis an die Zähne bewaffnet. Eine riesige Menschenmenge, angeführt von einem jungen Priester, zog mit Ikonen und Bildern des Zaren vor den Palast. Der Priester, Hochwürden Gapon, hielt eine Bittschrift an Väterchen Zar in der Hand, in der die Arbeiter um den Achtstundentag und einen Tagelohn von einem Rubel baten. »Wir sind hierhergekommen«, so hieß es da, »weil wir darin die letzte Rettung sehen.« Durch die breiten Prachtstraßen, die Peter der Große angelegt hatte, tönten die Klänge der Zarenhymne, gesungen von Arbeitern mit ihren Frauen und Kindern.

Die Soldaten beantworteten die Bittschrift mit Kugeln; sie schossen gezielt auf eine Entfernung von etwa drei Metern. Fünfhundert Menschen mußten an diesem Blutsonntag ihr Leben lassen, die alten stumm, die Kinder unter gräßlichen Schreien. Blut rann durch die schneebedeckten Straßen, und nichts konnte es stillen. Es floß bis nach Moskau, ein rubinrotes Band, und ließ die Flut der Revolution weiter ansteigen.

In diesen Zeiten der Unruhe war eine bescheidene Trauung zu Hause angezeigt.

Der Zar sandte Julie ein Geschenk. Er brauchte, wie Huang wußte, Witte, Stolypin und Brusilow – vor allem jetzt, da zu der Demütigung der Niederlage noch der Terror gekommen war. Er brauchte das Korn aus Ronjas Speichern, und Boris schuldete er Geld für Pferde. Mehr noch, er brauchte Boris, der erklärt hatte, daß Kleinrußland – die Ukraine – ihn, Nikolaus II., nicht brauche.

Rabbi Lewinsky seufzte, und Hochwürden Tromokow murmelte: »Lieber würde ich den Fluch eines Dämons annehmen.« Julie jedoch freute sich über das Geschenk. Sie freute sich über alle Geschenke, die sie bekam, und stellte das Foto der kaiserlichen Familie in seinem Silberrahmen direkt neben ihre silbernen Leuchter, obgleich Lewinsky heftig dagegen protestierte. »Der Zar«, sagte er, »ist mächtig, aber Gott ist mächtiger. Man kann kein Jude sein, ohne Jude zu sein, Julie.«

Julie erwiderte: »Igor kann es.«

Am 5. September 1905, in der Abenddämmerung, schritten der Blonde und Georgi feierlich von der Bibliothek durch die große Halle in den Salon hinüber. Hinter der Braut und ihrer Begleitung kam Tamara, mit stolz erhobenem Kopf und in einem grellbunten Kleid, das einen bizarren Kontrast zu den Pastellfarben der anderen Damen bildete. An ihrer Seite ging Katja, fast ebenso groß wie sie, doch unendlich viel aristokratischer. Graf Alexis Brusilow führte Sara, wahrhaft elegant in dem geblümten Chiffon, den Ronja extra für sie aus Paris bestellt und ihr geschenkt hatte. Hochwürden Tromokow bildete allein den Schluß.

Lydia, die das Brautkleid persönlich gebügelt und Julie beim Ankleiden geholfen hatte, erschien erst auf Ronjas Drängen und wurde ganz vorn zur Familie geführt, wo sie mit feuchten Augen und gleichzeitig voll Unruhe saß, weil sie nicht in der Küche sein konnte, wo ihr Hilfspersonal letzte Hand an das üppige Hochzeitsessen legte.

Mit leiser Stimme gaben sich Julie und Igor vor der kleinen Versammlung von Freunden und Verwandten das Eheversprechen. Dann hob er ihren Schleier und küßte sie.

Hand in Hand traten sie hinaus auf die breite Veranda, wo schweigend die Bauern und die Zigeuner warteten. Es war überhaupt ein Tag des Wartens gewesen, nicht nur für sie, sondern für ganz Rußland, ein düsterer Tag, an dem Nachrichten von Portsmouth/New Hampshire in den Vereinigten Staaten per Kabel mit einer Nachricht über den Meeresgrund rasten. Ein Kurier brachte Boris eine Botschaft: FRIEDENSVERTRAG UNTERZEICHNET.

Für nahezu die ganze Welt bedeuteten diese beiden Worte das Ende eines unsinnigen Krieges. Für Igor bedeuteten sie Qual, und in der Nacht vergaß er, mit seiner Julie sanft zu sein.

23

Die Hoffnung, daß das Leben im Hause der Pirows nach Julies und Igors Hochzeit ein wenig ruhiger verlaufen werde, erwies sich schon wenige Monate später als eitel. Eines Tages nahm Boris Ronja ohne vorherige Ankündigung mit in das Haus im Wald. Sein Gesicht war so verkrampft vor Elend, daß sie keine Fragen stellte, bis er die Tür hinter sich zugemacht hatte.

»Tamaras Nichte Olga bekommt ein Kind von Georgi«, sagte er dann mit erstickter Stimme.

»O du mein Gott!« Sie machte sich von ihm los. »Wieder ein Pirow-Bastard.«

Boris hätte sie gern getröstet, aber sie lief wütend ein paar Schritte davon. Mit bebenden Händen riß sie ein Päckchen Zigaretten auf, nahm eine heraus, setzte sie ungeschickt in Brand und rauchte so hastig, daß sie einen Hustenanfall bekam. Boris nahm ihr die Zigarette aus der Hand und warf sie in den Kamin.

»Beruhige dich, Liebes«, ermahnte er sie. Auch er selber war plötzlich viel gelassener.

Voll Bitterkeit äffte sie ihm nach: »Beruhige dich, Liebes!« Seit Jahren schon war sie nicht mehr so böse gewesen. »Bist du jetzt stolz auf Georgi? Er hat doch deinem Ruf alle Ehre gemacht! Hast du Olga zuliebe nach der Hochzeit für ihn Sonderurlaub erwirkt?«

Boris' Antwort bestand darin, daß er ins Badezimmer stapfte und beide Wannenhähne aufdrehte. »Zum Teufel noch mal, jetzt komm hierher und beruhige dich, oder ich werde dir zu spüren geben, wie meine Mitwirkung ausgesehen hat«, sagte er mit wütend funkelndem Blick. Ronjas Blick war nicht minder empört, und obendrein streckte sie ihm noch die Zunge heraus. Aber sie gehorchte.

Allein gelassen, grinste Boris über ihren kindlichen Trotz, zündete eine Lampe an und schenkte sich etwas zu trinken ein. Als sie, in einen warmen Morgenrock gehüllt, wieder erschien, war ihre Miene reumütig. Der Streit war vorüber.

Ronja machte es sich auf dem Sofa bequem, schauderte ein bißchen und sagte: »Es ist kalt hier.«

»Ich mache Feuer.« Sobald die Flammen an den Holzscheiten emporzüngelten, setzte sich Boris zu Ronja und legte das rechte Bein auf einen Fußschemel. Er wartete auf ihre Fragen, auf die er, das war ihm klar, antworten mußte.

»Woher weißt du das?« sagte sie schließlich.

»Von Tamara.«

Augenblicklich erwachte Ronjas Eifersucht. »Warum hat sie es mir nicht selber gesagt?«

»Wie konnte sie das, da du ja nicht mit ihr sprichst?«

Das stimmte, mußte Ronja zugeben. Seit Jahren bereitete es ihr eine merkwürdige Genugtuung, Tamara zwar in der Öffentlichkeit als Königin der Zigeuner anzuerkennen, sie als Mensch aber aus ihrem Privatleben auszuschließen.

»Welchen Preis verlangt sie?«

Boris machte keinen Versuch, diesem kritischen Punkt auszuweichen. »Sie will, daß Georgi Alexis' Adelstitel erbt.«

»Verdammt noch mal!« Welch eine Frau! dachte Ronja mit widerwilliger Bewunderung. Genau wie Katja begriff auch die Zigeunerin, wie wichtig es war, in der Umgebung des Throns einen Freund zu haben. Ronja hatte das Gefühl, in der Falle zu sitzen. »Und was verlangt der kleine Fratz?«

»Sie will Königin werden.«

Das war zuviel für Ronja. »Gewiß hat Tamara ihr das als Belohnung versprochen, wenn sie Georgi verführt«, sagte sie giftig.

Boris brach in lautes Lachen aus. »Wenn es dich glücklich macht, zu glauben, daß Georgi verführt werden mußte, dann . . .«

Mit vorwurfsvoll hochgezogenen Brauen sagte Ronja: »Und du glaubst nicht, daß es so war?«

»Zum Donnerwetter, natürlich nicht!«

»Vielleicht irre ich mich«, sagte Ronja, »aber eines weiß ich bestimmt: Tamara hätte die Affäre beenden können, bevor etwas Ernsthaftes daraus wurde.«

Boris zuckte die Achseln. »Möglich.«

Auf einmal merkte Ronja, daß Boris todmüde war und daß er

sich nur mit Mühe bewegte. Anscheinend bereitete ihm sein Bein starke Schmerzen. »Ich weiß nicht recht, Boris«, sagte sie, »aber ich glaube, daß ich Tamara die Schuld zu geben versuche, weil alles so widersprüchlich und verwirrend ist.« Sie legte den Kopf an seine Schulter.

»Fehlt dir etwas, Ronja?« erkundigte er sich besorgt.

Sie schmiegte sich enger an ihn. »Nein ... Vater sagte immer, daß auch unter dem hochstehenden Menschen, dem Menschen von bester Abstammung, der kleine Mensch steckt, der böse ist. Unter meinem mutigen Ich steckt ein Ich, das große Angst hat. Aber ich muß alles wissen, von Anfang an.«

Er streichelte ihr das Haar und erzählte ihr dabei von den Ereignissen seiner Reise nach St. Petersburg, die er in der Woche zuvor unternommen hatte. Er war auf Drängen von Alexis gefahren, der glaubte, sein Komitee habe vielleicht einen Trumpf in der Hand, mit dem es den Zaren zwingen könne, Stolypin statt erst im kommenden Juli sofort zum Innenminister zu ernennen. Unglücklicherweise gab es innerhalb des Komitees Meinungsverschiedenheiten, darum konnte Boris seinem Schwager keinen anderen Rat geben als den, alle Aktionen vorerst aufzuschieben.

Alexis, der ihn vom Bahnhof abholte, sagte: »Unser Georgi ist ein recht unsicherer Demokrat. An einem Tag reitet er mit der Kavallerie, um den Mob niederzuhalten, am nächsten zerstört er Regierungseigentum.«

Sie waren geradewegs zur Akademie gefahren, wo Boris eine Unterredung mit dem Kommandanten und eine zweite mit Georgi selbst hatte. Anschließend versprach Boris dem Vorgesetzten seines Sohnes, daß der Junge von nun an ein vorbildliches Betragen an den Tag legen werde.

Am selben Abend nahm Alexis seinen Schwager vor dem Essen mit hinauf in das Zimmer, das Georgi benutzte, wenn er bei ihnen war. Dort standen auf Postamenten fünf Baumodelle, zwei von Kirchen, eines von einem Stadthaus und zwei von Landhäusern, sorgfältig und liebevoll zusammengesetzt aus Holzstückchen und farbigen Steinen. Boris stieß einen Pfiff aus. Sie waren großartig! Da er selber ebenfalls fast ein Zimmermann war, entdeckte er in ihnen nicht nur technisches Können, sondern sogar einen Anflug von Genie.

»Wie schön!« seufzte Ronja. »Unser leichtsinniger Sohn hat also noch andere Begabungen als nur die, nach Schürzen zu jagen, Wagen zu lenken und auf dem Pferderücken Kopfstand zu machen.«

»Nun«, fuhr Boris mit seinem Bericht fort, »mir wurde auf einmal klar, wie Georgis Zukunft aussehen könnte; ich überlegte, daß er seine militärische Ausbildung abbrechen und Architektur studieren sollte. Als du aus der Mandschurei zurückkamst, erzählte Alexis mir, daß er und Huang angefangen hatten, miteinander zu korrespondieren, und aus diesen Briefen hat sich eine Freundschaft entwickelt. Huang schlug Alexis vor, Georgi in die Vereinigten Staaten zu schicken – nicht nach Harvard, sondern auf ein kleineres College in Kalifornien, das Stanford heißt, damit er dort seinen Neigungen nachgehen könne. Am liebsten hätte ich sofort nein gesagt, aber ich bin mir nicht so ganz sicher.«

Boris war noch einmal zur Akademie geritten und hatte sich ein zweites Mal mit seinem Sohn unterhalten. Als er ihn fragte: »Möchtest du Architekt werden?« hatte Georgi erwidert: »Ja, Vater. Aber noch nicht. Zuerst will ich die nationale Meisterschaft gewinnen. Ehe ich studiere, möchte ich die Akademie abschließen und mein Offizierspatent erwerben.« Boris war sehr stolz über diesen Entschluß gewesen und hatte Georgi zum Essen eingeladen.

»Warum hast du mir das alles nicht schon längst erzählt, Boris?« fragte Ronja.

»Er hatte mir das Versprechen abgenommen, dir nichts zu sagen. Er kennt dich und deine Neigung, über alles bestimmen zu wollen.«

»Und können Tamaras Forderungen Georgis Traum von der nationalen Meisterschaft zerstören?«

»Komm, laß uns essen«, lautete seine Antwort.

»Hast du Hunger?«

»Nein, aber du.«

Bei Tisch berichtete Boris von seiner Zusammenkunft mit Tamara. Das Ergebnis war gewesen, daß sie ihm einen Handel vorschlug. Wenn die Pirows zustimmten, daß Georgi Alexis' Erbe wurde, war sie bereit, für Olga zu sorgen. Sie wollte das Mädchen nach dem Wochenbett fortschicken und zur Königin eines kleineren Stammes machen, wo Georgi sie niemals aufspüren würde. Das Kind wollte Tamara behalten.

Boris, der fürchtete, hereingelegt zu werden, versuchte zu ergründen, warum Tamara sich so bereitwillig von ihrer Nichte trennen wollte. Sie aber deutete nur auf ein Foto von Ronja und sagte: »Frag sie.«

»Das ist eine richtige Freundschaftstat«, erklärte Ronja ihm später. »Sie braucht das Kind, aber sie will nicht, daß Georgi für seine Unbedachtsamkeit dadurch zahlen muß, daß er sein Leben lang Olga am Hals hat.«

»Ich habe ihr einen Kompromiß angeboten«, berichtete Boris

weiter. »Ich werde ihr alles zugestehen, aber Georgi soll, wenn er großjährig wird, selber entscheiden dürfen, ob er Graf Brusilow werden will. Niemand, weder du noch Katja, Alexis oder ich, darf den Versuch machen, ihn zu beeinflussen.« Er schwieg eine Weile. »Und so sind wir verblieben, Ronja.«

Eine lange Zeit saß sie da, das Kinn in die Hand gestützt, in Gedanken versunken. Boris sollte seinen Sieger bekommen. Georgi seine Meisterschaft, Tamara politische Protektion und die Brusilows die Hoffnung, daß Georgi ihnen gehören werde. Und trotz allem gab es für sie, Ronja, immer noch die Möglichkeit, einen Sohn nach Amerika zu schicken.

»Du hast einen fairen Handel abgeschlossen«, sagte sie endlich zustimmend, und Boris gab ihr einen Kuß.

Knapp zwei Tage später fragte Boris, als er mit Ronja in ihrem Zimmer frühstückte: »Bist du sicher, daß Julies Erbrechen das Anzeichen einer Schwangerschaft ist?«

»Hundertprozentig. Gestern morgen hat unser Arzt sie untersucht. Sie ist im zweiten bis dritten Monat.«

»Gut«, sagte er. »Dann kann ich mir Igor vornehmen.«

»Was in aller Welt hat das nun wieder zu bedeuten?« begehrte Ronja auf.

»Mein Gott, Liebste, ich wollte, ich könnte dir, Julie und Katja all das ersparen.«

»Ach Boris!« stöhnte Ronja. »Ich habe geahnt, daß es noch Schwierigkeiten gibt. Igor hat in der letzten Zeit eine fast krankhafte Erregung gezeigt.«

Boris sah sie verwundert an. »Du beobachtest gut. Ich dachte eigentlich, er sei viel zu selten hier, als daß einer von euch es bemerkt haben könnte.«

»Arme kleine Julie!« sagte sie. »Sie hat ja keine Ahnung, wie sie mit einer Rivalin fertigwerden soll, und Bastarde machen sie beschämt.«

»O Ronja, ich wünschte, es ginge bei Igor nur um eine Frau«, sagte Boris. »Dann wäre alles halb so schlimm.«

Seit Wochen schon hatte Boris den Verdacht gehegt, daß Igor etwas im Schilde führte. Immer kam er erst nach Haus, wenn Julie schon längst im Bett lag und schlief – falls er überhaupt nach Hause kam. In seinen Satteltaschen hatte Boris vier geladene Pistolen gefunden, und die Stallburschen gaben zu, daß sein Hengst oft aussah, als sei er eine Woche lang scharf geritten worden. Der Blonde war, wie immer, Igors getreuer Schatten, und der Blonde, so berichteten die Pferdeknechte, war bewaffnet. Boris, stolz auf Igors Kriegstaten, ignorierte all diese Tatsachen, bis er vom Chef der Geheimpolizei, einem Mann namens Krasmikow, eine Nachricht bekam. »Verstecken Sie Igor«, warnte ihn der Mann. »Er ist so gut wie auf dem Weg nach Sibirien, und dieser Weg ist sehr breit. Der Pfad zurück dagegen ist schmal.«

Stehenden Fußes begab sich Boris zu Polizeichef Mischuk.

»Was wissen Sie über Igor?« fragte er ihn.

»Nicht das geringste.«

Er fragte Mischuk über die Dörfer aus. Hatte es irgendwo plötzlich Gewalttätigkeiten gegeben? Wieder war die Antwort ein Nein. Seine dritte Frage erst – welcher Wind wehte aus den Kosaken-Hochburgen? – zündete einen Funken.

»Es gehen seltsame Gerüchte um«, sagte Mischuk. »Zweitausend Kosaken unter Waffen, ein geheimnisvoller Reiter, der sie mit Geldmitteln versorgt und durch die Dörfer reitet. Der einfache Mann kommt nicht mit ihm in Berührung. Er zeigt sich und spricht nur mit den Hetmanen.«

Aus Boris' Fragen entnahm er, wer dieser geheimnisvolle Reiter sein könnte, und schlug vor: »Wir müssen uns vergewissern. Sagen Sie Tamara, sie soll ihre Zigeunerspäher ausschicken ... Die sind zehnmal schneller als die des Zaren. Dann können wir uns ein Bild machen.«

Boris lehnte das ab, doch als sie das Gespräch beendeten, war es schon nach drei Uhr morgens. Am folgenden Tag machte Mischuk spätnachmittags einen inoffiziellen Besuch bei Krasmikow. In seiner Begleitung befand sich ein Mann, den er Boris als ›ehrlichen Einbrecher‹ beschrieben hatte. Gemeinsam betraten die beiden das Hauptquartier; dann trennten sie sich. Mischuks Unterredung mit Krasmikow zog sich bis lange nach Dienstschluß hin. Dann sagte Mischuk, als sei es ihm eben erst eingefallen: »Mein guter Freund, ich danke Ihnen für Ihren ausgezeichneten Rat. Darf ich Sie jetzt einladen, mit mir zu essen?« Krasmikow war geschmeichelt, aber mißtrauisch. »Mit Vergnügen«, stimmte er zu. »Aber glauben Sie nicht, daß Sie meine Abwesenheit hier ausnutzen können. Die Geheimnisse des Zaren ruhen wohlverwahrt in meiner Obhut.«

Ohne eine Antwort darauf ging Mischuk voraus, die Straße entlang zu einem der besten Restaurants der Stadt. Dort wurden sie von aller Welt miteinander gesehen: der ehrliche Chef der Kiewer Polizei mit dem Schlächter des Zaren. Etwa um zehn, als sie noch einen letzten Wodka tranken, schlug Mischuk sich plötzlich entsetzt mit der Hand vor die Stirn.

»Himmel!« stöhnte er. »Jetzt habe ich Boris vergessen! Er wartet in der Kaserne auf mich.«

Krasmikow, den der Alkohol ein wenig unvorsichtig gemacht hatte, brüllte vergnügt: »Aber dann gehen wir doch! Der Kerl hat Schulden bei mir. Beim Kartenspiel werde ich sie schon eintreiben können.«

Was das anbetraf, so ging alles äußerst korrekt zu. Boris spielte schlecht und war übler Stimmung; er beschwerte sich, daß er stundenlang auf Mischuk gewartet habe, und nun sei der Lohn, daß er an Krasmikow ein Vermögen verliere. Als er fand, er habe genug bezahlt für die Warnung, daß Igor Gefahr drohe, begann er auf einmal zu gewinnen, und Krasmikow war schließlich froh, als er aufhören konnte.

Sobald er gegangen war, fuhr Boris mit Mischuk zu dessen Haus. Der Einbrecher hatte im Arbeitszimmer eine Geheimakte über Igor hinterlassen. Darangeheftet war ein Brief des Chefs in St. Petersburg. Boris' Befürchtungen erwiesen sich durchweg als zutreffend. Igor plante, mit Hilfe einer phantastischen Summe in Gold die Feindseligkeiten in der Mandschurei wieder zu eröffnen und steckte bis über beide Ohren in einem ganz außerordentlichen Doppelspiel. Die Deutschen, von denen er Waffen kaufte, glaubten, diese sollten gegen den Zaren verwendet werden. Die Franzosen, die ihm Gewehre verkauften, glaubten, diese sollten gegen die Deutschen verwendet werden. Mischuk und Boris sortierten die Dokumente; einige besonders inkriminierende Papiere nahmen sie heraus und verbrannten sie an Ort und Stelle. Die Akte würde zurückgebracht werden, als sei sie niemals entfernt worden, und es war unwahrscheinlich, daß dieser Diebstahl in absehbarer Zeit entdeckt wurde.

Falls Boris geglaubt hatte, Ronja würde sich über die Gefahr, in der Igor schwebte, aufregen, so war ihre Reaktion ein ausgesprochener Schock für ihn. Offensichtlich bekümmerte sie die phantastische Geschichte, die er ihr über den Sohn erzählte, weit weniger, als wenn Igor Julie gegenüber eine Untreue begangen hätte.

Was Ronja Kraft gab, war das Bewußtsein, nunmehr einen Vorwand zu haben, die ganze Familie aus Rußland hinauszuschaffen. Damit war ihr in ihrem ideologischen Kampf gegen Boris und Katja eine wirksame Waffe in die Hand gegeben worden, aber sie war klug und sagte nur: »Wie willst du Igor daran hindern? Mit der Vernichtung der Hauptbeweise habt ihr zwar einen Aufschub erreicht, aber . . .«

»Hör zu, Liebes, die hohen Herren der Geheimpolizei haben es durchaus nicht eilig, Hand an ihn zu legen. Das war aus ihren Befehlen an Krasmikow deutlich herauszulesen. Einige halten Igors Plan sogar für vorteilhaft. Andere sind eher daran interessiert, die Quelle seiner Geldmittel zu entdecken. Außerdem ist es ein bißchen stark, einen Mann als Landesverräter zu verhaften, nachdem man kurz zuvor einen Nationalhelden aus ihm gemacht hat. Die Sympathie der Öffentlichkeit gilt den tapferen Jungen, die versucht haben, den Krieg zu gewinnen, und ihre Abneigung dem Zaren, der ihn verloren hat.

Wir sind so lange in Sicherheit, bis man herausfindet, wer Igors Hintermänner sind, und darin will ich ihnen zuvorkommen. Wir müssen ihn aus Rußland hinausbringen. Julie bleibt selbstverständlich hier.«

»Und wenn Igor sich weigert?«

»Dann weiß ich auch nicht weiter«, gestand Boris. »Fällt dir etwas ein, wie du ihn zur Abreise bewegen kannst?«

»Laß mich allein«, bat sie. »Ich muß in Ruhe darüber nachdenken.«

Eine Stunde darauf kam er zurück.

»Nun, wie ist es, Ronja?« fragte er in dem festen Vertrauen, daß sie eine Lösung gefunden hatte.

»War der Ritt schön?« Ronja ließ sich nicht drängen.

»Wunderbar.«

»Wenn Julie uns ähnlicher wäre«, begann Ronja langsam, »dann wäre Igor nicht so rastlos.«

»Warum Julie die Schuld zuschieben?« fuhr Boris auf.

Ronja seufzte. »Ein andermal, Liebling. Jetzt muß ich. . .«

»Nein, Ronja. Du kannst nicht eine Tür öffnen, um sie mir dann vor der Nase zuzuschlagen. Was ist mit Julie?«

»Vielleicht hätte ich die Tür geschlossen lassen sollen. Doppelt und dreifach verriegelt.«

»Zu spät.«

»Na schön, Boris«, gab Ronja nach, »da du ja offenbar nicht selber erkennst, daß Julie für Igor ein Hemmschuh ist. Für dich ist es sehr leicht zu sagen, Igor geht, Julie bleibt. Aber, zum Teufel noch mal, sie ist *seine* Frau, und nicht deine! Sie gehört zu ihm – wo er auch ist. Begreifst du das nicht?«

»Julie fühlt sich nicht wohl genug, um auf Reisen zu gehen. In zwei Monaten ist Igor zurück. Hier geht es ihr doch viel besser«, widersprach Boris.

»Sie fühlt sich ausgezeichnet.«

»Jetzt reicht es aber, Ronja.« Er wurde ärgerlich. »Wenn Igor ihre Gesundheit ruinieren will, indem er sie in der Weltgeschichte herumschleppt, dann kann ihn kein Mensch daran hindern. Aber du – halte dich da heraus!«

Müde schüttelte Ronja den Kopf. »Und wenn der liebe Gott persönlich zu Julie sagen würde: ›Folge deinem Mann‹, sie würde ihm nicht gehorchen. Ihre Gründe sind nicht so einfach zu begreifen. Nichts an Julie ist einfach zu begreifen. Sie ist ein sehr kompliziertes Geschöpf.

Julie hat einen stahlharten, unerhört starken Selbsterhaltungstrieb – Gott sei Dank! Sonst hätte sie ihre Kindheit nie überstanden. Dieser Selbsterhaltungstrieb konzentriert sich jetzt aber auf uns und unseren Besitz. Nicht, daß sie das Geld zählt, das Igor eines Tages erben wird. Aber sie sieht sich im Haus um, in den Obstgärten, auf den Weizenfeldern, in den Ställen, und das alles ist für sie das Paradies. Um daran festzuhalten, hat sie Igor von Anfang an jede Freiheit gelassen, ob diese Freiheit ihn nun von ihr fortführte oder nicht. Julies Schlüssel zum Himmelreich – oder zu dem, was sie darunter versteht – ist ihr ungeborener Sohn.

Glaube mir, Boris, ich habe gesehen, wie sie in Erwartung der Milch, die sie geben werden, ihre Brüste betrachtet und streichelt. Sie ist noch so schlank wie ein Reh, aber zur Probe streckt sie den Bauch heraus. Den ganzen Tag tut sie nichts anderes als in sich hineinstopfen, was sie nur kann, damit das Kind in ihr groß und stark wird. Es macht ihr nichts aus, daß Igor ständig fort ist. Im Gegenteil, sie fürchtet sich vor seiner Liebe. Ich weiß das, weil sie mich eines Tages gefragt hat, wie sie ihn sich vom Leib halten könne. ›Er wird dem Kind Schaden zufügen, Mutter Ronja‹, sagte sie. Und als ich entgegnete, es sei doch wunderschön, wenn die Eltern eines Kindes sich gegenseitig Liebe schenkten, errötete sie und wurde verlegen.«

Einen bösen Augenblick lang erinnerte sich Boris an Ronjas Gesicht, an ihren Ausdruck vor vielen Jahren, als sie, atemlos vor Entzücken, auf das kleine, dunkle Wesen hinabgeschaut hatte, das Igor damals gewesen war; und wie er, Boris, den bitteren Kelch des Zurückgestoßenwerdens auskosten mußte. Doch Julie mit ihrem scheuen Lächeln, Julie, deren ganzes Sein in unzugänglicher Jungfräulichkeit verschlossen war, Julie war eine vollkommene Tochter.

Ronja schnitt ein anderes Thema an. »Was Igors Geld betrifft, Boris«, sagte sie, »so glaube ich, daß er es von Huang haben muß.«

»Gewiß, mein Täubchen, das war auch mein erster Gedanke. Aber ich halte das für absurd. Stell dir doch diesen Mann einmal vor! Ich habe seine Briefe an Alexis gelesen, und die kennzeichnen ihn als Philosophen und Pazifisten. Nein, mein Schatz, er liebt Igor viel zu sehr, um ihm selber den Strick um den Hals zu legen.«

»Da ist aber noch etwas, was du nicht vergessen solltest«, sagte Ronja. »Wenn Huang allein ist, zieht er sich in seinen Opiumträumen ganz aus der Wirklichkeit zurück. Angenommen, die Einsamkeit hat ihn zu dem Entschluß getrieben, Igor zur Rückkehr in die Mandschurei zu zwingen, wo er glaubt, ihn beschützen zu können?«

»Ich kann mir nicht vorstellen, daß er so etwas tun würde.«

Ronja seufzte. »Ich eigentlich auch nicht. Aber das Gold muß aus China kommen. Am besten setzen wir uns so schnell wie möglich mit Ruben in Verbindung.«

»Aber wie denn, Ronja? Solange die Geheimpolizei Igor auf den Fersen ist, wird jeder Brief, den du abschickst, geöffnet werden, ganz gleich, wem du ihn zur Beförderung anvertraust.«

»Sehr einfach.« Sie lachte. »Wir werden Ruben an einen Ort bestellen, wo alle ihn sehen und niemand ihn bemerkt.«

»Ronja!« Boris klatschte begeistert in die Hände. »Das ist meisterlich! So habe ich eine Möglichkeit, Igor nach Amerika zu schaffen.«

Nun applaudierte Ronja. »Und wenn du ihm unter diesen Umständen vorschlägst, daß er mit Georgi in die Vereinigten Staaten gehen soll, um dort für uns Land auszusuchen, wird er als vernünftiger Verschwörer einverstanden sein. O Boris, Boris, das ist genial!« Sie umarmte ihn heftig.

Auf einmal jedoch wurde ihre Miene bekümmert. »Aber was sagen wir Julie?«

»Die Wahrheit, Ronja.«

Ronja blickte in den regendunklen Wald hinaus und fragte sich: Wessen Wahrheit? Ihre und Boris'? Igors? Laut aber sagte sie nur:

»Nicht jetzt, Boris. Laß Julie glücklich sein.«

24

»Julie! Komm 'raus! Setz dich mit mir in die Bibliothek.«

»Ich kann nicht.« Es war ein klägliches Stimmchen, das durch die schwere Badezimmertür drang. Igor öffnete sie einen Spalt und lehnte sich an den Rahmen.

»Nun komm doch!«

»Aber begreifst du denn nicht!« Empörung verlieh ihrer Stimme

Kraft. »Mir geht es zu schlecht. Ich glaube, ich muß mich übergeben.«

»Na, dann auf Wiedersehen, Julie. Bestell deiner verdammten Kaulquappe schöne Grüße von mir.«

»Igor! Warte doch! Du kannst doch nicht einfach so gehen. Ich bin gleich fertig.«

Er schloß die Tür und wartete, bis sie herauskam und ins Bett kletterte. Sie hatte ihr Haar glatt zurückgekämmt, und ihre Stirn glänzte von dem kalten Wasser, das sie sich ins Gesicht gespritzt hatte. In ihrem hochgeschlossenen, langärmeligen Nachthemd sah sie aus wie eine Vierzehnjährige, ein braves kleines Pensionatsmädchen. Igor fühlte sich sehr männlich und überlegen. Er mußte sie beschützen.

»Igor, ich möchte eine Orange.«

Er schnaufte verächtlich. »Lydia hat mir erzählt, daß du alles aufgegessen hast, was auf deinem Tablett war, und ich weiß genau, daß sie dich nudelt. Nachher hole ich dir ein bißchen trockenen Toast oder Matzen. Das hilft gegen das flaue Gefühl im Magen.«

Julie schnitt ein Gesicht, verzog ihren hübschen Mund und mimte Abscheu. »Trockene Matzen! Da kann ich ebensogut Stroh essen... Igor?«

Sie war so ein Kind! Er konnte ihr einfach nicht böse sein.

»Ich habe nachgedacht. Ich glaube, ich hätte lieber heiße Schokolade und eine saure Gurke statt einer Orange.«

Ein Kind. Ein schwangeres Kind. So naiv und liebenswert. Er legte sich neben sie, machte aber keinen Versuch, seine Frau, diese Schneejungfrau, zu berühren.

»Igor?« Er bewegte sich, um anzudeuten, daß er wach sei und zuhöre. »Was ist denn das jetzt wieder für ein Unsinn? Du willst nach Amerika fliehen? Ich glaube eher, daß du ganz einfach egoistisch bist und...«

»Du irrst dich, Julie«, verbesserte Igor. »Ich fliehe nicht, ich verreise. Und was den Egoismus betrifft...«

Julie legte ihm die Hand auf den Mund. »Bitte, fang nicht schon wieder an!« Ihre Stimme schwankte. »Wie kann ich in diesem Zustand reisen?«

Er küßte ihre Hand.

»Julie, um Himmels willen, wie dumm du bist! Eine Reise kann dir doch nichts schaden. Alle Frauen bekommen Babys, und du bist vollkommen gesund. Was soll überhaupt dieses alberne Gerede?«

»Ich bin zart.« Julie sagte es mit einem gewissen Stolz. »Ich muß gepflegt werden. Ich kann nicht herumkutschieren, nur weil du es unbedingt willst.«

Er hatte gewußt, daß es so enden würde. Es war immer dasselbe. Er war ein Narr, daß er es immer wieder versuchte. Er setzte sich auf und zündete sich eine Zigarette an. Die Augen voll hysterischer Angst, hielt Julie sich die Hand vor den Mund. Mit unsicheren Fingern drückte Igor die Zigarette wieder aus. »Na schön«, sagte er. »Aber Liebling, begreifst du denn nicht? Dir macht es nichts aus, aber was ist mit mir? Ich bin keine Hebamme. Ich kann nicht einfach herumsitzen und darauf warten, daß diese Kaulquappe sich zu einem Frosch entwickelt, und der Frosch in einen Märchenprinzen. Es gibt noch so vieles zu tun, so viele neue Länder zu sehen, und es wäre so schön, wenn du bei mir wärst.«

Julies Augen füllten sich mit Tränen. »Bitte, sei lieb«, flehte sie.

»Bitte, komm mit!« Seine Stimme verriet Liebe und Sehnsucht. »Ja, willst du? Bitte, Geliebtes!«

Seine Frau lag sehr still, und als sie endlich sprach, klang ihre Stimme fremd und fern. »Ich kann nicht«, sagte sie. »Es tut mir leid, Igor, aber ich kann nicht. Unser Sohn muß hier, in diesem Haus, geboren werden. In diesem Bett.« Sie hielt inne. »Du hast ja keine Ahnung, was es heißt, ganz allein und in Armut aufgewachsen zu sein! Wie könntest du auch? Bis du und Vater Boris mich gefunden habt, gehörte ich zu keinem Menschen und war nirgends zu Hause. Das einzige, was mich am Leben erhielt, war mein Traum. Du wirst es nicht glauben, aber es ist so.

O Igor!« Auf einmal klammerte sie sich an ihn, die Augen voll Tränen. »Was soll aus uns werden? Kann ich jemals lernen, dich zu verstehen? Manchmal habe ich das Gefühl, daß du zwei Menschen bist: der Igor, den ich liebe, der mich aus meinem Dorf geholt hat, und dieser Mann, der um die Welt ziehen muß und sein Heim nicht zu schätzen weiß. Deine Mutter erklärt mir, daß es durchaus normal für dich ist, widersprüchlich zu sein, daß alle Männer ruhelos sind, aber ich kenne keinen Mann, der sich so verhält. Sie sagt, ich müsse dich nehmen, wie du bist, ich hätte dich unbedingt haben wollen, und nun hätte ich dich und müsse dich auch akzeptieren. Ich versuche es ja, Liebling, aber ich bin nicht so tapfer wie Ronja, und wenn du wild bist und ein Gesicht machst wie Stein, dann machst du mir Angst. Dann bist du wie ein ganz Fremder. . .«

Sie legte sich in die Kissen zurück, und Igor nahm sie liebevoll in die Arme. Ihre Tränen tropften wie Regen.

»Ich bin ein Feigling«, klagte Julie voll Selbstmitleid. »Ich kann nicht reiten. Ich kann keine Peitsche schwingen und nicht die Cholera bekämpfen. Aber in einem Punkt bin ich eisern: Du kannst nach Amerika gehen. Du kannst überall auf der Erde hingehen. Aber unser Sohn wird hier geboren werden.«

Igor streichelte ihr Haar. Als sie sich schließlich beruhigte, sagte er: »Julie, mach dein Haar los.« Verzweifelt wandte sie den Kopf ab, und er sagte: »Nein, ich will dich jetzt nicht lieben. Ich will dir alles erzählen.«

Und dann hörte sie die ganze Geschichte, die Boris und Ronja in langen Stunden zusammenzusetzen versucht hatten. Huang, sagte er, habe ihm Gold gegeben und ihn als reichen Mann nach Hause geschickt, damit er Julie heiraten und eine Dynastie gründen solle. Und Igor hatte sein Vertrauen mißbraucht und sich so tief in Schwierigkeiten hineinmanövriert, daß er nun das Land verlassen mußte. Huang hatte ihm vergeben und seinen Agenten geschickt, um Igor daran zu hindern, von Tollkühnheit in Wahnsinn zu verfallen.

Julies Ausdruck war verwirrt, während Igor verzweifelt versuchte, ihr alles begreiflich zu machen. Genau wie seine Mutter wollte auch er, daß die Welt frei war, ein Ort, an dem Jude und Christ, Moslem und Buddhist in Frieden zusammenleben konnten, wo kein Mensch den anderen ungestraft ausplündern durfte und wo statt Vorurteil gegenseitige Achtung herrscht. Es tat sich etwas, hier in Rußland. Der Krieg hatte bewirkt, daß er, Igor, zum Leben und zur Verantwortung erwachte. Als er seinen Männern den Sieg versprach, war er ein Idealist gewesen, dem ein gegebenes Wort Verpflichtung bedeutete. Mit einem Sieg würde Rußland alle Menschen befreien. Nachdem er seine Aufgabe gefunden hatte, schien sein Leben einen Sinn bekommen zu haben. Er, Igor, würde die Mandschurei befreien und es Boris und dem Blonden überlassen, Freiheit für die Ukraine zu erringen. Mit Hilfe des Reichtums der Ukraine – Weizen und Äpfel und ein Allwetterhafen – und mit den Bodenschätzen, dem Holz und den Pelzen der Mandschurei würde ein neues Imperium erstehen, ein Imperium ohne Hofstaat und Herrscherfamilie, sondern mit einer Verfassung und einer Gerichtsbarkeit, wie sie die Vereinigten Staaten besaßen. Das Volk würde seine führenden Männer selber wählen.

Auch als sein Krieg in der Mandschurei mit der Niederlage Rußlands zusammenbrach, fuhr Igor noch fort, seine strahlenden Träume zu träumen. Er beschloß, eine eigene Armee aufzustellen. Aber irgendwie ging alles schief, und nun war er ein gebrandmarkter Rebell und wurde abgeschoben, bis sein Traum verblaßt und alles vergessen war. Er bezweifelte sogar, daß er jemals nach Rußland zurückkehren werde.

Julie lag bleich in den weißen Kissen, und auf einmal wurde Igor klar, daß es Wahnsinn gewesen war, ihr dies alles anzuvertrauen. Sie kletterte schwerfällig aus dem Bett und trottete ins Bad, und ihr ersticktes, krampfhaftes Würgen drang bis zu ihm heraus. Er ging hin, hob sie auf die Arme und trug sie wieder ins Bett, wo sie sich erschöpft zurücksinken ließ.

»Was ist nur mit dir geschehen, mein Liebstes?«

»Du, Igor«, sagte sie matt. »Du, mit all deinem großen Gerede über Regierungen und Rebellionen und Kriege. Du klingst genauso verwirrend wie Onkel Alexis.«

Mein Gott, mein Gott, warum versuchen wir nur, miteinander zu sprechen? fragte sich Igor. Sie kann nicht begreifen, daß meine Einsicht zu spät kam, aber sie kam. Sie kam in all den Stunden, die Huang mir widmete und die ich zu jener Zeit langweilig fand. Und trotzdem glaubt Julie, meine süße Kleine, die immer noch nicht älter ist als die vierzehn Jahre, die sie war, als wir uns kennenlernten, trotzdem glaubt sie, daß ich noch immer achtzehn bin.

Unter ihren langen Wimpern hervor blickte Julie zu Igor auf, in das Gesicht, das sie liebte. Wie sanft und gut, ja sogar edel hatte dieses Gesicht ausgesehen, als sie wie Kinder am Waldrand spielten! Und da er auch jetzt hin und wieder noch so aussehen konnte wie jener alte Igor, in den sie sich verliebt hatte, war sie bereit, ihn gehen zu lassen. Er würde wiederkommen.

»Ich verzeihe dir«, sagte sie.

Da kochten in Igor auf einmal Zorn und Enttäuschung über. Er war nicht umsonst der Sohn des Tataren Boris, und nur mit Mühe konnte er sich jetzt beherrschen, damit er nicht Hand an sie legte. Jedes Verlangen war in ihm erstorben, und nur noch der Wunsch, Julie weh zu tun, war geblieben, ihr weh zu tun, koste es, was es wolle, wenn auch nicht körperlich, so doch auf andere Weise.

»Dann versuch mal, ob du mir dies auch verzeihen kannst, Julie!« Er spie es ihr förmlich entgegen. »Da war ein Mädchen, die Tochter eines Mandarin. Ich will dir sagen, was sich zwischen uns abgespielt hat. Es wird dich schütteln vor Entsetzen!« Bestürzt hielt er inne. »Julie, sieh mich doch nicht so an!«

Aber Julie sah weder Igor noch sonst etwas an. Sie war in Ohnmacht gefallen. Als sie die Augen aufschlug, tupfte ihr ein zerknirschter Igor mit einem in Eau de Cologne getauchten Handtuch die Stirn ab. Mit verlegener, beschämter Miene sagte er leise: »Sie hatte überhaupt nichts mit uns zu tun, mein Herz. Ich liebe dich.«

Ein erstaunliches Mädchen, diese Julie, obgleich nur Ronja wirklich erkannt hatte, wie erstaunlich sie war. Nun, da sie fühlte, daß ihr Haus wieder auf sicherem Boden stand, sagte sie gelassen: »Ich will kein Wort mehr über deine Mädchen hören, Igor Pirow – niemals! Und jetzt geh und hol mir eine Orange und ein frisches Nachthemd.«

Ergeben legte er das Handtuch hin und holte ihr ein Nachthemd; er half ihr, das Haar auszukämmen, einen Morgenrock anzuziehen, und ging dann, die Orange zu holen.

Die Tür zum Zimmer seiner Mutter war angelehnt, und er trat ein und warf sich über ihr Bett. Sie streckte ihm ihre Hand hin, und Igor wünschte sich von ganzem Herzen, sich in ihre Arme verkriechen, von ihrer Kraft zehren zu können wie früher als Kind. »Sie will nicht mitkommen«, beschwerte er sich.

»Das habe ich mir gedacht, Igor«, erwiderte Ronja nüchtern. »Und in gewisser Hinsicht bin ich froh darüber. Ich bin sentimental genug, um mir zu wünschen, daß unser erstes Enkelkind hier geboren wird. Hier liegt ein gewisser Duft aus der Vergangenheit in der Luft, der die Generationen verbindet.«

Igor schüttelte ungeduldig den Kopf. »Weißt du einen Ausweg, Mutter?«

»Zeit, Igor«, antwortete Ronja. »Und jetzt geh wieder zu deiner Julie.«

»Ich muß ihr erst eine Orange holen.«

Ronja lachte. »Dann sieh nur zu, daß du sie nicht schälst oder zerteilst«, warnte sie ihn. »Julie saugt die Orangen aus.«

»Ich weiß. Gute Nacht, Mutter.«

»Gute Nacht, mein Sohn.« Ihr Blick folgte ihm, als er zur Tür ging. Julie hielt die Orange in ihrer kleinen, weißen Hand und lutschte fröhlich daran herum. Als der letzte Safttropfen herausgepreßt war, legte sie die Schale hin und leckte sich die Lippen. Igor, der durch das vernünftige Zureden seiner Mutter und Julies Freude an kleinen Dingen die Ruhe wiedergefunden hatte, wünschte, er könnte die Szene festhalten und für immer in seiner Erinnerung bewahren. Er zog sich aus, stieg ins Bett, gab Julie einen brüderlichen Kuß und bat: »Sing mir etwas.«

»Singen? Mitten in der Nacht?«

»Bitte, Julie!«

Sie zog seinen Kopf herab, bis er an ihrer festen jungen Brust lag, und sang leise alle Lieder, die er besonders liebte. Gewöhnlich brachten ihm ihre Lieder Erleichterung, jetzt aber fand er durch sie keinen Frieden. »Komm mit nach Amerika, Julie«, bat er, als sie verstummte. Sie wandte sich ab, und Igor weinte.

25

»Mein Gott, habe ich dich vermißt!« sagte Ronja zu Katja, als sie sich an den Teetisch setzten. »Es kommt mir vor, als wärst du Jahre weggewesen, und nicht nur vier Monate. Wie geht es Alexis?«

Katja rückte mit ihrem Sessel näher an Ronja heran. »Gut. Aber von ihm und von Moskau wollen wir lieber ein anderes Mal sprechen. Zuerst möchte ich wissen: Was ist eigentlich mit Julie los? Warum habt ihr sie so dick werden lassen? Das arme Kind ist ja ganz unförmig geworden! Und ihre ganze Schönheit ist dahin – Augen, Haare – man erkennt sie kaum. Sie besteht nur noch aus einem krebsroten Gesicht und einem Bauch wie ein Ballon.«

Ronjas Reaktion irritierte sie, denn ihre Schwester blieb vollkommen ruhig. »Was soll ich machen? Von Igor als Ehemann kann sie doch nur einen Boris als Sohn bekommen.«

»Mein Gott, Ronja! Bitte, erkläre mir das.«

»Aber gern. Monatelang habe ich meinen Mund halten müssen, und nie habe ich mich einsamer gefühlt. Ein einziges Wort von mir zu Julie, und schon stand Boris zwischen uns und warf mir vor, ich würde sie einschüchtern. Ich habe das Gefühl, daß er vor Stolz auf ihren Bauch ebenso den Verstand verloren hat wie sie selber. Ich glaube fast, daß er in Julie irgendwie einen Ansporn für seine Hoffnung sieht, daß diesem Haus kein Unheil widerfahren kann. Und so sanft und folgsam Julie auch sonst ist, in dieser Hinsicht ist sie ein kleiner Fanatiker. Meiner Ansicht nach ist sie überzeugt, das Schicksal habe sie nur verschont, damit sie dieses Haus vor dem Untergang retten kann.«

»Das ist absurd.«

»Ich weiß. Immer wieder ermahne ich sie, toten Gegenständen nicht soviel Wert beizumessen, und predige ihr, daß Igor das alles mindestens zehnfach aufwiegt. Aber sie erklärt eisern, daß ihre Pflicht, die sie an Boris bindet, der sie ja fand, allem vorgehe, und daß Igor doch wieder heimkommen werde. Sie stellt sich vor, daß sie beide noch einmal von vorn anfangen können, und verspricht, daß sie dem Haus viele Söhne gebären wird.«

Katja legte beide Hände an ihre Stirn. »Weißt du«, begann sie,

»ich glaube, Julie denkt logischer als du, und Igors Verhalten ist einfach unerhört. Wenn ich seine Frau wäre, ich würde auch den ganzen Tag im Bett sitzen und Süßigkeiten essen.«

»Unsinn«, entgegnete Ronja.

Jetzt wurde Katja ernstlich böse. »Ronja«, sagte sie, »manchmal wünschte ich, daß Igor für ein oder zwei Monate nach Sibirien verbannt worden wäre. Dann wäre er jetzt wieder zu Hause – und wäre vermutlich heilfroh darüber.«

Gelassen sah Ronja die Schwester an. »Tag für Tag schreibe ich Igor und flehe ihn an, zu bleiben, wo er ist. In jedem Brief tische ich ihm Lügen über Julie auf und erkläre, daß sie nie hübscher gewesen ist, daß sie vor Schönheit strahlt. Und ich verspreche ihm hoch und heilig, Julie mit dem Kind zu ihm zu bringen.«

»Aber warum?« Katjas Stimme hob sich zu schrillem Diskant.

»Meine liebe Schwester«, sagte Ronja. »Du kennst Igor nicht so, wie ich ihn kenne, aber sei einmal ehrlich: Kannst du dir vorstellen, daß er in Kiew herumhockt und auf den Tod seines Vaters wartet, damit er dieses Gut erben kann? Nein, Igor ist im Hinblick auf den Familienbesitz kein bißchen sentimental. Er wünscht sich jungfräuliches Land, und das hat er gefunden – ungefähr hundertfünfzig Meilen südlich von San Francisco. Igors Berg – kein Riese, wie er schreibt, aber bewachsen mit wilden Blumen und hohen Bäumen. Der Boden bietet keine besonderen Reichtümer, nicht einmal ausreichend Wasser; aber von dort oben kann man hinausblicken bis aufs Meer, und Igor hat sich bis über beide Ohren in die Schönheit der Landschaft und ihre Stimmungen verliebt. Georgi hat ihm versprochen, ein Haus für ihn zu entwerfen, das breit wie ein See mitten in einem Zypressenhain liegt.

Das, Katja, ist Igors Traum: mit Julie und seinem Kind über sein eigenes Land zu reiten. Und dieser Traum paßt ausgezeichnet in meinen Plan, mit meiner Familie Rußland zu verlassen.«

Katjas Zorn wuchs. »Boris ist immer noch ein gewaltiger Adler, und du versuchst, ihm die Flügel zu stutzen! Du hast Angst – seit du bei Huang in diesem verfluchten Garten warst, hast du Angst. Ich warne dich. Hol Igor nach Hause, oder ich werde es tun.«

»Wie du willst«, sagte Ronja verträglich. »Nur zu. Aber dann nimm auch die Folgen auf dich. Willst du, daß Igor Julie so sieht, wie sie jetzt ist? Würdest du sagen, daß sie noch das Mädchen ist, das er liebt? Wie soll er bei ihrem Anblick sein Entsetzen verbergen? Selbst Boris will nicht, daß er jetzt schon zurückkommt – aus verschiedenen Gründen.« Verblüfft starrte Katja ihre Schwester an. »Daran hattest du wohl nicht gedacht, wie?«

»Nein, daran nicht.«

»Wenn das Baby geboren ist –« Ronja streckte energisch das Kinn vor – »werde ich Julie fasten und turnen lassen, bis ihre Figur wieder tadellos ist, und wenn ich ihr das Fett Schicht um Schicht mit der Peitsche von den Rippen schlagen muß.«

»Und dann holst du Igor zurück?«

»Ich muß jetzt gehen.« Ronja erhob sich. »Ich brauche frische Luft.«

»Nein.« Katja legte Ronja die Hand auf den Arm. »Du mußt dafür sorgen, daß Julie von heute an täglich vom Arzt untersucht wird. Der sollte sich um sie kümmern, nicht du oder Boris.«

»Ich werde ihn sofort holen lassen.«

Der Arzt kam am Abend. Ronja, die mit Boris und Katja auf der Terrasse saß, erhob sich und ging mit ihm in Julies Zimmer. Als sie die Treppe hinaufstiegen, sagte sie: »Wissen Sie, Gospodin Pirow und ich, wir beide sind ausgezeichnete Hebammen. Wir haben zahllosen Stuten bei der Geburt ihres Fohlens geholfen. Aber seit heute mittag machen wir uns Sorgen. Wir haben den Eindruck, daß sich das Kind nicht mehr bewegt.«

Der Arzt blieb einen Augenblick stehen und musterte sie über den Rand seiner Brille hinweg. »Die junge Frau hat doch den Mut nicht verloren? Haben Sie meine Anweisungen befolgt und ihr alles gegeben, worauf sie Appetit hatte?«

»Natürlich. Vor allem mein Mann hat das getan. Buchstäblich. Ich selber muß jedoch zugeben, daß ich mich manchmal gefragt habe, ob nicht ein paar Depressionen besser für ihre Gesundheit wären als süße Sahne und Berge von gebutterten Mandeln.«

»Frau Pirow, ich bitte um Verzeihung, aber es ist nur gut für das Kind, wenn die Mutter viel ißt.«

»Hoffentlich haben Sie recht, Herr Doktor.« Ronja klopfte an Julies Tür, und sie traten ein. Lydia erhob sich aus dem Schaukelstuhl neben dem Bett und verabschiedete sich von Julie mit liebevollem Lächeln. »Ich bin bald wieder da, mein Täubchen«, sagte sie.

Unter einem dünnen Seidenlaken lag Julie; sie hatte dem Abendlied der Vögel vor ihrem offenen Fenster gelauscht und richtete sich jetzt mühsam auf. »Ich bin so müde, Herr Doktor.«

Er stellte die kleine schwarze Tasche hin, zog sich einen Stuhl heran und begann, seine unförmige Patientin zu untersuchen. Mit ihren blauen, tief umschatteten Augen sah Julie zu ihm auf.

»Ist alles in Ordnung?«

»Ausgezeichnet – ganz ausgezeichnet!«

Dies war für Ronja, die an der Tür stehengeblieben war, ein Zeichen, daß sich jetzt auch der Arzt Sorgen um Julie machte. Er übertrieb seine Jovialität, doch unsinnigerweise tröstete sie das. Sie trat an Julies Bett und zog ihr das Nachthemd herunter. »Du bist sehr tapfer, mein Kind«, sagte sie und streichelte Julies Haar. »Ich spreche später mit Ihnen, Herr Doktor, beim Abendessen. Bis dahin werde ich Julie Gesellschaft leisten.«

Die nächsten zwei Tage zogen sich unerträglich in die Länge, Julie weigerte sich sogar, Wasser zu trinken; sie vergrub den Kopf in den Kissen und weinte fast ununterbrochen. Nur von Zeit zu Zeit fiel sie in leichten Schlummer. Am Abend des zweiten Tages, nach dem Essen, bekannte der Arzt: »Wir hätten sie nicht so dick werden lassen dürfen. Das Gewebe ist stark aufgeschwemmt. Aber mit Ihrer Hilfe, Frau Pirow –« er strich sich den grauen Bart – »werden wir sie durchbringen.«

Erregt sprang Boris auf; fast schien es, als wolle er sich auf den Arzt stürzen. »Wehe Ihnen, wenn Sie sie nicht durchbringen!« Damit stürmte er aus dem Zimmer. Weder Ronja noch Katja baten für ihn um Entschuldigung, und der Arzt sagte nur: »Gospodin Pirow hat nicht vergessen, daß ich es war, der ihm geraten hat, Frau Julies Essenswünsche zu erfüllen.«

In diesem Augenblick vernahmen sie die ersten, lauten Schmerzensschreie und zuckten erschrocken zusammen. Die Wehen hatten begonnen. Ronja stürzte hinaus, der Arzt hinter ihr her. Katja hielt sich die Ohren zu und floh zu Boris. Als die Schreie nicht aufhörten, klammerte sie sich an ihn, und beide starrten in hilflosem Entsetzen zur Treppe hinüber. Tränen strömten über Katjas Wangen. »Ronja läßt sie nicht sterben«, flüsterte sie, und dann setzten sich beide dicht nebeneinander, vereint in der Qual des Nichthelfenkönnens. Die Zeit verging unendlich langsam. Der Pegel in Boris' Wodkaflasche sank.

»Heiß hier«, sagte er und zerrte an seinem Kragen.

»Du solltest nicht soviel trinken.«

»Doch.«

»Die Flasche ist leer.«

»Dann hole ich eine neue.« Sein Gesicht war vor Kummer verzerrt. »Da!« sagte er und schenkte Katja ein Glas Wodka ein. Sie trank es aus und begann wieder zu weinen. »Warum geben sie ihr denn nichts?«

»Weil sie mithelfen muß, Katja.«

Stunde um Stunde stöhnte und schrie Julie, und ihre Stimme

wurde immer heiserer und tierischer. Als die Nacht fast vorüber war, wurde die Tür aufgerissen. Es war Lydia. »Kommen Sie, Herr!« rief sie und war mit fliegenden Röcken schon wieder draußen. Boris folgte ihr eilig.

Zugleich mit dem Morgengrauen kam er in Julies Zimmer. Ronja begrüßte ihn mit einem angstvollen Blick. Müde straffte sie die schmerzenden Schultern.

Dann beugte sie sich wieder über Julie und wiederholte ihren Spruch, sagte ihn immer von neuem: »Du mußt pressen, Julie, pressen! Tüchtig. Du mußt uns helfen! Pressen, nach unten pressen, Julie. . .«

Das arme Geschöpf auf dem Bett, das nur noch aus einer ungeheuren Qual zu bestehen schien und nichts Menschenähnliches mehr besaß, brüllte, schlug um sich, bäumte sich auf und keuchte in unregelmäßigen Stößen. Obwohl Julie kaum noch Luft bekam, schrie sie weiter, und Boris sah auf den ersten Blick, daß sie nicht mehr lange durchhalten konnte. Sie alle wußten es: er und Ronja, Lydia und der Arzt.

Es gab eine kurze, wortlose Verständigung zwischen Mann und Frau. Ronja trat an das Fußende des Bettes, Boris beugte sich über Julie und sagte leise, ganz dicht an ihrem Ohr: »Sieh mich an, Julie.« Julie gehorchte, und er sah ihr lächelnd in die wild starrenden Augen. Das Wunder Boris, seine große Kraft und Sicherheit drangen zu ihr durch, und sie wurde ruhiger.

»Julie, Kind, ich werde dir helfen.« Er artikulierte die Worte so langsam, daß jedes einzelne in ihr labiles Bewußtsein einbrach. »Sei tapfer und tu genau, was ich dir sage.«

Eine Schmerzenswelle flutete über sie hin, und sie grub die Nägel tief in das Fleisch von Boris' Hand.

»So ist es recht«, sagte er. »Und jetzt schön pressen.« Das verzweifelte Schreien ließ nach, ging über in heiseres Stöhnen.

»Halt dich an mir fest, Julie. Und nun preß!«

Es war sinnlos. Julies Wehen hatten aufgehört.

»Julie, Liebling, komm, trink das hier.« Wie ein Automat gehorchte sie und schluckte den Wodka. Sie wäre beinahe erstickt und mußte husten. »Du wirst gleich das Gefühl haben, als müßte dein ganzer Körper zerreißen. Aber nur keine Angst! Halt dich an mir fest und schrei, so laut du willst.«

Als der Arzt einen toten Knaben, riesig und von vollendeter Schönheit ans Licht der Welt geholt hatte, war Ronja voll des Staunens über das Wunder Boris.

Später am selben Nachmittag begruben sie Julies und Igors Erstgeborenen, und bevor sie zu Bett ging, schrieb Katja in ihr Tagebuch: »Zweimal gestorben! Zu groß, um aus dem Leib seiner Mutter zu kommen, und außerdem die Nabelschnur um den Hals gewickelt.

Julie dämmert vor sich hin, die Brüste so voller Milch, daß sie überlaufen. Boris läßt Igor kommen. Wir tragen Trauer.«

Die nächste Eintragung machte sie acht Tage später: »Ronja, mit ihrer angeborenen Weisheit, hat Rabbi Lewinsky holen lassen. Weder Boris noch ich haben es geschafft, Julies spasmodische Hysterie zu durchbrechen. Bis heute hat sie noch nichts gegessen. Nur baden und pflegen läßt sie sich widerstandslos.

An diesem achten Tag nach seiner Geburt wäre Julies Sohn beschnitten worden und hätte seinen Namen bekommen. Arme Julie! Kein Gesang wird im Namen Gottes und des Propheten Elias erschallen, und der Dienstengel wird nicht vom Himmel herabkommen. Arme Julie! Kein Gold- und Silberzierat, keine Perlschnüre, keine seidenen Kissen.«

Ronja pflegte Julie mit stoischer Gelassenheit, und allmählich, fast unmerklich, begann sich ihr Schützling zu erholen. Dann setzte sich Ronja mit Boris und Katja in Katjas Wohnzimmer zusammen und unterrichtete sie von ihren Plänen. »Zuerst muß ich mich ganz darauf konzentrieren, Julies äußere Erscheinung wiederherzustellen. Um das zu erreichen, muß ich euch bitten, mir freie Hand zu lassen. Wenn mich nicht alles täuscht, widmet ihr ihr viel zuviel Aufmerksamkeit und bestärkt sie dadurch in ihrer Selbstbemitleidung. Außerdem halte ich es für unangebracht, mit ihr zu argumentieren. Morgen werde ich sie aus ihrem Zimmer herunterholen.«

So wurde Ronja der General und Julie, nolens volens, der geplagte Rekrut. Sie gehorchte aufs Wort, blieb aber in ihr persönliches Elend verkapselt. Die Tage vergingen, und ihre Kräfte kehrten zurück, und nun begann Ronja damit, ihre Pfunde herunterzuwirtschaften. Eine schwedische Masseuse kam, straffte die schlaffen Muskeln und kräftigte den zarten Knochenbau, bis Julies Fleisch fester war denn jemals zuvor. Als Lohn für ihre Schwerarbeit erhielt sie eine Scheibe mageren Braten, einen Apfel, ein Blatt Salat, ein Radieschen und Tee ohne Zucker. Diese karge Diät befolgte sie drei Wochen lang.

Eines Morgens, als Ronja Julie wachrüttelte, richtete diese sich im Bett auf, und ihr Blick fiel in den Spiegel auf ihrem Toilettentisch. »Mein Haar sieht fürchterlich aus«, sagte sie leise, aber sichtlich erschrocken. So winzig und unglücklich saß sie da, daß Ronja Gewissensbisse bekam. »Schlaf noch ein Weilchen«, schlug sie vor und zog die Bettdecke wieder herauf. »Ich rufe dich später.«

In ihrem Zimmer setzte sie sich an den Schreibtisch und nahm einen Briefbogen heraus. »Tamara«, schrieb sie, »such deine Kräuter zusammen und braue mir einen Saft, der Julies Haar wieder glänzend macht.« Einen Augenblick lang kaute sie auf dem Ende des Federhalters herum, dann schrieb sie weiter: »Julie hält sehr viel von Prophezeiungen. Der Blonde wird sie heimlich zu dir führen. Sage ihr, daß Igor zurückkommen wird (er wird jeden Tag eintreffen), und rate ihr, so liebevoll zu ihm zu sein, daß er ihr ein neues Kind geben wird.« Durch den Blonden ließ sie den Brief überbringen.

Ronja erwies sich als ebenso gute Wahrsagerin wie Tamara. Als habe sie seine Ankunft heraufbeschworen, erschien Igor am selben Tag, als Julie Tamara aufsuchte. Er kam durch die Küchentür und fand keinen Menschen. Nur der Samowar summte. Der Tisch war für drei Personen gedeckt, Mutter, Vater, Tante Katja ... Von Entsetzen gejagt, hastete er die Treppe empor. Mein Gott! dachte er. Wo sind sie alle?

Mit übermenschlicher Anstrengung gelang es ihm, sich zusammenzunehmen und nicht in Julies Zimmer zu stürmen, sondern statt dessen die Tür behutsam zu öffnen. Julie saß summend vor ihrem Toilettentisch und sah ihn im Spiegel. »Igor!« schrie sie und warf sich in seine Arme.

Igor drückte sein Gesicht in ihr Haar, und sie, die sein Herz klopfen hörte, begann still zu weinen. Es waren die ersten aufrichtigen Tränen der Trauer. Doch ehe ihr Kummer zur lauten, mütterlichen Klage werden konnte, erstickte Igor ihr Weinen mit einem Kuß. Dann trug er sie zu Bett, und dort legten sie sich angekleidet dicht nebeneinander. Ihr Kopf ruhte nach langer Zeit friedlich an seiner kraftvollen, breiten Schulter.

»Mein Gott, wie schön du bist, Julie!« sagte er.

»Und wie mager du bist, Liebling.«

Er lachte vergnügt. »Ich bin nicht mager«, widersprach er. »Ich muß mich nur dringend rasieren.«

»Igor«, begann Julie bedrückt, zögernd.

»Sprich nicht davon, Julie, Es war ein böser Traum.«

Ein ängstlicher Ausdruck trat in ihre Augen. »Das darfst du nicht sagen, Liebling. Es könnte Unglück bringen. Unser Sohn muß Wirklichkeit sein, denn Tamara hat in ihrer Kristallkugel gesehen, daß er noch einmal geboren wird. Zweimal geboren, weil er auch zweimal gestorben ist. Wirklich! Sie hat meine Hand angeschaut und außerdem noch im Teesatz gelesen. Und dann noch eine ...

eine Stimme herbeigerufen. Und immer war es das gleiche Ergebnis.«

Froh, daß Julie Frieden gefunden hatte, unterdrückte Igor ein Lächeln. Und Julie, beinahe erschrocken über ihren eigenen Mut, erzählte: »Ich bin auf ganz seltsame Weise zu Tamara gekommen. Mutter Ronja hatte mich allein auf der Wiese gelassen, damit ich ruhen und mindestens eine Stunde in der Sonne liegen sollte, bevor ich wieder nach Hause ging. Als sie fort war, habe ich Gänseblümchen gepflückt, weil ich eine Kette daraus flechten wollte, und da ist auf einmal der Blonde gekommen.«

Igors Grübchen waren unwiderstehlich. »Und du hast niemandem ein Sterbenswörtchen davon verraten, daß du bei Tamara warst?«

»Keiner Menschenseele.«

Er zog sie an sich. »Bei mir ist dein Geheimnis sicher, das verspreche ich dir«, sagte er.

Julie machte sich los. Sie mußte ihre Beichte beenden, ehe sie sich dem herrlichen Gefühl seiner Nähe hingeben konnte. »Ich muß es dir sagen, Igor«, erklärte sie.

»Was denn, kleine Julie?«

»Du hast mir einen schönen Sohn gegeben, Igor, Liebster, und ich habe ihn getötet. Ich wollte es nicht. Ich wollte nur, daß er groß und stark wird, und so ist er zu groß geworden, um auf die Welt kommen zu können . . . Bitte, verzeih mir.«

In einer mächtigen Woge brach all seine Liebe zu Julie über Igor herein. »Er bedeutet mir nichts«, flüsterte er zärtlich. »Nur du bedeutest mir etwas.«

»Ist das wahr?«

»Es ist wahr, Julie.«

Sie lächelte. »Wir müssen noch warten, mein Liebster. Ich bin immer noch nicht wieder ganz heil.«

»Ich weiß.« Er sprach leise. Im Zimmer war es still, nur Igors Atem war zu vernehmen, und der ging so schwer, daß er erschrak. Er sprang aus dem Bett. Julie griff nach seiner Hand und sagte: »Ich möchte aufstehen.«

»Übrigens«, fragte Igor lächelnd, »wer hat dich gelehrt, so zu küssen?«

Julie errötete. »Hast du mir was mitgebracht?«

Ihr Mann lachte laut auf. »Nein, du Kindskopf. Ich hatte es zu eilig, zu dir zu kommen.«

Sie führte ihn zum Kleiderschrank. »Such du mir das Kleid aus, das ich anziehen soll. Und dann geh zu deiner Mutter und sag ihr, daß ich von heute an wieder unten essen werde.«

Igor führte ihre Hand an seine Lippen. »Ich werde ein Bad nehmen und mich umziehen«, entgegnete er. »Und dann werden wir beide gemeinsam hingehen und es ihr sagen.«

26

Es war September 1907, und Rußland war wirtschaftlich gesundet. Peter Stolypin, inzwischen zum Ministerpräsidenten avanciert, holte ausländische Firmen ins Land, errichtete Fabriken, hob den Lebensstandard der Bauern und baute auch einige Schulen für deren Kinder. Die heiße Woge der Revolution kühlte ab – sogar die ukrainischen Separatisten verhielten sich still.

Wieder einmal war die Ernte reich, und die Gutsbesitzer am Dnjepr kauften, nicht anders als die Moskowiter und die Wohlhabenden in St. Petersburg, Pelze, Kaviar und Wodka. Was übrigblieb, ließ Stolypin exportieren. In diesem Spätsommer, dieser goldenen, friedvollen Zeit, trafen Ronjas Warnungen auf taube Ohren, und Boris weigerte sich, Huangs Briefe zu lesen. In einem davon ermahnte Huang Ronja: »Die Zeiten sind immer noch ernst und kompliziert. Unter der Oberfläche keimen Krankheit und Übel. Der Glaube Eures Zaren an das göttliche Recht der Könige sprießt, und er wird die kleinen, ihm von der Revolution von 1905 aufgezwungenen Konzessionen widerrufen. Er betet falsche Götzen an – er ist selbst ein falscher Götze. Fliehen Sie!«

Doch jetzt, da Igor zu Hause war, weigerte sich Boris hartnäckiger denn je, das Land zu verlassen. Ja, er besprach sogar mit seinem Komitee, ob er Georgi für die Nationalen Meisterschaften des folgenden Jahres anmelden sollte.

Im ganzen Haus Pirow war nur ein einziger unruhig: Igor. Julie hatte die Rolle der hingebenden Ehefrau abgelegt und sich von ihm abgewandt. Wieder einmal fragte sie ihn vorwurfsvoll, ob er denn dem Kind schaden wolle, das sie im Frühjahr zur Welt bringen sollte. Als der erste Schnee fiel und das Tal weiß überpuderte, wurde es allen klar, daß er, wie früher schon, anderswo sein Vergnügen suchte, und Ronja ließ ihn zu sich rufen.

»Warum mußt du jeden Anstand mit Füßen treten?« erkundigte sie sich.

»Ich ersticke«, gab er verdrießlich zurück.

»Du wirst es eines Tages bitter bereuen, Igor.«

Boris öffnete die Tür und sagte: »Ich dachte, ich hätte dir etwas aufgetragen, Igor.« Igor sah ihn steinern an; dann machte er auf dem Absatz kehrt und ging hinaus. Voll Elend kehrte er zu Julie zurück, denn er hoffte, sie könne seine Qual lindern. Doch diese Möglichkeit verscherzte er sich selber, indem er das Thema anschnitt, das immer wieder den Abgrund zwischen ihnen vertiefte.

»Julie, komm, lassen wir dies alles zurück und gehen wir dahin, wo alles wirklich uns gehört«, sagte er wohl zum hundertstenmal.

»Warte noch, Igor«, bat sie. »Ich trage ein Kind. Ich kann nicht reisen.«

Also ging Igor zu Bett – mit Tolstoi.

Eines Abends führte seine unterdrückte Männlichkeit Igor an das Lagerfeuer der Zigeuner. Sofort aber erschien Tamara, schlug das Mädchen hart über den Mund und sagte zu Igor: »Hinaus! Geh nach Hause, zu Julie, deiner Frau.«

Er wischte sich den Schweiß von der Stirn. »Und du, Tamara, geh zum Teufel!«

Tamara drehte sich eine Zigarette und zündete sie an. »Möchtest du deine Nichte sehen?« fragte sie süß. »Sie sieht dir ähnlich, Igor, nur ein oder zwei Töne dunkler ist sie.« Sie reichte ihm seine mit Zobel gefütterte Jacke und befahl: »Geh!«

Irgend jemand folgte ihm. Er hörte das Knirschen der Schritte im Schnee, wartete und ließ den Blonden herankommen. »Tut mir leid«, sagte Igor, als sie zu zweit weitergingen. »Das war dumm von mir.«

»Alles, was du augenblicklich tust, ist dumm«, versetzte der Blonde ernst. »Warum? Du bist doch kein dummer Mensch.«

»Weil ich mit Julie beinahe am Ende meiner Geduld angelangt bin.«

»Und das bedeutet, daß du unbedingt Boris nachahmen mußt, wenn er auf Ronja böse ist?«

Igor gab das bereitwillig zu. »Wir ahmen ihn beide nach.«

»Ich weiß, aber keiner von uns hat soviel Größe, um damit durchzukommen.« Der Blonde ergriff Igors Arm, und gemeinsam gingen sie weiter, wie zwei vollkommen gleiche Schneemänner. »Du darfst nicht von einem Bordell ins andere ziehen, Igor. Glaub doch nicht, daß du ein Mädchen findest, das dir Befriedigung schenkt. Deine Pflicht ist es, wiedergutzumachen, was du Julie angetan hast. Ihre Schreie in jener Nacht, als sie deinen toten Sohn zur Welt brachte, werden mir in hundert Jahren noch in den Ohren klingen.«

»Warst du dort?« Igor wandte sich seinem Halbbruder zu.

»Ich stand auf ihrem Balkon – die ganze Zeit.«

»Hat sie nach mir gerufen?« fragte Igor scheu.

»Mit jedem Atemzug.« Igor, der wußte, daß der Blonde niemals log, empfand große Freude darüber, daß er gebraucht wurde. »Julie ist so schwer zu verstehen«, sinnierte er. »Durch die Bösartigkeit, die sie in ihrem Dorf erlebt hat, ist sie überängstlich geworden.« Sie waren vor dem Haus angelangt. »Schläfst du hier?« fragte Igor.

»Jede Nacht, seit du ständig unterwegs bist«, erwiderte der Blonde.

»Wir sehen uns morgen früh bei den Pferden«, sagte Igor. »Sehr früh.« Beide lächelten. »Im Krieg, als ich ein Mann war, und in Amerika, wo ich ein freier Mensch war, da war ich dir ähnlicher als mir.«

Er sprang die Treppe hinauf, immer zwei Stufen auf einmal nehmend. In ihrem Zimmer stand Julie am Fenster und sah den Schneeflocken zu, die in der Luft tanzten und wirbelten. Ihre Figur war immer noch schlank, und in ihrem langen Flanellnachthemd wirkte sie rührend jung. Aufmerksam stellte sie fest, daß Igor gelassen und heiter war, und dankte dem Himmel dafür. Ronja hatte ihr geraten, keine Szenen heraufzubeschwören, solange sie Igor die ehelichen Rechte verweigerte.

»Wie schön, daß du kommst«, sagte sie. »Ich fühle mich so einsam, wenn ich ganz allein in dem großen Bett schlafen muß.«

In seiner übergroßen Erleichterung zog Igor sie an sich und nahm sie sanft in den Arm. »Das hättest du mir schon viel eher sagen sollen«, flüsterte er. »Ich dachte, du wärest lieber allein.« Er beugte sich hinab und küßte sie auf den Scheitel.

Ehe sie einschliefen, friedlich nebeneinander in ihrem gemeinsamen Bett, sprach Igor leise von seinen Hoffnungen und Träumen. »Meine kleine Julie«, sagte er, »ich werde gut für dich sorgen. Sobald du nach dem Wochenbett wieder reisen kannst, nehme ich dich und unser Kind mit nach San Francisco. Aber wir werden dort nur zeitweise leben; ich möchte häufig auf meinem Berg arbeiten, denn ich will nicht, daß unsere Kinder nur die gepflasterten Straßen und den unaufhörlichen Lärm der Stadt kennenlernen.«

Julie antwortete nicht. Sie atmete ruhig, aber insgeheim schwor sie sich: »Ich werde eher sterben, als dieses Haus verlassen und in ein fremdes Land gehen!«

Eines Tages im April, als die Blätter der Bäume eben grün zu werden begannen, als die Wiesen voller Knospen standen, drängten sich in Hochwürden Tromokows Kirche mit ihrem kleinen Zwiebelturm Bauersfrauen und rotwangige Landmädchen, die den Innenraum bis in den hintersten Winkel mit weißen Blumen schmückten. Die Juden, fröhlich, sobald keine Beschuldigungen gegen sie erhoben wurden, zündeten ihre Kerzen an, sangen ihre Gebete und feierten die Heilige Stunde mit geweihtem roten Wein. Es war der Abend vor Ostersonntag und Pessach – der Abend des ersten Seder.

Igor war bei Julie in ihrem gemeinsamen Zimmer, als die Wehen begannen; er wußte später nicht, wie seine Beine es geschafft hatten, ihn zu Ronja zu tragen. Wie ein rasender Stier stürmte er zu ihr hinüber und gleich wieder zu Julie zurück, die immerfort schrie: »Mein Rücken! Ich halte es nicht mehr aus – mein Rücken tut mir so weh!« Sie packte Igors Hand und stöhnte: »Hol ...« Doch ehe sie weitersprechen konnte, waren schon alle gekommen – Ronja und Boris. Igor ließ kein Auge von seiner Mutter, die ruhig befahl: »Sie muß aufbleiben. Sie muß sich bewegen.« Ronja war vollkommen beherrscht, während sich Julie voll Schmerzen und Furcht an den Bettpfosten klammerte und sagte: »Nein, nein. Ich kann nicht! Ich halte es nicht mehr aus!«

Ronjas Stimme war unerbittlich. »Sei still, Julie, atme tief durch und nimm dich zusammen. Das Gejammer erschöpft nur unnötig deine Kräfte.«

Statt dessen klammerte sich Julie an Igor. Igor sah Ronja an. Ronja sah Boris an. Boris sagte: »Bring sie zu Bett«, gerade als Lydia die Tür öffnete und den Kopf hereinsteckte. »Der Blonde ist fort, den Doktor holen«, sagte sie, und Boris runzelte die Stirn. Er würde zu spät kommen.

Die nächsten drei Stunden lang quälte sich Igor weit mehr als Julie. »Um Himmels willen nicht ohnmächtig werden!« befahl er sich stumm, und laut weinte er: »O Gott, bitte, verschone Julie – bitte!« Zwischen den Wehen war Julie schläfrig und entspannt. Ganz anders hingegen Igor. Er war entsetzt, ja sogar wütend, als er sah, wie Julie sich weigerte, seiner Mutter und seinem Vater zu helfen. Dieses Baby jedoch war so bereit, geboren zu werden, daß es ihrer Hilfe gar nicht bedurfte. Gegen ihren verkrampften Widerstand schob es den Kopf durch Julies Beckenboden. Zoll um Zoll kam es vorwärts. Als es sich ganz herausgekämpft hatte, legte Boris seinen großen Finger unter das winzige Kinn, und dann ließ er es mit dem Kopf nach unten frei in der Luft hängen. Mit einem explosionsartigen Schrei füllte das Kind seine Lungen und schlug die Augen auf.

Boris hielt sein Enkelkind hoch, damit Julie es sehen, damit sie den wohlgeformten Kopf mit dem goldenen Flaum bewundern konnte. Doch Julie war völlig entspannt in den Schlaf hinübergeglitten und schnarchte leise. Und für Igor war dieses Kind lediglich der Anlaß für Julies übermenschliche Tortur.

Erst nachdem der Arzt gekommen und wieder gegangen war, schlug Julie die Augen auf und verlangte: »Gebt mir meinen Sohn.«

Igor streichelte ihr feuchtes Haar. »Wir haben eine Tochter, Julie.«

»Sie ist wunderschön.« Boris nahm das Baby aus seiner Wiege, aber Julie konnte es nicht sehen: Ihre Augen waren blind von Tränen. »Sie soll Rachel heißen«, sagte sie nur und wandte sich ab. Igor fiel neben dem Bett auf die Knie und sagte: »Es ist doch ganz gleich, ob es ein Mädchen ist oder ein Junge.«

Ronja wagte kein Wort zu sprechen, aus Angst, ihre Stimme werde versagen. Boris legte ihr seinen Arm um die Schultern und sagte: »Komm mit, mein Täubchen.« An der Tür blieb er noch einmal stehen und wies Lydia an: »Laß die Wiege in das alte Kinderzimmer bringen.« Und so schritt Boris mit Rachel auf dem einen und Ronja an dem anderen Arm den Flur entlang. Rachel lag so winzig, so warm an seinen riesigen Körper geschmiegt, daß Boris sofort sein ganzes Herz an sie verlor.

Das war eine wundervolle Nacht für Boris und Ronja. Behutsam legten sie ihre Enkelin im Kinderzimmer in ihre Wiege, aßen frühzeitig zu Abend und gingen gleich danach glücklich zu Bett, wo sie noch lange über das Wunder sprachen, das ihnen und ihrem Hause zuteil geworden war. Sie verspürten keine Bitterkeit darüber, daß Julie ihre entzückende Tochter ablehnte – sie hatte sich so verzweifelt einen Sohn gewünscht.

Noch ehe Ronja erwachte, ging Boris schon aus dem Haus und kehrte mit einem kleinen Welpen zurück. Die Tür zum angrenzenden Kinderzimmer stand offen, und einen Augenblick überlegte er, ob er das Hundebaby dort hineinlegen sollte, mitten unter die Wiege. Aber der Anblick der schlafenden Amme, die breitbeinig in ihrem Schaukelstuhl lag, hielt ihn zurück. Himmel, dachte er, während er seine schlafende Frau betrachtete, was bin ich doch für ein Glückspilz! Ich weiß noch, wie diese Kuh ein reizendes junges Mädchen war. Ronja aber, die Wange in eine Hand geschmiegt, das dunkle Haar über das Kissen gebreitet, war so lieblich, daß ihm das Herz weh tat. Sie hatte während der Nacht die Decke abgestreift, und er konnte durch den pastellfarbenen Crêpe de Chine die vollendet schönen Umrisse ihres Körpers sehen.

Beruhigend streichelte er das zappelnde Bündel in seinem Arm und legte es neben Ronja. Auf ihrem Frisiertisch hinterließ er einen Zettel: »Er heißt Belschik, ist ein reinrassiger sibirischer Schlittenhund, und ich habe ihn seit Wochen trainiert. Er kann beinahe sprechen und weiß, daß er Rachel gehört. Sag ihm, daß du Ronja bist.«

Der Sekundenbruchteil, den Boris brauchte, um aus dem Zimmer zu kommen, genügte, um seinem beruhigenden Einfluß auf Belschik die Wirkung zu nehmen. Ronja erwachte, weil eine feucht-warme Zunge ihr Gesicht untersuchte.

»Ja, guten Morgen!« lachte sie. »Willst du mir sagen, woher du kommst?« Als Antwort hopste das Hundebaby vom Bett herunter und trottete quer durch das Zimmer und durch die offene Tür. Vom Bett aus konnte Ronja sehen, daß er sich unter der Wiege ausstreckte, als sei das genau der Platz auf Erden, der ihm bestimmt worden war.

Nun, da die Pirows eine neue Prinzessin hatten, begann im Haus ein geschäftiges Treiben. Denn sieben Tage lang folgten sie alle, sogar der Blonde, einem uralten von Glasmanschen Brauch und gaben Almosen an die Armen, wohltätige Spenden an Krankenhäuser, Kirchen und Synagogen. Körbe voll ausgewählter Delikatessen wurden an Freunde und Bekannte verteilt, und sogar neu Zugezogene und Besucher aus Kiew brauchten nur an der Tür zu erscheinen, um sogleich mit Geschenken empfangen zu werden. Auch für einen Sohn hätte nicht mehr getan werden können. Die Geburt eines neuen Menschen war immer ein Anlaß zur Freude, und dem Dank dafür wurde durch freundliches Geben Ausdruck verliehen.

Julie blieb während dieser Woche im Bett und ruhte sich aus; aber sie konnte doch lange genug aufstehen, um sich ein herrliches neues Kleid anmessen zu lassen. Abgesehen davon und von der Tatsache, daß sie ihrem Dorf ein Geschenk übersandte, nahm sie allerdings von der Existenz ihrer Tochter keine Notiz. Ronja schickte Tamara einen Brief und lud sie darin zu der Feier ein, die am Ende der Woche stattfinden sollte. Außerdem bat sie die Zigeunerin um eine Prophezeiung, die Rachel in den Augen ihrer Mutter herausstreichen würde. »In ihrer Vorstellungswelt«, so schrieb sie weiter, »gibt es nur Söhne.«

Tamara antwortete:

»Ronja,

morgen bei Sonnenuntergang werde ich Rachels Zukunft voraussagen. Ich werde sie wahrheitsgemäß voraussagen.

Aber Dir, Du Göttin, die einem Gott angehört, sage ich dieses: Du hast zwei Enkelinnen – meine, die namenlose, und Rachel. Die eine Kusine kann dem Schicksal der anderen nicht entrinnen.

Tamara«

Ronja antwortete sofort:

»Tamara,

meine Weissagung lautet anders: Für Deine Enkelin das Zigeunerlager. Für meine – Amerika.

Ronja«

»Ich warne Dich«, schrieb Tamara daraufhin. »Laß diesen Wahnsinn. Ich, die ich vertraut bin mit Himmel und Hölle, ich weiß es und wiederhole es: Boris wird hier den Tod finden.«

»Ich verabscheue Deinen Unsinn aus tiefstem Herzen«, lautete Ronjas Antwort. »Darum mache Deine Weissagung für Rachel glaubhaft. Ich bitte Dich nicht – ich befehle!«

Am achten Tag nach Rachels Geburt hatte das Gut sein schönstes Festgewand angelegt. In den Bäumen schaukelten Lampions, überall waren, fertig zum Anzünden, Kochfeuer gelegt, und auf dem Rasen vor dem Haus war eine hölzerne Plattform errichtet, auf der Akrobaten und Artisten ihre Kunst zeigen sollten. Boris hatte entdeckt, daß sich ein Clown, der ganz Europa zu Begeisterungsstürmen hinriß, gerade in Kiew befand, und ihn für das Fest engagiert. Und dann war natürlich ein Pirowsches Fest undenkbar ohne Pferde in der einen oder der anderen Form: Diesmal sollten Ponys zwischen dem Haus und den Ställen hin- und hertraben, auf denen die Kinder reiten konnten.

Katja und Alexis, die einen ausgeprägten Sinn für wirkungsvolle Auftritte hatten, baten die Zigeuner, ihre bunten Wagen mit den roten, grünen und gelben Rädern unter den Bäumen zum Halbkreis aufzufahren und ein improvisiertes Freilufttheater zu bilden. Im Haus füllten die Brusilows alle Räume mit Blumen und Girlanden und räumten die große Halle und das Wohnzimmer aus, um Platz zu schaffen für das Bankett und den Ball. Auf den Tischen türmten sich Preise für die besten Walzertänzer, die tüchtigsten Trinker. Überall wimmelte es von Gästen, und jedermann konnte nach Belieben kommen und gehen, teilnehmen oder zuschauen.

Normalerweise hätte Ronja an einem Tag, der von Mittag an so anstrengend zu werden versprach, den Morgen damit verbracht, sich auszuruhen und zu entspannen. Heute jedoch erwachte sie schon, als es gerade erst hell wurde. Sie stand auf, zog die Vorhänge zurück und sah, daß der Himmel wolkenlos war und der Garten strahlend im ersten Tageslicht lag. Kein Laut war zu hören, nur im Nebenzimmer ging die Amme auf und ab. Ronja nahm ihren Morgenmantel und verschwand im Badezimmer, wo sie ein köstlich parfümiertes Bad nahm, sich die Zähne putzte und die Haare richtete. Dann ging sie über den Flur.

»Es ist sieben Uhr«, sagte sie leise. »Nun tu nicht, als ob du noch schläfst.«

Boris öffnete ein Auge. »Ich tue nicht so. Ich betrachte, was mir gehört, und weißt du, was ich sehe? Eine Jägerin. Ich sehe . . .« Doch was er sah, blieb ungesagt, denn Ronja war zu ihm ins Bett gekrochen.

Sie zog ihren Morgenmantel über die Füße. »Ich muß mit dir sprechen.«

Boris grinste vergnügt und dachte, den Teufel mußt du!

»Hörst du mir zu?«

»Nein.«

Daß sie ungerührt weitersprach, war eine kalte Dusche für seinen Stolz und sein Verlangen nach ihr. »Tamara und ich haben uns gestern ein bißchen mit Steinen beworfen. Die und ihre verdammte Wahrsagerei! Früher, als wir noch Kinder waren, haben wir immer ein Spiel gespielt: wer von uns beiden am besten wahrsagen konnte. Wir suchten uns irgendein leichtgläubiges Opfer und schworen, daß unsere Botschaften von Tamaras Mutter stammten. Wir haben die armen Teufel beinahe zu Tode erschreckt. Gestern nun versuchte sie wieder . . .«

Boris knurrte: »Jetzt hörst du mir mal zu! In unserem Bett ist kein Platz für Tamara. Und auch nicht für Huang. Schlag dir endlich diese verflixte Zigeunerhexe aus dem Kopf – oder jag sie von deinem Besitz. Ich werde nicht dulden, daß sie sich immer wieder in unser Leben drängt. Das ist mein letztes Wort, Ronja.« Sie legte sich zurück, das dunkle Haar auf dem Kissen, und schien belustigt über seinen hitzigen Ausbruch. Sie sah schlank und reizend begehrlich aus. »Hören wir auf damit«, bat Boris beschämt.

»Du hast vollkommen recht, Boris«, sagte Ronja liebenswürdig. »Ich bin zu dir gekommen, um deine Liebe zu suchen, und als ich die Tür öffnete, fand ich dich schon bereit. Aber dann sahst du mich an, und da fühlte ich mich auf einmal nackt – allzu schnell. Ich mußte an meinen Traum denken. Seit Igor zurück ist, hast du deine ganze Schönheit dazu benutzt, mich hier an unser Land zu binden, hast unsere Liebe so herrlich gemacht, als wolltest du mich fragen, wie ich es übers Herz bringen könnte, dich zu verlassen. Die Antwort, die du erwartest, lautet natürlich, daß ich es nicht übers Herz bringen kann. Liebster, ich weiß, was du willst, und ich sage dir jetzt und hier, daß ich es kann!«

Mit unheimlichem Geschick hatte sie mitten ins Schwarze getroffen.

»Mein Liebling«, fuhr sie fort und sprach das aus, was ihnen beiden am Herzen lag, »immer haben wir uns nach einem Streit im Bett versöhnt. Aber jetzt habe ich Angst. Boris, wenn unsere Liebe dem Alter weichen muß, wie werden wir unsere Differenzen beilegen? Ich habe geträumt ...«

»Was hast du geträumt, Ronja?«

»Ich habe geträumt, daß du mich nicht mehr ›mein Täubchen‹ nennst, sondern ›mein Großmütterchen‹.«

Boris brüllte vor Lachen, verstummte aber, als er sie ansah. Sie hatte das Kinn in die Hand gestützt und blickte mit einem Ausdruck auf ihn herab, daß er den Atem anhielt. Sie preßte ihren Mund auf seine vollen Lippen und schloß die Augen vor dem Glanz seines Haares. Und Boris gab ihr das Vertrauen in ihre Jugend zurück.

Ein wenig später sagte Ronja: »Boris, ich kann den Gedanken an Tamara nicht loswerden. Und ich kann sie auch nicht von meinem Besitz vertreiben. Aber wir könnten gehen.«

Er schüttelte den Kopf. »Du redest zuviel, mein Großmütterchen. Sei still und hör zu.« Draußen vor dem Haus sangen die Bauern zu dem Gitarrenspiel der Zigeuner.

Als die Sonne hoch am Himmel stand, trug Igor Julie nach draußen. Von einer Chaiselongue aus, warm in eine seidene Steppdecke gepackt, sah sie zu, wie sich die Gäste versammelten, wie in ununterbrochener Folge die Kutschen vorfuhren. Auf einmal richtete sie sich erstaunt auf, deutete mit erhobenem Arm zur Einfahrt hinüber und rief laut über das Stimmengewirr hinweg: »Ronja, Mutter Ronja – sieh doch nur!« Ronja sprang auf und war so verblüfft von dem, was sie sah, daß sie nun ihrerseits rief: »Boris!« Alle drei schauten sprachlos zu, wie Rabbi Lewinsky aufs Haus zukam und hinter ihm alle Juden von Kiew. Boris, der Ronja hinter sich vermutete, schritt die Stufen der Freitreppe hinab, um ihnen entgegenzugehen; doch als die Juden ihm in ihrem Singsang den

Gruß zuriefen – *»masal tow, masal tow, Gospodin Pirow!«* – merkte er, daß sie verschwunden war.

Kurz darauf fand er sie ausgestreckt auf dem Bett weinend. Zum erstenmal in ihrer Ehe war Boris unsicher. Er hatte Ronja nur weinen sehen, als David, ihr Vater, gestorben war, als sie David, ihren Sohn, begruben, und als sie die Leiche von Julies Baby in ihr kleines Grab betteten. Sie hatte nicht einmal geweint, als der Blonde geboren wurde, obwohl sie an jenem Tag ganz benommen vor Kummer gewesen war.

Er hob sie vom Bett und trug sie zu seinem Lieblingssessel. Dort blickte er über ihren Kopf hinweg auf das helle Grün der Bäume, hielt sie fest und schwieg lange. Als sie endlich ruhiger wurde, bat er: »Wasch dein Gesicht, mein Täubchen, sonst erregt unsere Abwesenheit noch mehr Aufsehen als Rachels Anwesenheit.«

Durch den Schleier ihrer Tränen lächelte Ronja zu ihm auf. »Willst du mich denn nicht fragen, warum?«

»Ich weiß, warum. Zum erstenmal, seit du meine Frau geworden bist, wird dein Volk in deinem Haus tanzen. Und warum sollten sie auch nicht kommen? Julie gehört zu ihnen, noch nicht einmal eine Generation vom Stamm entfernt. Und Igor hat sich ihre Dankbarkeit an jenem Tag erworben, als er sich vor seinen Freund Duvid stellte und dessen Peiniger tötete.«

»Nein, Liebling, du irrst dich«, widersprach Ronja. »Julie und Igor haben nichts mit ihrem Kommen zu tun – außer natürlich dadurch, daß sie Rachel zur Welt gebracht haben. Nein, die Juden sind hergekommen, um mir zu sagen: ›Wir schämen uns deiner nicht länger, Ronja von Glasman, weil du einen Tataren geheiratet hast. Darum sind wir gekommen, um euch zu sagen: *masal tow*, Ronja Pirow, *masal tow*, Boris Pirow.«

»Und darüber bist du so glücklich, daß du weinen mußt? Wieso?«

»Weil die Juden das auserwählte Volk Gottes sind«, sagte Ronja.

Die Sonne ging unter; riesige Kessel hingen, bereit zum Kochen der Hühner, neben den Spießen, an denen die Schweine brieten. Der Augenblick war gekommen, und die Festgäste wußten es. Sie ließen das Kochen, das Trinken und das Vergnügen im Stich und reichten sich die Hände, Christ neben Jude, auf allen Pfaden, allen Wandelgängen, auf dem grünen Rasen, neben jedem Busch und jedem Baum. Und dann erschallte der Ruf: »Wir wollen Rachel sehen!«

Lydia kam aus dem Haus, das winzige Wesen, ganz unter Rüschen und Spitzen verborgen, auf ihrem Arm. Feierlich legte sie Julie die Tochter auf den Schoß. Von den Zuschauern kam kein

Laut, so daß Julie fast meinte, sie müßten alle das Klopfen ihres Herzens vernehmen.

Nun trat Tamara vor und stieg die Freitreppe herauf. Das war der Augenblick, auf den sie alle gewartet hatten, und sie seufzten leise, daß es wie Frühlingsrauschen klang. Boris, der links von Julie stand, trat vor und rückte für die Zigeunerin einen Sessel herbei, aber sie dankte ihm nicht, sondern nahm schweigend Platz und versenkte sich in ihre Rolle als Prophetin. Tamara betrachtete Rachel mit nachdenklichem Blick, und Rachel, die geborene Dame von Stand, erwiderte Tamaras Blick gelassen, die goldenen Brauen emporgezogen. Minuten schienen zu vergehen; dann erhob sich Tamara, die in ihrem Zigeunergewand wie eine Göttin aussah, und sagte dreimal: »Gesegnet.«

Unter den Zuschauern entstand erwartungsvolle Bewegung. »Vom Schicksal erwählt«, deklamierte Tamara, »von einem Adler beschützt, vom Gesang einer Mutter gewiegt. Rachels Weg ist vom Schicksal bestimmt. Dieser Tag gehört Rachel.«

Und alle, die Gläser hatten, hoben sie empor. Die Christen riefen: »Lang lebe Rachel!«, die Juden: »Lang lebe das Leben!« und alle zusammen: »Mögen wir auf ihrer Hochzeit tanzen!«

Tamara nahm Julie das Baby vom Schoß und hielt es in die Höhe, damit alle es sehen konnten. Dann gab sie es der Mutter zurück und begann abermals zu sprechen. »Ich, die Königin der Zigeuner, schenke dir, Rachel, der Tochter dieses Hauses: Lachen!« Hochrufe stiegen in die Luft.

Als es wieder still geworden war, sagte sie zu Julie: »Du darfst der Königin drei Fragen stellen.«

Strahlend vor Freude über Tamaras wunderbares Geschenk, fragte Julie: »Königin Tamara, wie wird Rachel sein?«

»Sie wird einem jeden von uns ein wenig ähnlich sein. Und darum ganz anders und einzigartig.«

Flehend stellte Julie die zweite Frage: »Königin Tamara, werden ihre Augen so dunkel wie Igors sein?«

»So schwarz wie Igors. So scharf wie Ronjas.«

Nachdem sie nun zwei von der Mutterliebe diktierte, dumme Fragen gestellt hatte, suchte Julie angestrengt und verzweifelt nach einer, die ihr die Zukunft ihres Kindes enthüllen würde. Da sagte Igor, der rechts neben ihr stand: »Laß mich die dritte Frage stellen.«

»Ist das gestattet?« erkundigte sich Julie bei Tamara.

Tamara begegnete Ronjas Blick. »Stelle die dritte Frage«, befahl sie Igor.

»Wer ist der Adler, der über Rachel wacht?«

Tamaras Gesicht wurde dunkel. »Wiederhole deine Frage. Korrekt!«

»Königin Tamara, wer ist der Adler, der über Rachel wacht?«

»Ein starker Adler, ein herrlicher Adler, ein Adler, der dem Volk gehört. Ein Adler, dessen Glanz durch keinen Flecken getrübt ist.«

Der Zauber und das Geheimnis waren vorbei, und die Stimmen wurden wieder lauter. Die Gäste drängten bunt durcheinander. Boris, aufs höchste belustigt, flüsterte Ronja zu: »So, so, mit ein paar kleinen Steinen habt ihr euch beworfen! Meine Süße, es waren ganze Felsbrocken! Und sie hat den größeren geschleudert.«

Dies alles jedoch entging Julie, die hocherfreut über die Prophezeiung war. In ihrem begrenzten Wortschatz gab es nur einen einzigen Adler: Boris.

27

»Rachel ist keine Prinzessin. Sie ist meine Tochter, und ich werde sie mit nach Amerika nehmen. Mach dich reisefertig, Julie!« Igors schwarze Augen funkelten.

»Ich habe keine Milch.« Julies blaue Augen blickten angstvoll. »Du kannst deine Tochter nicht mitnehmen.«

»Laß mich ein Mann sein, Julie! Glaube an mich. Vertraue mir. Wage einmal einen Einsatz auf mich.«

Sie aber bettelte: »Bitte, Igor, gib dich zufrieden! So ein Haus! So eine Familie! So ein Land! Boris, unser Vater, macht die Ukraine sicher und stark. Stolypin hat den Juden die Gleichberechtigung versprochen. Die Kosaken bleiben friedlich in ihren Dörfern. Siehst du denn nicht ein, daß die Gründe zum Hierbleiben deine Vorwände zum Auswandern überwiegen? Es gibt hier so vieles für dich zu tun. Und bald kommt auch Georgi nach Hause. Außerdem sagst du doch immer, daß du jedesmal Sehnsucht nach dem Blonden hast, wenn du fort bist.«

»Es ist hoffnungslos, Julie.« Igor beharrte auf seinem Standpunkt. »Nichts wird sich wirklich ändern. Nie. Alles gehört ihm: die Pferde gehören ihm, meine Mutter gehört ihm, sogar ihr, du und Rachel, gehört ihm. Und das Recht, alles aufs Spiel zu setzen und uns allen den Fluchtweg zu verbauen, das hat er auch.«

»Igor Pirow«, entgegnete Julie streng, »so etwas sagt man nicht.

Das ist schlecht von dir. Ich habe gesehen, wie er dich anschaut, wenn er zu dir sagt, Igor, mein Sohn, und du dich abwendest.«

Julie war froh, daß sie auf einem Nebenweg am Flußufer waren, wo niemand sie hören konnte, denn Igor schrie los: »Und wenn schon! Dein großer Held! Aber du hast sein Gesicht nicht gesehen, als ich ihn zum erstenmal im Stall mit einem Mädchen überraschte. Oder das Gesicht, das der Blonde machte, als er ihm das Wort Bastard entgegenschleuderte. Oder wie Tamara sich vor ihm zu Dreck erniedrigt, wenn sie betrunken ist.«

»Ach, Igor, hast du kein Mitleid mit deinem Vater? Ihm war es nicht vergönnt, eine jüdische Mutter zu haben. Wenn er Sünden begangen hat –« sie konnte es sich eigentlich nicht vorstellen –, »kannst du sie gutmachen. Komm mit mir in die *schul* und bete.«

Igor stöhnte: »Um Himmels willen, Julie, laß uns umkehren und nach Hause fahren!«

»Du sollst nicht fluchen«, sagte sie überheblich.

Julie vergaß. Igor nicht. Als sich das gelbe Korn im Spätsommerwind neigte, bat er sie abermals. Wieder wollte sie nichts davon hören. Es gab kein gemeinsames Lachen zwischen ihnen, und Igor kehrte voll schwarzen Zorns zu den Dirnen zurück. Schließlich hielt Ronja die Zeit für reif und schickte nach Igor.

»Mein Sohn«, sagte sie, »du bezahlst einen hohen Preis für Julies Dickköpfigkeit. Geh nach Amerika und bleibe dort.«

»Und Julie?«

»Die wird gezwungen sein, nachzugeben.«

»Und Boris?«

»Ich werde Mittel und Wege finden.«

»Wann, Mutter Ronja?«

Sie trommelte mit den Fingern auf der Armlehne des Sessels. »Wenn der Zar tut, was die Kaiserin und Rasputin verlangen.« Sie hob den Blick und sah ihn spöttisch an. »Jawohl, Igor, auf deinen Zaren kannst du dich verlassen. Er ist ein großer Mann, ein kluger Mann, er ist den Revolutionären eine wertvolle Hilfe – er wiegt Millionen von Lenins auf. Unser Zar gehört auf die Bühne, gehört in eine Komödie.«

»Angenommen«, fiel Igor ihr ins Wort, »Vater weigert sich, fortzugehen. Wegen des Fluches.«

»Davor habe ich keine Angst.« Ronjas Worte klangen stolz. »Ich habe ihn schon einmal vor die Wahl gestellt. Wenn es soweit ist, werde ich es wieder tun.«

Ronja hatte zuversichtlich gesprochen, innerlich aber war sie zerrissen. Sie wußte, wie sehr Igor an Julie und Rachel hing, fürchtete sich aber, in dieser Hinsicht etwas zu unternehmen. Nur ihren Sohn wollte sie retten. In seiner Hand lag die Zukunft, und sie begann, diese Zukunft für ihn vorzuzeichnen. »Verbringe dein Leben in Kalifornien nicht damit, ein dilettantischer Pferdezüchter zu sein. Werde ein nützlicher Bürger. Baue ein wertvolles Haus für Julie, mit Gärten und einem schönen Gestüt. Wähle dir Freunde, unter denen sich Julie wohl fühlen kann. Sie muß dort glücklich werden.

Wenn du das alles getan hast, gib mir Nachricht; dann werde ich dir Julie und Rachel bringen. Und, Igor, wenn du Hilfe brauchst – mein Geld gehört dir.«

An diesem letzten Abend zu Hause stand Igor in ihrem gemeinsamen Schlafzimmer vor dem Bett, auf dem seine Frau lag, und sagte: »Ich gehe fort, Julie, und komme nie zurück. Nie mehr. Verstehst du?«

»Ich verstehe nur, daß du niemals zufrieden bist. Kaum hast du etwas, da willst du schon wieder etwas anderes haben.«

Müde schüttelte er den Kopf. »Danke, Julie. Das war ein hübsches Kompliment.«

»Es ist meine Pflicht, dir die Wahrheit zu sagen.«

Es ist auch ihre Pflicht, mein Leben zu teilen, dachte Igor verbittert. Aber das hatte er ihr so oft und mit so wenig Erfolg gesagt, daß er jetzt lieber schwieg. Vielleicht konnte er sie mit seinem Körper überzeugen. Am Morgen jedoch sagte Julie verkniffen: »Ich werde dieses Haus nie verlassen.«

Zu seiner Überraschung entdeckte Igor, daß er nach seinem Vater suchte. An diesem letzten Tag daheim verlangte es ihn, noch einmal mit ihm zu sprechen. Boris, der eben sein Frühstück beendete, als Igor ihn fand, ging ihm voraus in die Bibliothek.

»Ich würde lieber im Stall mit dir sprechen«, protestierte Igor.

»Da ist es zu unruhig«, entgegnete sein Vater. »Komm, reiten wir in den Wald. Es ist ein wundervoller Tag.«

Eine Stunde darauf hielten sie auf einer Felsenklippe hoch über dem Dnjepr und saßen ab. Sie banden die Pferde an und setzten sich, den Rücken an den Stamm eines schönen, alten Baumes gelehnt.

Boris sagte: »Wenn es nur Rastlosigkeit ist, Igor, dann fahre nur, aber komm wieder.«

»Ja, es ist Rastlosigkeit«, gab Igor zu. »Aber es ist mehr als nur das. Ich habe Rußland hassen und die Vereinigten Staaten lieben gelernt. Aber es ist auch noch mehr als das. Ich glaube, zum größten Teil bist sogar du es.«

»Soll das ein Vorwurf sein?«

»Nicht direkt. Eher das Eingeständnis eines Versagens.«

»Deines Versagens, oder meines?«

»Verdammt, wenn ich das wüßte!«

Keiner von beiden war dem anderen gram, nur unendlich traurig waren sie.

»Igor«, sagte Boris, »es gibt häufig Konflikte zwischen Vater und Sohn. Deswegen brauchst du nicht zu gehen. Es tut mir leid, daß wir manchmal Gegner und Rivalen sein mußten. Aber vergiß nicht, mein Sohn, daß wir noch häufiger Kameraden und Freunde waren. Und was das Sündigen angeht, ich glaube, da stehen wir einander nichts nach.«

Das war eine außerordentlich gemäßigte Rede für Boris. Charakteristisch aber war für ihn, daß er jetzt aufstand, zu seinem Pferd ging und eine Wodkaflasche aus der Satteltasche nahm.

»Möchtest du einen Schluck?« fragte er seinen Sohn, aber in Wahrheit bot er ihm damit weit mehr an als nur Wodka.

Igor schüttelte den Kopf. »Hast du Feuer?« fragte er. Es war wenig, aber es war immerhin etwas.

Während er rauchte, mußte er sich zusammennehmen, um nicht die alten, besänftigenden Worte auszusprechen, die man ihm mit so lächerlicher Strenge eingebläut hatte – entschuldige, Vater. Er brachte sie nicht über die Lippen, auch wenn er sie gern gesagt hätte, und vor Anstrengung wurden seine Handflächen feucht. So auseinanderzugehen, als Fremde ... Er mühte sich, die Fassung wiederzugewinnen, ein unverfängliches Thema zu finden.

»Wenn ich allein wäre«, sagte er, »würde ich lieber in die Mandschurei gehen. Aber ich kann Julie nicht zumuten, ein solches Leben mit mir zu teilen.«

Die Tür, die zwischen ihnen war, hatte sich einen ganz kleinen Spalt geöffnet.

»Wie sehr liebst du Julie?« Boris holte mit dieser Frage weit aus.

»Wie sehr liebst du meine Mutter?« fragte Igor zurück.

»So sehr?«

»Ja, so sehr.«

Einer plötzlichen Eingebung folgend, fragte Boris: »Ist da eine andere?«

Igor begann zu zittern. Er sah den Mann neben sich an – ein Mann aus Granit. »Sie ist tot«, sagte Boris. »Streich sie aus deinem Gedächtnis. Sie ist eine Krankheit.« Dann herrschte Schweigen, und Igors Gesicht war so vom Schmerz gezeichnet, daß es war, als sei er plötzlich gealtert. »Bevor du das nicht getan hast«, fuhr Boris dann fort, »werde ich dir Julie und Rachel nicht geben.«

Igors Augen standen voll Tränen. Sein Vater hatte ihn verstanden. Und nun legte er bereitwillig sein ganzes Geheimnis in die Hände des großen Mannes. »Ich kann nicht. Sie ist wie ein Strick um . . . um meine Seele. Ich werde sie vor mir sehen, solange ich lebe.«

Mitfühlend sagte Boris: »Du legst dir selber eine sinnlose Strafe auf, Igor. Nur deine Phantasie und die häßlichen Umstände ihres Todes halten Lotus in dir lebendig. Genau wie Ronjas abgrundtiefe Empörung bewirkte, daß Tamara mich über so lange Zeit quälen konnte.«

Igor schien die dunklen Erinnerungen, die Boris gefangenhielten, zu ahnen, denn er fragte: »Wie kommt es, Vater, daß der Blonde, daß Tamaras Sohn ein Heiliger ist, während ich . . . bin, was ich bin?«

Boris senkte den Kopf. »Keiner von euch beiden«, sagte er, als spräche er zu sich selber, »hätte mir einen Vorwurf machen können, der mich bitterer getroffen hätte.« Zum erstenmal in seinem Leben empfand Igor Mitleid mit seinem Vater.

»Wenn du es möchtest, werde ich bleiben«, sagte er.

»Was möchtest *du*, Igor?«

»Ich möchte fort.«

»Dann geh, mein Sohn. Und wenn du an nichts anderes mehr denken kannst als an die Erde deines Vaterlandes, dann komm zurück.« Boris warf seine Zigarette hin und zertrat die Glut mit dem Stiefelabsatz. Er wartete. Igor stieß ein kurzes, trockenes Lachen hervor. »Ich sagte dir doch, daß ich Rußland hasse.«

»Warum?«

»Weil es sich selber verraten hat und weil es den Krieg verloren hat. Weil ich mich schäme. In der Mandschurei sah ich in mir einen Mann. In Amerika sehe ich in mir einen Mann. Hier zwingt man mich dazu, daß ich in mir einen Juden sehe. Ein Kosak niest, und ein Jude zittert. Das macht einen Juden aus mir. Eine unberührte Jüdin wird vergewaltigt. Das macht einen Juden aus mir. Ein Jude wird geschlagen, geht in die Synagoge und dankt dem Herrgott, daß er noch am Leben ist. Und dieser verdammte Feigling macht einen Juden aus mir.«

»Und du bist derselben Meinung wie deine Mutter und Huang, daß Rußland verloren ist?«

Igor zuckte die Achseln. »Das weiß ich nicht. Aber es ist mit Blut besudelt.«

»Darf ich dir einen Vorschlag machen? Erstens möchte ich, daß wir, daß unsere Familie zusammenbleibt. Ich kann nicht fort. Julie, Katja und Alexis wollen nicht fort. Um nun dich und deine Mutter bei uns behalten zu können, müssen Alexis und ich das Unrecht ausrotten und dafür sorgen, daß du es noch einmal mit Rußland versuchst. Ich bitte dich also, uns nicht auf immer Lebwohl zu sagen. Laß mir ein wenig Zeit, daran zu arbeiten. Entweder habe ich Erfolg und kann die Ukraine retten; dann kannst du, dann kann Georgi nach Hause kommen. Oder der Fluch meiner Mutter erfüllt sich, und ich sterbe allein. Bist du mit dieser Regelung einverstanden?«

»Da wählst du dir eine recht unbequeme Methode, um für einen Mißerfolg zu bezahlen«, sagte Igor. »Wäre es nicht vernünftiger, diesen alten Tatarenunsinn ein für allemal zu begraben?«

Boris grinste ihn an. »Merkwürdig«, sagte er im Plauderton, »wie leicht es doch ist, anderen gute Ratschläge zu geben. Ich sagte: ›Vergiß Lotus‹; du sagst: ›Leugne dein Schicksal.‹ Und dann läuft es darauf hinaus, daß wir beide unseren Weg gehen.«

Er machte die Pferde los. »Wann wirst du fahren?« Gewandt schwang er sich in den Sattel.

»Sobald wir zu Hause sind. Der Blonde holt mein Gepäck.«

»Warschau?«

»Nein«, sagte Igor abwesend. »Ich habe es mir anders überlegt. Moskau.«

Noch einmal hielten sie an, ehe sie das Gestüt erreichten – gerade lange genug, daß Igor sagen konnte: »Bitte, Vater, erzähl Julie und Mutter von unserer Abmachung.«

Boris nickte. »Sonst noch etwas?« Sie waren in den Gestütshof eingeritten.

»Achte auf dein Bein, Vater.«

Als der Blonde herauskam, ging Boris davon.

»Wie lange wirst du diesmal fortbleiben?« fragte der Jüngere seinen Halbbruder.

Igor sagte: »Ich weiß es nicht. Ich habe Vertrauen zu Vater, auch wenn ich nicht daran glaube, daß es ihm gelingt, Rußland zu retten. Aber Ronja weiß, wie die Dinge liegen, und meine Abreise paßt in ihre Pläne.«

»Was ist mit Julie? Es ist eine Schande, daß du sie immer wieder allein läßt!«

Igor war auf einmal unendlich müde. Wenn er nur seinen Konflikt mit Boris beigelegt, ihm gezeigt hätte, was er für ihn empfand, ehe er am Abend zuvor mit Julie gestritten hatte! Dann wäre er jetzt zu Hause geblieben. Nun aber war es zu spät. Wenn er jetzt hierblieb, würde er Julie nie, in seinem ganzen Leben nicht mehr verzeihen können.

»Warum willst du nach Moskau?« fragte der Blonde.

Auch diese Frage beantwortete Igor nicht.

»Du bist dein eigener schlimmster Feind«, erklärte der andere. »Weder die Mandschurei noch Amerika werden dir helfen. Komm wieder nach Haus – bitte!« Igor umarmte den Blonden. Dann sprang er in den wartenden Wagen und fuhr davon, ohne noch einmal zurückzublicken.

Der Winter umhüllte das Herrenhaus mit einem weißen Mantel, und das Leben ging weiter wie ein bunter Teppich – scheinbar unverändert. Rachel schlüpfte aus dem Kokon des Babydaseins und entwickelte sich halb zu einem kleinen Teufel und halb zu einem Engel. Sie war das Entzücken der ganzen Familie. Boris, golden und immer noch romantisch, war abgeklärter geworden, sein Wirken in den Angelegenheiten der Provinz erfolgreicher denn je. Er war zur Stimme der Ukraine geworden. Ronja bezauberte ihn noch immer, während Julie mit ihren vielen Ängsten, ihrer wirren Loyalität und ihrer unerschütterlichen Aufrichtigkeit seine ganze Zärtlichkeit weckte. Katja, die häufig zu Besuch kam, rief in ihm den Beschützer wach. Boris sonnte sich in dem Gefühl, in einem Haus voller Frauen der einzige kräftige Mann zu sein.

Tagsüber war Julie liebevolle Mutter und Tochter, Mittelpunkt des Familienkreises. Nachts aber saß sie häufig allein an ihrem Fenster und sang traurige Lieder. Und wenn sie in ihrem dunklen Zimmer einsam auf dem großen Bett lag, weinte sie.

Von Igor kam keine Nachricht.

28

Im Frühjahr 1910 erhielten zwölfhundert jüdische Familien den Befehl, Kiew und Rußland zu verlassen. Dahinter steckte durchaus keine besondere Feindseligkeit. Für den Zaren war es sogar eine ehrenhafte Entscheidung, denn die Zarin und Rasputin verlangten viel mehr. Stolypin waren die Hände gebunden, bis Rasputin seiner Macht beraubt werden konnte. Darin mußte Alexis ihm beistimmen. Es erschien ihm gefährlich, Haß gegen Nikolaus zu säen, der zwar charakterlich schwach, aber nicht böse war. Nein, zunächst galt es, die Flamme zu löschen, die Rasputin war. Erst dann würde der Zar in der Lage sein, der Unterdrückung und der Mißhandlung seines ganzen Volkes, und nicht nur der Juden, ein Ende zu machen.

Doch während es Stolypin gelang, dem Schicksal der Juden gegenüber indifferent zu bleiben – Alexis konnte es nicht. Er ging zu Stolypin, hörte aus seiner Besorgnis aber nur leere Versprechungen heraus.

Als er den Ministerpräsidenten verließ, dachte er, daß es wohl besser sei, Pläne für Katja zu machen.

Bei der nächsten Audienz verkündete Nikolaus II., daß alles zum Besten stehe. »Wir haben die Finanzkrise überwunden«, stellte er voller Genugtuung fest, »und Wir brauchen nicht in den Winterpalast zurückzukehren. In St. Petersburg ist es jetzt wirklich zu anstrengend, wo dieser Stolypin, der nicht einmal von Adel ist, die Duma ständig zur Aktivität antreibt.« Er richtete seinen leeren Blick auf Brusilow. »Stolypin war Ihr Vorschlag, Alexis; darum tragen Sie auch für ihn die Verantwortung. Es ist Unser Vorrecht, die zu entlassen, die Uns mißfallen, und das werden Wir tun, sobald Wir es als Unsere Pflicht ansehen, dieses Vorrecht auszuüben. Warnen Sie ihn.«

Auf der Rückfahrt in die Stadt war Alexis nachdenklich. Vor einem bestimmten Haus verließ er die Kutsche und wurde sogleich eingelassen. Er ging ein Stück den Flur entlang und betrat dann ein kärglich möbliertes Zimmer. Neben einem Marmortisch stand ein Messingbett, auf dem Leitartikel aus Zeitungen und Druckfahnen verstreut waren. Alexis ging weiter, in den benachbarten Wohnraum, wo ein Dienstmädchen gerade damit beschäftigt war, Ruben das Frühstück zu servieren.

»Guten Tag, Graf Brusilow«, sagte Ruben auf deutsch, und Alexis erinnerte sich, daß er hier in St. Petersburg als Redakteur einer deutschen Kleinstadtzeitung auftrat. »Bitte, nehmen Sie Platz.« Das Mädchen stellte das Tablett auf einen runden Tisch mit einer Spitzendecke, und Ruben wies sie an: »Wir möchten nicht gestört werden.«

Kaum hatte sie die Tür hinter sich geschlossen, da legte Ruben Alexis den Arm um die Schulter. »Hallo, mein Freund!« Er zog seine Taschenuhr heraus. »Sie kommen fünfzehn Minuten zu spät. Ich habe mir schon Sorgen gemacht, nachdem ich doch von so weit hergekommen bin, um Sie zu sehen. Wir wollen gleich zum Geschäftlichen kommen. Aber zuerst sagen Sie mir bitte, wie es Frau Ronja geht.«

»Meine schöne Schwägerin ist so schön wie eh und je. Meine gesunde Schwägerin ist wohlauf. Meine dickschädelige Schwägerin ist das reinste Maultier. Aber nun erzählen Sie: Was gibt es Neues von Igor?«

»Er weiß nicht recht, ob er nicht lieber nach Hause fahren soll, und jedesmal, wenn ich aus Rußland komme, fragt er mich, ob sein Vater schon eine Entscheidung getroffen hat. Huang meint, es wäre katastrophal für ihn, wenn er in die Vereinigten Staaten geht und dort zu lange warten muß. Er meint, ob Sie Julie nicht überreden könnten, zu ihm nach Kalifornien zu fahren und dort zu bleiben, bis sich die augenblickliche Lage geklärt hat.«

Alexis trank einen Schluck Kaffee. »Julie ist noch nicht stark genug, um es allein, ohne Ronja, mit Igor aufzunehmen. Die vergangenen Monate, in denen sie nichts von ihm gehört hat, haben sie tief beunruhigt, und sie ist im Moment abhängiger von Boris denn je. Sie und Ronja, wie überhaupt wir alle, wissen zwar, daß er noch nicht nach Kalifornien abgereist ist, aber Julie hat keine Ahnung, daß er sich in der Mandschurei aufhält. Ich habe noch nicht einmal Katja alles zu sagen gewagt, was Huang mir geschrieben hat.«

»Was für ein Mädchen ist Julie eigentlich? Nach dem, was man von Igor hört, gleicht sie natürlich einer Göttin. Ist seine Julie auch eine von seinen Illusionen?«

Alexis war wohl der einzige in der Familie, der geeignet war, Julie objektiv zu beurteilen. »Sie ist ein sehr stilles Mädchen, aber ich würde sagen, sie hat einen besseren Verstand als Igor. Und sie ist hübsch – ungewöhnlich hübsch. Aber es ist weder ihre Intelligenz noch ihre Schönheit, was sie so anziehend macht. Zum Teil ist es ihre Stimme – sie singt wie ein Engel, fast überirdisch. Darüber hinaus ist sie unberechenbar wie ein Kind, mit einer ungewöhnlichen Intuition begabt, leidenschaftlich loyal, schlicht, freundlich und großzügig.

Wenn sie nur ihre Angst überwinden könnte!« Mit kurzen Worten beschrieb er Julies Kindheit. »Das, zusammen mit ihrer fanatischen Anhänglichkeit an das Haus in Kiew und ihrer Sehnsucht nach einem Vater, schafft eine Situation, die, um es gelinde auszudrücken, sehr kompliziert ist.«

»Gott im Himmel!« Ruben warf abwehrend die Hände hoch. »Noch mehr Träume und Illusionen! Wenn ich Ronja wäre, dann würde ich ihr die Krücke Boris wegnehmen und sie zwingen, allein zu Igor zu gehen. Leider bin ich jedoch kein Fachmann für junge

Liebesleute und deren Behandlung . . . Was soll ich also Igor sagen, wenn ich nach Harbin komme?«

»Sagen Sie ihm –« Alexis zählte die Punkte an seinen Fingern ab –, »daß bald eine Entscheidung fallen wird. Er soll bei Huang bleiben oder nach Kalifornien gehen – was immer ihm lieber ist. Sagen Sie ihm, daß es Julie gutgeht und daß ich keinen Vorteil darin sehe, weder für ihn noch für die Familie, wenn er zu diesem Zeitpunkt nach Hause kommt. Er soll Vertrauen zu Boris haben – es wird schon alles gutgehen. Und sagen Sie ihm um Gottes willen, daß er schreiben soll!«

Ruben war verblüfft. »Was, zum Teufel, ist denn mit Ihnen los?« fragte er. »Als wir das letzte Mal miteinander sprachen, waren Sie doch ganz erpicht darauf, daß er nach Kiew ins Land seiner Ahnen zurückkommt.«

»Was mit mir los ist?« Alexis antwortete offen. »Unter anderem denke ich an das traurige Schicksal der Juden von Kiew. Wie ich unseren Igor kenne, könnte ich mir vorstellen, daß er, wäre er hier, zu drastischen und illegalen Maßnahmen greifen würde. Ich will die Reform ohne Revolution. Ohne Mord.

Außerdem, und das ist noch schwerwiegender, wäre Igor durchaus dazu fähig, alles, was Boris erreicht hat, wieder zunichte zu machen. Nach meiner Meinung wird sich in den kommenden sechs Monaten nichts verändern. Boris und ich, wir wollen beide, daß Igor erst wieder nach Hause kommt, wenn Stolypin sein Versprechen gehalten hat, denn dann kann er seine Energie nutzbringend anwenden.«

In Rubens Augen grenzte Alexis' Optimismus an politische Naivität. Er war der Meinung, daß der Zeitpunkt, um Schritte zur Rettung der Familie zu unternehmen, jetzt schon gekommen war – jetzt, bevor die ganze Welt vom Krieg auf den Kopf gestellt und eine Flucht unmöglich gemacht wurde.

»Hören Sie, Alexis, Stolypin kann nicht gewinnen. Ich wäre erstaunt, wenn er auch nur mit dem Leben davonkommt. Euer Zar schaufelt ihm selber das Grab. Aber selbst wenn er dem Märtyrertod entkommt, selbst wenn es ihm gelingt, Rasputin nach Sibirien zu verfrachten, kann er keine goldenen Tore öffnen. Wenn ihr Lenin ignoriert, seid ihr blind. Außerdem sind Rußlands Probleme nicht ausschließlich innenpolitischer Art. Der deutsche Kaiser und Österreich wollen Krieg. Seien Sie vernünftig, Alexis. Sorgen Sie dafür, daß die Pirows das Land verlassen. Arrangieren Sie auf der Stelle ein Asyl für sich selber und Katja. Eure Welt wird in Rauch und Flammen aufgehen.«

Alexis war sichtlich beunruhigt. »Heute«, sagte er, »habe ich außer diesem schon zwei Gespräche geführt, die meine Zuversicht gründlich erschüttert haben ... Aber da ich ein echter Russe bin, schwanke ich immer noch.

Ich weiß, was das deutsche Oberkommando plant und welche riesige Summe der Kaiser in die Bolschewiken investiert hat. Diese Gefahr versetzt mich auch in die Lage, Boris daran zu hindern, daß er einen Bürgerkrieg beginnt. Wenn er der Ukraine die Unabhängigkeit erkämpfte, würde er damit Rußland den Deutschen in die Hände spielen. Ich habe ihm zugeredet, lieber mit Stolypin zu verhandeln, als eine Macht anzustreben, die er auf keinen Fall halten kann. Soviel habe ich erreicht. Aber die Pirows zurückhalten? Unmöglich! Zehn wilde Pferde könnten Ronja nicht halten oder von der Stelle bewegen, wenn sie nicht will. Im Augenblick verhält sie sich ruhig – wegen Boris; vorläufig sind ihr durch ihre eigene Unsicherheit die Hände gebunden. Aber das kann nicht mehr lange dauern. Eine Tatarin als Mutter und Ronjas Grundbesitz, das ist es, was Boris an Rußland bindet.«

Eine Weile schwiegen beide; dann lachte Ruben – ein böses Lachen. »Um die Tatarin zu besiegen, muß Ronja ihren Mann aus Rußland hinausbringen. Das weiß sie, Alexis. Versuchen Sie nicht, ihr das auszureden. Eine teuflische Ironie des Schicksals: Wenn Boris gewinnt, muß er verlieren.«

Alexis ergriff ein Glas Wodka, das Ruben vor ihn hingestellt hatte. Sein Blick war traurig, als er sagte: »Ich möchte mit Ihnen über Katja sprechen.«

»Gut.« Ruben fragte sich, warum Alexis so lange gebraucht hatte, um zum Thema zu kommen. »Jetzt werden Sie endlich vernünftig.«

Alexis lächelte. »Nur für den Fall ...«

»Weiter.« Rubens Miene blieb ernst.

»Falls ich verraten werde oder falls mir zu einem Zeitpunkt, da Katja nicht bei Boris und Ronja ist, etwas zustößt, bitte, gehen Sie zum Erzbischof von Moskau. Dort werden Sie Katja finden; der Erzbischof wird sie Ihnen übergeben. Bringen Sie sie zu Ronja.«

Ruben legte seine Zurückhaltung ab. »Um Himmels willen, Alexis – doch nicht zum Erzbischof von Moskau!«

»Ruhe. Ruhe«, beschwichtigte ihn Alexis. »Nur wenige Menschen erinnern sich noch daran, aber ich dachte, daß Sie zu diesen wenigen zählten. David von Glasmans Tante war die Großmutter des Erzbischofs. Katja wurde nach ihr benannt.«

Ruben stieß einen Pfiff aus. »Donnerwetter!«

»Ein nicht sehr origineller Ausdruck.« Alexis lachte. »Haben Sie sich nie gefragt, warum Hochwürden Tromokow nicht seines Priesteramtes enthoben wurde?«

Ruben verbeugte sich. »Graf Brusilow, ich bin Ihr ergebener Diener. Ich hatte geglaubt, ich wüßte alles über die von Glasmans.« Ruben richtete sich wieder auf und lehnte sich bequem in den Sessel zurück. »Nach meiner Ansicht ist es höchste Zeit für Igor, sich endgültig von Huang zu verabschieden.«

Das hatte Alexis zu hören gehofft. »Sagen Sie Igor«, erwiderte er, »daß die Lage hier noch nicht entschieden ist und daß Boris ihn informieren wird, sobald Klarheit herrscht. Sie können, glaube ich, sagen, daß Julie jetzt nicht mehr ganz dagegen ist, Kiew zu verlassen. Und Rachel gerate nach ihm und besitze eine ganz eigene Schönheit. Ein bezauberndes Kind. Einfach entzückend.«

Die Dämmerung war hereingebrochen. Ruben stand auf, zog die Vorhänge zu und zündete eine Lampe an. Als er sich wieder zu Alexis umwandte, sah er, daß der Graf sich den Mantel anzog. Er wußte, daß Ruben noch viel zu tun hatte, ehe er wieder in den Osten aufbrechen konnte. »Ich rede unverantwortlich viel«, sagte er. »Aber eines muß ich noch wissen: Ich kann mich doch auf Sie verlassen? Wegen Katja, meine ich.«

»Ich werde nicht von ihrer Seite weichen, bis sie sich wohlbehalten in Ronjas Armen befindet«, versicherte Ruben.

29

Es gab viele, die in der Deportation der Juden ein Zeichen des Sieges sahen. Die Schwarzen Hundert begrüßten sie jubelnd als Beweis dafür, daß ihre Arbeit erfolgreich gewesen war; Stolypin würde nichts retten können. Die Revolutionäre nahmen sie zum Anlaß für das Steigern der Fieberkurve ihrer Revolution.

Ronja war leidenschaftlich empört, Boris aber mied das Thema. Als sie ihn eines Tages fragte: »Rabbi Lewinsky ist unterwegs hierher; wirst du bleiben und mit ihm sprechen?«, da antwortete Boris trotz der Zuneigung, die er für den Rabbi hegte: »Nein, Ronja.« Sie wollte ihn überreden, aber er schnitt ihr das Wort ab. »Wenn Joseph kommt, wird er seinen großen, leeren Geldbeutel mitbringen. Sorge dafür, daß er gefüllt wird, mein Täubchen. Und falls Tromokow auftaucht, richte ihm aus, daß ich ihm Glück wünsche.«

Ihre Augen wurden groß. Vor Genugtuung grinsend, ging Boris zur Tür, rief ihr aber noch über die Schulter zu: »Ich komme nachher in unsere Hütte.« Vom Fenster aus sah sie ihn davonreiten.

Zehn Minuten darauf fand Rabbi Lewinsky Ronja im Wohnzimmer; sie saß am Teetisch, hatte die Ellbogen aufgestützt, den Kopf in die Hände gelegt und wartete. Eben überlegte sie, wie Boris es übers Herz bringen konnte, sich von den Leiden ihres Volkes zu distanzieren – er, der sich um tragende Stuten wie eine treusorgende Mutter bemühte.

»Bleiben Sie sitzen«, sagte der Rabbi, als sie ihm Tee holen wollte. »Nicht jetzt. Wo ist Boris? Und wo sind Katja und Julie? Der Sturm über Kiew geht uns alle an.«

»Katja hat Julie überredet, mit ihr nach Moskau zu fahren, und wie die Dinge liegen, bin ich sehr froh darüber. Jeder Schritt, den Julie aus diesem Haus hinaus tut, bedeutet für sie einen Schritt vorwärts.«

»Und Boris?«

»Er läßt Ihnen sagen, daß er es sehr bedauert, nicht hier sein zu können.«

Ronja teilte die Mißbilligung, die sie in der Miene des Rabbi las, ärgerte sich aber trotzdem darüber. »Warum ist Boris' Anwesenheit denn so unerläßlich? Haben Sie eine Ahnung, wie schwer er arbeitet und wie wichtig das ist, was er tut?«

»Ronja, Ronja, wenn Sie Boris vor sich selber verteidigen . . .« Er schob die Unterlippe vor. »Wenn Sie ihn aber vor mir verteidigen – das ist nicht nötig. Ich bin nicht Julie. Für mich ist er nicht der Held der Judenheit. Ich habe gelernt, auf Gott zu vertrauen und nicht auf Boris, Tatar oder Arghun. Wenn wir das Reich der Gerechten jemals wiederherstellen wollen, so müssen wir Jerusalem wiederaufbauen, eine neue jüdische Nation gründen.

Warum ich Ihnen das erzähle? Nun, Sie wissen es: weil ich Geld brauche. In aller Welt steuern die Juden ihr Scherflein bei, arme und reiche.« Er brauchte Ronja nicht lange zuzureden, in ihrem eigenen und in Katjas Namen eine Spende zu zeichnen, so groß war ihre Erleichterung. Sie hatte gefürchtet, sein Besuch habe einen viel schmerzlicheren Grund. Und so war es auch.

»Ich muß noch andere Dinge mit Ihnen besprechen.«

»Wenn es Sie nicht stört, Joseph, stärke ich mich vorher mit einer Zigarette.«

»Doch, es stört mich«, gab er zurück. »Ich mag es nicht, wenn Frauen rauchen.« Ihr widerspruchsloser Gehorsam erfreute ihn, und als er fortfuhr, klang seine Stimme nicht mehr so streng. »Jetzt dürfen Sie mir eine Tasse Tee geben, Ronja. Und machen Sie kein so trauriges Gesicht. Ich bin nicht hier, um zu verlangen, daß Boris Stolypin auspeitscht. Offen gestanden, mir ist es viel lieber, er tut es nicht. Es würde nur zu weiterem Blutvergießen führen. Das hatte ich Boris sagen wollen.«

Ronja atmete tief und erleichtert auf. »Danke, Joseph«, sagte sie. »Ich habe heute einen Bief von Alexis bekommen. Boris hat ihn noch nicht gelesen. Stolypin hat eine Zusammenkunft mit Boris wieder einmal aufgeschoben, also wissen wir immer noch nicht, woran wir sind. Ich weiß nicht, welche Wirkung das auf Boris haben wird – er hat seine ganze Hoffnung auf Peter gesetzt.«

»Sehr dumm von ihm«, erklärte Lewinsky ernst. »Ich traue Stolypin nicht. Unter seinem Regime ist es möglich, ungestraft Verbrechen gegen die Juden zu begehen. Wir haben keine Rechte. Überhaupt keine. Der Thron hat sich mit den Schwarzen Hundert verbündet. Gehen Sie fort aus Rußland, Ronja!«

»Wie kann ich das? Ich kann Boris nicht verlassen. Ich kann Rachel ihrer Mutter nicht wegnehmen. Ich kann Julie nicht mit Gewalt fortbringen. Und es bleibt uns so wenig Zeit!« Ihre Stimme wurde immer schriller.

Joseph Lewinsky kniff die Augen zusammen. »Wie viele Schritte haben Sie bisher getan, Ronja?«

Mit einem tiefen Blick in ihre Augen sah er, daß sie die Bedeutung seiner Worte verstand. »Tun Sie noch einen mehr!«

In diesem Augenblick wurde die Tür aufgerissen, und wie ein Wirbelwind stürzte Hochwürden Tromokow herein. Er fluchte. »Verdammt noch mal, Ronja, geben Sie mir einen Wodka! Jetzt bleibt mir nichts anderes übrig – ich muß Sie um Geld bitten.« Als er Lewinsky entdeckte, mäßigte er Stimme und Ton und fuhr fort: »Ich weiß, Joseph, ich weiß. Ich habe mein Wort gegeben, es nicht zu tun. Aber falls Sie der unsinnigen Meinung sind, mein verflixtes Ehrenwort würde mich davon abhalten, dann irren Sie sich gewaltig.«

Ronja rührte sich nicht. »Holen Sie sich Ihren Wodka selber. So verdurstet werden Sie ja wohl nicht sein, daß Sie das nicht können.« Sie wandte sich an Rabbi Lewinsky. »Und Sie, Joseph, erzählen mir jetzt erst einmal alles. Anscheinend stecken Sie ja mit ihm unter einer Decke.«

Mit breitem Lächeln öffnete Hochwürden Tromokow den chinesischen Lackschrank und nahm entschlossen die Flasche heraus, die er dort fand.

Der Rabbi begann: »Unter den ausgewiesenen Familien von

Kiew befinden sich einige, denen es noch schlechter geht als den anderen ...«

»In einer verdammten Klemme stecken sie, das ist es!« dröhnte Tromokow von dem Tisch herüber, wo er sich ein Glas Wodka einschenkte.

»Kommen Sie her, setzen Sie sich zu uns und hören Sie auf zu brüllen«, befahl Ronja.

Die blanken Augen des Priesters blitzten belustigt. »Ich ziehe es vor, in der Nähe des Wodkas zu sitzen«, erklärte er mit gespielter Würde. »Sprechen Sie weiter, Joseph.«

»Wenn Sie den Mund halten, sofort.« Lewinsky sah Tromokow freundschaftlich an. »Um dem Befehl des Zaren zu folgen, brauchen auch die Ärmsten Geld und das Allernötigste für die Reise. Mein hitziger Freund hier war anfangs dafür, den Ausweisungsbefehl einfach zu ignorieren. Er bot ihnen Asyl in seiner Kirche und versicherte, daß seine Bauern die Verfolgten verteidigen und jeden Soldaten umbringen würden, der Hand an einen Juden legt. Dieses Angebot konnte ich jedoch nicht annehmen – vor allem, weil seine Kirche auf Ihrem Boden steht, Ronja. Daraufhin befahl er seinen Bauern, eine Sammlung zu veranstalten, damit die Juden abreisen konnten, und das taten sie auch. Es ist aber nicht genug Geld zusammengekommen. Auch Zwischendeckskarten kosten eine beachtliche Summe, wenn es um dreihundert Familien geht.«

»Warum sind Sie nicht zu mir gekommen, Joseph Lewinsky?« Ihre Frage enthielt einen deutlichen Vorwurf.

Er lächelte. »Ich mochte Sie nicht für eine Sache um Geld bitten, solange ich für eine andere darum bat und Sie es großmütig gewährt haben.«

»Rabbi Lewinsky ist ein bescheidener Mensch«, dozierte Tromokow erheitert. »Er begeht seine guten Taten immer schön der Reihe nach.« Er leerte sein Glas. »Gehen Sie, Ronja, holen Sie die Rubelchen.«

»Himmel«, sagte Ronja, »soviel habe ich nicht im Haus. Ich werde es Ihnen morgen schicken, Joseph.«

Kein Wort des Dankes wurde gesprochen. Die Tradition der Juden verlangte, daß man Almosen von ganzem Herzen gab, wenn man ins Paradies kommen wollte. Es war sehr still im Zimmer, und Ronja überlegte, warum sie alle zu Rabbi Lewinsky fast immer ›Joseph‹ sagten, den Priester jedoch nur ›Hochwürden Tromokow‹ nannten. Dieser stemmte seinen riesigen Körper jetzt umständlich aus dem Sessel hoch, kam an den Teetisch und füllte sich einen Teller mit Sandwiches und Konfekt. Mit einem Blick auf das leere Teeglas des Rabbi schüttelte er den Kopf. »Sie werden sich mit diesem Zeug noch vergiften«, warnte er. »Diese viele Zitrone – pfui! Das muß ja im Magen säuern. Schließen Sie sich lieber uns Wodkatrinkern an, Joseph. Ein bißchen Wodka im Magen macht auch das frömmste Schaf zum reißenden Wolf.«

Der Rabbi schob seinen Sessel zurück, als fürchte er, von dem bulligen Pfarrer erdrückt zu werden. »Ein bißchen Wodka im Magen macht auch einen Menschen zum reißenden Wolf«, erwiderte er lächelnd.

Ronja betrachtete beide mit einem fast mütterlichen Blick. Wie zwei Kinder, dachte sie. Immer müssen sie sich gegenseitig ärgern, aber beide haben ihren Spaß daran. »Bitte, bleiben Sie noch«, sagte sie dann. »Lydia kocht ein herrliches, koscheres Abendessen, und der Tisch ist bereits gedeckt. Nur, Boris und mich müssen Sie leider entschuldigen.«

Der Priester musterte sie nachdenklich. »Gehen Sie noch nicht«, bat er freundlich, »und wenn Sie gehen, nehmen Sie reichlich zu essen mit. Boris wird erst spät eintreffen, und dann wird er einen Bärenhunger haben.«

Ronja zog die schön geschwungenen Brauen hoch. »Woher wissen Sie das?«

»Wenn Sie es Boris sagen«, erklärte er langsam, »auf mein Wort, Ronja, er bringt mich um.«

»Und ich bringe Sie um, wenn Sie es mir nicht sagen«, gab sie mit reizender Offenheit zurück.

Er hockte sich auf die Armlehne des Sofas. »Es ist nur ausgleichende Gerechtigkeit, Ronja. Zwölfhundert anständige jüdische Familien werden aus Kiew ausgewiesen. Dafür wird das Eigentum von zwölfhundert Hetzern – Pestilenz über sie! – niedergebrannt.«

Tief im Herzen hatte Ronja so etwas geahnt, aber sie hatte gehofft, daß es nicht wahr wäre. Nun fiel, was selten geschah, die Angst über sie her, und der Priester war sehr bedrückt, als er den Schrecken in ihren Augen las.

»Nein, Ronja, nicht Boris«, versicherte er. »Ein maskierter Mann mit schwarzer Kapuze auf einem schwarzen Hengst. Ein Phantom, ein Femereiter.«

Sie wußte, daß er log. »Beweisen Sie mir, daß der Reiter nicht Boris ist, oder ich werde ihm alles sagen«, erklärte sie trocken.

»Das werden Sie mir doch nicht antun, Ronja!«

»O doch, das werde ich. Und es wird mir kein bißchen schwerfallen.«

Rabbi Lewinsky, der nicht mitansehen konnte, daß der Priester so hart bedrängt wurde, beschloß, seine Lüge zu bestätigen. »Glauben Sie, Boris könnte irgendwo auftauchen, ohne sofort erkannt zu werden?« fragte er logisch. »Er ist der auffallendste Mann in ganz Rußland. Rauchen Sie ruhig eine Zigarette, Ronja. Ich erlaube es Ihnen.«

»Mit dieser Erlaubnis steigern Sie meine Unruhe noch«, entgegnete sie. Dann wandte sie sich an den Priester. »Warum wollten Sie mich nicht gehen lassen, als ich zu unserer Hütte aufbrechen wollte? Haben Sie das getan, damit Boris noch Zeit hat, seine Spuren zu verwischen?«

»Was die Zeit betrifft, Ronja – ja, da haben Sie recht. Spätestens morgen, nachdem zwei Brände gelegt worden sind, wird Boris verdächtigt werden. Er hat den ganzen Nachmittag den Munteren gespielt, hat Männern auf die Schulter geklopft, Witze gerissen, Schnäpse spendiert – und ist meilenweit von den Bränden entfernt gesehen worden. Schauen Sie heute abend, kurz nach Mitternacht und lange nach seiner Rückkehr zu Ihrer Hüttentür hinaus. Sie werden die Flammen am Himmel sehen, vielleicht auch den Rauch riechen. Das muß Sie doch überzeugen, nicht wahr?«

»Nein!« sagte Ronja. »Das würde nur beweisen, daß es sich bei dem Femereiter, wie Sie ihn nennen, um mehr als nur einen Mann handelt. Der zweite sind Sie. Und wenn es einen dritten gibt, dann ist es der Blonde.«

Der Priester brüllte vor Lachen, und der Rabbi war so entsetzt, daß er dunkelrot wurde. »Und die Schrift befiehlt uns: Haltet euch fern von der Lüge«, sagte er.

Ronja sah ihn spöttisch an. »Sie wollen also nicht, daß Boris einen Krieg beginnt. Die Juden wollen immer den Frieden – nicht wahr? Oder vielmehr natürlich nur die Schreibtischsozialisten, die Intellektuellen. Nun, Joseph, wie kämpfen denn unsere gesunden Juden? Mit zitternden Gebeten oder mit inbrünstiger Leidenschaft wie Boris? Und trotzdem verweigern Sie ihm noch immer die Anerkennung, nicht wahr? Die Schwachen haben eine Schwäche gemeinsam: Sie lassen die Starken für sich kämpfen. Nein, schlagen Sie nicht die Augen nieder. Ich spreche mit Ihnen!« tobte sie.

»Ach, Ronja – Ronja! Der ganze Plan hat mir von Anfang an nicht gefallen. Ich habe Boris gesagt, daß sein Traum von einem freien Rußland ein eitler Traum ist und daß er Sie, Julie und Rachel nach Amerika bringen soll. Aber glauben Sie, er oder Hochwürden Tromokow hätten auf mich gehört? Sie sagten, falls irgend etwas schiefginge, würde ich nur wissen, was in der Zeitung steht. Sie haben sich über mich lustig gemacht, haben mich aufgefordert, mit ihnen zu reiten, und haben mich dann ganz einfach hier in diesem Sessel sitzen lassen.«

Mit Augen, groß wie Sterne, lächelte Ronja dem Rabbi zu. »Keine Sorge, Joseph«, sagte sie. »Es wird nichts schiefgehen. Im Gegenteil, der Femereiter wird Stolypin zum Handeln zwingen. Und wenn jemand versuchen sollte, Sie zu einer Aussage gegen Boris zu veranlassen, dann schwören Sie, daß Boris der Femereiter ist und daß Tamara ihn nach seinen Überfällen versteckt.«

Der Priester fiel fast von der Sofalehne. »Herrlich! Herrlich!« applaudierte er. »Am liebsten würde ich dieses Gerücht selber ausstreuen.«

Rabbi Lewinsky sah seinen Freund vorwurfsvoll an. »Fangen Sie ja nicht an, Gerüchte zu verbreiten! Wenn man anderen den roten Hahn aufs Dach setzt, so ist das gar nicht so komisch. Und sagen Sie Boris, das nächstemal, wenn er ein gefährliches Unternehmen plant, soll er es bei Nacht ausführen. Heute hat er sich nicht wie ein tapferer Mann betragen, sondern wie ein leichtsinniger junger Hitzkopf.«

Der Priester hob die rechte Hand und drohte ihm mit dem Finger. »Nein, Joseph, Sie sind im Unrecht. Einmal mußte er bei Tag reiten; wir wollten doch, daß die Legende von einem Phantom entsteht.«

Ein so geschicktes Taktieren wäre dem Rabbi nie eingefallen. Er lachte. »Gehen Sie jetzt nur, Ronja. Hier bei uns verschwenden Sie nur Ihre Zeit. Wenn Sie Boris sehen, lassen Sie sich nichts anmerken, daß Sie sich sorgen. Er hat genug Probleme, mit denen er fertig werden muß.«

Hochwürden Tromokow musterte Ronja.

»Was ist, Iwan?« fragte sie und stellte fest, daß sie zum erstenmal, seit er, der Sohn eines einheimischen Bauern, vom Priesterseminar zurückgekommen war, seinen Vornamen benutzt hatte.

Er kam zu ihr und legte ihr die breite Pranke auf die Schulter. »Sagen Sie Boris, daß ich Ihnen alles gebeichtet habe. An einem Problem, das er mit Ihnen teilen kann, trägt er weniger schwer. Allein ist er ein flackerndes Licht. In Ihrer Gegenwart brennt er mit ruhiger Flamme. Ich werde Sie bis zur Hütte begleiten. Ich habe ihm fest versprochen, Sie nicht allein gehen zu lassen.«

»Ich bin bereit«, sagte Ronja. »Und in der Küche gibt es genug Vorräte für eine ganze Kompanie.« Einen Augenblick blieb sie noch sitzen. »Joseph, bitte schlafen Sie heute nacht hier.«

»Aber gern«, sagte er. »Und ich gebe Ihnen mein Wort, daß ich

Hochwürden Tromokow ... daß ich Iwan, wenn er heimkommt, mit einer Wodkaflasche in der Hand an der Haustür begrüßen werde.«

Kaum in der Hütte angelangt, ging Ronja schon in die Küche und zündete das Feuer an, um Suppe zu wärmen.

»Bist du das, Ronja?« kam Boris' Stimme aus dem Schlafzimmer. Er schien ungeduldig zu sein. »Was, in drei Teufels Namen, hat dich so lange aufgehalten?«

»Komm her, essen!« rief sie statt einer Antwort.

»Ich habe schon gegessen. Brot, Butter und kaltes Fleisch – was ich finden konnte.«

Sie ignorierte das und fuhr fort, ein kräftiges Abendessen zu kochen.

»Ronja! Ich habe keinen Hunger, sage ich dir! Komm doch her!«

»Was sagst du?« fragte sie sanft zurück. Aus dem Eiskasten holte sie gewürfeltes Fleisch, in Zwiebeln, Tomaten und Gewürzen geschmort, tat es in einen schweren, gußeisernen Topf, stellte ihn auf den Herd und begann zu rühren. Als köstlicher Duft die Küche durchzog, erschien Boris in seinem langen Hausmantel und lehnte sich träge an den Türrahmen. Er sah aus, stellte sie fest, als hätte er eine Weile geschlafen. Nichts deutete darauf hin, daß er etwas Anstrengenderes hinter sich hatte als eine kurze Zeit des Wartens auf sie. »Ich hab' mir fast den Hals gebrochen, um pünktlich hier zu sein«, beschwerte er sich. »Ich dachte, du würdest schon auf mich warten. Warum – wenn es kein Geheimnis ist – bist du so spät gekommen?«

Ronja hegte den Verdacht, daß Boris die Hütte noch rechtzeitig erreicht hatte, um schnell zu baden, sich zu rasieren und vielleicht zehn Minuten zu schlafen, ehe sie kam, aber sie tat ihm den Gefallen und spielte mit. »Hast du noch Kraft genug, den Tisch zu dekken? Ich möchte mich umziehen.«

Boris beugte sich nieder und gab ihr einen Kuß. »Mach dein Haar los. So, mit dem Dutt auf dem Kopf, siehst du aus wie eine altjüngferliche Gouvernante.« Ronja, die eine perfekte Schauspielerin war, verschaffte sich einen würdigen Abgang, den er ihr jedoch prompt verdarb, indem er ihr seine kräftige Hand auf die Kehrseite pflanzte und sie den Flur entlangschob.

Dann holte er Teller und Schüsseln von einem Wandbrett und legte Silberbesteck und Servietten auf den Tisch. Der Duft, der von dem Topf mit der Kohlsuppe aufstieg, machte ihm Appetit, und als Ronja erschien, sagte er: »Beinahe hätte ich ohne dich angefangen.«

»Wie unhöflich!« sagte sie und füllte die Teller.

»Warum hast du dein Haar nicht losgemacht?«

»Ich fand, wir sollten erst miteinander reden«, sagte sie. »Ich dachte, du würdest mir vielleicht ein paar Dinge erklären.«

Er grinste und machte sich über Fleisch und Gemüse her.

»Wie lange glaubst du denn, mich zum Narren halten zu können?« fragte sie süß.

»Iß auf«, befahl er und deutete auf den Teller. »Ich werde inzwischen Feuer machen.« Er schob seinen Stuhl zurück. »Aber beeil dich. Und mach dein Haar los.«

»Nun, mein alternder Riese«, sagte Ronja, nachdem sie über seine lang ausgestreckte Gestalt auf dem Sofa hinweggeklettert war und sich in der Ecke zusammengekuschelt hatte, »was hast du heute für meine Juden getan?« Sie hob den Arm und tippte ihn auf die Nasenspitze. »Du wilder Tatar!«

»Zum Teufel mit den Tataren!« sagte er, und Ronja konnte nichts erwidern, weil sein Mund schon auf dem ihren lag. Die Leidenschaft ihrer Vereinigung, die wie eine stürmische Woge begann, ebbte nur zögernd ab. Boris spürte, daß Ronja ein wenig fror, denn sie schmiegte sich eng und Wärme suchend an ihn; er deckte sie mit seinem Hausmantel zu und schürte das Feuer. Aus einem Wandschrank holte er zwei Gläser und eine Flasche Cognac, füllte die Gläser und gab eines davon Ronja. Sie trank einen Schluck, während Boris das ganze Glas voll hinunterstürzte. »Das hätte ich den ganzen Tag schon gebrauchen können«, sagte er zufrieden.

»Wie hast du es geschafft, Liebling?«

»Durch eine reiterische Glanzleistung, mein Täubchen.« Er küßte sie leicht auf den Mund. »Den größten Verdienst daran haben meine Pferde. Sie waren da, wo ich sie brauchte, allein, und warteten auf mich. Jedes hat seine Aufgabe erfüllt und ist dann verschwunden. Meine Hengste waren überall ... Eintausend Leute werden schwören, daß sie mich an hundert verschiedenen Orten zugleich gesehen haben.«

»Und wie viele hast du benutzt?«

»Vier«, sagte Boris. »Drei davon pechschwarz.«

»Und wo hältst du sie versteckt?«

»Wir schulden Tamara großen Dank für ihre Hilfsbereitschaft«, erklärte er förmlich.

»Tu es nicht wieder, Boris, ich bitte dich! Nicht bei Tag. Nicht einmal bei Nacht, wenn der Mond scheint«, flehte Ronja.

Er antwortete trocken: »Ich bin durchaus nicht scharf darauf, noch einmal bei Tag zu reiten. Einmal wäre ich fast erwischt worden, und in diesem Augenblick glaubte ich die Stimme meiner Mutter zu hören.« Ronja hob erschrocken die Hand an den Mund. »Ich weiß«, sagte er. »Jetzt, in der Rückschau, erschreckt es mich auch, aber als es geschah, war ich ganz ruhig. Es gab mir sogar Sicherheit und Zuversicht, genau wie damals, als kleiner Junge, wenn sie an meiner Seite ritt und meine Lehrerin war. Einmal, an einem bitterkalten Wintertag, wäre ich fast umgekommen bei dem Versuch, sie zufriedenzustellen. Aber sie sagte nur: ›Gut gemacht‹, und ritt davon. Ließ mich allein zurück. Den Heimweg nach Odessa, mitten durch wildes, zerklüftetes Land, mußte ich mir selber suchen. Ich schaffte es auch – nur weil diese Tatarin gesagt hatte: ›Gut gemacht‹.«

Boris' Stimme war plötzlich verändert. »Morgen fahre ich nach St. Petersburg«, sagte er rauh. »Ich muß, wenn irgend möglich, mit Ruben sprechen. Wenn nicht, muß ich Igor auf anderem Weg eine Nachricht schicken. Es wird Zeit, daß er Harbin verläßt und nach Amerika geht.«

Ronja richtete sich auf. »Wir treiben von einer Krise in die andere«, sagte sie böse, »während Igor seine Zeit vertut. Wie lange noch muß ich Julie versichern, daß er sie liebt, daß er gar keine andere Frau lieben kann?

Du hast ja keine Ahnung, in welchem Zustand sie ist, Boris. Du glaubst, sie ist zufrieden wie eine Katze. Das ist sie nicht. Es gärt in ihr. Glaubst du, sie kann Igor jemals vergeben, daß er ihr diese Jahre geraubt hat? Du scheinst zu glauben, daß sie so schlecht schläft, weil sie zart ist – ein bißchen blutarm. Unsinn! Wenn sie schläft, träumt sie von Igor, der nackt in den Armen einer gesichtslosen Chinesin liegt.

Julie braucht ihren Mann, Boris. Und sie will Söhne haben.«

Boris war zutiefst entsetzt; für ihn blieb Julie die ewig jungfräuliche Tochter. Er mußte sich eingestehen, daß er begonnen hatte, in Igor und Julie Geschwister, und in Rachel sein eigenes Kind zu sehen.

»Woher weißt du das alles?« fragte er.

»Julie erzählt es Katja, und Katja erzählt es mir. Sie haben sich verschworen, wollen mich dazu bringen, Igor nach Hause zu holen. Aber ich werde es nicht tun, Boris. Ich werde vielleicht zu ihm gehen, ja – aber ich werde meinen Erstgeborenen nicht hierher zurückholen, damit er umgebracht oder nach Sibirien verbannt wird. Wenn Julie Söhne haben will, soll sie zu ihm gehen. Es liegt nur an ihr selber – und an dir.«

Boris runzelte die Stirn. »Wieso an mir, Ronja?«

»Julie wird dich niemals verlassen – nicht einmal Igors wegen.« Ihre Stimme verriet ernste Überzeugung. »O Boris, wirst du versuchen, mit Stolypin zu sprechen?«

»Nein«, sagte er. »Ich will, daß er zu mir kommt. Wenn ich versage, geht zu Igor, du, Julie und Rachel. Georgi muß für sich selber entscheiden.« Sein Bein schmerzte ihn, seit er die Hütte betreten hatte; doch nun ließ der Schmerz ein wenig nach, und er hob Ronja auf seine Arme. Im Korridor flüsterte sie ihm ins Ohr: »Wenn du gewinnst, bleiben wir alle hier. Wenn du verlierst, gehen wir alle fort.«

Zum zweitenmal an diesem Tag hörte Boris die Stimme seiner Mutter. Sie sprach einen Fluch aus. Der Schmerz packte ihn wieder, und er schaffte es gerade noch, Ronja behutsam aufs Bett zu legen. Sie schlang die Arme um seinen Hals. »Halt mich fest!« bat sie.

Und Boris flüsterte: »Solange ich kann, mein Täubchen. Solange ich kann.«

30

Sechs Monate lang nach der Nacht der Feuer wurde der Femereiter gejagt. Hysterische Anschuldigungen wurden erhoben, und immer wieder fiel Igors Name. Dieser hatte ihn mit eigenen Augen gesehen, jener hätte ihn fast erwischt. Julie lebte in panischer Angst, und schließlich mußte man ihr sagen, daß Boris, Ronja und die Brusilows seinen Aufenthaltsort kannten – daß er in China war und daß die Nachrichten über ihn von Huang kamen. Nun weinte Julie nicht mehr, sondern sie zeigte eine so eiskalte Starre, daß Boris darüber weit stärker beunruhigt war als über ihr kindliches Weinen und Klagen. Wenn sie sich jetzt beschwerte, dann nur, weil Georgi nicht oft genug von sich hören ließ und weil er in seinen wenigen Briefen so vergnügt über Kalifornien schrieb. Stanford gefiel ihm, die Vereinigten Staaten gefielen ihm, und offenbar regten ihn die Wirrnisse zu Hause nicht weiter auf. »Er müßte von Rechts wegen hier sein«, entrüstete sich Julie jedesmal. »Ihr dürft nicht dulden, daß er so weit von seiner Familie entfernt ist!«

Eines Tages kam ein Foto von Igor aus Harbin, das sie alle, besonders natürlich Julie, mit eifriger Aufmerksamkeit betrachteten. Im Vergleich mit dem Blonden wirkte er, der doch neun Monate älter war, immer noch wie der jüngere von beiden. Er war straff und gesund, das Haar so voll und glänzend wie immer, die Augen waren erstaunlich dunkel und funkelten angriffslustig. Er war, wie Julie meinte, so schön wie ein Engel, und niemand widersprach ihr. Auch ein Brief war für Julie gekommen, aber sie hielt ihn ungeöffnet in der Hand.

»Aber Julie, so lies ihn doch!« drängte Ronja.

»Ich kann nicht«, sagte sie und stand auf. »Ich habe zu lange gewartet. Lies du ihn.«

»Was bist du doch für eine kleine Gans!« sagte Ronja. Aber sie nahm den Brief und las ihn vor – mit einer Stimme, die in der Stille des Zimmers wie eine klare Glocke klang.

»Harbin, Mandschurei

Meine kleine Julie, 4. Juli 1911

Ich habe es so eingerichtet, daß dieser Brief Dich an oben genanntem Datum erreicht, denn an diesem Tag reise ich ab nach San Francisco.

Liebste, ich bin so einsam! Ich möchte Dir ein Band in Dein schönes, schwarzes Haar flechten, ich möchte das Gesicht meiner Mutter sehen und zuschauen, wie Rachel mit Belschick im roten Klee herumtollt. Und ich sehne mich danach, wieder einmal mit Vater in die Ställe zu gehen. In Gedanken sehe ich ihn mit Stolypin verhandeln und hoffe immer noch, daß er Georgi und mir die Rückkehr nach Hause ermöglicht. Sage Boris, er soll die Karten geben, wenn er mit Stolypin zusammentrifft, er soll dafür sorgen, daß dem Zaren das Handwerk gelegt wird. Dieser Lump hat uns verkauft, nur um den Krieg zu beenden.

Aber wenn es am Ende doch Amerika sein muß, hab keine Angst! Ich baue Dir ein wunderschönes Haus, und wenn Du willst, komme ich selbst und hole Dich.

Julie, ach Julie, ich liebe Dich! Nur Dich. Ich will Dich haben. Ich will meine Mutter Ronja und meinen Vater Boris haben. Ich will, daß wir alle wieder zusammen sind, und ich will Dir Söhne geben.

Dein Igor«

In den beiden Frauen lösten sich Gefühle, die zwei Monate lang aufgestaut gewesen waren. Julie brach in Tränen aus, und Ronja, die trockenen Auges am Fenster stand, zog ein Taschentuch heraus und preßte es an ihren Mund, um ihre bebenden Lippen zu verbergen. Als Julies Schluchzen nachließ, scheuten sich beide, ein Wort zu sagen.

Die Stille dauerte jedoch nur kurz, denn Lydia kam hereingestürzt, sah einen nach dem anderen scharf an und lief zum Herd.

Sie schimpfte: »Wenn ich nur fünf Minuten später gekommen wäre, dann wären wir jetzt alle tot – im Rauch erstickt!« Sie griff sich ein Handtuch und riß das Backblech aus dem Herd. Der Pfefferkuchenmann war schwarz verbrannt. »Es ist eine Schande!« babbelte sie vor sich hin. »Zwei erwachsene Frauen, und können nicht aufpassen. Was habe ich nun für Rachel, wenn sie nach Hause kommt?«

»Du hast eine gute Nachricht für sie«, beschwichtigte Ronja. »Du kannst ihr sagen, daß ihr Vater ein Mann geworden ist.« Lydia bekreuzigte sich.

Julie war, ihren Brief wie einen Talisman an sich drückend, hinausgegangen, und Lydia, die aus dem Saubermachen nach der Backkatastrophe einen großen Wirbel gemacht hatte, huschte eilfertig quer durch die Küche und schloß die Tür.

Ronja nahm eine Zigarette heraus, und Lydia gab ihr Feuer. Dann fragte sie: »Haben Sie den Lärm an der Haustür gehört?«

Ronja schüttelte den Kopf. »Was gab es denn?«

»Vor ungefähr einer halben Stunde. Jemand hämmerte aufgeregt an die Tür, und dann hörte ich Hochwürden Tromokow nach mir rufen. Ich schrie zurück: ›Ich komme!‹ und lief hin. Er sagte: ›Lydia, warte, bis du mit Ronja allein bist. Dann sag ihr, daß ich Rabbi Lewinsky hole. Sag ihr, daß sie zum Abendessen Gäste hat.‹ Er hat nicht mal auf Wiedersehen gesagt, so schnell ist er wieder auf seinen Wagen gesprungen und davongefahren. Auf die Pferde eingedroschen hat er wie ein Wahnsinniger.«

Ronja warf ihre halb gerauchte Zigarette weg. »Es ist Samstag«, sinnierte sie verwundert. Der gute Rabbi brach also den Sabbat! »Setz dich, Lydia.« Und dann redeten sie miteinander wie zwei gute Freunde, bis Ronja einfiel, daß sie noch Blumen für den Eßtisch brauchte. Sie ging hinaus, um ein paar Rosen zu schneiden.

Es war noch hell, als sie den Wagen vorfahren hörte. Absichtlich blieb sie am Schreibtisch in ihrem Zimmer sitzen und beendete die Briefe an ihre Söhne. Zum erstenmal fürchtete sie sich davor, ihren Freunden allein gegenüberzutreten. Sie wünschte, Boris wäre zu Hause, und als er tatsächlich gleich darauf kam, war das für sie wie die Erfüllung eines Gebetes.

»Ach Boris, wie froh ich bin, daß du kommst!«

»Stimmt etwas nicht?« Sein Blick wanderte zu dem Brief in ihrer Hand.

»Julie hat mir Igors Brief für dich zum Lesen gegeben.« Sie reichte ihm das Schreiben, und er warf sich damit aufs Bett. Sie beobachtete, wie seine Augen über die Zeilen wanderten, konnte aber keine

Reaktion feststellen. Trotzdem wußte sie, daß er erleichtert war, denn als er den Brief fortlegte, sagte er: »Komm, Ronja, wir reiten zur Hütte hinaus.«

Nichts auf der Welt hätte Ronja jetzt lieber getan, aber sie mußte ihm sagen: »Das geht leider nicht. Ich weiß nicht warum, aber Joseph und Hochwürden Tromokow haben sich zum Abendessen angesagt.«

»Gut«, sagte Boris. »Dann können sie Julie Gesellschaft leisten. Wenn die beiden beisammen sind, brauchen sie uns nicht. Offen gestanden, mein Engel, ich bin so verwirrt von ihren theologischen Theorien, daß ich nicht einmal mehr unterscheiden kann, wer hier der Christ ist und wer der Jude. Und sie können das, glaube ich, selber nicht.«

»Boris, heute ist Samstag.«

»Und?«

»Warum sollte Rabbi Lewinsky heute in einem Wagen fahren?«

»Ach was, der wartet einfach bis zum Sonnenuntergang«, sagte Boris leichthin. »Zieh dir etwas an, das für die Hütte geeignet ist, Liebes, und dann komm.«

Abermals sagte sie: »Nein. Sie sind schon hier, und es muß etwas Ernstes sein, denn Lydia sagt, Tromokow hätte geklingelt und sie gebeten, ihm eine Tasse Tee zu bringen.«

»Das hat nichts zu sagen«, gab Boris zurück. »Er hat gar nicht soviel gegen Tee, wie du glaubst. Mindestens zweimal in den letzten fünfundzwanzig Jahren habe ich ihn dabei erwischt, wie er einen Schluck trank – versehentlich.«

»Das ist nicht komisch«, sagte Ronja, »und auch nicht wichtig. Aber Joseph bricht die Sabbatregeln. Weißt du denn nicht, was das bedeutet?«

Boris seufzte. »Wie düster ihr seid, du und deine logischen Schlußfolgerungen!«

Die Stunde vor dem Essen wäre verlaufen wie gewöhnlich, wenn die Pirows Gäste hatten, hätte nicht Joseph Lewinsky den ersten ungewöhnlichen Schritt getan. Zu Boris' Überraschung erhob er keinen Einwand, als er ihm einen Wodka einschenkte, sondern brachte sogar, als er von Igors Ankunft in Amerika erfuhr, einen Trinkspruch aus. Zu Julie, die in ihrem weich fließenden, seegrünen Kleid mit Alexis' herrlichem Smaragd und Ronjas Perlen bezaubernd aussah, sagte er: »Heute führen Sie die Tradition der von Glasmans mit ihren schönen Frauen fort, meine Liebe. Sie sehen aus wie eine Waldfee.«

Die Tischgespräche waren fröhlich und oberflächlich. Erst als die

Uhr neun schlug, kam Hochwürden Tromokow zu dem Thema, auf das alle warteten.

»Ich sehe nicht ein, warum wir im Hinblick auf den Zweck unseres Besuches Katze und Maus spielen sollen«, begann er.

Julie merkte, daß er über Politik sprechen wollte; sie erhob sich und bat, sich entschuldigen zu dürfen.

»Es tut mir wahrhaftig leid, daß ich Sie und Boris schon wieder belästigen muß«, sagte Rabbi Lewinsky.

Boris und Ronja sahen ihn an, schwiegen aber, bis Hochwürden Tromokow sich an ihn wandte. »Erzählen Sie ihnen, was geschehen ist. Sonst muß ich es tun.«

»Ein Arbeiter mit Namen Mendel Beilis, der den Ziegelofen beschickt, wurde heute morgen aus der *schul* seines Wohnviertels geholt und verhaftet. Er wird nicht nur beschuldigt, den Christenjungen umgebracht zu haben, sondern außerdem noch des Ritualmordes bezichtigt. Dahinter stecken natürlich die Schwarzen Hundert; sie verlangen für ihn die Todesstrafe und fordern, daß jeder Jude aus diesem Bezirk ebenfalls für dieses Verbrechen verantwortlich gemacht wird. Das würde ungefähr fünfzig Familien betreffen. Als einziger Ausweg vor der Strafe bliebe ihnen die Möglichkeit, zum Christentum überzutreten. Heute wurden Flugblätter verteilt, auf denen steht, daß alle Geldschulden bei Juden annulliert werden. Für nächsten Freitag, wenn sie im Tempel sind und beten, ist eine Razzia geplant.«

Ronja fror, und gleichzeitig rann ihr der Schweiß den Körper herab.

»Vorläufig richten sich diese Maßnahmen nur gegen die Armen, aber die Schwarzen Hundert sind entschlossen, die gesamte jüdische Gemeinde von Kiew auszurotten. Die Alternative heißt Tod oder Taufe. Sie haben bereits eine Petition an den Zaren gerichtet, daß er die Grenzen schließen läßt, um den Juden den Fluchtweg abzuschneiden.«

Boris' Stimme war ruhig und kalt. »Kein Unschuldiger wird gezwungen werden, zwischen Taufe und Todesstrafe zu wählen.« Er erhob sich. »Kommen Sie mit.«

»Boris, seien Sie vorsichtig!« Die Worte des Rabbi hallten laut in den stillen Raum. »Unüberlegte Racheakte würden die Kluft zwischen Christen und Juden nur vertiefen.«

»Komplizieren Sie die Dinge nicht, Joseph!« zürnte Ronja. »Jetzt hängt alles vom Femereiter ab.«

»Keine Sorge, Joseph«, krähte Tromokow triumphierend. »Unser Zeitplan ist perfekt ausgearbeitet. Wir stecken Weizenfelder,

Heuschober, Geräteschuppen in Brand, aber weder Wohnhäuser noch Ställe. Und diese Hunde werden nie wissen, wo der nächste Brand ausbrechen wird.«

Boris sah lächelnd auf Ronja hinab, und sie hob das weiße Gesicht, um seinen Kuß entgegenzunehmen. »Kein Mond, keine Sterne«, sagte sie im Ton einer heidnischen Göttin; und dann – im Ton einer liebenden Gattin: »Wenn du zurückkommst, werde ich ein warmes Essen für dich bereithalten. Und« – das galt Tromokow – »Sie werden pünktlich zur Frühmesse zu Hause sein.«

Als sie mit Lewinsky allein war, stellte Ronja mit ihrer normalen Stimme fest: »Wir leben in einem Land, das es nicht wert ist, darin zu leben, und trotzdem bin ich um diese Nachtzeit hungrig. Kommen Sie mit in die Küche; wir wollen heißen Tee trinken und eine Kleinigkeit essen.«

Während er ihr folgte, runzelte Rabbi Lewinsky die Stirn; er setzte sich zwar und steckte eine Serviette in seinen Kragen, nahm aber doch nur den Tee.

»Ronja von Glasman-Pirow«, sagte er, »heute abend ist es mir klargeworden, daß Sie nichts lieber täten als mit den Männern zu reiten. Mir will das gar nicht gefallen. Und ebensowenig mag ich es, wenn Boris und Iwan dem Tod allzu oft allzu nahe kommen. Wenn ich weniger Freund und mehr Rabbi wäre, würde ich sagen ...«

»Tun Sie es nicht, Joseph. Ich kann erraten, was Sie sagen wollen, und es ist Unsinn. Sie wollen Resultate sehen, aber das Risiko lehnen Sie ab. Außerdem hatte ich überhaupt keine Möglichkeit, Boris zurückzuhalten. Sein Bein ist heute abend steif; das ist für ihn Handikap genug, auch ohne daß ich noch zu seiner Bürde beitrage, die so schon größer ist, als Sie ahnen können.«

»Ronja, Ronja, wäre es nicht besser, wenn Sie aus Rußland verschwänden?«

»Ganz gewiß wäre es besser, und Katja müßte ich mitnehmen. Stolypin aber besteht darauf, daß sie als Beweis für Alexis' Vertrauenswürdigkeit in St. Petersburg bleibt. Indem ich bleibe, gehe ich ein wohlbedachtes Risiko ein.«

»Aber warum, Ronja? Sie wissen es, und ich weiß es, und ich glaube, Boris weiß es auch, daß seine Zusammenkunft mit Stolypin keinerlei Resultat zeitigen wird. Im Augenblick braucht ihn der Zar. Später wird er ihn hinauswerfen. Rasputin mag zwar jetzt in Sibirien sein, aber er lebt noch, und die Straße ist in beiden Richtungen befahrbar. Im Grunde hat sich nichts geändert.«

»Sie und Huang und ich, wir drei sind einer Meinung. Aber –«

Ronja hob den Kopf –»ich habe einen Handel mit Boris abgeschlossen. Solange, bis er selber einsieht, daß alle Hoffnung verloren ist, solange gibt es für uns noch ein gemeinsames Rettungsboot. Wenn er versagt und die Ukraine untergeht, werden wir um unser Leben schwimmen.«

Rabbi Lewinsky beugte sich über das weiße Tischtuch und tätschelte ihre Hand. »Ronja von Glasman-Pirow, Sie können den Gedanken, Rußland verlassen zu müssen, ebensowenig ertragen wie Boris, nicht wahr?«

Ronjas Blick war sehr müde. »Natürlich, Joseph. Unsere Vorfahren gehörten zum auserwählten Volk, und sie wählten das Leben in Rußland. Ich bin in diesem Haus geboren, und ebenso meine Söhne und meine Enkelin. Wenn ich gehe, lasse ich einen Teil meiner selbst hier zurück . . .«

Er wünschte sich sehnlichst, sie trösten zu können. »Amerika ist ein Land der Europäer.«

»Ich weiß.« Ihre Stimme war sehr klein. »Aber eine Zeitlang, auf jeden Fall, solange Boris und ich noch leben, werden die Pirows Fremde dort sein.«

31

Sogar Krasmikow, sein schlauer, unaufrichtiger Freund, riet Boris, die Finger von dem Fall Beilis zu lassen. »Wenn ich Sie kompromittiere«, erwiderte Boris scharf, »dann schneiden Sie mich doch in der Kaserne. Ich nehme es Ihnen keineswegs übel.«

Ein seltsamer Bursche, dieser Gauner Krasmikow! In seinem eiskalten Herzen hatte er einen warmen Winkel für Boris; außerdem hätte er es nicht ertragen, von den Festen im Offizierskasino ausgeschlossen zu sein. Um Boris einen Beweis seiner unerschütterlichen Loyalität zu geben, gewährte er ihm Zugang zu seinen Geheimakten, zu denen auch die Dossiers über Peter Stolypin und Boris Pirow gehörten. Das erste enthüllte ihm ein Kuriosum: die Tatsache, daß die Tür zum kaiserlichen Sanktum, die Katja und Alexis jederzeit offenstand, Stolypin, dem Premierminister, verschlossen blieb.

In seiner eigenen Akte fand Boris zu seinem Entsetzen den Befehl, daß Ronja, wohin sie auch ging, ob zur Schneiderin, zum Schuster, zum Handschuhmacher oder zum Essen mit Freundinnen, auf Schritt und Tritt zu beschatten sei, und zwar von einem Mann mit einem häßlichen Vorstrafenregister, der nur ein einziges Talent aufwies: die Fähigkeit, sich unsichtbar zu machen.

Boris beschloß, Ronja lieber nicht zu warnen. Es wäre Wahnsinn gewesen. Er wollte verhindern, daß sie den Flegel niederschoß oder ihm mit ihrer Peitsche das Fell gerbte. Und Ronja, die keinen Verdacht hegte, war entzückt und geschmeichelt über die Hartnäckigkeit, mit der sich der Blonde an ihre Fersen heftete. Schließlich jedoch sah sie sich gezwungen, zu ihm zu sagen: »Ich habe dich sehr lieb, und ich freue mich, wenn du bei mir bist. Wir haben viel Spaß miteinander. Aber bitte, im Namen des gesunden Menschenverstandes, geh hin und such dir ein Mädchen, mit dem du tanzen und Händchen halten kannst!« Der Blonde grinste wie Boris und war, wo sie ging und stand, an ihrer Seite.

Und nicht nur der Blonde, sondern auch die Stallburschen, Tamaras Männer und die zuverlässigsten unter den Bauern waren bewaffnet. Dafür hatte Boris Sorge getragen. An allen Zufahrten zum Gut standen vierundzwanzig Stunden am Tag ein oder zwei Männer Posten. Nachdem Boris so für die Seinen gesorgt hatte, machte er Jagd auf entfernteres Wild. In den Akten hatte er die Personalien einer Räuberbande von Muschiks entdeckt, die hier nicht als ehemalige Sträflinge, sondern als Polizeigehilfen geführt wurden. Die überließ Boris jedoch seinen Verwandten aus Odessa, die er zu Hilfe rief. Und die Tataren freuten sich, ihrem Vetter, dem Goldenen, einen Gefallen erweisen zu können.

Aber auch er selber ritt noch von Zeit zu Zeit; vor allem, wenn es um eine besonders gefährliche Aufgabe ging, trat er an die Stelle des Blonden. Und wenn ihm das komplizierte und gewagte Spiel, das er spielte, ein wenig Zeit ließ, so widmete er sich ausschließlich Rachel. Ronja, die einsah, daß er dringend Erholung von seinen Verschwörungen und Gegenverschwörungen brauchte, ließ ihn gewähren und duldete auch nicht, daß Julie eingriff. Wenn die Schmerzen in seinem Bein unerträglich wurden, schloß er sich in sein Zimmer ein und betrank sich in aller Stille. Manchmal hörte er dann wieder die quälende Stimme seiner Mutter sagen: »Die Goldenen entkommen nicht.«

Der Brief, den Alexis ihnen schrieb, verschaffte ihnen eine Atempause. Ronja las ihn Boris und Julie vor. Boris hatte es gern, wenn Ronja ihm vorlas. Durch ihre Art, Satzteile zu betonen und Schattierungen hervorzuheben, drang sie bis in die tiefste Bedeutung der Worte vor und verschaffte ihm wertvolle Einsichten. Alexis' Briefe stellten sie jedesmal vor Probleme, weil seine Diplomatensprache fast nur aus Andeutungen bestand.

»Geliebte Familie,

Mein Brief reist zu Euch. Ich aber muß nach Moskau zurückkehren und muß mich eilen. Katja wartet mit dem Tee. Er wird kalt.

Ich bitte Euch, unserem Freund, der bald nach Kiew kommen wird – das genaue Datum steht noch nicht fest –, heißen Tee zu servieren. Über das Wesentliche besteht schon Einigkeit; über die kleinen Dinge spricht es sich gut bei einem Glas Tee. Ich schlage kleine Gurken-Sandwiches vor und nicht zu starken Tee.

Ich habe eine Stunde bei unserem Freund in seinem Wohnzimmer oben verbracht, und er erkundigte sich nach Igor und Georgi. Schön und gut, dachte ich. Gleich darauf war er schon wieder beim Femereiter, dessen Gefangennahme, wie mir scheint, dem Erhabenen sehr am Herzen liegt. Ich versicherte ihm, daß sie auch uns am Herzen liegt.

Tamaras Presseverlautbarung hat hier einen großen Wirbel ausgelöst. Stellt sie Euch vor, wie sie in ihre Teetasse schaut (oder war es eine Untertasse?) und Peter den Großen sieht! Ziemlich ungeheuerlich, diese Idee, daß ein toter Zar all diesen Weizen verbrannt haben soll. Aber nun, da der Weizen vernichtet ist, spielt es wohl keine Rolle mehr.

So ein Feuersturm! Sei vorsichtig, Boris, wenn Du Ronja Feuer für ihre Zigarette gibst. Feuer im Bett ist gefährlich.

Ich als Onkel habe das Recht zu kritisieren, und obwohl ich Rachels reizendes Köpfchen streichele, muß ich dabei doch das Dokument betrachten, das vor mir liegt, und daran denken, was aus all den anderen kleinen Mädchen in Rußland wird, wenn sie das Monopol auf Zucker und Gewürze bekommt. Ich empfehle Euch, sie ein bißchen zur Bescheidenheit oder wenigstens zum Verantwortungsbewußtsein zu erziehen. Unser liebes Kind ist zu gierig, und dafür bist in meinen Augen einzig Du, Boris, verantwortlich. Sag ihr, daß ich in absehbarer Zeit mit angemessenen Geschenken eintreffen werde.

Himmel! Fast hätte ich vergessen, Euch meinen Traum zu erzählen. Du, Boris, rittest darin in Glanz und Glorie auf einem Löwen, den Du mit erfahrener Hand lenktest; aber auch Du selbst wurdest von anderer Hand geführt, die einen Mittelkurs steuerte.

Katja und ich werden bald wieder in Kiew sein. Sorgt dafür, daß der Tee heiß ist.

Ich bleibe, was ich immer gewesen bin: ein Pirow-*aficionado,* Euch allen in herzlicher Liebe zugetan.

Alexis«

Weder Boris hinter seinem Schreibtisch, der ihm jetzt als Büro dienen mußte, noch Ronja, die daneben in einem niedrigen Sessel saß, achtete auf Julie.

»Ich verstehe Onkel Alexis wirklich nicht«, sagte sie. »Er verwöhnt Rachel doch zehnmal mehr als wir alle!«

»Julie«, sagte Ronja, ohne auf ihre Bemerkung einzugehen, »es ist schon seit Stunden so unheimlich still im Haus. Belschik hat wohl vergessen, Rachel heimzubringen. Würdest du jemand bitten, die beiden zu suchen?«

Die junge Frau machte keine Anstalten, ihren Fensterplatz zu verlassen. »Das wäre Zeitverschwendung, Mutter Ronja. Sie werden kommen, wann es ihnen einfällt.«

»Merkst du denn nicht«, mischte sich Boris ein, »daß Julie hierbleiben möchte?«

»Wenn du es erlaubst«, sagte Julie.

»Wie du willst. Aber Boris und ich werden über Politik sprechen, und du hast dich immer beschwert, daß du von Politik Kopfschmerzen bekommst. Der ganze Brief besteht aus Anspielungen auf die Politik, ist das klar?« Julie schüttelte den Kopf. »Das Dokument, von dem Alexis spricht, ist das ukrainische Grundgesetz, das er auf unseren Wunsch dem Zaren vorlegen soll. Offenbar sind Alexis und Peter der Ansicht, daß wir unsere Forderungen – Zucker und Gewürze – herabsetzen sollen, denn sie raten zur Mäßigung und nur allmählicher Änderung. Mit der Erwähnung von Georgi und Igor will er uns einen Vorwurf machen, daß wir sie aus Rußland hinausgeschickt haben. Stolypin meint, und zwar zu Recht, daß wir offener sprechen und handeln können, weil niemand uns durch unsere Söhne angreifen kann, solange sie sich außerhalb der Reichweite des Zaren befinden. Der Traum ist einfach: Der Löwe ist die Ukraine, die den Löwenanteil von Rußlands natürlichem Reichtum besitzt, vor allem an Weizen. Alexis will damit sagen, daß wir unsere Macht überschätzen, wenn wir glauben, mehr als unseren gerechten Anteil halten zu können. Die Frage ist nur, wo die Macht wirklich liegt. Alexis behauptet, in der Nation, die jetzt für den Zaren von Stolypin regiert wird.

Wie weit sich die Ukraine in einen Kompromiß einläßt, wissen wir erst, wenn Stolypin zu uns kommt. Siehst du den Stoß Papiere auf dem Schreibtisch deines Vaters? Das sind Stolypins Reformvorschläge und seine Vorstellungen einer Justizverwaltung. Wir müssen sie durcharbeiten. Wie weit wir Stolypin unterstützen, hängt von den Maßnahmen ab, die er zur Einschränkung der Monarchie und dem Übergang der Regierung in die Hände des Premierministers und einer gewählten Duma vorschlägt. Eine echte Meinungsverschiedenheit zwischen uns besteht darin, daß wir der Ansicht sind, auch der Premierminister sollte gewählt und nicht einfach vom Zaren ernannt werden.«

Boris, begeistert von der Klarheit, mit der Ronja die Sachlage dargestellt hatte, und auch von Julies hingegebener Aufmerksamkeit, donnerte: »Ach-tung! Kompanie weggetreten! Du, Julie, ziehst dein neues Kleid an, das blaue, und du, Ronja, nimmst das weinrote. Ich werde den Wagen bestellen, und wir fahren zum Essen in die Stadt.«

»Was redest du da, Boris Pirow?« protestierte Ronja. »Du selber hast doch alle auf vier Uhr hierherbestellt.« Boris warf ihr einen schuldbewußten Blick zu. Er sah aus wie Georgi, wenn er mit einem stibitzten Stück Kuchen erwischt worden war. Ronja lachte. »Wir haben gerade noch Zeit zum Mittagessen. Danach heißt es gleich wieder an die Arbeit.«

»Mir scheint«, wandte sich Boris an Julie, »daß ich leider schon eine andere Verabredung habe.« Julie zog einen Schmollmund, und Ronja tröstete sie: »Wenn unsere Verhandlungen mit Peter erfolgreich sind, werden dein Mann und dein Bruder nach Hause kommen, und dann wird es mit den Festen und Stadtfahrten kein Ende nehmen.«

Boris schob seinen Schreibtischsessel zurück. »Was du alles daherredest, mein Täubchen!«

Plötzlich schrie Julie auf. In der offenen Tür stand Belschik und hielt mit den Zähnen eine vollkommen verschmutzte und bewußtlose Rachel am Hosenboden. Boris war bei ihr, noch ehe Julies wilder Schrei verhallt war, und gleich darauf nahm Ronja, die gar nicht wußte, wie sie aus ihrem Sessel emporgekommen war, Boris das kotverschmierte Kind ab. Im Unterbewußtsein nahm sie wahr, daß Julie in Ohnmacht gefallen war, aber im Augenblick existierte nicht einmal Julie für sie.

»Sie atmet, Boris, aber sie glüht vor Fieber. Reite den Arzt holen, reite schnell, wie der Teufel!« Sie sah kaum auf, wie er hinauslief.

Ronja trug Rachel in die Küche, gefolgt von Julie. »Ruf Lydia«, befahl sie. »Und dann hol Flanellbettwäsche und Rachels Bettdecke, und sag einem der Männer, er soll das Kinderbett aus dem Kinderzimmer holen. Rasch!«

Julie flog davon, und als sie zurückkehrte, wusch Ronja das Kind schon mit einem Tuch ab, das sie in warmes, mit Wodka versetztes Wasser getaucht hatte. Sie sagte nur: »Mach die Tür zu. Es zieht.«

Beim Anblick ihres Kindes wurde Julie wieder von panischer Angst ergriffen, und ihre Tränen tropften heiß auf die Hände der Schwiegermutter. Belschik preßte den Kopf gegen Julies Bein und wollte gestreichelt werden, aber sie war wie von Sinnen und beachtete ihn nicht.

Ronja legte Rachel in das Kinderbett und sagte, während sie das Kind warm zudeckte: »Setz dich her und sing ihr ein Lied, Julie. Dann kann sie besser einschlafen.«

Als der Arzt kam, führte Boris ihn in die Küche, und alle standen um das Bett herum und blickten auf das kranke Kind hinab. Während der Arzt seine Instrumententasche öffnete und sich am Spülstein die Hände wusch, sagte Boris leise zu seiner Frau: »Der Blonde reitet durch ganz Kiew und sagt allen, daß sie nicht kommen sollen. Einige von unseren Freunden sind schon am Bahnhof und holen die Auswärtigen ab. Und an Stolypin habe ich telegrafiert, daß es mir in den kommenden ein bis zwei Wochen kaum möglich sein wird, ihn zu empfangen.«

Fragend sah Ronja zu ihm auf.

»Er soll sich zum Teufel scheren!« erklärte Rachels Großvater, und so machte ein kleines Mädchen Geschichte.

Nach einer gründlichen Untersuchung wollte der Arzt wissen, ob noch jemand auf dem Gut erkrankt sei. Ronja hatte bereits Boten zu den Häusern der Bauern und ins Zigeunerlager geschickt und soeben erfahren, daß Rachel zwar mit einer Zigeunerfamilie aus einem Topf gegessen hatte, daß aber kein Mitglied dieser Familie über Beschwerden klagte. »Seltsam«, sagte der Doktor und wusch sich noch einmal die Hände. Anschließend bat er um ein sauberes Handtuch.

»Reden Sie«, verlangte Boris. »Ich habe nicht sehr viel Geduld.«

»Offen gestanden, Gospodin Pirow, die Krankheit Ihrer Enkelin ist mir unbekannt. Ihre Symptome sind atypisch für alles, was mir bisher begegnet ist. Es kann Typhus sein, es kann aber auch . . . .«

Ronja beendete den Satz an seiner Stelle. »Ja«, stimmte der Arzt zu, »auch Cholera kann es sein. Auf jeden Fall hat die Dysenterie gefährliche Ausmaße angenommen. Das Leben des Kindes liegt in Gottes Hand. Die Zeit wird erweisen, wie das Urteil ausfällt.«

Boris' Ungeduld steigerte sich zur Wut. »Ach was, Zeit! Machen Sie sie gesund!«

»Sie dürfen mir keine Vorwürfe machen, weil ich nicht zaubern kann, Gospodin Pirow. Ich bin überhaupt schon sehr großzügig. Ich könnte und sollte von Rechts wegen das ganze Gut unter Quarantäne stellen.«

Mit einem stummen Blick hieß Ronja ihren Mann schweigen.

»Dann tun Sie es, Doktor«, verlangte sie. »Es ist Ihre Pflicht. Und ich glaube, wir werden mit dieser Krankheit allein fertig.«

Eilig verbeugte sich der Arzt; er war dankbar, daß die verrückten Pirows nicht dieses Ungeheuer von Hund auf ihn gehetzt hatten.

Boris staunte über das Geschick und die kühle Tüchtigkeit, mit der Ronja die Zügel übernahm; dann fiel sein Blick auf Julie, die still dasaß und weinte. Er sah Ronja hilfesuchend an, und sie ging hinüber und flüsterte dem Mädchen zu: »Komm mit, mein Kind.« Liebevoll führte sie sie zu einer Steinbank im Kräutergarten.

»Hör mich an, Julie.« Sie nahm ihre Hand und hielt sie fest. »Du darfst nicht auf das hören, was der Doktor sagt. Er kennt Rachel nicht so wie wir. Sie ist stark und kann kämpfen, und sie besitzt das segensreichste Heilmittel, das es gibt: Schlaf. Mein Leben lang habe ich alle Schmerzen und Krankheiten ausgeschlafen. Was Rachel von nun an am notwendigsten braucht, sind ihre Familie und deine Lieder. Wir werden uns bei der Pflege abwechseln – wir alle. Wir werden essen und schlafen und die frische Luft genießen, lachen und uns von alltäglichen Dingen unterhalten. Bedrückte, erschöpfte Menschen sind jetzt genau das, was Rachel überhaupt nicht gebrauchen kann. Glaubst du, daß du das durchhältst, Julie, mein Kind?«

»Ich will's versuchen«, sagte Julie mit zitternder Stimme; dann gingen sie gemeinsam in die Küche zurück. Ronja wünschte, sie wäre im tiefsten Herzen wirklich so zuversichtlich, wie sie getan hatte.

In Harbin hatte sie gelernt, wie wichtig es ist, die Körperflüssigkeit aufzufüllen, aber sie wußte auch, daß das bei einem so kleinen Kind hauptsächlich durch die Haut geschehen mußte. Als sie den kleinen Körper in einen dicken Brei aus Leinsamen legte, stellte sie, ohne daß sie es wußte, damit die Wärme des Mutterleibes her und sah, daß sich das Kind darin wohl fühlte. Häufige Umschläge mit milder Borsäure und anschließendes Einreiben mit Pflanzenöl heilten eine böse Hautreizung, die von dem wäßrigen Stuhl hervorgerufen worden war, und in kurzen Abständen löffelweise eingegebenes Gerstenwasser sorgte für ausreichende Ernährung.

Aber trotz all dieser Bemühungen waren Rachels Augen nach achtundvierzig Stunden schwarze Höhlen über eingesunkenen Wangen, war ihr Leib aufgebläht und gespannt. Sogar im Schlaf sah man an ihren verzerrten, ständig bewegten Lippen, daß sie große Schmerzen litt. Und Belschik, die kräftigen Schultermuskeln hochgezogen, das dicke, creme-weiße Fell vergilbt, war nicht weniger krank als Rachel. Boris war wie versteinert, und Julie, die keine Hoffnung mehr hatte, geriet bedrohlich nahe an den Rand eines Zusammenbruchs.

Ronja ließ den Blonden holen. Sie gab ihm einige Anweisungen und bat ihn, wenn er zurückkam, direkt hinauf in ihr Zimmer zu gehen und dort auf sie zu warten. Als eine Stunde darauf die Küchentür geöffnet wurde, nahm Ronja an, daß es Julie war. Vermutlich hätte sie nicht einmal aufgeschaut, wenn Boris nicht plötzlich in scharfem Ton gesagt hätte: »Hinaus!« Erschrocken fuhr sie zusammen.

»Ich komme, um Rachel pflegen zu helfen«, sagte Tamara.

»Wir brauchen dich nicht.«

»Träume deuten die Zukunft. Ich habe vieles zu sagen.«

»Ronja, schick sie hinaus, oder so wahr ich hier stehe . . .«

Ronja aber sagte: »Sei still«, und streckte die Hand nach einem Säckchen aus, das Tamara mitgebracht hatte. »Bleib«, bat sie die Zigeunerin und ging ohne ein weiteres Wort an den Herd. Als sie den Sud aus Mohnblüten zubereitet hatte, füllte sie ihn in einen Becher, deckte ihn zu und gab ihn Boris. »Jede Stunde ein paar Tropfen«, wies sie ihn an. »Morgen wird sie feste Nahrung zu sich nehmen können.«

»Was, zum Teufel, hast du vor?« dröhnte Boris polternd.

»Das geht dich überhaupt nichts an, und jetzt hör auf zu brüllen. Du hast Rachel geweckt. Gib ihr den Opiumtee.« Auf dem Weg hinaus nahm Ronja einen Apfel aus einer Obstschale und warf ihn nach Tamara. Die Köngin, entzückt über dieses Zeichen von Eifersucht, hob einen Fuß und rasselte mit den Münzen, die ihr an einem Kettchen um den Knöchel hingen. Sie lachte noch, als sich die Tür hinter Ronja schon längst geschlossen hatte.

Als Ronja in Julies Zimmer kam, hatte sie sich wieder gefaßt. Nach dem kurzen Schlummer sah die Kleine wieder taufrisch aus, wenn sie auch noch immer ein wenig blaß war, und als Ronja gestand, daß sie sehr müde war, schlug Julie vor, daß sie sich jetzt ein wenig hinlegte. »Ich ziehe mir nur rasch etwas an, dann gehe ich gleich hinunter«, erklärte Julie.

»Das hat keine Eile, Liebes. Tamara ist bei deinem Vater. Sie ist eine lustige Gesellschafterin für ihn. Ihre Lippen sind rot angemalt, und ihre vielen Unterröcke rascheln fröhlich, wenn sie im Zimmer herumtanzt.«

Noch nie hatte Ronja erlebt, daß Julie sich so rasch bewegte. Im Badezimmer allerdings hielt sie sich länger auf als gewöhnlich, und als Ronja neugierig die Tür öffnete, sah sie, daß Julie ihr langes Haar zu einem komplizierten und sehr vorteilhaften Chignon aufsteckte. Sie errötete schuldbewußt.

»Ich dachte, ich könnte einmal ein hübsches Kleid anziehen und mich ein bißchen schön machen«, sagte sie.

»Das ist nicht nötig«, entgegnete Ronja. »Dein Vater ist an uns gewöhnt. Wir brauchen nur sauber gewaschen zu sein und Rachel zu pflegen ... Aber vielleicht solltest du etwas Buntes anziehen. Rachel mag helle Farben, und es geht ihr jetzt besser. In ein paar Tagen ist sie wieder gesund.«

»Du meinst ...?« Julie machte große Augen.

»Jawohl, das meine ich«, sagte Ronja und erklärte ihrer Schwiegertochter das Wunder des Opiums, das Schmerzen stillt und Durchfall heilt.

»Ach, Mutter Ronja, ich hatte so große Angst!«

Ronja holte Julies schönstes Kleid aus dem Schrank und half ihr hinein. Oben an der Treppe sagte sie noch: »Wenn dein Vater fort muß, kannst du Rachel getrost mit Tamara allein lassen. Sie ist eine ausgezeichnete Pflegerin.«

In Ronjas Zimmer stand der Blonde am Fenster. Wortlos ging er zu ihrem Nachttisch, nahm eine Zigarette, reichte sie ihr und gab ihr Feuer.

»Ich nehme an, du weißt Bescheid«, sagte sie.

Er nickte. »Es tut mir leid. Warum kann sie nicht so sein wie du?«

Ronja blies eine Rauchwolke in die Luft. »Deine Mutter und ich, wir sind gar nicht so verschieden, wie du glaubst.« Er setzte sich auf den Hocker vor ihrem Frisiertisch. »Wir lieben zufällig denselben Mann, und eine Frau, die liebt, hat keinen Stolz. Andererseits kann eine Frau, die geliebt wird, es sich leisten, eine Dame zu sein. Ja, alles in allem sind wir uns sehr ähnlich, fast so ähnlich wie du und Igor, die ihr beide – bitte, nimm es mir nicht übel, wenn ich es ausspreche – dasselbe Mädchen liebt. Vielleicht hast du Julie schon zu lieben begonnen, bevor du sie überhaupt sahst, nur weil Igor sie liebte. Tamara hat sich, weiß Gott, in deinen Vater verliebt, bevor sie ihn sah.

Wenn man es recht bedenkt, dann sind Tamara und ich eine einzige Frau, himmlisch und irdisch. Und du und Igor, ihr seid für Boris ein einziger Sohn.« Er griff nach ihrer Hand und umschloß sie warm und fest mit der seinen.

»Oh, du junger Boris, ich wünschte, du wärest mein Sohn!«

Ein Schauer lief über ihn hin. »Ist das mein Name – Boris?«

»Er muß es sein, mein Junge. In Gedanken bist du für mich immer nur der junge Boris.«

Der Blonde beugte sich nieder und küßte die Hand, die er hielt. »Du wirst es doch Julie niemals sagen? Igor weiß es.«

Mit den Augen versprach sie es ihm. »Geh und mach dich so fein wie möglich. Sieh auch bei Hochwürden Tromokow hinein und sage ihm, daß dein Vater heute abend einen Trinkgesellen braucht. Und dann werden wir beide, du und ich, die Quarantäne aufheben – bei gedämpftem Licht und Champagner.«

Er war schon aufgesprungen. »Ich liebe dich!«

Und noch im Hinausgehen hörte er Ronja leise sagen: »Ich weiß.«

Dennoch war es der Blonde, der Ronjas Plan vereitelte. Als sie in der Badewanne saß, kam Lydia mit einem Brief hereingewatschelt. Er lautete: »Ich kann nicht, Mutter Ronja. Bestrafe du ihn allein, und erst, wenn Rachel dich nicht mehr braucht.«

Lydia fragte: »Warum grinsen Sie wie eine Katze?«

»Weil ich von einem schönen jungen Mann einen Korb bekommen habe. Bürste mir den Rücken. Ich muß wieder zu Rachel hinunter.«

»Er ist vernünftiger als Sie.« Damit machte sich Lydia über Ronjas glatte Haut her. Ronja hörte nicht auf zu lächeln.

Sie wählte ein mit Glasperlen besticktes Kleid, das sie ursprünglich für einen Maskenball gekauft hatte. Ronja trug dieses Kostüm nur, wenn sie Boris in Wut bringen wollte. Er haßte es, wenn sie ihre Brust so entblößte und der enge Rock die Konturen ihres Gesäßes erkennen ließ. Lydia, die munter plauderte und dabei aufräumte, merkte nicht, was Ronja tat, bis ihre Herrin begann, sich das Gesicht zu schminken. Da stellte Lydia sich hinter sie, die Hände in die Hüften gestützt, und sah zu, wie Ronja ihre Wimpern färbte, mit einem grünen Stift Lidschatten auftrug und sich dann Rouge auf die Wangen rieb. Ihre Lippen färbte sie blutrot.

»Aber Sie sehen ja genauso aus wie *sie*!« stieß Lydia hervor.

»Ganz recht«, erwiderte Ronja selbstgefällig. »Ich habe es satt, Großmutter zu sein und Expertin für alles, von Suppen bis zu kalten Breiumschlägen. Verdammt satt habe ich das!«

»Geben Sie ihr die Peitsche«, frohlockte Lydia. »Würde ihr recht geschehen.«

Boris stand in der offenen Tür.

»Ich habe dich noch nicht erwartet, aber komm nur herein, wo du schon da bist«, forderte Ronja ihn kühl und überlegen auf. »Lydia will gerade gehen.«

Als die Alte draußen war, zog Boris sich aus, schlug die seidene Bettdecke zurück und legte sich hin. Ronja, auf einen Trick gefaßt, sah, wie er die Augen schloß, wie sich sein ganzer Körper entspannte, und entschied, daß er tatsächlich erschöpft sein müsse. Auf Zehenspitzen schlich sie zur Chaiselongue, nahm ihre Wolldecke und deckte ihn zu. Im Grunde war sie erleichtert, die leidenschaftliche

Szene, zu der sie selber die Dekoration geschaffen hatte, nicht spielen zu müssen. Als sie zurückkam, war die Decke von Boris' Füßen gerutscht. Sie überlegte noch, ob er aufwachen würde, wenn sie ihn wieder zudeckte, und war schon im selben Augenblick verloren. Unversehens hatte er sie zu sich aufs Bett gerissen und hielt sie fest.

»Bestie!« kreischte Ronja.

»So«, sagte er, »du wolltest also die Circe spielen. Vielleicht kann ich dir dabei behilflich sein?«

»Du bist sehr müde, Boris.« Ronja erstickte beinahe vor Lachen.

»Ja, du hast recht«, sagte er, ohne den Griff zu lockern, mit dem er sie hielt. »Ich bin müde. Ich bin es müde, allein zu sein!«

Sie versuchte sich aufzurichten. »Ich muß zu Rachel.«

»Rachel geht es gut. Sie schläft so fest, nach dem Opium, daß sie sich vor morgen früh bestimmt nicht mehr rührt.«

Da zog Ronja ihre Haarnadeln heraus und warf sie achtlos ins Zimmer. Unter dem dunklen Vorhang ihrer Haare vergaß Boris Tamara.

Zwei Tage später war Ronjas Küche wieder ihre Küche, und Rachel setzte im Kinderzimmer munter ihre Genesung fort. Belschiks schräge Wolfsaugen blickten nicht mehr drein wie die eines alten Mannes, und Julie sang. Sie bat Tamara, ihr Unterricht im Zaubern zu geben, und immer, wenn Ronja die Küche betrat, steckten die beiden zusammen. Boris arbeitete, um Tamara nicht über den Weg zu laufen, in seinem Zimmer, ließ aber die Tür offen, damit er hin und wieder einen Blick auf Ronja erhaschen konnte, wenn sie ihren Hausfrauenpflichten nachging. Manchmal, wenn er aufschaute, stand sie an seine Schulter gelehnt und las mit. Dann wieder, wenn sie mit Rachel spielte, hallte das ganze Haus von ihrem Lachen wider.

Nur eines war in Boris' Augen unbegreiflich: daß Ronja und Tamara sich offensichtlich gut vertrugen. Die eine rauchte die Zigaretten der anderen, und Ronja machte sich über Tamaras Gewohnheit lustig, die ihren selber zu drehen. Gemeinsam stiegen sie in den Dogcart und wechselten sich beim Kutschieren ab, um zu wetteifern, wer die verwegenere Fahrerin sei. Sie machten lange Spaziergänge. Es war fast, als hätten sie ihre Kindheitsgewohnheiten wieder aufgenommen.

An einem Spätnachmittag, als sie zum Haus zurückschlenderten, beugte sich Ronja auf einmal vor und gab Tamara einen Kuß. »Boris wünscht, daß du nach Hause gehst«, sagte sie. »Außerdem kommen Katja und Alexis morgen.«

Tamara nickte. »Es war eine schöne Zeit, Ronja.«

Sie kamen an die große Eiche, die die Grenze des Ziergartens markierte. »Warte einen Augenblick«, bat Tamara.

Ronja ging weiter. »Ich weiß, was du mich fragen willst, und die Antwort ist nein. Boris weigert sich, dich zu empfangen, es sei denn bei Gelegenheiten, die dir das Recht geben, in deiner Eigenschaft als Königin herzukommen.«

Tamara sagte: »Laß uns offen sein.«

»Nein, Tamara. Da gibt es nichts mehr zu sagen. Und was uns beide, was dich und mich betrifft: Ich weiß, daß wir noch eine Rechnung zu begleichen haben; ich werde dich holen lassen, wenn der Augenblick dazu gekommen ist.«

An der Tür kam ihnen Julie entgegen. »Ich habe schon gewartet«, sagte sie. »Du hast doch versprochen, mir wahrzusagen.«

»Später, Julie. Nach dem Abendessen.« Ronja war uninteressiert.

»Entschuldige, Ronja. Ich habe vergessen, dir zu sagen, daß ich nicht zum Essen bleiben kann. Wenn du nichts dagegen hast, möchte ich Julie doch jetzt wahrsagen.«

Sie ging mit Julie und Ronja in die Küche und schloß die Tür. Am Spülstein füllte Tamara einen Eisentopf zur Hälfte mit Wasser und stellte ihn auf den Herd. Während sie wartete, bis das Wasser kochte, schlenderte sie in der Küche umher. Ronja beobachtete sie scharf, konnte sich aber trotzdem nicht erklären, woher Tamara auf einmal eine Handvoll grauer Metallklumpen hatte.

»Ihr müßt genau tun, was ich sage. Einverstanden, alle beide?«

»O ja«, sagte Julie atemlos.

»Na schön«, stimmte Ronja zu und dachte bei sich, was für ein Unsinn!

»Nun schließt die Augen. Dreht euch nicht um und versucht nicht zu blinzeln. Ihr könntet sonst blind werden. Wenn etwas explodiert, haltet euch an den Armlehnen eurer Sessel fest, aber rührt euch nicht. Wenn ihr etwas riecht, atmet tief ein. In fünf Minuten könnt ihr die Augen aufmachen.«

In Ronja mischte sich Ärger mit Belustigung. Als es ihr vorkam, als seien eher fünfzehn Minuten verstrichen als fünf, begann sie mit der Fußspitze auf den Boden zu klopfen.

»Augen auf!« kommandierte Tamara.

Ronja unterdrückte ein Lachen, Julie starrte mit offenem Mund. Tamara stand vor ihnen, mit nackten Schultern, kerzengerade; das schwarze Haar fiel ihr bis zur Hüfte herab. Die schwarzen Wimpern hingen wie Gardinen über glänzenden Augen, und sie lächelte ein geheimnisvolles Lächeln. In diesem Augenblick war Tamara unbestreitbar schön.

In ihren ausgestreckten Händen hielt sie die Metallklumpen, aber jetzt waren sie geschmolzen und zu seltsamen Formen erstarrt. Ihre heisere Stimme senkte sich zu klagendem Flüstern, als sie ihre Prophezeiung verkündete.

»Ich sehe den Tod in einer warmen Nacht. Ich sehe eine gräßliche Verfolgungsjagd, eine Reise voller Gefahren, einen großen Tanz am Himmel ...

Ich sehe zahllose Generationen, und in jeder wenige, die hoch hinauffliegen, und einen, der allein fliegt.«

Mein Gott, dachte Ronja, wie kann sie nur! Derselbe alte Hokuspokus, den ihre Leute seit Tausenden von Jahren anbringen. Glaubt sie womöglich daran? Nein, dazu ist Tamara viel zu klug. Doch wenn die Welt um uns herum in Flammen aufgeht, ist dies vielleicht gar nicht so schlecht.

32

»Boris, mein hochgeschätzter Freund,

endlich sollen Sie nun Stolypin treffen! Nehmen Sie sich vor, unnachgiebig zu sein. Peter Stolypin ist nicht der Mann, der eine Demokratie aufbaut. Niemand kann zwei Herren dienen, und Stolypin dient Stolypin, und dadurch indirekt dem Zaren. In seinem Reisegepäck nach Kiew steckt ein Dolch, der für die Ukraine bestimmt ist.

Im allgemeinen ist sein Programm recht gut. Vielmehr, es klingt gut. Vollständige Einbürgerung der Juden, eine mit mehr Macht ausgestattete Duma, eine freie Presse, Auflösung der Schwarzen Hundert (wo? wann?). Seine Agrarreform ist eine Fata morgana. Die Bauern bleiben in Leibeigenschaft, die großen Grundbesitzer unangetastet.

Ich möchte Sie daran erinnern, daß Stolypin nicht die Beseitigung der Geheimpolizei des Zaren empfiehlt, sondern nur eine Einschränkung ihrer Macht. Was aber ist mit seiner eigenen Polizeitruppe, und der Rasputins? Jawohl, Boris, sogar von Sibirien aus hält Rasputin die Zügel in der Hand. Und auch die Staatskirche hat ihr eigenes Netz.

Sein Vorschlag ist beschämend: dem Volk eine begrenzte Vertretung zuzugestehen. Dieser Mann ist nichts als ein weiteres Werkzeug der Politik, die durch Zugeständnisse beschwichtigen und Zeit gewinnen will.

Ich aber nehme mir die Freiheit, Sie dringend zu bitten, sich ein Bild von Stolypin zu machen und dann selber zu urteilen. Fragen Sie Ihre Frau Ronja, der ich meine herzlichsten Grüße übersende. Sie kann ihn beschreiben.

Zum Abschluß bitte ich Sie, Julie und ihrer kleinen Rachel meine respektvollsten Grüße zu übermitteln. Meine guten Wünsche und meine besorgten Gedanken begleiten dieses Schreiben, das Ruben Ihnen überbringen wird.

Ihr Freund Huang«

Boris legte den Brief auf den Tisch und stampfte mit dem rechten Fuß auf, um den Kreislauf wieder in Gang zu bringen. Wie leicht wäre es, Huangs Einschätzung von Stolypin zuzustimmen, wie schwer war es, etwas Genaues über diesen Mann zu erfahren. War er Alexis gegenüber aufrichtig? Benutzte er die Bauernfrage als Steigbügel, um im Sattel zu bleiben? Boris fluchte auf Stolypin, fluchte auf die Bauern, diese faulen, dummen Bastarde, fluchte auf die Landräuber. Die Pest über sie alle! Er hielt sich lieber an die Pferde. Es drängte ihn plötzlich, Ronja zu nehmen und mit ihr zusammen Rußland zu verlassen – ein Wunsch, der ihn erschreckte. Wenn ich jetzt aufgebe, schalt er sich selber, habe ich entweder Angst, oder ich verliere den Verstand.

Auf seinem Schreibtisch lag noch ein zweiter Brief, adressiert in Alexis' flüssiger Schrift.

Der Brief war lang und umständlich, und Boris war verwirrt. Warum hielt Alexis diese Nachricht für so wichtig und vertraulich, daß er sie durch einen Boten überbringen ließ? Erst auf der dritten Seite fand er die Erklärung dafür.

»Als Folge der leidenschaftlichen Forderung der Ukraine nach Unabhängigkeit hat der Zar, der schon ganz heiser ist vom vielen Schimpfen auf Euch alle, sich von der Leine seiner Gattin losgerissen und ist zurückgekehrt in die Arme seiner Mama und seiner Freunde, Peter und mir. Er ist bereit, mit seinen Töchtern Olga und Tatjana eine Versöhnungsreise durch die Ukraine zu unternehmen, und hat als erste Station Kiew bestimmt. Bügle also Deine Uniform. Putze Deine Orden. Wir besuchen am Abend des 14. September die Oper. Du, Boris, sollst die Ehrengarde kommandieren. Der offizielle Befehl wird Dir bald vom Oberkommando zugehen. Soviel ich gehört habe, sollst Du, nachdem der Zar mit seiner Entourage die Kaiserloge erreicht hat, zu Peter, Ronja, Julie, Katja und mir in die erste Reihe kommen.

Hör mir gut zu, Boris. Ich hege den furchtbaren Verdacht, daß Ronja und Huang es gemeinsam geschafft haben, Dein Vertrauen in Stolypin zu erschüttern. Warum sonst solltest Du Georgis Rückkehr zur Teilnahme an der Nationalen Reitmeisterschaft wiederum ein Jahr aufschieben?

Peter und ich haben eine Abmachung getroffen: Ich hole Katja nach St. Petersburg zurück, dafür wird er in aller Offenheit mit Dir sprechen. Im Austausch für Mendel Beilis' Freispruch und eine öffentliche Abbitte an alle Juden verlangt er die Auslieferung des Femereiters. Es muß unbedingt ein glaubwürdigerer Kandidat gefunden werden als Peter der Große.«

Der Brief endete mit einem Gruß von Katja, die ihn bat, Ronja zu sagen, daß drei ›himmlische‹ Kreationen aus Paris eintreffen würden, mit denen die drei Damen alle anderen in der Oper ausstechen konnten. Boris riß ein Steichholz an und war damit beschäftigt, die beiden Briefe zu verbrennen, als er hörte, daß die Tür geöffnet wurde.

Ronja wußte sofort, daß die Post Probleme gebracht hatte.

»Komm mit mir nach oben, da können wir eine politische Beratung abhalten. Wenn es dir leichter fällt, setze ich mich angezogen auf einen Stuhl.« Sie lachte, und seine gespannte Miene löste sich.

Als er ausgestreckt neben Ronja auf dem Bett lag, beschrieb Boris in allen Einzelheiten den Konflikt, in dem er steckte, und bat sie, ihn aufzuklären.

»Du kennst meine Ansicht«, sagte sie. »Ich habe sie auch in all den Jahren nicht geändert. Ich habe Peter noch nie für einen tatkräftigen Verfechter des demokratischen Gedankens gehalten. Und was noch schlimmer ist, jetzt arbeitet auch die Zeit gegen ihn.«

»Aber hast du Vertrauen in ihn, Ronja?«

Sie überlegte. »Nicht unbedingt, Boris. Und wenn du mit ihm sprichst, vergiß nicht, daß er genauso schlau ist wie du und auf dem Gebiet der Politik noch ein gut Teil gerissener.«

»Alexis sagt, er ist abgeklärter geworden, seit man ihm eine Bombe in seine Villa gelegt und dabei seine Tochter zum Krüppel gemacht hat.«

Ronja zuckte die Achseln. »Mag sein. Aber ich möchte es doch bezweifeln.« Sie drückte die Zigarette aus, die sie kaum angeraucht hatte. »Ich nehme dir nur ungern den Mut. Ich weiß, du möchtest die Jungen zu Hause haben. Das möchte ich auch.« Sie strich sich das Haar zurück und sah, daß die verzerrten Züge ihres Mannes weniger auf die Sorgen zurückzuführen waren als auf die Schmerzen. Vielleicht konnte Wodka ihm helfen. Sie stand auf und schenkte ihm ein.

»Danke, Ronja. Aber komm wieder her; ich bin noch nicht fertig.«

Sie machte es sich wieder neben ihm in den Kissen bequem.

»Ich glaube, ich muß den Mann erst einmal kennenlernen«, sagte er dann. »Ich habe ihn nur ein einziges Mal gesehen – auf unserer Hochzeit. Damals kam er mir vor wie ein Snob. Aber ich glaube, er hielt mich auch für einen rechten Bauern.« Er lächelte böse. »Jetzt brauche ich von dir eine Beschreibung des jungen Stolypin. Du weißt ja, der Knabe ist der Vater des Mannes, und so weiter.«

»Gern, Boris. Aber es ist schwierig zu unterscheiden, wie weit ich zurückgreifen muß. Als ich noch sehr jung war, damals, bevor er Katja den Hof machte, haßte ich ihn. Er war grob zu Tamara und behandelte Lydia wie ein Stück Dreck. Einmal hörte ich, wie er Katja erklärte, daß unsere Mutter unrecht getan habe, zu konvertieren, daß Vaters Festhalten am Judentum umgekehrter Snobismus sei und daß er, wenn er der Zar wäre, so etwas nicht dulden würde.«

Boris machte ein verständnisloses Gesicht.

»Ich weiß, es wirkt eigenartig, daß sein Vater ihn jeden Sommer zu einem Juden aufs Gut geschickt hat. Nun, dafür gibt es einen guten Grund: Peters Vater war der größte Grundbesitzer der ganzen Provinz Kowno, und sein Besitz an der Wolga stieß an den der von Glasmans. Der Alte wollte die beiden Güter durch Heirat vereinen. Er hat unser Judentum einfach ignoriert und Peter zu uns geschickt, damit er bei David von Glasman, dem ›Deutschen‹, Finanzen und Wirtschaft studierte.«

Ronja hielt inne. Dann fuhr sie fort: »Aber ich will nicht ungerecht sein. Peter ging es nicht nur um das Land und das Geld und den Einfluß bei Hof. Er war ganz verrückt nach Katja. Zwei Sommer dauerte ihre Verbindung. Ich fand ihn langweilig, und außerdem roch er nach Hühnerstall und nach Kühen.

Wenige Monate, bevor die Zarin Maria Katja an den Hof holte, wohnte Peter bei uns in unserem Stadthaus in St. Petersburg, und als er eines Abends mit Katja von einem Ball heimkehrte, stürmte sie, ohne uns gute Nacht zu sagen, hinauf in ihr Zimmer. Peter suchte Vater in seinem Arbeitsraum auf, und ich lief ihm nach – Gott weiß, warum. Sie tauschten ein paar Höflichkeitsfloskeln; dann verbeugte sich Peter und sagte, er mache sich Sorgen um seine Mutter und müsse leider nach Hause zurückkehren. Ich war verblüfft. Denn wenn seine Mutter krank gewesen wäre, dann hätte er nie diesen Ball besucht. Aber Vater schien froh zu sein, daß er das Haus verließ. ›Ich habe vollstes Verständnis dafür‹, sagte er. ›Mein Diener wird deine Sachen packen. Er wird alles so herrichten, daß du morgen in aller Frühe abreisen kannst.‹

Kaum war Peter in seinem Zimmer verschwunden, da liefen Vater und ich zu Katja. Die Ärmste! Weinend sprudelte sie die ganze Geschichte heraus. Peter hatte erklärt, er liebe sie zwar, aber er habe sich entschlossen, in die Regierung zu gehen. Für den Zaren zu arbeiten sei der beste Weg, um an einen Titel zu kommen, und daher sei es unvernünftig, eine Jüdin zu heiraten.

Ich hatte Vater noch nie so wütend gesehen. ›Peter Stolypin‹, sagte er, ›wird niemals einen Titel erhalten, solange die Zarin Marie oder ich am Leben sind. Dafür werde ich sorgen.‹ Und dann sagte er: ›Katja, er ist ein großer Egoist; er *gehört* in die Regierung. Vielleit ist er sogar geschickt genug, die Monarchie zu erhalten.‹

Eine Zeitlang haben wir Peter dann nicht mehr gesehen, aber als Katjas Verlobung mit Alexis bekanntgemacht wurde, stattete er uns überraschend einen Besuch ab, um ihr seine Glückwünsche auszusprechen. Sie war es dann, die Alexis überredete, ihn zu protegieren. Du kennst ja Katja. Sie kann niemandem lange böse sein.« Ronja lächelte liebevoll.

»Das übrige ist eine alte Geschichte. Aber auch jetzt als Premierminister von Rußland hat Peter noch keinen Titel. Die Zarin Maria ist noch am Leben.«

Der Tag darauf begann, wie der vorhergehende geendet hatte: mit Gesprächen über den Druck, dem sie ausgesetzt waren. Als sie sehr zeitig am Frühstückstisch saßen, stellte Ronja fest: »Wenn man die Juden um Entschuldigung bittet – schön und gut, aber was wird damit erreicht? Es macht alles nur noch schlimmer. Sieh mal, die Zarin ist krank und arrogant, und sie verabscheut uns. Aber verlangt nicht zuviel von ihr! Die Trennung von Rasputin ist schließlich Strafe genug für diese unglückliche Frau. Seht zu, daß ihr Beilis aus dem Gefängnis holt, und pfeift auf diese scheinheiligen Entschuldigungen. Tauscht sie ein gegen den Femereiter. Es ist die Aufgabe der Polizei, ihn zu finden, nicht die eure. Benutzt die Macht, die ihr habt, die Macht der Ukraine, für etwas Konkreteres.«

Boris mußte ihr teilweise recht geben, erklärte aber beharrlich, daß das Zurücktreten von einem einzigen dieser Punkte einem politischen Selbstmord gleichkomme. Er stand auf, um zu gehen, riet ihr, noch ein bißchen zu schlafen und sich keine Sorgen mehr zu machen. Er habe seine eigenen Pläne für Judenhasser, Geheimpolizisten, unehrliche Steuereinnehmer und andere Zaristenschweine.

Ronja ging aber nicht wieder ins Bett zurück. Statt dessen legte sie ihre Reitkleidung an und holte sich ein Pferd aus dem Stall. Stundenlang ritt sie über ihren Besitz, nur dem Zigeunerlager wich sie aus. Bauern schauten lächelnd zu ihr empor, Kinder winkten; sie erwiderte zwar ihre Grüße mit freundlichem Lächeln, aber das Herz war ihr dabei unendlich schwer. Bald würde sie all dieses verlieren.

»Liebe Tamara,

es wird Zeit, daß wir reinen Tisch machen. Boris ist nicht zu Haus und wird auch die ganze Nacht ausbleiben. Komm bald.

Ronja«

Gerade als sie den Brief versiegelte, kam Lydia herein. »Haben Sie Herrn Boris getroffen? Er ist zurückgekommen und hat Sie gesucht.«

»Nein. Was wollte er denn?«

»Nur sagen, daß die Zusammenkunft nicht in der Stadt abgehalten wird, sondern in der Hütte, und daß Sie ihn gegen Mitternacht erwarten möchten.«

Vielleicht sollte sie Tamara lieber ein anderes Mal herkommen lassen . . . Aber nein, sie hatte lange genug gewartet.

Unter dem Klirren und Klimpern ihres Goldschmucks trat Tamara ein. Ronja, die ausgestreckt auf Katjas Chaiselongue lag, öffnete die Augen. »Wie kann man nur soviel Gold mit sich herumtragen!« kritisierte sie.

»Der Lohn für die Sünden von Generationen, Ronja.« Tamaras Blick war voll Spott.

»Warum kommst du so spät? Ich wäre fast eingeschlafen.«

»Besuch.« Gelassen schlenderte Tamara durchs Zimmer, blieb an einem Serviertisch stehen und nahm eine Olive. »Nimm deine Füße fort, damit ich mich setzen kann«, verlangte sie.

Ronja deutete auf einen Sessel. »Setz dich dahin. Heute möchte ich dir ins Gesicht sehen können.«

»Sehr schmeichelhaft. Aber ehe wir anfangen: Ich habe Neuigkeiten für dich.«

»Aber bitte nur gute. Schlechte kann ich nicht mehr verkraften.«

»Wenn ich es recht bedenke –« Tamara biß in die Olive –, »dann sind es tatsächlich gute. Stolypins Polizei fahndet nach Igor.«

»Das habe ich mir gedacht«, sagte Ronja. »Sie sind mir überall nachgeschlichen. Aber laß uns erst einmal essen; später kannst du mir dann die Einzelheiten berichten.«

Eine halbe Stunde darauf lag Ronja zusammengerollt auf dem Sofa und Tamara ihr gegenüber auf der Chaiselongue. Beide rauchten. Tamara war mitten in ihrem Bericht. »... ein großer, gut aussehender Bursche, und furchtbar aufgeregt. Teuer angezogen und tat, als wäre er ein Gottesgeschenk für die Frauen. Ich sagte zu ihm, er soll sich hinsetzen und Dampf ablassen, oder er soll auf der Stelle verschwinden. Seine Hand fuhr sofort an das Halfter, in dem er seinen Revolver trug, also sagte ich möglichst kokett: ›Ich muß allein sein, sonst kann ich nicht. Die sehen uns ja durch alle Fenster zu.‹

›Schließ die Vorhänge‹, sagte er. Dann wurde er bösartig. ›Ich habe genug Material gegen dich, um dich fürs ganze Leben nach Sibirien zu schicken.‹

Ich wollte ihm erst eine Lektion in guten Manieren erteilen, aber dann spielte ich doch lieber die Eingeschüchterte. ›Wenn ich Ihnen helfe, kann ich dann auf Gnade hoffen?‹ fragte ich und rang dabei die Hände. Da wurde er großmütig. ›Meine Freunde kommen alle ungeschoren davon‹, prahlte er.

Ich tat, als sei ich nervös, und sagte: ›Wir wollen erst einmal etwas trinken, dann können wir alles besprechen. Es muß sich um einen Irrtum handeln. Die Polizei bekommt pünktlich ihren Anteil an der Diebesbeute meiner Leute.‹

Ich schenkte zwei Wodkas ein und gab ihm ein Glas. ›Ich muß mich doch wundern –‹ ich war ganz Liebenswürdigkeit und Staunen –, ›all dieser Aufwand, und nur, weil meine Zigeuner sich auf der Kirchweih und anderen Festen ein paar Andenken mitnehmen. Man erwartet doch von uns, daß wir stehlen. Es ist Gewohnheit bei uns – genau wie Wahrsagen, Kesselflicken und Geigespielen.‹

›Mag sein. Aber es geht diesmal nicht um Diebstahl, sondern du wirst beschuldigt, einen Mörder zu verstecken.‹

›Wen?‹ fragte ich.

Da machte er ein ziemlich dummes Gesicht. ›In seiner Akte heißt es: ein Mann, der reitet wie der Wind, blitzschnell zuschlägt und sich dann im Nebel auflöst.‹

Ich sagte: ›Diese Beschreibung paßt auf den Racheengel, den schwarzen Dämon und den Femereiter.‹

›Eine sehr schlaue Antwort‹, gab er höhnisch zurück. ›Und nun nenne mir einen Mann, der besser reitet als Igor Pirow.‹

›Boris Pirow‹, sagte ich.

›Nein‹, sagte er. ›Daß er es nicht sein kann, das wissen wir. Dafür haben wir Beweise. Aber daß wir uns richtig verstehen: Wir wissen ebenso sicher, daß Igor Pirow der Femereiter ist. Gib es doch zu!‹

›Nun‹, sagte ich nachdenklich, ›Mut genug hat er dazu. Und er sitzt auch im Sattel wie ein echter Russe.‹

Er beugte sich so weit vor, daß seine Nase fast an die meine stieß. ›Bring mich zu ihm!‹

›Nach Amerika?‹

Da ging er an die Decke. ›Ich warne dich! Wir haben Beweise. Der junge Pirow hat nur vorgegeben, in die Vereinigten Staaten zu reisen. Dann aber hat er sich heimlich nach Rußland zurückgeschlichen. Er hat sich hier in Kiew versteckt, höchstwahrscheinlich in diesem Lager. Und hör auf mit diesem Unsinn von Amerika. Er wollte in die Mandschurei.‹

›Das ist unmöglich.‹ Ich tat sehr bestimmt. ›Aber wo Sie schon hier sind, warum suchen Sie ihn nicht selber? Dann dürfen Sie sich hinterher bei mir entschuldigen.‹

›Nur keine Angst, wir werden suchen!‹ Er kehrte den Überlegenen heraus. ›Aber erst, wenn du in deine Kristallkugel geschaut und mir gesagt hast, was du da siehst. Und um deinetwillen rate ich dir, mit etwas Besserem zu kommen als mit Zar Peters Geist.‹

Das habe ich dann auch getan, Ronja; ich habe ihm alles ins Gesicht gesagt. ›Der Sommer beginnt morgen‹, sagte ich zu ihm, ›aber einen Herbst gibt es nicht. Ich sehe Untergang.‹

Das hat ihm den Rest gegeben, das kann ich dir sagen! Er stürzte zur Tür und schoß einmal in die Luft, als Signal. Und dann sind sie von allen Seiten gekommen – wilde Burschen, die ich noch nie gesehen hatte – und haben jeden Wagen durchsucht, jedes Zelt, jedes Haus, jede Scheune. Sie haben meine Männer zusammengetrieben, und der Kerl hat gesagt: ›Wer ein Wort von dem verrät, was hier geschehen ist, dem wird die Zunge herausgeschnitten.‹

Mir warf der Goldjunge ein Geldstück zu. ›Fürs Wahrsagen. Ich komme wieder.‹ Ich lächelte nur. ›Ich erwarte Sie.‹ «

Ronja rieb sich die nackten Arme. »Da kriege ich ja eine Gänsehaut. Woher weißt du, das es Stolypins Leute waren, und nicht die des Zaren?«

Tamara hob lächelnd den Blick. »Krasmikow und ich sind uns nicht gerade fremd.«

»Ja, ich hörte schon, daß ihr oft zusammen seid. Warum heiratest du ihn nicht, Tamara? Du wirst sehr einsam sein, wenn wir fort sind. Und je mehr ich über Stolypin höre, desto fester bin ich überzeugt, daß das schon bald der Fall sein wird.«

Das Blut schoß Tamara ins Gesicht. »Boris kann Rußland nicht verlassen.«

»O doch, das kann er.«

Tamara protestierte: »Und selbst wenn er es könnte – er würde es niemals tun.«

»Er hat es mir versprochen«, gab Ronja trocken zurück. »Es sei denn, die Ukraine erlangt die absolute Souveränität. In jedem anderen Fall schaffen wir uns im Ausland ein neues Heim.«

»Das ist eine Lüge.«

»Nein, Tamara. Für Lügen ist es zu spät.«

Die Zigeunerin griff nach einer Zigarette. »Um Himmels willen, Ronja, so glaube doch an sein Schicksal! Er kann nicht fortgehen. Er nicht, Alexis nicht und ich auch nicht. Wenn Rußland stirbt, müssen wir mit ihm sterben.«

»Und Katja?«

»Für die von Glasman-Töchter ein erfülltes Leben und ein friedlicher Tod.« Mit zitternder Stimme rief Tamara: »Geh nach Amerika, und du gehst allein.«

Ronja blieb bewundernswert kühl. »Du siehst, was du sehen willst, Tamara, und das schmückst du aus. Du stellst dir vor, daß Boris, von uns verlassen, dich, deinen Sohn und Georgis Tochter als seine zweite Familie betrachten wird. Du irrst dich, meine Liebe, denn du begreifst Boris nicht. Das hast du nie getan. Wenn der Blonde deine Züge und deine Hautfarbe geerbt hätte, dann hätte Boris ihn verleugnet. Nicht weil Boris ein Lügner ist, sondern weil du eine Lügnerin bist. Und das traurigste daran ist, daß du selber die allergrößte Lüge bist.«

Tamaras Augen brannten; sie konnte sich nicht mehr beherrschen und schrie: »Ich – Boris nicht begreifen? Ich habe gut genug begriffen, daß mein Körper ihn um den Verstand gebracht hat. Als er es nicht mehr aushalten konnte, hat er mir in den Ställen aufgelauert, und ich mußte mich ihm fügen. Er riß mir den Rock vom Leib und schrie in seinem Zorn gegen dich: ›Sogar ein Hund nimmt sich die Hündin, die zu seiner Größe paßt.‹ Dann stürzte er sich auf mich und bettelte: ›Schneller, Tamara. Schneller‹, und dann ergoß er bis zum Morgengrauen seine große Kraft in mich hinein. In dieser Nacht war soviel Gold in Boris, daß es für hundert Frauen gereicht hätte.«

Ronja glitt stumm vom Sofa und goß Cognac in ein Glas Tee und fügte eine Scheibe Zitrone und zwei Stück Zucker hinzu. Sie rührte um, reichte Tamara das Glas und sagte: »Da, trink das, Tamara.«

Tamara starrte sie ungläubig an; dann warf sie sich vorwärts und umklammerte Ronjas Knie. »Nimm ihn nicht fort«, jammerte sie.

»Trink deinen Tee, Tamara. Dann werde ich dir erklären, warum ich dich kommen ließ.«

Die Zigeunerin beruhigte sich, konnte es sich aber nicht versagen, noch eine letzte bissige Bermerkung anzubringen. »Wenn ich mich damit zufriedengegeben hätte, sein Zeitvertreib zu sein, wäre ich heute zweifellos seine Geliebte.«

Ronja nahm ihr das leere Glas ab. »Sieh mich an, Tamara, und versetze dich in Gedanken in die Zeit, ehe Boris kam – die wunderschöne Zeit, damals, als wir einander noch gern hatten. Im Gedenken daran habe ich verfügt, daß das Lager in deinen Besitz übergeht. Wenn wir fort müssen, wird das übrige Gut, das aber niemals verkauft werden darf, an den Blonden fallen – ein Geschenk, das ich ihm weder mache, weil, noch obwohl er dein und Boris' Sohn ist, sondern einfach, weil ich ihn liebe. Die Pacht, die er einnimmt, soll er stehenlassen und sie später, wenn deine Adoptivtochter Königin wird, an sie auszahlen. Wenn der Blonde sich weiterhin – zu Unrecht – für untauglich zum Heiraten hält und daher keine legalen Erben hinterläßt, soll alles an sie und ihre Nachkommen fallen.«

Wie eine Wahnsinnige fuhr Tamara auf. »Verdammt, du bist doch nicht Katja mit ihren untadeligen Manieren! Ich habe soeben deinen Stolz mit Füßen getreten und deinen Traum, daß Boris mich in einem Augenblick der Schwäche nahm, zerstört. So nimm doch schon deine Peitsche! Laß mich dafür bezahlen!«

»Du hast schon bezahlt, Tamara.«

Tamaras Stolz stand auf dem Spiel. »Willst du wirklich, daß wir unsere Rechnung begleichen, Ronja?« fragte sie.

O du Närrin, dachte Ronja, du zwingst mich, es dir zu sagen. »Ich denke nicht daran, zuzugeben, daß Boris jemals dich oder eine andere Frau mehr begehrt hat als mich. In der Nacht, als der Blonde gezeugt wurde, hat sich seine Zuneigung zu dir in Abscheu verkehrt. Ich weiß es. Ich war dabei.«

»Lügnerin! Du lagst im Wochenbett. Am nächsten Morgen sollte Igors *briss* sein – eine Stunde, nachdem Boris und ich auseinandergingen. Wir mußten uns beeilen, um rechtzeitig fertig zu werden – er für die Beschneidung, ich für das Fest. Meine Mutter sah mich an – eine Blinde hätte erkannt, daß ich von einer Nacht voller Küsse kam – und fragte: ›Ist die Zigeunerschale mit Goldknospen gefüllt?‹ Ich antwortete: ›Ja, Königin.‹ Sie sagte: ›Du darfst dem Fest fernbleiben. Geh zu Bett. Du hast wohlgetan, meine Tochter.‹«

»Was ich dir sagen wollte«, fuhr Ronja fort, als hätte Tamara nicht gesprochen, »ist folgendes: Als Boris aus dem Haus gestürmt war, wollte Lydia ihn zurückholen, aber er kam freiwillig. Als Boris mich dann zum zweitenmal verließ, nachdem er bei mir gewesen war, während ich Igor stillte, und ich ihm gesagt hatte, er solle verschwinden, da sagte sie mir, sie hätte dich gesehen und fürchtete, du seist darauf aus, Unheil zu stiften.

Sie lief also zu ihrer eigenen Scheune, spannte das Pferd ihres Mannes vor einen Karren und kam zurück, um mich zu holen. Ich hatte mehr Kraft als diese alte Schindmähre, das kannst du mir glauben! Während Lydia, Gott segne sie, herumwirtschaftete, sah ich nach, ob Boris' Pistole geladen war. Lydia warf mir einen langen schwarzen Umhang über, und dann liefen wir hinaus zum Wagen und fuhren in das Kiefernwäldchen westlich des Stalles. Ich befahl Lydia, sich hinter einen Baum zu stellen und aufzupassen, daß niemand in die Nähe kam. Dann ging ich allein weiter, barfuß und mit so leichten Schritten, daß selbst im Stall kein Strohhalm knisterte. Im Licht einer Laterne, die an einem Nagel hing, zielte ich und achtete darauf, daß ich nur dich treffen würde.

Doch ehe ich abdrücken konnte, sagtest du etwas, und Boris schlug dich ins Gesicht. Darum konntest du nicht an Igors Fest teilnehmen. Dein schönes Gesicht war ganz verschwollen.«

Endlich war Tamara zum Schweigen gebracht. Die beiden Frauen saßen stumm da. Zwischen ihnen herrschte ruhiges Verstehen. Als Tamara dann wieder sprach, benutzte sie die Zigeunersprache, die Sprache ihrer Kindheit. »An deiner Stelle«, sagte sie freundschaftlich, »hätte ich Boris erschossen.«

Ronja antwortete auf russisch. »Das ist eben der Unterschied zwischen uns beiden.«

»Aber mich hättest du ohne Zögern verwundet, ja sogar getötet, nicht wahr?«

»Gewiß.«

»Ich weiß, du wirst mir nie wieder Gelegenheit geben, davon zu sprechen«, sagte Tamara. »Aber weiß Boris davon?«

Ronja sagte nur: »Boris hört, wenn ein einzelnes Blatt im Wald fällt.«

Tamara erhob sich, nahm zwei Zigaretten aus einer Elfenbeindose und zündete sie an – eine für sich und eine für Ronja. »Ich wollte dir Boris niemals wegnehmen – ich wollte ihn nur mit dir teilen. Solange ich lebe, werde ich den Versuch nicht aufgeben.«

Ronja warf einen Blick auf die Uhr auf dem Kaminsims. Es war eins. »Ich bringe dich noch hinaus, Tamara.« Auf der vorderen Veranda blieb Tamara stehen und sagte: »Es mußte so kommen, kleine Ronja. Schwestern im Geist. Wir mußten denselben Mann lieben. Es ist unser Schicksal.«

»Nein, Tamara, nicht unser Schicksal. Schon als Kind wolltest du immer von meinem Teller essen.«

Das stritt sie nicht ab. »Aber weißt du, Ronja –« sie begann, die Stufen der Freitreppe hinunterzusteigen –, »weißt du, daß ich dir sonst in allen Dingen die Treue halte?«

Sehr leise erwiderte Ronja: »Das weiß ich.«

Ihr eigenes Schlafzimmer war leer, also ging Ronja in seines hinüber. Boris' Stimme kam vom Bett und klang mürrisch. »Du hast dir ja reichlich viel Zeit für deinen Besuch genommen.« Sie drehte die Lampe an, und er rollte sich auf die Seite, weil der Lichtschein ihn störte. Als sie ins Bett schlüpfte und sich an seinen Rücken schmiegte, reagierte er nicht.

»Komm, sei nicht böse! Ich hatte sie hergebeten, bevor ich wußte, daß du zu Hause sein würdest. Dann haben wir von früher gesprochen, und ich habe die Zeit vergessen.«

Boris drehte sich um und nahm sie in seine Arme. In seinem Herzschlag glaubte Ronja eine unheilverkündende Warnung zu vernehmen, eine größere Sorge, als Tamara sie jetzt in ihr wachrufen konnte. Sie machte seine Arme los, richtete sich auf, zündete die Lampe noch einmal an und betrachtete ihn.

»Leg dich wieder hin, Liebes.« Er legte den Arm über seine Augen.

»Ist Georgi oder Igor etwas zugestoßen?«

»Nein. Meine Mutter ist tot.«

Ronja bettete sich wieder in seine Arme und schwieg. Sie wußte, daß er jetzt nicht ihren Zuspruch brauchte, sondern selber reden mußte. Und schließlich tat er das auch. »Als der Blonde Wache stand, hörte er den Schritt eines Tatarenstiefels. Er stieß den Drosselruf aus, und ich, der ich ja immer lausche, verließ das Haus und stand vor der Tür, als der Mann kam.

Er sagte: ›Deine Mutter schläft, Goldener. Sie ist auf ihrem Berg begraben.‹

Ich bat ihn, zu bleiben, aber er wies in die Richtung nach Odessa, sagte: ›Ich werde wiederkommen, wenn das Wetter kalt ist‹, und verschwand.«

Behutsam fragte Boris: »Was kann das wohl bedeuten, Liebling?«

Sie schwieg so lange, daß er zu fürchten begann, sie wisse die Antwort nicht. Aber Ronja dachte nach. »Deine Mutter lebte sehr einsam. Sie sagte und tat seltsame Dinge. Zwischen dir und mir ist alles ganz anders. Auch der Tod kann uns nicht trennen. Wir werden nicht sterben – wir leben weiter in unseren Söhnen und Rachel. Leg deine Bereitschaft zum Unglück ab, Boris.«

»Nun«, sagte er, »wenn meine Mutter mich haben will, dann muß sie hierherkommen – und das ist ein sehr weiter Weg.«

33

Boris mußte Ronja recht geben. Sie hatte gerade gesagt: »Und wenn ein Mörder Stolypin bis hierher folgt? Nachdem in den vergangenen Wochen drei Attentate auf ihn verübt worden sind, habe ich das Gefühl, als würde die Zarin vor gar nichts zurückschrecken, um ihn aus dem Weg zu räumen, und ich glaube, es käme ihr sehr gelegen, wenn er in unserem Haus umgebracht würde. Dann könnte man uns vorwerfen, wir würden, aus Angst, unser Gut zu verlieren, alles daransetzen, um seine geplante Bodenreform zu verhindern.

Bitte, Liebster, laß uns Vorsichtsmaßnahmen treffen. Die Zarin ist wahnsinnig und durchaus fähig, das ganze Land in den Ruin zu stürzen, nur damit Rasputin, dieser Teufel, aus Sibirien heimkehren darf.«

Boris trank seinen Cognac aus und stellte das Glas hin. »Ich habe jetzt noch ein paar Stunden zu tun«, sagte er. »Du brauchst nicht auf mich zu warten.«

Ronja merkte, daß sie an diesem Abend ängstlicher war als sonst.

»Boris!« Ihre Stimme hatte einen merkwürdigen Unterton.

Er zog seine Taschenuhr. »Ich muß gehen.«

»Boris«, wiederholte Ronja, »wäre Rachel nicht bei Tamara sicherer als hier? Wenn man sie anzieht wie eine Zigeunerin, mit kleinen goldenen Ohrringen, die Haare schwarz gefärbt – kein Mensch würde sie von den Zigeunerkindern unterscheiden können.«

»Nein, Ronja.« Boris, der den Arm um sie gelegt hatte, zog sie noch fester an sich. »In wenigen Tagen ist alles vorbei. Endgültig entschieden. Alles oder nichts.« Er gab ihr einen Gutenachtkuß.

Am nächsten Morgen ließ Boris schon vor acht Uhr seine Männer zusammenrufen. »Zum erstenmal seit vielen Jahren«, begann er, »wird Peter Stolypin uns auf diesem Gut besuchen. Und ich bin für seine Sicherheit verantwortlich. Ihr alle wißt, daß ich von Verrat nichts halte. Also, bewacht ihn gut. In letzter Zeit ist sein Leben mehrfach bedroht worden. Wenn er sich Seiner Kaiserlichen Hoheit anschließt, könnt ihr wieder aufatmen. Von dem Augenblick an übernimmt Militär und Polizei seinen Schutz.

Sagt euren Frauen, sie sollen ihn nicht stören und nicht ständig um das Haus herumlungern, nur weil sie ihn unbedingt aus der Nähe sehen wollen. Wenn einer von den Beamten des Zaren, die sich in der Stadt aufhalten, um die Erlaubnis bittet, bei ihm vorsprechen zu dürfen, besteht auf eurem Recht, den Mann zu durchsuchen. Wenn er Einwände erhebt, reicht den Kerl an Hochwürden Tromokow weiter.

Das wäre alles. Ich danke euch. Viel Glück.«

Die Männer, die alle mit Gewehren bewaffnet waren, schwärmten aus, um sich die Plätze anzusehen, an denen sie Posten beziehen sollten. Einige – es waren Kosaken – zogen sogar die Säbel. Alle zusammen bildeten sie einen recht seltsamen Haufen, der vor dem Hintergrund dieser friedlichen Landschaft wie eine Theatertruppe wirkte. Boris kehrte auf das Gestüt zurück. Als er auf die Box seines Hengstes zuschritt, traf er den Blonden. Boris wies mit dem Daumen zur Sattelkammer hinüber. »Komm, ich muß mit dir sprechen.«

Drinnen befahl Boris: »Mach die Tür zu«, und schenkte sich einen Wodka ein. »Du auch?«

»Danke. Ist noch zu früh für mich.«

»Mein Frühstück.« Boris grinste. In seinen riesigen Ledersessel zurückgelehnt, dachte er: sonderbarer Bursche. Warum liebt er mich nur? Er hatte ganz vergessen, was er ihm sagen wollte, und die Stille lastete schwer zwischen ihnen. »Hast du etwas auf dem Herzen?«

»Ja – dich.« Die Antwort schien von weit her zu kommen.

»Raus damit.«

»Du hast noch genug Zeit zum Trinken, wenn Stolypin wieder abgereist ist«, sagte der Blonde. »Geh ins Haus. Zieh die Vorhänge zu und schlaf. Du mußt einen guten Eindruck machen. So, wie du jetzt aussiehst, könnte man meinen, du wärest krank.«

»So eine Frechheit! Ich lasse mir nicht gern befehlen, was ich zu tun habe. Hol mir noch was zu trinken.«

Der Blonde kam einen Schritt näher. »Warum?«

»Verdammt noch mal, weil ich Durst habe, natürlich!«

»Das glaube ich nicht«, erklärte der Blonde. »Ich glaube eher, daß dir das Bein weh tut. Du kannst es den ganzen Tag hochlegen und dich ausruhen. Der Zug hat bestimmt Verspätung, und Stolypin wird kaum vor sieben Uhr eintreffen. Um neun wird das Abendessen serviert.«

Boris wünschte auf einmal, dieser verständnisvolle Sohn wäre Igor. Er sagte: »Es ist zu heiß zum Schlafen, aber meinetwegen, fahr mich nach Hause. Sag dem Stallburschen, er soll solange hier aufpassen. Ich möchte dich bei uns im Haus haben. Es könnte sein, daß wir dich brauchen.«

Unterwegs erklärte er dem Blonden seine Aufgabe. »Du wirst mit dem Ministerpräsidenten zwar nicht auf Tuchfühlung kommen, aber ich möchte, daß er dich sieht. Um Julie brauchst du dich nicht zu kümmern – dein Schützling ist Rachel. Solange sie nicht bei mir persönlich ist, darfst du sie nicht aus den Augen lassen. Wenn du außerhalb des Hauses mit ihr spazierengehst, nimm Belschik an der Leine mit. Und ich brauche dir wohl nicht erst zu sagen, was du zu tun hast – im Notfall. Mach zuerst Belschik los.«

Das Wetter war, wie Tamara prophezeit hatte, ungewöhnlich heiß für September. Die Bauern verließen die Felder und legten die Sonntagskleider an. Hochwürden Tromokow stand schon auf der Kanzel, als sie in die Kirche strömten.

»Ronja, eure Herrin«, sprach er zu ihnen, als auch der letzte hereingeschlurft war, »läßt euch sagen, daß morgen und übermorgen nicht gearbeitet wird. Auf der südlichen Wiese sind die Tische für euch gedeckt. Feiert auf dem Gras und stärkt euch an den Speisen, die euch das Herrenhaus bietet.

Ihr sollt euch aber weder vollfressen noch mit Wodka vollaufen lassen. Dazu ist es zu heiß. Ihr sollt Seiner Exzellenz klarmachen, daß die Probleme, die andere Gutsherren haben, hier nicht existieren. Also seid fröhlich und ruht euch aus, aber betrinkt euch nicht.

Haltet euch in sicherer Entfernung von dem Ministerpräsidenten – sicher für euch, meine ich. Sonst könnte es sein, daß einer der Wachtposten hinter den Bäumen bei sich denkt: ›Der da, der sieht gefährlich aus‹, und auf euch schießt.

Ihr habt eine ganze Menge, wofür ihr dankbar sein könnt. Darum zeigt eure Dankbarkeit jetzt, sonst werde ich euch bestrafen und eure Beichte erst hinterher anhören.«

Hochwürden Tromokow scherzte nicht, und seine Gemeinde lachte auch nicht, als sie die Kirche verließ.

Der feurige Sonnenball, der den ganzen Tag über herabgeglüht hatte, war hinter den Horizont gesunken, aber am Himmel standen noch immer die Kupferstreifen. Ronjas Leute drängten sich auf dem breiten Zufahrtsweg und horchten auf den Hufschlag galoppierender Pferde, der Stolypins Ankunft anzeigen mußte. Die älteren Bauern erinnerten sich noch gut daran, daß er als junger Mann oft im Herrenhaus gewesen war, und sie erinnerten sich ebenfalls, daß sie für ihn damals nicht sehr viel übrig gehabt hatten. Sie knurrten: »Verrücktes Wetter. Viel zu heiß – ein schlechtes Zeichen.« Die jüngeren, rot vor Aufregung und Jubel, schwenkten Spruchbänder, auf denen geschrieben stand: »Lang lebe Stolypin!« und: »Lang lebe der Held des Volkes!« Sonnengebräunte Kinder, die Augen groß vor Erregung, probten ein ukrainisches Lied, das Julie komponiert hatte und das sie nun zu Ehren dieses großen Mannes zum erstenmal singen sollten. Die jungen Zigeunerinnen in grellbunten, tief ausgeschnittenen Kleidern kokettierten mit den Wachtposten und halfen ihnen so, ihre Pflicht etwas leichter zu tragen. Das Lächeln auf den Lippen eines Mädchens, das Lächeln in den Augen eines Mannes waren Verheißungen späterer Freuden, die, wenn kein Gewehr den Burschen daran hinderte, den starken Arm um sanfte Rundungen zu legen, vielleicht sogar den ganzen eisigen Winter hindurch andauern mochten.

Zur selben Stunde erregten die Pirows auf dem Bahnsteig Aufsehen, als sie, begleitet vom Ehepaar Brusilow, eine zu jedem Kampf bereite Eskorte anführten.

Als Peter Stolypin aus dem Zug stieg, bedauerte er, daß sein Feind Rasputin dieses Schauspiel nicht miterleben konnte. Tausende von Menschen drängten sich hinter dem offiziellen Begrüßungskomitee. Nein, an der Beliebtheit der Pirows war nicht zu zweifeln! Allmählich stellten sich Stolypins Augen von dem Dämmerlicht, das im Zugabteil geherrscht hatte, auf das Meer von Gesichtern um, das sich ihm unter den flatternden Fahnen im schwindenden Tageslicht zuwandte. Sein Blick suchte und fand Katja. Vielleicht würde sie ... Er verwarf den Gedanken. Neben ihr standen Alexis und ein kleines Mädchen mit einem Gesicht, das dem der jungen Ronja glich, ein blonder, hochgewachsener junger Mann mit breiten Schultern und lässiger Haltung und ein riesiger Hund.

Er schritt den Bahnsteig entlang auf die Gruppe der Wartenden zu. Das kleine Mädchen machte einen Knicks und drückte ihm einen Strauß aus goldenen ukrainischen Weizenähren in die Hand. Der Premierminister verstand die Bedeutung dieser Geste. »Du mußt Rachel sein«, stellte er fest. »Ja, ich bin Rachel«, bestätigte das Kind. »Und ich habe mein schönstes Kleidchen an. Großmutter Ronja hat gesagt: ›Peter Stolypin ist ein Mann, der auf alles achtet.‹«

Der Premierminister von Rußland lachte. »So, kleine Rachel? Und was hat deine Großmutter sonst noch gesagt?«

Rachels Augen funkelten. »Sie hat gesagt: ›Mach dich nicht schmutzig.‹«

Alexis mischte sich ein. »Rachel hat immer neue, faszinierende Überraschungen für uns bereit. Willkommen, Peter. Sie dürfen meiner Frau die Hand küssen.«

Stolypin verließ die Gruppe um Rachel, schloß Katja sanft in die Arme und berührte mit seinen Lippen nicht ihre Hand, sondern ihre Wange.

»O Katja!« staunte er hingerissen. »Wie schön du bist! Für unsere Kaiserin-Witwe wird deine Rückkehr nach St. Petersburg ein Fest werden.«

»Danke, Peter«, sagte Katja kühl.

Ronja reichte ihm die Hand. »Du siehst müde aus, Peter. Ich bin froh, daß ich die Damen von Kiew vertröstet und statt dessen dafür gesorgt habe, daß du einen ruhigen Abend verleben kannst.«

»Das ist sehr lieb von dir, Ronja. Die Stunden ziehen sich endlos hin, und die Jahre vergehen im Flug. Ich muß zugeben, daß ich ein müder, alter Mann geworden bin. Du aber, Ronja – die Zeit meint es gut mit dir. Du bist noch immer die schönste Frau von ganz Kiew.«

»Also, das Kompliment lasse ich mir gefallen«, lachte sie. »Darf ich dir meine Schwiegertochter, Igors Frau, vorstellen?«

Stolypin verbeugte sich und fragte: »Haben Sie auch Ihr schönstes Kleid angezogen?«

»Himmel, nein, Exzellenz! Das hebe ich mir für die Oper auf.«

Nun standen sich Boris und Stolypin gegenüber, Auge in Auge. Sie musterten sich neugierig. So groß und kräftig der Premierminister auch war, neben Boris wirkte er klein. Welch ein Zar er gewesen wäre! mußte Stolypin denken. Boris aber zuckte in Gedanken die Achseln und entschied, daß er in Peter keinen Retter vor sich hatte, sondern einen nahezu besiegten Politiker, der sich eine viel zu schwere Last aufgebürdet hatte. In seinem Frack, Rachels Weizenstrauß ungeschickt in der Hand, machte er den Eindruck eines Bürgermeisters aus der Provinz. Und Peter, der zu spüren schien, wie Boris ihn einschätzte, reichte den Strauß einem der Leibwächter, wandte sich dann wieder zu Boris um und küßte ihn auf beide Wangen.

»Ein wunderschöner Empfang!« lobte er. »Und ihr habt euch soviel Mühe um meine Sicherheit gegeben.«

»Das ist keine Mühe – es ist eine Ehre, Peter.« Er nahm Stolypins Arm. »Da vorn stehen ein paar Herren, die ich Ihnen gern vorstellen möchte, und auch die Leute hier werden wohl eine Ansprache erwarten.«

Die Zuschauer, fast ausschließlich Bauern und Arbeiter, sahen recht friedlich aus; trotzdem sagte der Premierminister mit finster gekrauster Stirn und verkniffenem Mund: »Das muß ich leider ablehnen. Das Komitee der Ukrainischen Partei werde ich ja später kennenlernen, und eine Ansprache habe ich nicht vorbereitet. Ein einziges unvorsichtiges Wort, und die Presse berichtet darüber und legt es gegen mich aus. Der Teufel soll unsere Feinde holen, Boris! Wir werden von allen Seiten bedroht.«

Feigling! dachte Boris, und laut sagte er: »Dann wollen wir gehen.«

Stolypin war sich des Eindrucks, den er erweckte, wohl bewußt. »Sie müssen die Lage berücksichtigen, mit der wir es zu tun haben. Der Zar bringt Kiew ein fürstliches Geschenk. Sie und ich, wir beide lassen uns dadurch nicht täuschen, aber wir müssen achtgeben, daß wir ihn nicht kränken. Seien wir umsichtig und hängen wir meine Verbindung zu Ihrer Partei lieber nicht an die große Glocke. Wir werden zwar jetzt zu einer Einigung kommen, das offizielle Dokument aber erst später unterzeichnen.«

»Wann?«

»Auf jeden Fall noch vor Anbruch des Winters.« Ein schwüler Wind hatte sich erhoben, und der Ministerpräsident wirkte unangenehm erhitzt. »Können wir jetzt zum Wagen gehen? Dort kann ich wenigstens meinen Hut abnehmen, dem Publkum damit winken und mir gleichzeitig ein wenig Luft zufächeln.«

Boris lächelte nicht über diesen etwas gequälten Scherz, sondern befahl den Wachen, dem Ministerpräsidenten eine Gasse zu bahnen. Im ersten Wagen saß Stolypin mit Ronja zur Rechten und Boris zur Linken. Er wirkte jetzt, als er sich vorbeugte und zum Dank für den Jubel der Menge nach allen Seiten grüßte, wieder sehr selbstbewußt.

Am Haupttor des Pirow-Gutes lenkte die voranreitende Eskorte ihre Pferde zur Seite, der Kutscher zügelte sein Gespann und gab dem zweiten Wagen und der Nachhut ein Zeichen zum Halten. Peter Stolypin, an herzliche Empfänge durch die Bauern gewöhnt, war dennoch erstaunt über dieses schier überwältigende Meer von Blumen, über die fröhlichen Rufe und das Gelächter von Ronjas Leuten. Boris sprang aus dem Wagen, hob Ronja herab und reichte dann Peter helfend die Hand. Tamara begrüßte ihn als erste.

Trotz des ohrenbetäubenden Jubels konnte Stolypin sich verständlich machen. »Tamara, du bist noch immer so jung wie damals.«

Sie warf kokett den Kopf zurück. »Schwindler!«

Dann trat Hochwürden Tromokow vor, und die beiden hochgewachsenen Männer schüttelten sich beide Hände und nannten sich gleich beim Vornamen – Peter und Iwan. Lydia drängte sich mühsam an Ronjas Seite. »Der Samowar ist heiß, Herrin.«

Die Damen schlenderten zum Haus hinüber, und die Herren folgten ihnen, während die Zigeuner mit ihrer Königin in ihr Lager zurückkehrten.

»Du mußt doch Hunger haben, und essen werden wir erst spät. Möchtest du nicht eine Tasse Tee?« erkundigte sich Ronja.

»Mit Vergnügen«, sagte Stolypin. »In einer halben Stunde. Aber darf ich mich zunächst einmal in mein Zimmer zurückziehen? Es war eine heiße und staubige Reise.«

Auf Hochwürden Tromokows Drängen blieb er jedoch noch ein paar Minuten, um mit ihm einen Wodka zu trinken. Der Ministerpräsident hob sein Glas. »Auf den Zaren. Er möge lange regieren!« Dann leerte er es mit einem Schluck. Boris, der in der offenen Tür lehnte, grinste. Jetzt habe ich dich erkannt, dachte er. Keine Courage.

Zu seiner Überraschung widersprach Alexis, als Stolypin die Bibliothek verlassen hatte, diesem unausgesprochenen Urteil. »Nein, Boris, du irrst dich.«

Ronja ging ihrem Gast voraus in die obere Etage. »Ich dachte, du würdest dich vielleicht freuen, dein altes Zimmer zu haben, Peter.«

Es lag etwas ungemein Tröstliches für Stolypin in dem Gefühl, sich plötzlich in einer Welt zu befinden, in der sich so wenig verändert hatte. Er erinnerte sich noch genau an die gelbe Steppdecke, an den chinesischen Tisch mit der honigfarbenen Marmorplatte. Auf dem Nachttisch stand eine mit Girlanden verzierte Porzellanschüssel mit jenen säuerlichen Äpfeln, die er als Junge so gern gegessen hatte. Unter einem Bücherregal stand auf einer Kommode eine alte Kristallkaraffe voll Cognac. Nur eines war anders als früher, und als er es sah, machte er große Augen.

»Die Madonna hat Hochwürden Tromokow hergebracht; sie soll über dich wachen.«

»Bleib noch ein wenig«, bat Peter sie. »Ich möchte mich mit dir unterhalten.«

»Nur wenn du versprichst, daß du dich dabei ausruhst«, sagte sie. Seine Hand zitterte, als er sich ein kleines Glas Cognac einschenkte. »Vielleicht sollte ich doch lieber gehen, Peter. Die Anstrengung, die deine Aufgabe mit sich bringt, ist übermenschlich, und du mußt nach der Reise völlig erschöpft sein.«

»Nein, Ronja. Ich möchte dich wirklich sprechen – allein. Bevor Boris mich mit seiner Anziehungskraft verwirrt. Vergiß nicht, wie wenig Zeit mir in Kiew bleibt, und wieviel von meiner Besprechung mit deinem Mann abhängt.«

Ronja blieb still sitzen, während er seinen Cognac trank und sie unverhohlen betrachtete. »Ich erinnere mich an ein junges Mädchen«, sinnierte Stolypin, »das mit den Zigeunern tanzte, mit seiner Peitsche alle möglichen Kunststücke vollführte und unheilbar offen und ehrlich war.«

»Ich tanze nur noch mit Boris«, erwiderte Ronja steif, »und meine Peitsche habe ich schon lange nicht mehr zur Hand genommen.«

»Aber du denkst und sprichst immer noch selbständig?«

»O ja, Peter.«

Er sah sie eindringlich an, und Ronja lächelte.

»Ich erinnere mich an diesen Blick«, sagte sie. »Damit hast du mich nie erschrecken können. Wenn du mich einschüchtern willst, verschwendest du nur deine Zeit.«

Stolypin hörte nicht auf, sie mit seinem stechenden Blick zu mustern. »Wo sind deine Söhne, Ronja?«

»Ich nehme an, daß du – genau wie der Zar – sehr gut weißt, daß Igor und Georgi in San Francisco sind«, antwortete sie gelassen.

»Und warum lebt Igor von seiner Frau und diesem reizenden Kind getrennt?«

»Boris wollte, daß er Rußland für eine Weile verläßt. Er fürchtete für seine Sicherheit. Wie du ja weißt, hat Igor sich eine Menge Schwierigkeiten aufgeladen.«

»*Boris* wollte das. Aber was wolltest du, Ronja?«

»Ich wollte, daß er eine Zeitlang aus dem erstickenden Frieden und Wohlstand dieses Hauses hinauskommt.«

»Drei Jahre, nicht wahr? Eine lange Zeit.«

»Ja, Peter«, gab sie zu. »Viel zu lange.«

»Wann kommt er nach Hause?« Stolypin tat, als habe er nur eine höfliche Frage gestellt.

»Wenn Boris es will.«

Die Andeutung eines Lächelns auf Ronjas Lippen ließ wieder das schöne, junge Mädchen ahnen, das er gekannt hatte, aber Stolypin schob entschlossen alle Sentimentalitäten beiseite. Nur Ronja, davon war er überzeugt, nur Ronja und die Sorge für Ronjas Juden machten Boris so halsstarrig.

»Ronja, der Augenblick zur Offenheit ist gekommen.«

»Ich bin ganz deiner Meinung, Peter.«

Stolypin riß sich zusammen, nahm sein Glas und trank. »Dieses Gerücht, daß du vorhast, nach Amerika auszuwandern ... Es gefällt mir nicht. Als dein Freund trete ich dem natürlich entgegen, aber –« er hob die Hand – »tu mir einen Gefallen: Es ist meine Pflicht, die Wahrheit festzustellen. Könntest du denn diesen Besitz verlassen, dieses fürstliche Geschenk Peters des Großen, das dein Vorfahr als Gegengabe für seine Hilfe beim Bau dieser Stadt bekam? Könntest du dich von Katja und Alexis trennen?«

Ronja seufzte, aber ihre Stimme war fest. »Ja, das könnte ich, wenn es sein muß, und ich fürchte, es wird sein müssen. Ich habe nur so lange gewartet, weil ich absolute Gewißheit haben wollte. Nun liegt alles nur noch an dir, Peter.«

Er rang nach Luft, aber nicht, weil er sich am Cognac verschluckt hatte, sondern vor Zorn. »Ich weiß nicht, ob es stimmt, aber ich hatte den Eindruck, daß die von Glasmans immer in gutem Einvernehmen mit dem Zarenhaus gelebt haben. Doch vielleicht irre ich mich, und die Zusicherungen, die Zar Peter deinem deutschen Vorfahren gegeben hat, sind nicht gehalten worden. Wenn du eine Beschwerde hast, nenne sie mir, und auch denjenigen, der Anlaß zu dieser Beschwerde gegeben hat.«

Damit hatte Peter ihr das Stichwort gegeben, auf das sie gewartet hatte. »Ich freue mich sehr, daß du meinst, ich sähe noch immer so aus wie das junge Mädchen von damals. Aber ich bin es nicht mehr. Dieses junge Mädchen war arrogant und viel zu sehr von sich selber überzeugt. Ich dagegen bin in den mittleren Jahren und habe ein soziales Gewissen entwickelt. Natürlich ist das nicht von heute auf morgen geschehen. Es war ein langer Entwicklungsprozeß, der nur sehr schwer zu erklären ist, und du brauchst jetzt Ruhe.«

»Ich werde dir zuhören, und wenn es die ganze Nacht hindurch dauert«, erklärte Peter Stolypin grimmig. »Ich muß alles wissen, bevor ich mit Boris verhandle. Ich will aber aufrichtig sein und dich warnen: Ich urteile als Vertreter von Väterchen Zar und Mütterchen Rußland. Ich werde nicht rasten noch ruhen und die ganze Macht meines Amtes einsetzen, um der Ukraine zu zeigen, daß sie nur ein Teil eines größeren Ganzen ist.« Dann fuhr er in verändertem Ton fort: »Alles, was du jetzt sagst, bleibt selbstverständlich unter uns. Ich bin dein Freund, Ronja.«

Sie stand auf und läutete nach dem Mädchen. »Wir werden nicht zum Tee herunterkommen. Sage der Gräfin Katja, daß Seine Exzellenz, der Ministerpräsident, bittet, das Abendessen um eine

Stunde zu verschieben.« Stolypin ließ das Mädchen nicht aus den Augen, bis es das Zimmer wieder verlassen hatte.

»Warum in aller Welt starrst du nur jeden so an?« fragte Ronja verwirrt.

Jetzt war er es, der seufzte. »Ich weiß es nicht. Ich nehme an, das habe ich mir angewöhnt, nachdem man Bomben auf mich geworfen und Attentate auf mich verübt hat. Seit ein paar Wochen kann ich nicht anders –ich muß bei jedem fremden Gesicht, das ich sehe, daran denken, daß es vielleicht das Gesicht meines Mörders ist.«

»Das gehört auch zu dem, was ich meine«, sagte Ronja nachdenklich.

Stolypin sah sie an. »Du wolltest sagen . . . ?«

Ihre Erziehung, erklärte sie, habe in der Mandschurei begonnen. Dort habe sie entdeckt, unter welch entsetzlichen Bedingungen Rußlands Soldaten leben und sterben mußten – oft unnötig sterben mußten, nur weil der Zar sie nicht mit der erforderlichen Ausrüstung versorgt hatte. Während Rasputin am Zarenhof zechte und praßte, beschloß der Zar, die Katastrophe an der Front im Osten zu ignorieren, und machte keinerlei Anstalten, der Truppe – Russen wie Chinesen – Ärzte, Pflegerinnen und anständige Nahrung zu schicken. Daß eine einzige Kompanie gerettet wurde, verdankte sie nur ein paar Russinnen, die zwar sämtlich Prostituierte waren, von denen aber jede einzelne mehr Anstand besaß als die hochwohlgeborene Zarin Alix. Und was war Ronjas Lohn für ihre geleistete Hilfe gewesen? Widerwärtige Angriffe der Presse, die nur mit Zustimmung des Zaren geschrieben worden sein konnten.

»Damals habe ich den ersten Schritt aus Rußland heraus getan«, sagte sie.

Und weiter erzählte sie Stolypin, daß sie dort einen Chinesen besucht habe, einen Mann von großer Weisheit und profundem Wissen über die Menschen; daß dieser Mann sie das klare Denken gelehrt und ihr zahlreiche Folgerungen und Lehren der Geschichte aufgezeigt habe, an denen sie vorher vorbeigegangen war. Nach der schmählichen Kapitulation und dann, als Igor nach Hause gekommen war und ihr in die Augen gesehen hatte – seit dieser Zeit wußte sie, daß ihr keine Wahl bleiben würde.

»Das war der zweite Schritt aus Rußland hinaus – ein sehr großer.«

Unter der Last ihrer Anschuldigungen schien der Premierminister zusammenzusinken.

»Willst du wirklich, daß ich weiterspreche, Peter?«

»Auf den Rest bin ich ganz besonders gespannt.«

Der Rest war die Revolution von 1905, das bestialische Pogrom von Odessa und die anderen Ausschreitungen gegen die Juden.

»Ist ein Land – irgendeines – diese Scham und diesen Kummer wert? Mein Volk wird gemeuchelt. Kann ich einem Zaren gegenüber Loyalität beweisen, der so etwas duldet? Ich fühle mich schuldig, Peter.«

Stolypin richtete sich in seinem Sessel auf. »Die schlimmste Zeit für die Juden ist bald vorüber. Ich bin ein geschworener Feind des Antisemitismus. Ein Massenexodus der Juden würde dem Land tüchtige Handwerker und Akademiker rauben. Du kannst dich auf mich verlassen: Ich werde das Gesetz durchbringen, weil es human ist *und* darüber hinaus zu Rußlands Wohl. Außerdem, Ronja, ist es kein Geheimnis, daß die Kaiserin-Witwe dich und Katja der Zarin, der Ärmsten, bei weitem vorzieht.«

»Die Kaiserin ist eine alte Frau, mein Lieber. Wer wird aber Rachel, meine Enkelin, vorziehen? Sie ist eine Jüdin.«

»Ich, Ronja. Ich gebe dir mein Wort, daß ich Rachel fördern und beschützen werde.«

»Und wer wird die Mendel Beilisse von Rußland beschützen?«

Stolypin erhob sich und schenkte sich noch einmal Cognac ein. »Ich wollte selber mit dir über ihn sprechen. Um ihn freizubekommen, brauche ich zweierlei: den Namen eines Mannes und den Ort, an dem er sich versteckt hält.«

Sie hatte gewußt, welches Risiko sie einging, wenn sie Beilis erwähnte, aber noch war sie nicht bereit, dieses Thema zu behandeln. Sie sah auf die Uhr. »Es wird Zeit, Peter. Ich muß jetzt gehen.«

»Wir werden noch miteinander sprechen, Ronja.« Er stand auf.

»Sprich lieber mit Boris, Peter. Er ist die Stimme der Ukraine – nicht ich.« Impulsiv äußerte sie noch einen Wunsch. »Bitte, beschütze Katja.«

»Das werde ich, Ronja – immer.« Seine Züge lösten sich. »Aber du brauchst dir keine Sorgen zu machen. St. Petersburg ist kein Sodom mehr.«

Gerade als sie zur Tür gehen wollte, wurde diese von außen aufgerissen, und Boris erschien. Er grinste. »Ich wollte nur nachsehen, ob du vielleicht männliche Hilfe brauchst.«

»Ich habe mir das Vorrecht alter Freunde genommen und meine Gastgeberin mit Beschlag belegt.« Stolypin gab das Lächeln zurück.

Ronja legte die Hand auf Boris' Arm. An der Tür drehte sie sich noch einmal um. »Du kannst in aller Ruhe baden, Peter. Du hast noch viel Zeit.« Vor ihrem eigenen Zimmer blieb sie stehen und sah zu Boris auf. »Komm, hak mir das Kleid auf. Die Mädchen haben unten zu tun.«

Sobald sie allein waren, änderte sich Ronjas Ausdruck. »Ich bin dir sehr böse«, sagte sie. Boris, der mit den Haken ihres geblümten Kleides kämpfte, fragte sie nicht, warum.

»Du bist zu überheblich, und du unterschätzt Stolypin. Er ist vorübergehend in Panik geraten, aber er ist kein Feigling.«

»Was willst du wetten?« fragte Boris übermütig.

»Na gut, du wirst sehen. Das kommt nur, weil er eine Seite des russischen Charakters verkörpert, die du nicht verstehst. Er donnert nicht, und du bist taub gegen seine ohrenbetäubende Subtilität. Er ist deiner nicht sicher, und außerdem steht er unter dem Druck, den Femereiter präsentieren zu müssen. Er ist in seiner Eitelkeit verletzt, weil der Zar auf Rasputin hört, und er ist zutiefst erschüttert von den Anschlägen auf sein Leben. Aber selbst in der Defensive ist und bleibt Peter Stolypin ein Volksführer.«

Während ihrer Ansprache waren Boris' Hände sehr eifrig gewesen.

»Hör auf!«

Da er wußte, daß ihr nur noch knapp zwanzig Minuten zum Umziehen blieben, gehorchte er und verbeugte sich tief. »Kein Opfer ist zu groß für die Ukraine!«

34

Peter Stolypin machte vor Rachel seine schönste und tiefste Verbeugung. »Mein reizendes Kind, würden Sie mir die Ehre geben, Sie zu Tisch führen zu dürfen?«

Vor Aufregung hochrot, vertraute Rachel ihm an: »Ich habe heute mittag ganz lange geschlafen, und jetzt muß ich ganz brav sein und mich wie eine junge Dame benehmen.«

Ihre Großmutter mischte sich ein. »Rachel darf heute länger aufbleiben, weil wir hoffen, daß sie sich ihr Leben lang an diesen Abend erinnern wird, an dem sie neben dem Ministerpräsidenten von Rußland sitzen durfte.«

Das Essen brachte die Entspannung, die Peter Stolypin so dringend benötigte. Er brauchte nur dazusitzen, sich die köstlichen Speisen schmecken zu lassen, sich an der geistreichen Unterhaltung Hochwürdigen Tromokows zu erfreuen und die herzliche Gastfreundschaft dieses Hauses zu genießen. Ihm gegenüber saß Julie, an der er offenbar besonderen Gefallen zu finden schien, weil er sie kaum aus den Augen ließ; sie aber blickte ihn trotz ihrer ausgezeichneten Manieren nur scheu und mit einem Ausdruck tiefster Ehrfurcht und Achtung an. Rachel war geschwätzig und bezaubernd und bewunderte seinen weichen Bart, der viel schöner sei als der des Zaren, dessen Bild sie auf der Truhe ihrer Mutter gesehen hatte. Den ersten Happen des Nachtischs nahm sie gnädig vom Löffel des Ministerpräsidenten entgegen. Dann beugte sie sich weit zu ihm hinüber und fragte: »Bist du mein Onkel?«

»Gott segne dich, mein Kind«, erwiderte er. »Ja, ich bin dein Onkel Peter.«

Alexis warf entsetzt die Hände empor. »Ein tragisches Unglück hat uns betroffen!« sagte er klagend zu Katja. »Unser Freund hat uns die Nichte gestohlen, und noch dazu jetzt, wo sie schon lange im Bett sein müßte. Ich weine dicke Tränen in meine Fingerschale.«

Rachels Augen funkelten vor Vergnügen. Eine ihrer Freundinnen, verkündete sie der Tischrunde, habe neun Onkels, aber keiner davon sei so lustig wie Onkel Alexis. Ronja erhob sich, um in den Salon hinüberzugehen. Im Flur teilte sie Lydia, die gerade vorbeikam, mit: »Seine Exzellenz mag den Kaffee lieber mit Zichorie.« Boris übergab Rachel inzwischen der Obhut Belschiks, der geduldig gewartet hatte, bis er sie zu Bett bringen durfte.

Nach dem Mokka bat Stolypin Katja, ihm etwas vorzuspielen. Sie griff weit in die Erinnerung zurück und spielte eines von Mendelssohns ›Liedern ohne Worte‹. Sie spielte es mit besonders viel Gefühl, denn sie wollte Peter zeigen, wie dankbar sie ihm war, daß er nach Kiew gekommen war, um allen Sorgen ein Ende zu machen.

»Das war wunderschön«, sagte er.

Mit der Grazie eines Elefanten im Porzellanladen stapfte Hochwürden Tromokow zur Tür. »Ihr verdammter Zichorienkaffee hat mich schwindlig gemacht. Haben Sie ein Bett, in das ich mich verkriechen kann, oder muß ich mich heimbegeben?«

Das paßte genau in Ronjas Pläne: Sie wollte ihn hier im Hause haben. »Nehmen Sie Igors Zimmer. Da ist es kühl, und es steht immer bereit.«

»Bis morgen, Iwan«, rief Peter hinter ihm her.

Katja, die ein sehr weiches Herz hatte, war beunruhigt. Tromokow hatte stundenlang auf dem Bahnhof in der Sonne gestanden, hatte große Mengen Wodka getrunken und ein mehr als reichliches Mahl zu sich genommen. Auch Boris hatte das Gefühl, als rufe ihm eine innere Stimme eine Warnung zu. Er versuchte dem Blick des Priesters zu begegnen, aber es gelang ihm nicht. Und so fügte er den Gutenachtgrüßen der anderen nur noch sein »Schlafen Sie gut« hinzu.

Kaum hatte sich die Tür hinter Tromokow geschlossen, da sprang Stolypin auf – ein völlig veränderter Stolypin. Das war nicht mehr der Mann, der seine Sorge um Boris gezeigt und sie auch geäußert hatte, das war auch nicht mehr der Mann, der für Rachel den guten Onkel gespielt und Katja bewundernde Blicke zugeworfen hatte. Dies war der Minister des Zaren, der sich nun mit herausfordernder Miene an Alexis wandte.

»Gegen allergrößten Widerstand ist es mir gelungen, Seine Majestät davon zu überzeugen, daß ein Gespräch zwischen Boris und mir erhebliche Vorteile bieten kann. Weil Sie mich darum gebeten haben. Vor Monaten schon riet ich Ihnen, Boris darauf vorzubereiten, daß er mir den Femereiter herbeischaffen muß. Und nun ist aus diesem gemütlichen Abend, der in einer weit freundlicheren Atmosphäre verlaufen ist, als ich zu hoffen gewagt hatte, für mich eine Niederlage geworden. Es hat sich herausgestellt, daß keiner von Ihnen beabsichtigt, ein Wort über den Femereiter zu verlieren. In wenigen Tagen muß ich meinem Zaren Rechenschaft ablegen. Was soll ich ihm sagen?«

Alexis hatte diese Reaktion erwartet, war aber erschüttert von Stolypins Heftigkeit.

»Peter«, sagte er, »der Femereiter ist eine Legende. Der erste Brand war ein Zufall; eine vergessene Laterne, die zu dicht an einem trockenen Dachbalken hing. Ein brennendes, auf dem Feld fortgeworfenes Streichholz Ursache des zweiten. Jede kleinste Unachtsamkeit kann einen Brand zur Folge haben. Aus Gründen, die mir unbekannt sind, wurde es dann Mode, Feuer zu legen. Ein vor sich hinpfeifender Junge, ein Bauer, der sein Maultier heimwärts treibt, ein Liebespaar, das ein ruhiges Plätzchen sucht – sie alle sind der Femereiter.«

Verdammt geschickt, dachte Stolypin. Und verdammt deutlich. Man erinnert mich daran, daß ein Ukas des Zaren die von Glasman-Töchter nicht berührt. Oder sie machen sich alle über mich lustig. Warum nicht? Katja hat mich nie richtig geliebt. Sie brauchte nur zu einem Hofball zu gehen, einmal mit Alexis zu tanzen – und schon waren sie verlobt. Ärgerlich schüttelte er den Kopf.

»Nein, nein, Alexis! Der Femereiter ist keine Legende, er ist kein albernes Liebespaar auf dem Heimweg von einem Abend im Heuschober, und er ist auch kein Bauer mit seinem Maultier. Er ist ein einziger Mann. Wir wissen es. Und er ist in Kiew. Das ist eine feststehende Tatsache. Und ihr, die ihr mit dieser Art von Selbstjustiz offenbar einverstanden seid – ihr verheimlicht mir seine Identität.« Sein Blick glitt rasch von einem zum anderen.

Boris, der Tatar, machte ein ausgesprochen joviales Gesicht. Julie, dieses entückende Kind, lauschte ihm hingerissen, mit leicht geöffnetem Mund. Ronja und Katja trugen beide einen gelangweilten Ausdruck zur Schau. Alle schienen der Ansicht zu sein – dieser Erkenntnis konnte er sich nicht verschließen –, daß er ein richtiger Tölpel sei. Stolypin wandte sich an Julie.

»Sie wissen doch sicher«, sagte er zu ihr, »daß es besser ist, Igor mir auszuliefern als zu warten, bis sich die Polizei ihn holt, nicht wahr? Ich werde eine Möglichkeit zu seiner Rettung finden – wenn Sie mir sagen, wo er ist.«

Ronja betete stumm: Lieber Gott, verhüte, daß Boris sich einmischt. Katja, durch die ganze Breite des Raumes von ihrem Schwager getrennt, versuchte, ihm mit der Kraft ihrer Gedanken Schweigen aufzuzwingen. Sei kein Narr, Boris, halt den Mund! warnte Alexis, sprach es aber nicht aus. Als sie merkten, daß Boris es Julie überließ, Stolypins Frage zu beantworten, atmeten alle fast hörbar auf.

Julie, das Kind, blickte zu dem großen, bärtigen Mann empor. Sie war verblüfft. Falls sie jetzt schauspielerte, war es eine großartige Leistung. »Gospodin Stolypin, Exzellenz, Igor, mein Mann, ist der beste Reiter der Ukraine. Er ist ein berühmter Kriegsheld. Alle Menschen kennen sein Gesicht. Wenn er in Kiew wäre, dann hätten Sie ihn schon gefaßt. Polizisten zu Pferde, Polizisten mit Wagen, Polizisten zu Fuß und mit Hunden haben jeden Winkel durchsucht. Aber sie haben ihn nicht gefunden, denn Igor war im Orient. Und jetzt besucht er seinen Bruder Georgi in Kalifornien. Ich glaube, auch das kann ich Ihnen leicht beweisen. Wir haben doch einen Botschafter in Amerika, der dort den Zaren vertritt. Ich werde Ihnen Igors Adresse geben – ich schreibe ihm jeden Tag. Vielleicht könnte der Botschafter jemand zu ihm schicken, der sich seinen Paß zeigen läßt und das Bild mit seinem Gesicht vergleicht. Und dann könnte er dem Zaren Bericht erstatten. Sie sehen also, Igor von Glasman-Pirow *kann* gar nicht der Femereiter sein.«

Für die Familie war Julies kleine Ansprache ein schieres Vergnügen, den Ministerpräsidenten von Rußland aber setzte sie in größte Verlegenheit. Tag um Tag hatte er erwogen, sich durch den russischen Konsul in San Francisco Gewißheit zu verschaffen, hatte es aber dann doch nicht getan, weil er fest überzeugt war, daß Boris und nicht sein Sohn der Femereiter sein mußte. Nun hatte er versucht, diesem Kind eine Falle zu stellen, aber statt dessen hatte Julie ihn zum Narren gehalten.

Doch Peter Stolypin war nicht umsonst Ministerpräsident von Rußland. Er wahrte sein Gesicht, indem er die Unterlassungsgründe zugab, und fügte hinzu: »Julie, Sie haben dem Botschafter Mühe erspart. Und nun können wir uns alle hinsetzen und gemeinsam die Frage zu lösen versuchen, wer nun der Femereiter eigentlich ist.«

Da hatten sie es; jetzt konnten sie nicht mehr ausweichen. Der Zar mußte sein Opfer haben, um die Schwarzen Hundert zu beschwichtigen, und Stolypin war entschlossen, das Messer zu wetzen und das Blut eines Unschuldigen zu vergießen, weil er nur damit Boris zwingen konnte, die Ukraine zu verkaufen. Boris streckte sich träge. »Warte!« rief er Ronja zu, die eben erklärt hatte, sie gehe zu Bett. »Ich trinke nur aus. Dann gehe ich mit.«

Weich kam ihre Stimme zurück: »Ich will den Mädchen in der Küche noch sagen, daß sie erst morgen früh aufzuräumen brauchen. Es ist ein langer Tag für sie gewesen.« Nun erhob sich auch Katja. »Ich bin ebenfalls müde. Alexis, bitte bleibt nicht die ganze Nacht hier sitzen und redet.« Als Julie bat, sich entschuldigen zu dürfen, sagte Stolypin: »Ich werde also schmählich im Stich gelassen! Schenk mir nur noch ein Lied, ehe du gehst, Katja. Ich weiß, eines kannst du noch spielen.«

Hilfesuchend wandten sich die beiden Damen an Boris. Der nahm gelassen sein Glas und leerte es in einem Zug. »Wie ich den Anzeichen entnehme«, stellte er fest, »sind weder Katja noch Julie in der Stimmung, noch etwas vorzutragen, und ich persönlich mache mir um unseren alten Tromokow ein wenig Sorgen. Ich habe schon oft gesehen, wie er den Wodka in sich hineinschüttete, aber ich habe noch nie erlebt, daß ihm das etwas ausgemacht hätte.« Er stand auf und folgte den Damen hinaus, ohne sich noch einmal umzusehen.

»Noch einen Cognac?« fragte Alexis.

Stolypin nickte und nahm mit bedrückter Miene Platz. »Bitte.«

»Ich finde«, bemerkte Alexis, »daß Sie, mein verehrter Freund, ein ganz großer Esel sind.«

Es gab keinen Widerspruch. Auch Alexis konnte keine schlechtere Meinung von Peter haben, als Stolypin sie von sich selber hatte. Nun entschuldigte er sich zwar nicht, versuchte aber sein Verhalten zu erklären. »Ich wollte ein Zeichen von Ronja oder Boris, und als keines kam, griff ich nach dem Strohhalm Igor. Alexis, ich *muß* den Namen des Verräters haben, sonst wird mein Gespräch mit Boris vergeblich sein. Irgend jemand muß für den Zaren – und nebenbei auch für die Ukraine – sterben.

Warum aber, zum Teufel noch mal, wollen die Pirows mir nicht helfen? Sie verlangen, daß ich mich selber ans Kreuz schlage, indem ich Beilis freigebe und öffentlich das Geschrei vom Ritualmord widerlege. Und trotzdem verhalten sie sich passiv, sobald es sich um ein Verbrechen gegen echte Russen handelt. Jeder Brand schwächt meine Position beim Zaren. Ich bin sehr beunruhigt über die Veränderung, die sich in letzter Zeit an seinem Verhalten mir gegenüber bemerkbar macht. All diese Dinge hier untergraben sein Vertrauen zu mir, Alexis.«

Alexis kniff die Augen zusammen; die Wirkung war alles andere als freundlich. »Ich muß Ihnen leider sagen, daß auch ich nicht sehr viel Vertrauen zu Ihnen habe, Peter«, sagte er grob. »Mendel Beilis ist unschuldig. Ritualmord ist ein teuflisches Verbrechen. Warum also sollten Boris und Ronja Ihnen helfen und Informationen über einen Mann liefern, der Beilis rächen will – falls es, wie gesagt, so einen Mann überhaupt gibt?«

Peter, der sich immer deutlicher persönlich angegriffen fühlte, sah Alexis ärgerlich an. »Ich werde Ihnen sagen, warum: Weil Boris Pirow der Femereiter ist. Darum!«

Alexis rührte sich nicht. Sonderbar, sinnierte er. Ein begabter Politiker und in gewisser Hinsicht auch ein Staatsführer – gewiß aber der Mann, der für diesen Posten am besten geeignet ist –, und kann seine Zunge nicht im Zaum halten! Insgeheim von etwas überzeugt sein ist schön und gut, mit offenen Drohungen aber verletzt man die Spielregeln. Ein weiterer Pluspunkt für die Sache der Ukraine. »Und Ihre Beweise?« gab er zurück.

»Ich habe nicht für eine Kopeke Beweise«, gestand Peter, dessen Stimme auf einmal alt und müde klang. »Ich muß zugeben, daß ich anfangs Igor für den Femereiter hielt. Ich wollte, daß er es war. Wäre mir Igor ins Netz gegangen, hätte ich Boris in die Knie zwingen können. Meine Polizei hat in Kiew auf der Suche nach ihm das Unterste zuoberst gekehrt. Dann habe ich mir seine Kriegsakten angesehen und entdeckt, was er mit diesem Feldwebel gemacht hat. Aber ich konnte mir trotzdem nicht vorstellen, daß er für die Juden ebenso bereitwillig sein Leben aufs Spiel gesetzt hätte. Sein Vater? Das ist etwas anderes; der würde das Risiko eingehen. Der Sohn aber hat nicht soviel Rückgrat. Nein, es muß Boris sein.«

»Was Sie nicht sagen!« erwiderte Alexis trocken. »Und wenn Sie ihm nun die Schuld nachweisen könnten – würden Sie es fertigbringen, Boris dem Zaren auszuliefern?«

Stolypin unterdrückte den Impuls, ja zu sagen. »Vor einem Jahr noch hätte ich meinen eigenen Sohn an die Wand stellen lassen, wenn er der Femereiter gewesen wäre. Jetzt aber brauche ich die Ukraine so dringend, daß ich bereit bin, auf jegliche Art von Handel einzugehen.«

Alexis bemerkte betroffen Peters graues Gesicht. Dieser Mann war doch sein Freund – trotz allem! »Wir kennen uns nun seit mehr als einem Vierteljahrhundert«, sagte er, »und haben uns immer gut verstanden. Daß der Zar auf Sie aufmerksam wurde, war kein Zufall, das wissen Sie. Offen gesagt, mein Interesse an Ihnen war nicht nur Freundschaft. Wir haben die gleiche Vorstellung von einer Regierung. Was Sie aber jetzt vorschlagen, ist ungeheuerlich, ein Verstoß gegen alles, an das Sie und ich glauben. Wie können Sie sich von Nikolaus zu etwas aufhetzen lassen, das, wenn wir ehrlich sind, nichts anderes ist als Mord? Überzeugen Sie ihn, daß die Brandstifter Bauerntölpel und städtische Rowdies waren.«

»Das kann ich nicht.«

»Was verschweigen Sie mir, Peter?«

Stolypins Stimme sank zu heiserem Flüstern. »Rasputin hat sich ebenfalls darauf versteift, daß Boris der Femereiter ist.« Der Mönch hatte Peter mit Fragen überschüttet: Wer reitet wie Boris Pirow? Wer schläft im Bett einer Jüdin und wird von Tataren und Kosaken, Mongolen und Muschiks verehrt? Wer? Wer? Wer?

»Der Zar hat mich persönlich für die Festsetzung des Femereiters verantwortlich gemacht. Versage ich, muß ich wenigstens Boris von dem Verdacht reinwaschen.«

»Ach, so ist das!« sagte Alexis. »Hören Sie, Peter, es ist lange nach Mitternacht. Sie müssen ins Bett. Ich werde es mir durch den Kopf gehen lassen. Durch ihre Reise mit dem Zaren gewinnen wir Zeit. Wenn Sie mit Nikolaus sprechen, seien Sie zuversichtlich – und ausweichend. Boris gegenüber seien Sie bitte aufrichtig, und in der Verfolgung Ihrer hohen Ideale konsequent und energisch.

Bleiben Sie ruhig lange im Bett und läuten Sie nach dem Frühstück, wenn Sie soweit sind. Die Zusammenkunft soll erst um zwei Uhr stattfinden, und Ronjas Hütte ist höchstens eine halbe Stunde von hier entfernt. Gute Nacht, Peter.« Stolypins Augen waren verschleiert, als sich die beiden Männer trennten.

Währenddessen war Ronja hellwach. Sie saß im Dachzimmer neben dem Blonden auf dem kleinen Sofa. Die einzige Beleuchtung lieferte der Vollmond, aber seinen gesenkten Kopf konnte sie deutlich erkennen. »Nie hätte ich gedacht, daß ich einmal einen Priester schlagen würde«, stöhnte er verzweifelt. »Vor allem nicht Hochwürden Tromokow, der schon immer mein Freund gewesen ist.

Und doch habe ich es getan, Ronja! Absichtlich und mit all meiner Kraft. Es war, als hätte ich ein ... ein Kind geschlagen. Er war so ahnungslos, und als er zu Boden ging, hatte sein Gesicht einen so jammervollen Ausdruck! Er blieb eben lange genug liegen, daß ich ihn mit den Leinentüchern ans Fußende des Bettes fesseln konnte. Der wird heute nacht nicht den Femereiter spielen.«

Ronja streckte die Hand aus und strich dem Blonden sanft über die Wange. »Ich bin sehr stolz auf dich. Und dankbar. Komm, erzähl mir alles. Du hast die gleiche Angewohnheit wie dein Vater: Die interessantesten Dinge läßt du aus.«

Da es schon spät war, beeilte sich der Blonde mit seiner Geschichte. Als er auf sein Zimmer gehen wollte, hatte er unter Igors Tür einen Lichtstreifen gesehen und war hineingegangen. Drinnen hatte er Hochwürden Tromokow gefunden, der sehr erregt zu sein schien. »Stolypin hat gesehen, wie mir vom Wodka die Knie weich waren«, hatte er triumphierend gekräht. »Heute nacht werde ich dafür sorgen, daß er Boris von seiner Verdächtigtenliste streicht.« Tromokow war in der letzten Zeit nicht mehr geritten. Die anderen ließen es nicht mehr zu, seit seine Kirche erklärt hatte: Tod dem Manne, der uns mit Feuer verhöhnt! Der Blonde hielt ihm vor, daß er eine doppelte Bestrafung riskiere, der Ältere jedoch wollte nicht auf ihn hören. »Leo Gorsky habe ich für mich selber aufgehoben«, sagte er händereibend. »Das ist ein Lump – durch und durch schlecht. Er raubt, zerstört, und verwüstet sogar seine eigenen Felder. Und jetzt hat er seine gelben Zähne in Mischuk geschlagen. Verlangt, daß er in die Provinz verbannt wird, nur weil unser ehrlicher Polizeichef um Beilis' Freilassung kämpft. Da, schau! Von diesem Fenster aus kannst du einen Zipfel seines Landes sehen.«

Der Blonde hatte protestiert und ihn gewarnt, daß die Wachen – Tataren und Kosaken – augenblicklich auf ihre Pferde springen würden, wenn sie die ersten Flammen entdeckten, und daß Tromokow es nie bis nach Hause schaffen könne.

Der Priester kicherte schlau. »Was hindert mich, an ihrer Suche teilzunehmen?«

»Sie drücken Stolypin ja selber den Strick in die Hand, mit dem er Sie aufknüpfen wird«, schalt der Blonde, und der Pope sagte: »Wenn Stolypin meine Art von Religion nicht gefällt, dann soll er doch hingehen und den Urin einer heiligen Kuh trinken. Und eines kannst du mir glauben, mein Sohn: Ich werde kein kleines, armseliges Feuerchen legen! Der Widerschein von meinem Brand wird den Sonnenaufgang verblassen lassen.«

Das war der Augenblick, in dem der Blonde ihn niederschlug.

Ronjas Begeisterung war so groß, daß sie damit dem Jungen die letzten Gewissensbisse nahm. »Aber eigentlich hat er ganz recht«, sagte sie. »Irgend jemand sollte tatsächlich heute nacht reiten. Kurz vor Tagesanbruch.« Sie hielt seine Hand mit festem Griff. »Nein, nicht du. Dem Zaren und Stolypin wäre nichts lieber als einen von Boris' Söhnen zu opfern.

Weißt du, zwischen deiner Mutter und mir hat sich im Grunde gar nichts geändert. Wir streiten uns immer noch – das haben wir seit jeher getan –, und wir halten uns gegenseitig nach wie vor die Treue. Darum ist sie die einzige, die heute nacht diese Mission übernehmen kann. Das Lager wird nicht bewacht, Tamara reitet wie der Teufel, und genau das brauchen wir. Sag ihr, wie verzweifelt unsere Lage ist. Falls Stolypin nicht dem Zaren melden kann: ›Gott ist mein Zeuge, daß Boris Pirow neben mir war, als die Flammen zum Himmel schlugen‹, wird ein Unschuldiger verhaftet, verhört, geschlagen und, wenn er es nicht mehr aushalten kann, gezwungen werden, jedes beliebige Verbrechen zu gestehen, nur um ein paar Stunden Ruhe zu haben.«

Der Blonde atmete tief ein. »Gorskys Gut?«

»Ja. Es liegt in der Nähe, und außerdem hat uns der Mann ausreichend Grund gegeben. Sag Tamara, daß sie nicht vor fünf Uhr zuschlagen soll und daß kein Menschenleben in Gefahr kommen darf. Nicht einmal Gorskys. Dann komm nach Hause. Richte es so ein, daß Stolypin dich sieht. Und sorge dafür, daß du der erste bist, der an seine Tür klopft. Du kannst ihm sagen, daß du in diesem Haus für seine Sicherheit verantwortlich bist. Tu so, als fürchtetest du für unsere Felder und Waldungen. Bitte deinen Vater, einige von unseren Männern zum Löschen hinüberzuschicken.«

Der Blonde hatte bereits ein Bein aus dem Fenster geschwungen und war in der Dunkelheit untergetaucht, noch ehe Ronja ganz ausgesprochen hatte.

Als sie zu Hochwürden Tromokow ins Zimmer kam und die Lampe aufdrehte, bäumte er sich wie ein Pferd und versuchte seine Fesseln zu sprengen. »So ziehen Sie nur die Knoten fester«, sagte Ronja gelassen.

»Verdammt noch mal, Ronja! So eine Frechheit von dem Bengel!«

Sie untersuchte die Leinenstreifen an seinen Armen und Beinen. »Er hat gute Arbeit geleistet.«

Tromokow war ganz gekränkte Würde. »Boris war hier. Er hat die Knoten geprüft, hat sie fester gezogen und ist mit einem geradezu irren Lachen wieder verschwunden.

Stehen Sie nicht da herum, Mädchen! Machen Sie mich los!«

Ronja setzte sich. »Wozu die Eile? Sie versäumen doch nichts.« Sie streifte die Schuhe von den Füßen.

Tromokow tobte vor Wut und begann zu fluchen, aber Ronja beachtete ihn nicht. Ihre Impertinenz brachte ihn aus der Fassung, und plötzlich brach er in lautes Lachen aus.

»Geben Sie auf?«

»Zum Teufel, Ronja, holen Sie mir eine Flasche Wodka. Nun kann ich mich ja auch gleich richtig betrinken.«

»Aber, mein Lieber, womit wollen Sie sie denn halten? Ich komme ganz bestimmt keinen Schritt näher, bis Sie mir schwören – auf Ihre Priesterehre! –, daß Sie sich anständig benehmen werden. Außerdem ist Ihr Heldenmut albern. Tamara wird reiten. Heute nacht ist sie Zar Peters Geist und führt unseren Ministerpräsidenten Stolypin an der Nase herum.« Sein Lachen dröhnte durchs Haus.

»Still, Iwan! Peter könnte Sie hören.«

»Sein Pech. Ich bin betrunken. Los, kommen Sie, Ronja – binden Sie mich los!«

Sie kniete nieder und suchte in seinen Taschen, bis sie unter anderem ein Taschenmesser fand. Damit befreite sie Tromokow in wesentlich kürzerer Zeit, als es gekostet hatte, ihn zu fesseln. Der Priester dehnte die mächtigen Glieder und beschwerte sich: »Mein ganzer Körper ist verkrampft. Sagen Sie diesem jungen Schuft, das nächstemal, wenn er mich sieht, soll er mir lieber aus dem Weg gehen. Aber dalli.«

»Gott segne ihn«, sagte Ronja weich. Und dann stellte sie sich, immer noch ohne Schuhe an den Füßen, auf die Zehenspitzen, gab Iwan Tromokow einen Kuß, machte kehrt und lief hinaus.

In ihrem Zimmer waren die Gasflammen hochgedreht, aber ihr Bett war leer. Dabei sehnte sie sich so sehr nach der tröstlichen Wärme von Boris' Armen. Rasch nahm sie ein köstlich duftendes Bad, bürstete und flocht ihr Haar, zog Nachthemd und Negligé an und schlich hinüber zu seinem Zimmer. Voller Genugtuung dachte sie daran, daß seine Fenster, genau wie die Stolypins, nach Osten zum Gorsky-Gut blickten.

Boris grollte verschlafen: »Wo bist du gewesen?« Ihre Antwort bestand darin, daß sie mit ihrem Mund leicht seine Lippen streifte. Boris zog sie liebevoll an sich, und Ronja schlief ein.

Durch die angenehm warme Morgendämmerung läuteten die Kirchenglocken Sturm. Über die Einfahrt jagten Pferdehufe, daß der Kies nach allen Seiten spritzte; eine Stimme rief: »Großer Gott, was für ein Feuer!« Eine andere antwortete: »Kein Zweifel, das war der Femereiter!«

Stolypin erwachte sofort. Er sprang aus dem Bett und lief über den Teppich ans Fenster.

Julie eilte zu Rachel.

Hochwürden Tromokow summte vergnügt vor sich hin und versuchte seine riesigen Füße in Ronjas winzige Schuhe zu zwängen. Da sie aber all seinen Versuchungen widerstanden, suchte er noch einmal und fand seine eigenen Schuhe. Angetan mit einem langen, roten Nachthemd, machte er sich auf den Weg zu Stolypin.

Der Blonde schnallte seine Pistole um und tastete nach seinem Dolch. Von seiner Dachstube kam er herunter und ging den Schlafzimmerflur entlang. Vor der Tür des Premierministers blieb er stehen, straffte die Schultern und klopfte höflich. »Exzellenz, ist alles in Ordnung bei Ihnen?«

Hochwürden Tromokow antwortete: »Komm nur herein, mein Junge. Da mein Sehvermögen durch den Zichorienkaffee beeinträchtigt ist, kann ich nicht erkennen, ob das Feuer auf unsere Bäume überspringt.«

»Nein«, sagte Stolypin vom Fenster her. »Es sieht so aus, als wären sie nicht in Gefahr.«

Lydia kletterte mühsam aus dem Bett, wusch sich mit kaltem Wasser das Gesicht und zog sich an, wie es sich gehörte und wie Stolypin es zweifellos von Ronjas Haushälterin erwartete. Laut rufend lief sie durch die Quartiere der Dienstboten. Den verschlafenen Mädchen schrie sie zu: »Hört auf, aus dem Fenster herauszuhängen! Glaubt ihr etwa, ihr würdet den Femereiter sehen? Los, eilt euch, wir müssen das Frühstück bereiten.«

Katja und Alexis flüsterten miteinander.

»Wer, Alexis? Und warum?«

»Deine Schwester ist ein Genie, Liebste.«

»Aber wem kann sie trauen?«

»Tamara ... Wir anderen sind alle im Haus. Ich muß jetzt auch zu Peter.«

Boris öffnete ein Auge und sah Ronja an, deren Gesicht nur Zentimeter von ihm entfernt war.

»Geh zu Stolypin, Liebling«, schlug sie vor.

»Du hast recht.«

Als er kam, wirkte Stolypin um Jahre jünger als am Abend zuvor. »Wie groß ist der Brand?« erkundigte er sich bei dem Blonden.

Der Blonde nahm eine respektvolle Haltung an. »Ein paar Morgen, schätze ich, und Gorskys Gartenhaus am See. Solange er sich nicht ausbreitet. Aber ich glaube, es geht kein Wind.«

Als Boris durch das Zimmer schritt, war sein Gang federnd wie der eines Mannes, der keine Sorgen hat; er stellte sich ans Fenster und befahl dem Blonden: »Schick Leute zum Helfen hinüber, soviel du für notwendig hältst.«

Peter Stolypins Erleichterung war so deutlich, daß Boris' gute Laune sank. Mit leiser, leidenschaftlicher Stimme sagte er: »Wenn Sie vorhaben, *ihn* zu beschuldigen, dann lassen Sie den Gedanken nur gleich wieder fallen.« Er war erstaunt über seine eigene Heftigkeit.

Tromokow und Brusilow beobachteten den Ministerpräsidenten unverhüllt. Von seiner Antwort hing sein zukünftiges Verhältnis zu Boris ab.

»Ich finde«, sagte er, »der Junge sieht ganz und gar nicht aus wie der Geist Zar Peters des Großen.« Über zwei Gesichter huschte ein Lächeln. »Ich werde Nikolaus berichten müssen, daß weder Boris Pirow noch jemand aus seinem Haus der Femereiter ist.«

Doch Boris stand nach wie vor Gewehr bei Fuß. »Und sagen Sie ihm auch dies: Es heißt jetzt, Sie oder Männer wie Trotzki und Lenin. Und wenn der Kopf Louis' XVI. rollen konnte, so kann das der Kopf Nikolaus' II. nicht minder.«

Falls er beabsichtigt hatte, Streit heraufzubeschwören, so mißlang ihm das; Stolypin ging dem geschickt aus dem Weg. »Boris«, sagte er, »halten Sie die radikalen Sozialisten wirklich für eine ernst zu nehmende Gefahr?«

»Großer Gott, ja – natürlich!«

»Ah, mein Freund, da bin ich Gott sei Dank anderer Meinung als Sie. Meine Bodenreform wird aus den Bauern kleine Kapitalisten machen. Die Schwerindustrie hat schon begonnen, Dividende auszuschütten. Und eine Gesetzgebung gegen offiziellen Antisemitismus, sowie eine Garantie, daß alle Juden, die das wollen, Juden bleiben können, wird den Bolschewiken die Unterstützung der Intelligenzia nehmen.« Abermals schaute er aus dem Fenster, sah, daß die Flammen in sich zusammensanken, und ging zu seinem Sessel.

»Sehen Sie sich doch an, was wir alles tun: Wir verbessern die Bildungsmöglichkeiten für das Volk und geben auf diesem Gebiet größere Freiheit. Eine ganze Generation junger Menschen wird den Zaren verehren. Und vergessen wir nicht, daß das bolschewistische Lager hoffnungslos gespalten ist, also keine öffentliche Gefahr bildet. Die Reform schlägt ihnen die Waffen aus der Hand.«

Ein Diener kam mit dem Tee, und es schien, als werde der Morgen von nun an seinen gewohnten Verlauf nehmen. Doch Boris gab noch nicht nach. »Das sind Papierreformen! Was ist mit der Arbeitslosigkeit in Moskau? Was ist mit den Auslandsschulden? Was ist mit dem Widerstand der Nationalisten hier in der Ukraine? Und in Georgien? Und bei den tatarischen Moslems?«

Alexis konnte es nicht zulassen, daß Boris seinen Augenblick des Triumphes selber zerstörte. »Hochwürden Tromokow«, sagte er, »muß zur Messe. Ronja kann bis mittags schlafen, aber Katja ist allein. Ich schlage vor, daß wir in ungefähr einer Stunde in ihrem Wohnzimmer frühstücken. Danach werden Peter und ich deinen Fehdehandschuh aufnehmen, Boris.«

»Verzeihen Sie, Peter«, sagte da Boris. »Ich bin ein sehr schlechter Gastgeber. Ich wollte, daß Sie diesen Morgen genießen und einen ruhigen Spaziergang machen, solange es noch kühl genug ist. Statt dessen haben Sie einen Himmel voll Rauch und eine hitzige Diskussion bekommen.«

»Der Himmel deprimiert mich nicht«, erklärte Stolypin. »Und Ihre Ansichten ebensowenig. Die Voraussetzungen für unser Gespräch sind günstig. Vorher aber werde ich mir noch die Zeit nehmen und meinem Herrn und Gebieter Nikolaus einen Bericht über die Ereignisse dieses Morgens schreiben. Können Sie mir einen Boten zur Verfügung stellen, der den Brief ebenso schnell wie die Post befördert?«

»Mit Vergnügen«, sagte Graf Alexis Brusilow.

Etwas später am selben Tag prallten in der Hütte, leidenschaftlich vorgetragen, die Meinungen aufeinander, und Alexis fürchtete sogar, daß Boris seine Trümpfe zu schnell und zu hitzig ausspielte. Einmal sagte er in einem Anfall von Tollkühnheit: »So, Sie haben mich also zum Femereiter gestempelt. Na schön, dann bin ich es eben. Und es entspricht durchaus meinem Charakter. Im Jahre 1381 brannte mein Volk Moskau nieder. Jetzt, als Ehemann einer Jüdin, lege ich Brände – aus Rache für das, was ihr den Juden antut. Ich reite gegen die Grausamen, die das Volk meiner Frau quälen und sie selber so verängstigen, daß sie ihre Söhne außer Landes gehen ließ, aus diesem Land, das sie einmal so sehr geliebt hat.«

Und da Boris mit diesen Worten eine gefährliche Atmosphäre der Aufrichtigkeit geschaffen hatte, sprach nun auch Stolypin mit großer Offenheit von schwerwiegenden Dingen. »Ich schaudere entsetzt, voll Abscheu vor unserer Zarin zurück. Meine ungeteilte Loyalität zum Zarentum hat nicht das geringste mit meiner persönlichen Einstellung zum Zaren oder mit meiner Enttäuschung über den armen, hämophilen Zarewitsch zu tun. Trotzdem widme ich mein Leben der Erhaltung der Monarchie.«

Dann war er wieder der Diplomat, und seine Offenheit war vorbei. Als Boris fragte: »Warum sollen Ronjas Bauern Regierungsdarlehen beantragen, um damit regierungseigenes Land zu kaufen, wenn Ronja sie vor langer Zeit schon auf prozentueller Basis beteiligt hat?« wirkte er unangenehm berührt und sagte: »Das wußte ich nicht, und es gefällt mir auch nicht. In unserem Programm für die Bauern müssen wir es vermeiden, die Interessen der Großgrundbesitzer zu beeinträchtigen, weil wir sonst ihre Unterstützung verlieren.«

Es gab auch Augenblicke ungezügelter Wut, und in einem davon sagte Boris: »Ich verabscheue Sie, Peter Stolypin! Sie drehen und wenden sich und schließen unausgesetzt Kompromisse. Die Zarin beschwichtigen, den Privatbesitz beschwichtigen – und Rußland an Frankreich verpfänden. Sie behaupten, Mord und Vergewaltigung zu hassen, und erklären im selben Atemzug, daß Sie den Zaren lieben.«

Geschickt wählte Stolypin den Augenblick der Verteidigung; schlau wies er auf die schwachen Punkte in Boris' Beweisführung hin. Und Alexis mischte sich ein und erklärte dem einen, was der andere meinte.

Auf das Wesentliche zurückgeführt, fragte Boris schließlich aus tiefstem Herzen: »Was soll ich Ronja sagen?« Alle waren bewegt. Stolypin seufzte und sagte wehmütig: »Warum machen Sie nur soviel Schwierigkeiten, Boris!« Und zum erstenmal lachten sie alle drei.

Alexis plädierte für die Vernunft. »Kein Land ist vollkommen. Aber wir werden, so Gott will, die Ungerechtigkeit reduzieren und die Diskriminierung abschaffen. Wir wollen die Gewalten teilen und den Einfluß der Zarin unwirksam machen. Wir erstreben gerechte Gesetze und einen anständigen Lebensstandard für alle. Hol deine Söhne nach Hause, Boris. Erlaube ihnen, am Sieg ihres Landes über sich selber teilzunehmen.«

Stolypin gelobte: »Ich werde die Schwarzen Hundert ausrotten, Pogrome verbieten, allen Russen sämtliche Bürgerrechte garantieren, eingeschlossen das Recht zum ungehinderten Reisen. Die Presse wird frei sein, und Mendel Beilis wird entlassen – so wahr mir Gott helfe!«

Boris schwor: »Ich werde alles tun, was in meinen Kräften steht, um die Mitglieder der Ukrainischen Partei zu überzeugen, daß unser Vorteil in den Armen von Mütterchen Rußland liegt. Ich verspreche, daß ukrainischer Weizen in die öffentlichen Kornkammern kommt. Ich werde öffentlich bekunden, daß Rache Wahnsinn ist und daß Vergeltungsaktionen ein Zeichen von Schwäche sind.«

Und Alexis versprach: »Ich werde helfen.«

Dann wurden Gläser voll Wodka eingeschenkt und Trinksprüche ausgebracht: auf die Kaiserin-Witwe, auf Boris' und Ronjas Söhne, auf Wahrheit und Freiheit und auf Peter Stolypin, den Ministerpräsidenten von Rußland.

35

Als der Wein auf den Tisch kam, wurde die Unterhaltung zwanglos und familiär. Alle lachten, als Rachel trank und dabei, um nichts zu verschütten, den Kelch mit der einen, den Stiel mit der anderen Hand umklammerte. Ihrem neuen Onkel erklärte sie: »Wir feiern, weil mein Vater Igor aus Amerika nach Hause kommt und mein Onkel Georgi auch.«

Der Ehrengast wandte sich an den Hausherrn. »Haben Sie das Kabel schon abgeschickt?«

Boris erwiderte fröhlich: »Seit der Zar eingetroffen ist, feiert ganz Kiew. Niemand hat Zeit für die Arbeit. Ich muß es wohl bis nach seiner Abreise aufschieben.«

Und dann geschah es. Kurz bevor Boris, eine Stunde früher als die anderen, zu seinem allabendlichen Dienst aufbrach, hielt Ronja eine kleine, liebenswürdige Ansprache.

»Peter, da es später sehr schwer sein wird, dich allein zu sprechen, möchte ich es jetzt schon sagen. Ich möchte dir danken und muß gestehen, daß meine Hoffnung, du könntest dir unsere Dankbarkeit verdienen – oder auch nur das Vertrauen und die Zuneigung, die wir jetzt für dich empfinden –, gering war.«

Stolypin war ein wenig verwirrt; als Antwort wandte er sich an Julie. »Und Sie, meine Liebe, sind Sie auch mit mir zufrieden?«

Julies Augen füllten sich mit Tränen. »Das Paradies, von dem ich immer geträumt habe, ist hier, in diesem Haus. Es hat Zeiten gegeben, da glaubte ich, lieber sterben zu wollen als es zu verlassen. Nun kommen Igor und Georgi zurück, und ich brauche keine Angst mehr zu haben. O, ich danke Ihnen so sehr, Gospodin Stolypin Exzellenz!«

Alle sahen, wie erfreut der Ministerpräsident war. Dieses Kind hatte ihm mit seinen Worten den besten Trumpf gegen Boris in die Hand gegeben: Ihre Anhänglichkeit an das Herrenhaus und das Gut mochte vielleicht sogar über Ronjas Abneigung gegen den Zaren siegen. Stumm, da er keine Worte fand, hakte er seinen Waffenrock auf und tastete nach einem sichtbaren Zeichen des Dankes. Um seinen Hals hing an einer fadendünnen Goldkette ein kleines, goldenes Kreuz, das er seit vielen Jahren nicht abgelegt hatte. Nun aber löste er es, die Finger liebevoll um den geweihten Talisman geschlossen.

»Rachel«, sagte er, »komm her zu mir.«

Die Luft knisterte vor entsetzter Spannung. Sogar der orthodoxe Katholik Hochwürden Tromokow betete stumm: Um Christi willen, brich nicht das uralte Gesetz! Die Gesichter Ronjas und der Brusilows waren maskenstarr. Aber Stolypin merkte nichts, blickte nicht auf. Als Rachel gehorsam zu ihm trat, schoß Julies Hand reflexgelenkt vor und traf das Kreuz, so daß es durchs ganze Zimmer flog.

Niemand rührte sich, außer Ronja, die den Premierminister und auch die Situation rettete.

»Lieber Peter«, sagte sie, »unsere Tochter wollte dich nicht kränken. Julie ist orthodox erzogen worden, und wenn sie auch, seit sie bei uns ist, viele Vorurteile und abergläubische Vorstellungen abgelegt hat, so ist der Zwang der Gewohnheit doch übermächtig. Ihre Absicht ist gut, ihr Verhalten beklagenswert. Wir alle bitten dich, uns zu verzeihen.«

Boris hob das Kreuz auf, befestigte die Kette um Rachels Hals und legte Julie den Arm um die Schultern. Unter Tränen rief sie: »Wenn Rachel das Kreuz trägt, woran soll sie dann erkennen, daß sie eine Jüdin ist?«

Die Antwort gab Stolypin, der Katja dabei in die Augen sah. »Kleine Julie, irgendein junger Narr wird es ihr sagen. Er wird sagen: ›Rachel, ich liebe dich, aber mein Ehrgeiz strebt nach einem hohen Amt und nach Titeln, und es wäre unvernünftig von mir, eine Jüdin zu heiraten.‹« Katja befeuchtete sich die trockenen Lippen mit der Zungenspitze.

Von Rachels Standpunkt aus war der Zwischenfall rätselhaft und dumm. Geschenke nahm man mit Dank und einem Kuß entgegen. Wenn sie Julies Mutter gewesen wäre, sie hätte sie auf der Stelle in ihr Zimmer geschickt. Und nun hatte Onkel Peter etwas sehr Merkwürdiges gesagt, und niemand antwortete ihm.

»Warum?« fragte Rachel.

Der einzige Laut war das Rascheln von Katjas Abendkleid, als sie fluchtartig das Zimmer verließ.

Boris ritt leichten Herzens. Der große, schöne Platz vor der Oper war voller Menschen, die sich das Schauspiel nicht entgehen lassen wollten. Zar Nikolaus II. von Rußland sollte mit seinen Töchtern, den Prinzessinnen, in Glanz und Herrlichkeit über den weiten Platz bis vor das klassische Marmorportal des Theaters fahren. Überall an dem Weg, den der Prachtzug nehmen sollte, sorgte die Polizei für Ordnung; die Menge bejubelte fröhlich jede Kutsche, die vorbeirollte, und warf beim Anblick eines gelegentlich vorüberratternden ›Sportsmannes‹ in seinem Automobil die Hüte in die Luft. Als endlich die kaiserliche Entourage vorfuhr, als hohe Beamte sich verbeugten und Damen in großer Abendtoilette den Hofknicks vollführten, brauchten die Kordons der Uniformierten ihre ganze Kraft, um, eine Kette bildend, das Volk zurückzuhalten.

Als Boris seinen Platz in der ersten Reihe zwischen Ronja und Julie einnahm, waren soeben die letzten Töne der Zarenhymne verklungen, und das Publikum setzte sich wieder hin. Aller Aufmerksamkeit konzentrierte sich auf die Zarenloge. Auch als zu Beginn der Ouvertüre die Lichter verglommen, hörten die Damen noch immer nicht auf, die jungen Gesichter und die züchtigen weißen Kleider der Zarentöchter, die Toiletten der Hofdamen und das hübsche Gesicht ihres Herrschers mit dem schwungvollen Schnurrbart und dem akkurat gestutzten Vollbart zu studieren. Das, was nach dem Heben des Vorhangs begann, ertrug die gute Gesellschaft von Kiew mit gelangweilter Fassung, während der endlose erste Akt, noch dazu von einer drittklassigen Besetzung gesungen, für Boris eine Qual war. Er kämpfte angestrengt mit seiner Müdigkeit.

Armer Puschkin, dachte er. Was hat dieser Librettist nur aus deinem ›Zar Salten‹ gemacht! Julie jedoch war hingerissen, wie er feststellte. Ronja, an seiner anderen Seite, sah aus, als würde sie, zum ersten und einzigen Mal in ihrem Leben, vor Hitze ohnmächtig werden, und er legte ihr tröstend die Hand auf den Arm. Verflixt, dachte er, wenn dieses verdammte Haus nicht abbrennt, sitze ich hier in der Falle. Er schloß die Augen. Aber sosehr ihn sein Schlafbedürfnis auch in Versuchung führte, er gab sich pflichtbewußt Mühe, wach zu bleiben, indem er der Erinnerung an seinen Sieg vom Vortag nachhing.

Boris hörte, wie Ronja flüsterte: »Klatschen!« und schlug die Augen auf. Soeben hatte sich der Vorhang gesenkt.

Zu Recht überzeugt, einen Wodka verdient zu haben, weil er den ersten Akt so tapfer durchgestanden hatte, kämpfte sich Boris hinaus ins Foyer. Gewiß, das bedeutete, daß er Stolypin im Stich lassen mußte, aber der war dicht von Damen so unbestreitbarer Ehrbarkeit umlagert, daß man wohl keine von ihnen verdächtigen konnte, einen Mordversuch zu planen. Darüber hinaus war die Gruppe von Offizieren, Soldaten und Polizisten umringt, die eine lebendige Barrikade bildeten. Durch ein Zeichen verständigte er Ronja von seiner Absicht, das Buffet aufzusuchen, und begab sich erleichtert in den oberen Stock.

War der erste Akt langweilig gewesen, so war der zweite geradezu eine Zumutung. Ärgerlich fragte sich Boris, warum die Theatersessel offenbar nur für Zwerge gemacht worden waren. Unruhig rutschte er hin und her, bis Ronja ihm beschwichtigend die Hand aufs Knie legte.

Nur diejenigen, die in der Nähe saßen, hörten den Knall der beiden Schüsse. Der Vorhang hatte sich schon gesenkt, und es gab Bravorufe und Jubel, als wollten die Zuschauer nicht den Zaren auf der Bühne, sondern den wirklichen Zaren ehren, dessen Lieblingsoper dies angeblich war.

Boris jedoch hatte das Geräusch gehört und wußte sofort Bescheid. Mit seinem ganzen Körper warf er sich über Ronja. Stolypin erhob sich mühsam von seinem Sitz, stand seltsam schwankend da, und sofort wandte sich die Aufmerksamkeit der Zuschauer von Bühne und Zarenloge fort auf den großen, bärtigen Mann, den alle Einwohner von Kiew liebgewonnen hatten und dem sie vertrauten. »Lang lebe Stolypin!« riefen sie hier und da.

Ronja, halb erdrückt und erstickt unter dem Gewicht ihres Mannes, war starr vor Schrecken. »Mir ist nichts geschehen«, keuchte sie. »Laß mich!« Sie schob ihn fort und kümmerte sich um Julie, die ganz erbärmlich stöhnte und jammerte: »Tamara hat es gesagt: Tod an einem warmen Abend. Tamara hat es vorausgesehen! Igor wird nie nach Hause kommen!«

Stolypin hielt den Blick starr auf die Zarenloge gerichtet, und Katja, die neben ihm saß, krampfte beide Hände in ihr weißes Chiffonkleid, auf dem sich ein immer größer werdender roter Fleck bildete. Ihr Gesicht war starr vor Entsetzen. Peter Stolypin hob die linke Hand, schlug ein Kreuz und sank dann auf seinem Sessel zusammen, doch Katja merkte davon nichts mehr. Sie war ohnmächtig geworden.

Sekundenlang blockierte Ronja für Boris den Weg zum Mittelgang, und in der Verwirrung, die entstand, halfen fremde Hände dem Verwundeten zum Ausgang. Durch die Gasse, die man für ihn gebildet hatte, folgte Alexis mit Katja auf den Armen.

Boris riß sich von Ronja los; er mußte den Attentäter fassen! Doch von der Bühne kam eine Stimme: »Seine Majestät befiehlt, daß Sie alle an Ihren Plätzen bleiben. Die Polizei hat den Verbrecher in Schutzhaft genommen.« Die Worte drangen zwar an Boris' Ohr, aber er begriff ihre Bedeutung nicht, so besessen war er von einem einzigen, leidenschaftlichen Wunsch: den Schuft, der dieses getan hatte, nicht zu beschützen, sondern zu vernichten. Als er sich endlich an Ronja vorbeigedrängt hatte und in den Mittelgang trat, war sie mit Julie direkt hinter ihm. Der Weg durch das Theater glich einem Weg durch die Hölle, doch als sie das Foyer erreichten, fanden sie es verhältnismäßig leer.

An der Tür stand Alexis; er wirkte wie ein kranker Greis. »Ich mußte Katja in einer Mietskutsche nach Hause schicken«, erklärte er. »Es stand eine in der Nähe des Ausgangs, und ich wollte, daß sie so schnell wie möglich hier herauskam.« Sein Gesicht war vor Kummer von tiefen Furchen durchzogen. »Sie beschwor mich, hierzubleiben, behauptete schluchzend immer wieder, Boris werde sich bestimmt in eine unangenehme Lage bringen, weil er bestimmt etwas Unüberlegtes tun werde.« Boris glaubte nicht, daß Katja, gerade aus ihrer Ohnmacht erwacht, so etwas gesagt hatte, und stieß einen schrecklichen Fluch aus, bei dem Julie normalerweise errötet wäre, auf den sie jetzt aber nicht achtete. Als er Krasmikow sah, eilte er mit großen Schritten auf ihn zu.

»Wen haben Sie festgenommen?« fragte er.

Das Gesicht des Polizeichefs war verzerrt.

»Einen Mann Namens Dmitri Bogrow, einen Terroristen. Finsterer Bursche. Unbekannt.«

»Jetzt nicht mehr«, grollte Boris. »Wie in drei Teufels Namen ist er hier hereingekommen?«

Krasmikow zog ihn fort, bis sie sich außerhalb der Hörweite der Umstehenden befanden. »Er steht im Dienst des Zaren, auf meiner Personalliste. Verdammt! Ich hatte Befehl gegeben, daß man ihn einlassen sollte. Auf höheren Wunsch.« Krasmikow war anständig genug, dreinzublicken, als hasse er seinen Beruf und sich selber. »Übrigens, Boris fahren Sie lieber heim. Sie könnten die nächste Zielscheibe sein. Ihr Hengst war so freundlich, einen von Mischuks Männern aufsitzen zu lassen, und der reitet ihn jetzt für Sie nach Hause. Sie werden den Zaren heute abend nicht weiter begleiten.«

Die Klänge der Zarenhymne drangen durch die geöffneten Türen heraus, und als sie beendet war, kamen, dicht hinter ihrem Vater, die Zarentöchter Olga und Tatjana. Ihre Gesichter waren zu Eis erstarrt. In Gedanken formulierte Nikolaus schon einen Brief an seine Mutter, und ehe er an diesem Abend zu Bett ging, schrieb er an sie:

Wir hatten, da es so heiß war, in der zweiten Pause gerade unsere Loge verlassen, als wir zwei Geräusche hörten. Es klang, als hätte jemand etwas fallen lassen. Ich dachte, es sei jemandem ein Opernglas auf den Kopf gefallen, und lief in die Loge zurück, um nachzusehen. Rechts sah ich eine Gruppe von Offizieren und anderen Leuten. Sie schienen etwas hinauszutragen. Frauen schrien, und direkt vor den Logen stand Stolypin; er drehte uns langsam das Gesicht zu und schlug mit der Linken das Kreuzzeichen. Erst da fiel mir auf, daß er sehr bleich war und daß seine rechte Hand und die Uniform mit Blut verschmiert waren. Er sank langsam in seinen Sessel zurück und begann seine Uniformjacke aufzuknöpfen. Während man ihn aus dem Zuschauerraum führte, gab es im Gang vor unserer Loge großes Getöse; die Leute versuchten, den Attentäter zu lynchen. Leider muß ich Dir mitteilen, daß die Polizei ihn rettete und zum ersten Verhör in einen separaten Raum brachte . . . Dann füllte sich das Theater wieder, die Zarenhymne wurde gesungen, und um elf Uhr verließ ich die Oper zusammen mit den Mädchen. Du kannst Dir unsere Gefühle vorstellen!

Boris und Mischuk saßen auf dem Bock der Pirowschen Kutsche. Als Ronja und Julie kamen, sprang Boris herunter und erklärte: »Mischuk hat Benko auf meinem Pferd nach Hause geschickt. Er dachte, wir würden noch zum Krankenhaus fahren und uns nach Peter erkundigen . . .« Seine Stimme versagte: »Aber ich will zuerst dich und Julie heimbringen«, sagte er dann zu seiner Frau.

»Das ist albern!« protestierte Ronja. »Wir fahren alle zusammen.«

Boris runzelte die Stirn. »Aber Katja ist allein.«

»Bestimmt nicht. Hochwürden Tromokow, der Blonde und Lydia sind im Haus und Tamara inzwischen wohl ebenfalls.«

Boris half ihr und Julie in den Wagen. Er hielt Alexis die Tür auf und winkte Mischuk heran. »Sie auch.« Mischuk sah fragend zum Kutschbock hinüber. »Nein, hier herein«, befahl Boris, und Mischuk gehorchte.

Boris fuhr durch die leeren Straßen Kiews wie ein Tatar. Er trieb die Pferde an, bis sie vor Schweiß glänzten. Drinnen hielt Alexis eine Eloge. »Alle hatten Respekt vor ihm, sogar Trotzki. Und Peter war mutig. Mit den Unruhen von 1905 ist er bewundernswert fertig geworden.«

»Er war ein sehr vernünftiger Mann«, sagte Mischuk schlicht.

Ronja war bestürzt, daß sie, wie bei einer Grabrede, die Vergangenheitsform gebrauchten. »Ein kräftiger Mann stirbt nicht an einer Kugel im Arm.«

»Es waren zwei Schüsse, Mutter Ronja«, erinnerte Julie.

»Das stimmt«, sagte Mischuk. »Und eine davon hat ihn schwer verletzt.«

Als Boris aus dem Krankenhaus kam, erkannte Ronja sofort an seinem Gesicht, daß eingetreten war, was sie gefürchtet hatte. »Peters Zustand ist ernst. Er wird nicht durchkommen.«

Julie brach in Tränen aus. Aber sie weinte um sich selber und nicht um Peter Stolypin. Alexis nahm sie in den Arm und redete ihr tröstend zu. »Es ist noch nicht hoffnungslos, Julie.« Aber er glaubte selber nicht daran.

»Fahr uns nach Hause, Liebling«, bat Ronja.

Überall auf dem Gutshof brannte Licht. Die Nachricht, die Benko gebracht hatte, als er auf dem Hengst geritten kam, hatte sich wie ein Lauffeuer von Haus zu Haus verbreitet. In Ronjas Küche saß Katja allein mit Hochwürden Tromokow, der ihr erklärte, warum er zu diesem Land kein Vertrauen mehr hatte. »Hören Sie, Katja«, sagte er jetzt. »Stolypin hat noble Gesten gemacht, aber seine Bodenreform war keine Kopeke wert. Sie sieht folgendermaßen aus: Die Bauern borgen sich Geld von der Regierung, um ein Stück regierungseigenes Brachland zu kaufen. Damit verpfänden sie ihre Seele, kaufen sich ihren eigenen Sarg. Und vergessen Sie nicht, daß Rasputin immer noch sehr lebendig ist. Machen Sie sich darauf gefaßt, daß dieser Satan mit dem Pferdefuß wiederkommt.«

»Bitte, Hochwürden, nehmen Sie mir nicht die letzte Hoffnung!«

»Doch, das muß ich leider«, dröhnte Tromokow. »Ich fühle mich für Sie verantwortlich.«

Katja nahm sich soweit zusammen, daß sie ihn fragen konnte: »Stimmt es, daß Sie ein Sozialist sind? Man hat es mir gesagt.«

Er überlegte und sah ein, daß diese Frau, die ihm da tief gebeugt gegenübersaß, bei weitem zu müde für politische Haarspalterei war. »Ich halte nichts von solchen Sammelbegriffen«, wich er aus. »Wenn Sie unbedingt wissen wollen, was ich bin – nun, ich bin ein Priester, der gleichzeitig ein eifersüchtiger Liebhaber der Gerechtigkeit ist.«

»Verzeihen Sie, Iwan.«

»Als Ronja aus der Mandschurei nach Hause kam«, sagte er wie zu seiner Rechtfertigung, »verschloß ich meine Ohren vor der Meinung des Auslandes über uns. Ich glaubte von ganzem Herzen daran, daß alles Böse vorüber sein würde, wenn die Ukraine nur endlich die Freiheit hätte. Lange habe ich für diese Meinung gekämpft. Jetzt kann ich es nicht mehr, Katja. Jetzt bitte ich Sie, Rußland zu verlassen. Nehmen Sie Ihre Reichtümer mit und suchen Sie irgendwo Zuflucht. Nikolaus wird es Alexis nie vergessen, daß er ihm Stolypin aufgezwungen hat, daß er Ronja und Boris zugetan ist und daß er versucht, Mendel Beilis von der Schuld zu befreien. Früher oder später wird er Alexis vernichten.«

»Können Sie Alexis davon überzeugen?« Katjas Herz war krank vor Elend.

»Nein, Katja, das kann ich nicht. Das kann nicht einmal der Bischof von Moskau. Er hat es versucht.« Der Ton des Priesters war liebevoll. »Sagen Sie Alexis, daß Sie sich nicht von Ronja trennen wollen. Sagen Sie ihm, daß Sie ohne Georgi nicht glücklich sein können. Sagen Sie ihm, wie zärtlich Sie Rachel lieben.«

Aber Katja selbst mochte noch so erschöpft sein, ihr Stolz war es nicht. »Ich werde Alexis niemals vor eine Wahl stellen.«

Hochwürden Tromokow hob den Kopf. »Sie kommen.«

Als sie die Küche betraten, dämmerte schon der Morgen. Katja sah voller Besorgnis, wie bleich Alexis war. Sie lief ihm entgegen und warf sich in seine Arme. »Essen und heißer Tee stehen bereit«, sagte sie, noch ehe sie sich nach Peter erkundigte.

Ronja sorgte dafür, daß Alexis und ihre Schwester ein paar Minuten allein blieben. Sie selbst ging sich umziehen, Julie schickte sie ins Bett, und Hochwürden Tromokow trug sie auf, Mischuk in Igors Zimmer unterzubringen.

Julie war so erschöpft, daß Boris sie auf die Arme nehmen und in ihr Zimmer tragen mußte. Er legte sie auf das Bett, zog ihr die Schuhe aus und küßte sie rasch auf den Mund.

»Vater Boris, ich habe Angst«, klagte sie. »Es ist Morgen, und ich höre die Vögel nicht singen.«

»Ich werde Lydia sagen, daß sie dir warme Milch heraufbringt. Danach kannst du sicher schlafen.«

»Vater«, bat Julie leise, »würdest du nachher bitte wiederkommen?«

»Ich komme wieder«, versprach er ihr.

In Rachels Zimmer stand er am Bett des schlafenden Kindes. Es hatte die eine Hand über dem Kopf auf das Kissen gelegt und zeigte eine unheimliche Ähnlichkeit mit Ronja. An ihrem Hals sah er noch immer Stolypins Kreuz und machte die Kette behutsam los. »Das ist nicht dein Erbe, kleine *krasavitsa*«, sagte er so leise, daß sie nicht wach wurde. Er tätschelte Belschik und ging dann in sein eigenes Zimmer, wo er das Kreuz ganz hinten in eine Schublade tat. Er schenkte ein großes Glas bis zum Rand voll mit Wodka, trug es ans Fenster und blieb lauschend stehen. Julie hatte recht: Der Morgen war unnatürlich still. Eine Vorahnung, eine Woge von Furcht, glitt über ihn hin. »Ach was, zum Teufel!« sagte er dann laut und wandte sich, das leere Glas in der Hand, vom Fenster ab. Nur mit Mühe gelang es ihm, den Stiefel von seinem geschwollenen Fuß zu ziehen, und wenn auch ein heißes Bad den schlimmsten Schmerz linderte – seine Deprimiertheit konnte es nicht vertreiben.

Die Sonne stand hoch, der Tag war bereits drückend heiß, als er zu Julie zurückkehrte. Er setzte sich zu ihr auf den Bettrand. »Warum wolltest du, daß ich wiederkomme, Julie?«

Auf einmal preßte sie das Gesicht in die Kissen und schluchzte. Er beobachtete sie, machte aber keinen Versuch, sie zu trösten. »Wir wollen uns ein anderes Mal unterhalten. Jetzt bist du zu erschöpft und brauchst Ruhe.«

»Bitte, geh nicht!« Sie hob die Hand und wischte sich mit dem Handrücken die Augen trocken – eine Geste, die ihn an Rachel erinnerte. »Vater Boris, müssen wir dieses Haus verlassen?«

»Ja, Julie«, sagte er. »Du, deine Mutter und Rachel, ihr werdet abreisen. Ich auch, wenn es mir vorbestimmt ist. Ich habe es versprochen.«

Julie sah mit einem Blick zu ihm auf, der ihn erstaunte. Sie hatte, wie er vermutete, nicht die geringste Absicht, den Eid zu brechen, den sie sich selber geschworen hatte, den Eid, hierzubleiben, wo sie jetzt war; sie stellte ihn sogar noch über ihre Ehe und über ihre Ehrfurcht vor Ronja. Was für ein seltsames Kind sie doch war!

»Wenn Georgi Alexis' Sohn würde«, sagte sie, ohne ihn aus den Augen zu lassen, »so würde das dem Zaren die Loyalität der Pirows beweisen.«

Boris ergriff ihre Hand. »Hör zu, Kind«, sagte er, »die ganze Konzeption von Monarch und Untertan ist falsch. Der Mensch ist frei geboren.«

In Julies Augen glitzerten wieder Tränen. »Ich kann nicht schlafen, Vater Boris. Immer sehe ich Igor vor mir, wie er mich bittet, zu ihm nach Amerika zu kommen. Als ich sagte, ich würde dieses Haus nicht verlassen, da hat es ihm das Herz gebrochen.«

»Du darfst dir keine Vorwürfe machen, kleine Julie. Dahinter steckt mehr als nur das. Igor war schon ruhelos, bevor du ihn heiratetest, der Krieg hat seine Unruhe noch gesteigert, und ich habe ihn auch davongetrieben.«

Das war für Julie kein Trost. »Ich habe Igor belogen. Ich habe euch alle belogen«, klagte sie. »Es war nicht nur das Haus. Ich konnte *dich* nicht verlassen, Vater Boris.« Sie schloß die Augen und hielt den Atem an. Boris packte ihre Arme mit seinen starken, behutsamen Händen, und sie begann wieder zu atmen.

»Julie, Liebling, ich verstehe es ja. Ich habe meine Söhne nie verstanden, als sie noch Kinder waren, aber dich und mich, uns beide verstehe ich jetzt. Ich bin der Vater, den du dir gewünscht hast. Du bist die Tochter, die mir versagt blieb. Wir beide brauchten einander.«

Friedvolle Ruhe verscheuchte den Kummer in Julies Augen.

In einem so heftigen Zustand der Verwirrung war Rußland, daß Peter Stolypin begraben wurde, noch ehe er starb. Besondere Interessen verlangten besondere Pläne wie auch besondere Menschen. Stolypins Anhänger wünschten, daß Graf Wladimir Nikolajewitsch Kokowtsow den Posten des Ministerpräsidenten übernahm. Sie handelten rasch, bevor die Opposition Zeit hatte, ihre Kräfte zusammenzutrommeln. Zuallererst holten sie sich die Einwilligung der Kaiserin-Witwe.

Die Armee arbeitete für ihre eigenen Interessen, die Marine ebenfalls. Die Kirche wollte keinen Mann, der sich, wie Peter Stolypin es ihrer Ansicht nach getan hatte, von den Juden einwickeln ließ. Sie befürwortete einen Priester, und die fromme Alix frohlockte. Sie war jetzt schon erleichtert, denn Stolypins Tod würde die Entfernung zwischen Sibirien und den Gärten von Zarskoje Selo erheblich verkürzen.

Es gab in Rußland kaum eine Frau, die noch enttäuschter gewesen wäre als Ronja. Boris hatte sich in die Ställe verzogen, und sein gewohntes ›Getan ist getan‹ in ›Was geschehen soll, wird geschehen‹ verändert. Doch nun, da sie gesiegt hatte, nun, da sie alle wirklich jeden erdenklichen Grund hatten, Rußland zu verlassen, nun besann sich jedes Mitglied der Familie auf Bande und Verpflichtungen, die stärker waren als ihre, Ronjas, Argumente. Sie schickte den Blonden zu Julies Dorf und erhielt von Sara, der Bäckersfrau, als Antwort eine einzige Silbe: »Nein.« Es war ein höfliches Nein und wurde begleitet von einer reichlichen Gabe an frischem Brot und Honig. Was, sollte das heißen, könnte das Leben reicher machen? Und: Hat Amerika etwas Besseres?

Rabbi Lewinsky, der eifrige Vorkämpfer der Freiheit, sagte: »Nein, Ronja. Solange ein einziger Jude auf russischem Boden lebt, bleibe ich hier.«

Sie konnte ihn nicht so gehen lassen und bat: »Kommen Sie mit in unsre neue Heimat! Bekämpfen Sie den Antisemitismus von einem freien Land aus.«

»Nein, ich muß hier kämpfen«, entgegnete er unnachgiebig. »Wie schade, daß unser Zar kein Geschichtskenner ist! Seit undenklichen Zeiten ist es stets der Tyrann, der auf die Dauer verliert.«

Hochwürden Tromokow drückte sich lakonischer aus, aber der Sinn war derselbe. »Meine Bauern sind Sklaven. Ich bleibe und mache sie frei.«

Katja verschloß Gesicht und Gedanken vor ihr. »Auf keinen Fall, aber wir werden uns wiedersehen. Alexis und ich wollen einen Teil jedes Jahres im Ausland verbringen.«

»Phantastin!« rief Ronja.

Zum erstenmal überschüttete Lydia sie nicht mit einem Schwall von Worten, als sie sie anwies: »Pack meine Koffer.« Die Alte war so verblüfft, daß sie nur stumm hinausschlurfte.

Boris zuckte gleichgültig die Achseln; er hatte sich in seine private Hölle verkrochen.

Am Nachmittag des 18. September begannen die Glocken zu läuten: Peter Stolypin war tot.

36

Ronja starrte zur Decke hinauf. Boris hatte sich neben ihr aufs Bett geworfen und lag ganz still. Er war wie ein Fremder, in sich gekehrt und allein. Sie war erleichtert, als er endlich sprach, auch wenn seine Stimme sie frösteln ließ. Sie beantwortete seine Frage. »Ich wollte Rachel für ein paar Tage aus dem Haus haben, darum habe ich sie mit dem Blonden zu Sara und Rhea geschickt. Die beiden sind ebenso mit ihr verwandt wie wir. Ein Haus ohne Lachen ist kein Aufenthalt für ein Kind!«

Sie wappnete sich gegen seine Reaktion. Aber es kam keine – weder Überraschung noch Unmut. Warum, fragte sie sich, ist plötzlich alles so anders zwischen uns geworden? Wartet Boris auf das Eingreifen einer Macht von außen, damit er nicht die Initiative übernehmen muß? Und Julie war verschlossen, Katja still, Alexis beschämt. Denn trotz seines Versprechens, das er Katja gegeben hatte, war er zum Zaren nach St. Petersburg zurückgekehrt, um, wie er sagte, dem neuen Ministerpräsidenten Kokowtsow zur Seite zu stehen, bis der Zar wieder gelernt hatte, ihm zu vertrauen. »Dann«, so hatte er geschworen, »werde ich mich endgültig zur Ruhe setzen, so wahr mir Gott helfe.«

Ronja wurde von Zorn überwältigt. Sie wollte, sie mußte Boris weh tun! Sie trommelte mit den Fäusten an seine Brust und schrie: »Wenn du dich jetzt nicht rührst oder etwas sagst, dann werde ich ...«

Weiter kam sie nicht. Boris riß sie an sich und flüsterte: »O meine Ronja, meine bezaubernde Ronja!« Sein Blick war wieder zum Leben erwacht.

Sie legte die Hände auf sein goldenes Haar. »Warum hast du in diesen vergangenen drei Wochen keine Notiz von mir genommen? Warum hast du die Kabel nicht beachtet, in denen Igor uns bittet, keine Zeit mehr zu verlieren? Warum meidest du das Haus und treibst dich nur noch in den Wäldern bei den wilden Tieren herum?«

Seine Antwort bestand aus schnellen, gierigen Küssen, aus langen, zitternden Seufzern, und dann verschmolzen ihre Körper in inniger Vereinigung. Hinterher blieben sie eine Ewigkeit ganz still liegen. »Komm mit in unsere Hütte, mein Täubchen«, murmelte Boris zärtlich.

Ronja lachte – das satte Lachen einer Frau, die liebt und geliebt wird – und sprang aus dem Bett. Als sie fertig angezogen war, in engen Hosen, hohen Stiefeln und maßgeschneidertem Hemd, stand Boris in grobem Kittel und Reithosen bereit. Er schenkte Wodka in zwei Silberbecher, reichte ihr den einen und leerte den anderen mit einem Zug. »Das Bewußtsein, alles verlieren zu müssen, hat mich ganz ausgetrocknet. Ich mußte allein sein, Liebste.«

»Aber Liebling, was du verlierst, wenn du Rußland verläßt«, gab sie zurück, »ist nichts im Vergleich zu dem, was du dadurch gewinnst. Du wirst ein neues Gestüt einrichten und mir auf Igors Berg eine neue Hütte bauen. Außerdem hätte ich gern ein Stadthaus, wo meine Enkel wohnen können, wenn sie zur Schule gehen.« Sie hob ihren Becher und trank: »Auf das Leben, mein Liebster!«

Boris ging in Ronjas Ankleidezimmer hinüber und kam mit einem kurzen Pelzumhang zurück, den er ihr um die Schultern legte. Eine Stunde lang wanderten sie durch den Nebel über Ronjas Ländereien und hielten sich bei der Hand. Stumm sagte sie Wiesen und Feldern, Felsklippen und Waldungen Lebewohl. Als sie an den

Fluß kamen, war es dunkel geworden. Hier ruhten sie aus, rauchten und sprachen zum erstenmal wieder geschäftlich miteinander.

»Ich war heute morgen bei Rostowsky und habe mit ihm über den Verkauf des Gestüts verhandelt«, sagte Boris. »Er hat mir eine Anzahlung in bar und eine Hypothek angeboten, aber ich sagte ihm, daß ich den ganzen Betrag in bar haben müßte. Damit erziele ich einen immensen Profit.«

Ronja machte sich Vorwürfe, weil sie so dumm gewesen war, ihm nichts von dem Versprechen zu erzählen, das sie Tamara gegeben hatte. »Zu so einem Verkauf braucht man viel Zeit, und das lohnt sich nicht. Im Grunde brauchen wir das Geld doch gar nicht. Vater hat mich gelehrt, daß ein Jude stets fluchtbereit sein muß, darum habe ich vorsorglich ein ganzes Vermögen allein in Schmuck angelegt.«

Er grinste. »Trag du nur dein Vermögen mit dir herum, mein schönes Mädchen, es steht dir gut.«

Sie tat einen weiteren Schritt auf die Wahrheit zu. »Boris, ich kann den Gedanken nicht ertragen, daß das Pirow-Gestüt in fremde Hände fällt.«

Boris lächelte nicht mehr. »Und wie, zum Teufel, sollen wir das verhindern?«

Ronjas Antwort kam ein wenig zu schnell. »Ganz einfach: Gib es deinem zweiten Sohn.«

Seine Augen wurden groß: »Willst du damit sagen, daß Georgi nach Hause kommt?«

»Ich will gar nichts sagen!« fuhr sie auf. »Ich bitte dich, den Blonden zu legitimieren, ihn rechtmäßig anzuerkennen und ihm deinen Namen zu geben – Boris Pirow. Und was das Gestüt betrifft – das gehört ihm schon. Ich habe seiner Mutter gesagt, daß er es bekommt.«

Schwer atmend sagte Boris: »Du hattest kein Recht, ihm etwas zu schenken, was mir gehört.«

Ronja schlug zurück. »Du hattest kein Recht, ihm das Leben zu schenken. Aber du hast es getan. Nun mußt du ihn auch als Sohn anerkennen.«

Boris' »Nein!« war ein gequälter Aufschrei. Ronja sprang hoch und lief davon.

»Komm zurück!« schrie er hinter ihr her. »Du verläufst dich!« Sie stolperte und fiel. Als Boris sie am Boden liegen sah, rannte er ohne Rücksicht auf sein schmerzendes Bein hinter ihr her. Besorgt hob er sie auf. »Hast du dich verletzt, Liebes?«

»Laß mich 'runter!«

Ohne auf ihren Protest zu achten, trug Boris sie den Abhang hinauf und über den Fahrweg bis in die Hütte, obwohl sie empört behauptete: »Ich habe mich nicht verletzt. Laß mich 'runter!«

Auf der Schwelle blieb er stehen, und seine Lippen streiften ihre Nase.

»Der Blonde kann das Gestüt haben«, erklärte Boris. »Er hat es verdient. Aber mehr darfst du nicht von mir verlangen. Ich *kann* ihn nicht als meinen Sohn betrachten.«

Bei Kerzenlicht setzten sie sich zu einem köstlichen Mahl.

»Ich weiß, daß du ein ränkespinnendes Weibsbild bist, mein Herzchen«, sagte Boris. »Darum fürchte ich mich auch ein bißchen vor dem Preis dieses schönen Essens . . . Ich bin sehr müde.«

Ohne jede Koketterie sah sie ihn über den runden Tisch hinweg an. »In genau einer Woche, am Dienstag«, sagte sie, »geht mein Schiff nach New York. Wirst du, werden Julie und Rachel mit mir kommen?«

Boris stützte die Ellbogen auf den Tisch und legte das Kinn in die Handfläche. Seine Stimme war sanft, fast gütig. »Julie muß ihre Entscheidung selber treffen.«

»Das hat sie bereits getan«, sagte Ronja.

»Eine sehr pflichtbewußte Tochter«, sinnierte Boris.

»Ja, und eine miserable Ehefrau«, ergänzte Ronja. »Du hättest mich an den Haaren von meinem Vater weggezogen, wenn es nötig gewesen wäre.«

»Die Schuld muß bei Igor liegen.«

»Jetzt bist du grausam und ungerecht. Ist das alles, was du zu sagen hast?«

»Nein, Ronja, das ist nicht alles. Du wirst Rachel auf keinen Fall ihrer Mutter fortnehmen.«

Mit sehr kleiner Stimme fragte sie: »Und was soll ich Igor sagen?«

»Laß dir was einfallen. Das tust du doch immer.«

»Ja«, sagte sie tonlos und stand auf. »Auf Wiedersehen, Boris. Bitte, bleib hier in der Hütte, bis ich abgereist bin. Lydia wird täglich herkommen und nach dir sehen. Und keine Angst, ich werde Rachel nicht stehlen. Julie hat sie mir schon gegeben.«

»Sie hat sie dir gegeben?« Boris war aufgesprungen, um den Tisch gelaufen und hatte sie hochgerissen. Sie machte keinen Versuch, sich aus seinem eisernen Griff zu befreien – es wäre sinnlos gewesen. Sie stand gehorsam, aber ohne Angst vor ihm.

»Ronja, bringst du es fertig, mich zu verlassen?«

»Ja«, erwiderte sie.

»Liebst du mich?«

»Über alles.«

»Vertraust du mir?«

»Ja.«

»Gib mir einen Monat Zeit.« Seine Augen bettelten.

»Nein.«

Als Boris sie ins Schlafzimmer trug und auf das Bett legte, wußte Ronja, daß nichts, nichts auf der Welt, von Tränen bis zu ehelicher Vergewaltigung, sie von ihrem Entschluß abbringen konnte. Er zog ihr die Stiefel aus und begann sie zu entkleiden, während sie damit beschäftigt war, sich selber in ihrer Entscheidung noch zu bestärken, indem sie sich sagte, daß sie damit ihnen allen, vielleicht sogar Katja, das Leben rettete. Er kann nicht ohne mich leben, wiederholte sie immer wieder wie eine Litanei. Er kann sich Igor und Georgi nicht aus dem Herzen reißen.

Ungeschickt zog Boris ihr ein langes Nachthemd über den Kopf und steckte ihre schlaffen Hände durch die Ärmel. Als er es endlich geschafft hatte, wollte er sie unter die Bettdecke schieben, doch Ronja sagte: »Ich muß ins Bad.«

»Dazu brauchst du keine Begleitung. Geh doch!«

Ronja sagte: »Du hast mich zu Bett gebracht. Nun ist es auch deine Pflicht, mich dorthin zu bringen. Ich habe kalte Füße.« Und Boris setzte sich auf die Bettkante, damit Ronja auf seinen Rücken steigen konnte; dann trug er sie huckepack, ihre Arme um seinen Hals geschlungen, hinüber. Während der wenigen Schritte zwischen Bett und Bad verebbte der letzte Rest seines Unmuts.

Als Ronja zum zweitenmal warm und behaglich in den Kissen lag, war sie mit sich und der Welt zufrieden. So war es schon immer mit ihr gewesen: Sie konnte Türen schlagen und kränkende Worte hinausschreien, und dann im nächsten Augenblick alles wieder gutmachen, indem sie einfach sie selber war. Jetzt kuschelte sie sich im Dunkeln dicht an ihren Mann und streichelte seinen Rücken. Boris wußte, daß er manipuliert wurde, aber die Art, wie sie es tat, behagte ihm. Er rollte sich zu ihr herum und küßte sie.

»O Boris«, seufzte Ronja, »nicht eine Sekunde hatte ich die Absicht, das Kind ohne die Mutter zu Igor zu bringen – nicht seinetwegen, auch nicht Julies wegen, sondern einzig und allein in Rachels eigenem Interesse. Wie könnte ich mit dem Bewußtsein leben, daß ich Julie gezwungen habe, Rachel das gleiche anzutun, was Rhea ihr angetan hat?«

Boris schob sein Löwenhaupt in den Winkel zwischen ihrer Schulter und ihrem Hals. »Du mußt gehen, mein süßes Täubchen, und ich muß hierbleiben. Ich werde dir etwa einen Monat später nach San Francisco folgen und Julie und Rachel mitbringen.«

»Ach Boris, ich habe schon so lange gewartet!« Sie kämpfte mit den Tränen. »Warum können wir nicht alle zusammen fahren – nächste Woche? Ich finde es scheußlich, allein zu reisen. Ohne dich wird das Meer kalt und feindselig sein.«

»Ich habe noch etwas in Odessa zu tun«, gab er zurück.

»Ach was, zum Teufel damit! Schenk diese kahlen Berge deinen Verwandten oder überlaß sie den Möwen. Mein Herz sagt mir, daß du nicht länger zögern darfst.«

»Es sind nicht die Berge, Liebes. Ich muß ein Kreuz auf das Grab meiner Mutter setzen. Das ist eine Pflicht, die mir niemand abnehmen kann.«

»Willst du damit sagen, daß das Grab deiner Mutter nicht gekennzeichnet ist?«

»Ja. Ich mußte mein Zusammentreffen mit Stolypin einmal verschieben, weil Rachel krank wurde. Ein zweites Mal konnte ich ihn nicht abweisen, und außerdem konnte ich mich nicht weigern, in der Eskorte des Zaren zu reiten.«

Ronja glitt im Bett nach unten. »Komm, laß uns schlafen, Liebling. Wenn es geht, werden wir morgen früh nach Odessa fahren.«

»Rutsch wieder herauf und leg dich aufs Kissen, damit ich dich ansehen kann«, sagte Boris. »Ich kann Kiew jetzt nicht verlassen. In zwei Wochen beginnt der Prozeß gegen Mendel Beilis. Der Richter kommt aus St. Petersburg und ist ein fanatischer Antisemit. Du kannst dich darauf verlassen, daß die Geschworenen zu hundert Prozent aus den Reihen der Schwarzen Hundert gewählt sind und daß die jüdische Gemeinde nicht in den Gerichtssaal darf. Ich muß da sein, um sie zu vertreten und um Mischuk und Beilis den Rükken zu stärken.«

Ronja warf sich in Boris' Arme und küßte ihm Augen und Mund. Dann sagte sie, halb lachend, halb weinend: »Warum hast du mir das nicht gleich gesagt, mein wunderbarer Boris? Ich werde mit Freuden warten, bist du bereit bist, zu deinen Söhnen zu reisen.«

»Da ist noch etwas ...«

»Was?«

»Diese Hütte, Ronja. Stein um Stein, Balken um Balken, genau wie ich sie aufgebaut habe, muß ich sie jetzt wieder abreißen. Ich *muß* es tun.«

Ronjas Herz tat weh, als sie das Leid in seiner Stimme hörte. »Ja, das mußt du tun. Ich werde warten.«

Er schüttelte sie ein wenig, damit sie wach blieb, nahm ihr kleines herzförmiges Gesicht in beide Hände, und als er nun sprach, klang seine Stimme in der Stille der Nacht beinahe grob. »Ich will, daß du fährst.«

»Glaub nicht, daß du mich so loswerden kannst, Boris Pirow«, begehrte sie auf, »nur weil ich so albern war zu glauben, du wolltest mich hinhalten. Ich lasse mich nicht abschieben.«

Auf einmal war sie wieder das Mädchen von achtzehn Jahren, das in königlicher Haltung oben an der Treppe stand. »Wähle, Boris Pirow!« sagte sie.

»Und was willst du Igor sagen, wenn du jetzt nicht zu ihm fährst?«

»Ich werde mir schon etwas einfallen lassen. Das tu ich doch immer.«

»Nein«, lehnte er müde ab. »Igor hat schon genug zu tragen. Aber hab keine Angst, in wenigen Wochen werden wir bei dir sein, in deinem gelobten Land.« Und Ronja wußte, daß sie tun mußte, was er verlangte.

Die folgenden zwei Tage verbrachten sie wie Hochzeitsreisende. Als sie zum letztenmal die Hüttentür hinter sich schlossen, tobte ein spätes Herbstgewitter, und Boris sagte etwas sehr Seltsames: »Ronja, warte, bis es wieder donnert, und dann schwöre mir, daß du niemals einen anderen Mann nehmen wirst.«

Ein Blitz durchzuckte den Himmel, und beim Grollen des Donners sprach Ronja feierlich: »Ich schwöre es, so wahr mir Gott helfe.«

Durch den Regen wanderten sie in Gedanken versunken zum Herrenhaus zurück.

Auf dem Bahnsteig drängten sich die Menschen, die ihr eine gute Reise wünschen wollten; in diesen letzten Minuten hielt sich die Familie abseits, um sich allein von Ronja zu verabschieden.

»Ich wünsche dir eine angenehme Fahrt«, sagte Alexis. »Und vorerst einmal, liebe Ronja, *au revoir*. Du bist noch immer die schönste Frau von Kiew.« Er schluchzte.

Katja sagte auf deutsch: »Glückliche Reise«, und ihre Stimme war tränenschwer.

Julies krampfhaftes Schluchzen wurde von Rachels Stimmchen übertönt. »Sag meinem Vater Igor, daß ich mir von ihm ein ganz weißes Fohlen wünsche.«

Lydia rang die Hände. »Wem soll ich denn jetzt das Haus besorgen?«

Ronja und der Blonde umarmten sich schweren Herzens.

»Wir können nicht länger warten, Frau Pirow«, mahnte der Zugführer. »Bitte, steigen Sie ein.« Aber sie flüsterte mit dem jungen Mann und hörte erst auf, als Boris ihn am Arm ergriff und davonführte.

Der leidgeprüfte Zugführer hatte nun den Eindruck, daß sich die Pirows voneinander trennen wollten und er dem Lokomotivführer das Zeichen zur Abfahrt geben könne. Doch seine Hoffnung sank wieder, als sich Tamara, ein kleines Mädchen in rotem Kleid an der Hand, aus der Menge löste.

»Sag deiner Enkelin auf Wiedersehen«, verlangte sie dreist. Boris machte schon Anstalten, sich zwischen die beiden Frauen zu schieben, doch Ronja warf sich ohne zu zögern auf die Knie und drückte das Kind an ihr Herz. Vor allen Zuschauern blickte sie der Kleinen tief in die Augen.

»Wie heiße ich?« fragte das Kind, und Ronja erwiderte prompt: »Du heißt Königin.«

Der Zugführer brüllte verzweifelt: »Alles einsteigen!« – so laut, daß Rabbi Lewinskys Stimme kaum hörbar war, als er sagte: »Gott mir dir, Ronja!« Boris hob Ronja die hohe Stufe hinauf. Sie sagten sich nicht Lebewohl; sie sagten sich nie Lebewohl. Stumm reichte er ihr ihre Peitsche hinauf. »Ich hoffe, du wirst sie nicht brauchen, mein Täubchen.«

»Bitte, Gospodin Pirow ...« jammerte der Zugführer, aber Ronja löste noch immer nicht ihre Arme von seinem Hals, und Boris löste noch immer nicht seine Lippen von ihrem Mund. Der Zugführer hob seine Kelle. Langsam setzte sich der Zug in Bewegung, Familie, Freunde, Zigeuner blieben zurück, und als er das Tempo steigerte, mußte auch Boris herunterspringen.

Halb blind vor Tränen tastete Ronja sich zu ihrem Abteil. An der Tür stand ein hagerer, bärtiger Mann. »Ruben!« rief sie.

»Huang wünscht nicht, daß Sie allein reisen, Madame.«

37

Katja, die soeben mit Boris aus Odessa zurückgekehrt war, lag noch im Bett und ruhte sich aus, als Lydia mit einem beladenen Tablett hereinkam. »Lydia, du sollst keine Tabletts tragen!« schalt sie. »Du keuchst wie eine Lokomotive.«

»Es sind meine Füße«, erklärte Lydia. Sie schnitt die kalte Hühnerbrust geschickt in hauchdünne Scheiben, wie es die Gräfin liebte, goß Dillsauce über eine Schale mit rohem, gehobeltem Kohl und verkündete: »Ich muß mit Ihnen sprechen.«

Katja deutete auf einen Sessel, doch Lydia hockte sich nur auf die Lehne. »Schon wieder zwei Wochen vorbei – einfach vorübergeflogen. Was soll nun werden?« fragte sie.

»Ich weiß nicht.« Katja seufzte. »Auf dem Heimweg von Odessa haben wir in einem Gasthaus übernachtet. Boris' Fuß war eine einzige Masse geschwollenen Fleisches, und als ich bei diesem Anblick erschrak, befahl er mir, ihn nicht anzuschauen, er sei nicht mehr der alte Boris.

Aber jetzt sieht es wieder so aus, als wäre er genauso energisch wie früher, auch wenn er ständig seine Pläne umwirft und alles auf die lange Bank schiebt.«

»Darf ich Frau Gräfin berichten, wie er sich in den letzten Tagen verhalten hat?«

»Gewiß. Warum fragst du?«

»Ich fühle mich nie ganz wohl in Ihrer Nähe, gnädige Frau«, sagte Lydia, und ihr Ton war ein wenig gekränkt. »Schon als Kind waren Sie nicht dafür, mit den Zigeunern oder den Bauernkindern Freundschaft zu schließen. Das hat immer nur Ronja getan.«

Katja lächelte. »Das ist doch Unsinn, Lydia, das weißt du genau. Jetzt sag, was du mir zu erzählen hast, und hör endlich auf mit der ›Gräfin‹. Bei dir, meine Gute, mag ich das nicht.«

Auch Lydia lächelte – ein Lächeln voller Genugtuung. »Habe ich Ihnen gesagt, Katja, daß er Ronjas Porträt von seinem Zimmer in ihres hat bringen lassen, und daß er dort jetzt auch schläft? Es hängt an der Wand neben dem Bett.«

Katja nickte.

»Und daß ich in das ehemalige Kinderzimmer gezogen bin und nachts immer die Tür einen Spalt offenlasse? Doch, ich glaube, das habe ich Ihnen erzählt. Ja, also, in den letzten drei Nächten hat Boris sich ganz merkwürdig verhalten. Nachdem Sie ins Bett gegangen sind und er Julie gute Nacht gesagt hat, geht er immer zu Rachel ins Zimmer, und das ist beileibe kein gewöhnlicher Besuch.

Manchmal wandert er mit dem Kind auf den Armen hin und her. Manchmal hält er sie auf dem Schoß und schaukelt sie, und dann erzählt er ihr Geschichten über die Helden der Tataren und läßt sich von ihr versprechen, daß sie stolz auf ihr Tatarenblut sein wird. Dann nennt er sie ›kleine Ronja‹, und sie sagt: ›Du bist ja ganz durcheinander, Großvater Boris. Ich bin doch Rachel.‹

Das macht ihm Spaß. ›Ein wunderschönes Täubchen, das bist du‹, sagt er. Dann steckt er sie wieder ins Bett und geht in Ronjas Zimmer, wo er zu trinken beginnt. Nach einer Weile fängt er dann an, mit ihrem Bild zu reden; er schimpft, daß er immer jedem hübschen Weiberrock nachgelaufen ist, verwünscht sich selber und beteuert, er habe nie eine andere geliebt als nur sie. Er weint und flucht. ›Mein Bein wird immer kälter‹, sagt er. ›Werden danach meine Lenden versagen? Ist das meine Strafe? Tamara war Zeitverschwendung, der Blonde ist ein Albatros neben meinen Söhnen.‹ Und so geht es weiter, bis der Wodka ihn überwältigt und er in seinen Kleidern vor Müdigkeit aufs Bett fällt.

Dann gehe ich hin und räume auf. Er haßt es, inmitten von Unordnung aufzuwachen. Ich öffne die Fenster, ziehe die Decke über ihn, und fünf, sechs Stunden später hole ich Tee und zwei Gläser. Bis dahin hat er gebadet und sich rasiert. Fünf Minuten lang sitzen wir beim heißen Tee, der sauer ist von der Zitrone und süß vom Zucker. Wir sind gute Freunde. Und wenn ich gehe, grinst er und dankt mir dafür, daß ich so gut für ihn sorge. Wenn er zum Frühstück herunterkommt, ist er wieder unser Herr Boris. Ich sehe den goldenen Adler an und denke, du hast in der vergangenen Nacht geträumt. Das alles ist gar nicht geschehen.

Was halten Sie davon, Katja?«

»Ich kann dir nur raten, Lydia, jeden Morgen zu mir zu kommen und mir zu berichten, was sich in der Nacht zuvor ereignet hat. Und mach dir nur keine Sorgen. Boris wird das Wort, das er Ronja und Igor gegeben hat, bestimmt nicht brechen.«

Lydia verließ Katjas Wohnzimmer und watschelte hinaus in den Flur, von wo aus sie zum Abschied noch eine Breitseite feuerte. »Machen Sie ihm die Hölle heiß, Katja. Er kriecht, während er rennen müßte. Seit Ronja fort ist, findet seine Seele keine Ruhe mehr.«

Die alte Dienerin ahnte nicht, wie erfolgreich ihre Warnung gewesen war.

Fast den ganzen Tag lang überlegte Katja, was man tun könnte, um Boris aus diesem Zustand herauszureißen. Als sie am Nachmittag sah, wie Julie fröhlich die Sachen sortierte, die sie mitnehmen wollte, kam ihr ein Gedanke. Am selben Abend noch, als Julie hinaufgegangen war, um Rachel in den Schlaf zu singen, ging sie zum Angriff über. Boris war froh, sie einmal für sich zu haben, und bat: »Spiel mir etwas vor, Katja.«

Sie zapfte Kaffee aus dem Porzellan-Samowar, reichte ihm eine Tasse und sagte: »Ich würde lieber meinem Mann etwas vorspielen.«

»Seltsam, Katja, warum sagst du das?« Boris war nicht auf der Hut. »Er kommt doch in einigen Tagen zurück.«

»Gewiß.« Sie rührte in ihrem Kaffee. »Er kommt. Er geht. Ich aber bin gezwungen, hierzubleiben, bei dir und Julie.«

»Was soll das heißen – ›gezwungen‹?«

Sie sah ihn mit absichtlich kaltem Blick an; dann senkte sie die Augen und betrachtete die Dresdner Tasse in ihrer Hand, und nun schien sie in Gedanken weit fort zu sein.

»Beginnen wir ganz von vorn, Katja.« Boris' Stimme war ernst. »Wenn du Kiew gern verlassen möchtest, warum tust du es dann nicht? Glücklicherweise sind Lydia und die Mädchen noch hier. Wir werden sehr gut zurechtkommen.«

»Das ist es ja, Boris.« Jetzt ließ sie die Falle zuschnappen. »Natürlich werdet ihr gut zurechtkommen – viel zu gut. Solange ich hier bin, als offizielle, wenn auch recht wenig wirksame Anstandsdame, wird kein häßliches Gerede aufkommen. Nur weil ich Ronja die Treue halte, muß ich Alexis opfern – um deinen guten Ruf zu schützen.«

Boris zuckte zusammen. »Bitte, Katja«, flehte er, »sag, daß du das nicht so gemeint hast. Ich könnte es nicht ertragen, zu denken, daß das tatsächlich deine Meinung ist, und daß du es fertigbringst, sie auch noch auszusprechen.«

»Ich meine es genauso, wie ich es gesagt habe.«

Boris fuhr sich erregt mit den Fingern durchs Haar, stand auf, um sich zu überzeugen, daß die Tür der Bibliothek geschlossen war, und lauschte auf Julies leichten Schritt.

Katja beobachtete ihn liebevoll. »Versuch nicht, mir deine starken weißen Zähne zu zeigen, Boris Pirow«, warnte sie ihn. »Ich bin nicht Ronja.«

»Verdammt noch mal, da hast du recht! Seit sie fort ist, spielen hier alle verrückt. Und wer trägt die Schuld daran? Ich! Ich habe sie gehen lassen.«

Katja sagte: »Willst du mir zuhören?«

»Wenn ich die Wahl hätte« – seine Miene war ironisch –, »würde ich nein sagen.«

Sie ging zu ihm und sah ihn offen an. »Mein lieber Boris, ich achte dich, und ich liebe dich, aber ...« Da packte er zu, und schon saß sie auf seinem Schoß. Ihre langen, eleganten Beine unter den gestärkten Unterröcken strampelten hilflos in der Luft.

»Langsam, langsam«, neckte Boris und zog ihr die Röcke herunter. »Wir sind schließlich verwandt.«

Katja mußte wider Willen lächeln und konnte sich nicht wehren.

»Boris, wenn du so bist, dann komme ich mir wie Rachel vor, und jetzt habe ich die ganze Lektion vergessen, die ich dir halten wollte. Ich wollte dich daran erinnern, daß Julie biologisch gesehen nicht deine Tochter ist – eine Tatsache, die du vergessen zu haben scheinst –, sondern eine überaus hübsche junge Frau, die viel zu lange allein geschlafen hat.«

»Nicht!« flüsterte er und legte ihr den Finger auf den Mund. »Ihr von Glasman-Mädchen redet zuviel.«

»Bitte – bitte, fahre Ronja nach«, beschwor ihn Katja. »Und bringe Julie zu Igor – sie braucht ihn. Sie ist fünfundzwanzig Jahre alt, Boris. Sie ist kein Kind mehr.«

Seine Lippen streiften ihr Ohr. »Komm du mit uns, Katja.«

Als Julie aus dem Kinderzimmer zurückkam, lag Katja zusammengerollt auf dem Sofa, und Boris schritt auf und ab. Katja streckte die Hand nach ihr aus. »Sing uns ein Lied, Julie«, bat sie.

Ihr Leben lang sollten die drei dieses Lied nicht mehr vergessen. Denn mitten hinein platzte mit wehender Soutane Hochwürden Tromokow. Lydia folgte ihm auf dem Fuß.

»Man sollte denken, ein Priester hätte soviel Anstand, sich erst einmal anmelden zu lassen«, schimpfte die Alte. Tromokow schob sie zum Lackschrank hinüber.

»Hol mir etwas zu trinken und hör auf zu plappern.«

Der Priester setzte sich nicht, sondern blieb stehen, während er das Glas austrank – nichts Außergewöhnliches, aber an den hastigen Bewegungen und auch an seinem fest zusammengepreßten Mund erkannte Boris, daß Tromokow erregt sein mußte.

»Wenn das leere Glas in Ihrer Hand Sie am Sprechen hindert«, sagte Boris langsam, »wird Lydia es Ihnen wieder füllen. Und ich glaube, ich werde mich Ihnen anschließen.«

»Die Hölle bricht los, Boris«, berichtete Tromokow jetzt mit belegter Stimme. »Der Zar hat alle Rasputin-Gegner aus der Regierung entlassen, bis hinauf zu Kokowtsow, und der hat noch Glück, daß er mit dem Leben davongekommen ist. Die Arbeiter streiken – eine halbe Million, und diese idiotische Polizei schießt auf sie. Die Bergleute sind in einer besonders üblen Lage. Bei den Bauern ist die offene Rebellion ausgebrochen. Anderswo wüten die Kosaken. Und wie Sie wissen, haben wir darüber hinaus noch genug andere Probleme.«

»Beilis?«

Der Priester nickte. »Der Ewige Jude. Immer und ewig gehaßt, verfolgt, vernichtet.« Tromokow war den Tränen nahe.

»Was ist geschehen?« fragte Boris ihn leise.

»Unser guter Mischuk hat einen Tritt bekommen und sitzt in einem elenden Nest in Georgien. Fünf Tage hat man ihm gegeben, Boris - fünf Tage, nach all den Jahren, die er hier gewesen ist! Die zweiundzwanzig christlichen Anwälte, die Beilis verteidigen sollten, haben Berufsverbot bekommen und sind verhaftet worden. Die Anklage heißt: Verschwörung gegen den Zaren.«

Boris war sprachlos. »Aber wie in aller Welt konnte das alles passieren, ohne daß wir hier oder in Odessa ein Sterbenswort davon erfahren haben? Ich . . .«

Der Priester hob die Hand. »Warten Sie. Es kommt noch mehr. Der Femereiter wird als Mörder Stolypins bezeichnet, und Dmitri Bogrow ist frei.« Automatisch reichte er Lydia sein Glas. »Wodka«, erklärte er dabei, »erfrischt selbst den frömmsten Gaumen, und ich habe noch ein paar äußerst unfromme Dinge zu sagen.«

Julie erkundigte sich nach ihrem Dorf; Katja war außer sich vor Sorge um Alexis, und Lydia dachte an ihren Sohn Iwan, der ein Mädchen aus Borowsk geheiratet hatte und in deren Heimatort umgezogen war.

Boris schwieg bedrückt. Alle Warnungen Huangs, alle hartnäckigen Bitten Ronjas gingen ihm durch den Sinn. Er war ein Narr gewesen, ein blinder, feiger Narr! Aus diesem Alptraum fuhr er jetzt auf und brüllte: »Ruhe, ihr alle!

Was geschehen ist, ist geschehen«, fuhr er dann ruhiger fort. »Wir werden alles in Ordnung bringen, sobald ich weiß, mit wem wir es zu tun haben - mit dem Zaren oder mit Rasputin.«

Hochwürden Tromokow maß Boris mit einem bekümmerten Blick. Du kannst überhaupt nichts in Ordnung bringen, mein goldener Freund, dachte er. Geh du zu Ronja!

Laut sagte er: »Rasputin wird es uns schwermachen.« Er umklammerte sein Glas. »Rasputin ist schon auf dem Heimweg von Sibirien, und Nikolaus hat geschworen, das Judentum in Rußland auszurotten. Jeder Jude, der sich weigert, Russe zu werden, indem er sich taufen läßt, muß sterben, wo er sich gerade befindet, oder langsam in einem Lager dahinsiechen.«

Boris höhnte: »He, Priester, interessiert sich denn Ihr lieber Gott gar nicht für das alles? Oder ist er zu erhaben, um sich um die Ereignisse bei den Menschen zu kümmern?«

Tromokow senkte den Kopf. »Sie sollten trotzdem an ihn glauben, Boris. Aus Kummer und Leid schöpft der Mensch neue Kraft.«

Boris grinste ironisch.

»Ich bin überzeugt, daß das, was Hochwürden Tromokow uns erzählt hat, Alexis veranlassen wird, seine Pläne zu ändern«, sagte

Katja. »Er wird nicht mehr rechtzeitig hiersein können, um sich noch zu verabschieden. Aber im Grunde ist das nicht schlimm. Viel schlimmer ist, daß er nun, da Rasputin wiederkommt, St. Petersburg für immer verlassen muß. Ehe der Sommer vorüber ist, werden wir ein großes Wiedersehen feiern können - ein Fest, das wir alle niemals vergessen werden.«

Mit grausamer Offenheit sagte Boris: »Katja, so dumm kannst du nicht sein!«

Sie wurde schneeweiß. »Komm, Julie«, sagte sie, »du mußt jetzt schlafen und dich gut ausruhen. Morgen wirst du Rußland verlassen.«

»Das zu entscheiden ist meine Sache«, erwiderte Boris scharf. »Ich werde bestimmen, wann Julie fährt, und das tut sie nicht, ehe Alexis hier ist.«

Katjas Wangen brannten. »Du hast meiner Schwester etwas versprochen!«

»Und das Versprechen werde ich halten, Katja.«

»Komm zu Bett, Julie«, sagte sie eisig.

Julie zögerte. »Ich möchte Hochwürden Tromokow noch eine Frage stellen.«

»Frag, was du willst, kleine Julie.«

»Ich habe nachgedacht. Wie kommt es, daß Sie alles wissen? Alles, was in St. Petersburg geschieht, und im Sommerpalast, und in Sibirien, und in den Bergwerksbezirken. In der Zeitung kann ich kein Wort davon finden. Sogar Tamara, die alles erfährt, hat in letzter Zeit keine Nachrichten mehr geschickt.«

Tromokow applaudierte erfreut. »Meine liebe Schülerin«, sagte er, »wenn niemand mir diese Frage gestellt hätte, wäre ich zutiefst enttäuscht gewesen.« Er stemmte sich aus seinem Sessel hoch und holte sich einen Wodka. »Lydia, du Perle unter den Weibern, geh und hol mir etwas zu essen.«

»Erst will ich noch Ihre Antwort hören.«

»Die Antwort ist ein großes Geheimnis, das euer Herr und Gebieter dir und Julie mitteilen wird, sobald ihr dieses heidnische Land verlassen habt.« Und zu Katja sagte er: »Ich möchte mich auf meine Sonntagspredigt konzentrieren können. Ein Ketzer, der eine einzelne Schneeflocke fallen hört, ist besser daran als ich, der ich immer wieder versuche, trotz des Knarrens und Stöhnens der Fensterrahmen in meiner Hütte zu denken. Ich bleibe heute nacht lieber hier.«

Julie wandte sich an Boris. »Wirst du nachher noch in mein Zimmer kommen und dir ein Lied vorsingen lassen?«

»Nein, Julie«, lehnte er ruhig ab.

Lydia brachte das Essen, und Hochwürden Tromokow polterte: »Du neugieriges, altes Weib - hinaus mit dir! Ich werde mich selber bedienen. Und kein Schlüsselloch-Lauschen, verstanden? Du bist viel zu dick, um dich so tief zu bücken.«

Boris begleitete sie hinaus. »Schlaf heute in deinem eigenen Bett«, sagte er. »Da hast du es bequemer. Ich verspreche dir, mich nicht zu betrinken.«

Sie sah zu ihm auf. »Sind Sie böse, wenn ich das nicht tue, Herr? Ich bin gern im Kinderzimmer, weil ich dann Ihren Atem hören kann.«

»Lydia, du bist ein Juwel!«

»Und das ist die reine Wahrheit«, kicherte sie.

Der Priester stopfte sich voll mit Räucherhering, sauren Gurken und gewürzten Tomaten. Er kaute auf beiden Backen. »Fahren Sie zu Ronja«, sagte er, obwohl er den Mund voll hatte. »Ohne Ihre Frau sind Sie wie ein Fisch auf dem Trockenen.«

Boris ignorierte seine Bemerkung. »Ich bin froh, daß Sie hierbleiben wollen. Ich wollte mit Ihnen reden. Es interessiert Sie vielleicht, daß ich von Ihrem Ausflug nach Moskau gehört habe. Waren Sie bei Alexis, und haben Sie den Erzbischof gesprochen?«

»Ja, und er läßt Ihnen ausrichten, Sie möchten, zum Teufel noch mal, von hier verschwinden.« Der Priester lächelte. »Das ist natürlich meine ganz persönliche Formulierung.«

Boris schwieg, und seine Miene veränderte sich. Noch nie hatte Tromokow einen so deprimierten Mann gesehen. »Nehmen Sie doch wieder Platz, Boris«, sagte er.

Boris füllte die Gläser noch einmal und wählte sich einen Sessel neben dem Priester. »Die letzten Nächte habe ich in einem Nebel von Wodka verbracht. Seit Ronja fort ist, kann ich nicht mehr schlafen.«

»Ihr Bein?«

»Auch das.«

»Hören Sie auf, sich zu quälen, Mann. Fahren Sie!«

»Das werde ich auch - in ein paar Tagen.«

»Zu spät«, warnte ihn der Freund. »Ich habe gehört, daß die Grenzen geschlossen werden sollen, damit kein Jude entkommen kann: Stacheldraht, Soldaten, Bluthunde. Sie werden Julie und Rachel kaum hinausbringen können.«

»Rußlands Grenzen existieren für mich nicht«, spöttelte Boris. »Ich kenne Wege hinein und hinaus, von denen der Zar nie gehört hat. *Mich* wird keine Patrouille aufspüren.«

»Boris«, fuhr der Priester auf, »Sie können selbst einen Heiligen um die Geduld bringen! Denken Sie an das Wetter, das alles andere als günstig ist, und daran, daß Sie mit zwei Frauen und einem Kind sehr behindert sein werden. Warum, um Himmels willen, zögern Sie? Es ist Mord, Julie und Rachel durch den Wald zu schleppen. Fahren Sie morgen mit dem Zug bis zur Grenze.«

»Ich habe hier noch etwas zu tun. Wenn ich fertig bin, können wir fahren.«

»Die Hütte?«

Boris nickte.

»Lassen Sie mich und den Blonden helfen. Wir dürfen keine Zeit verlieren.«

»Nein. Es ist jetzt nach Mitternacht. Bei Morgengrauen breche ich auf.«

»Nun, wenn das so ist, dann wollen wir wenigstens noch ein bißchen schlafen.«

Boris aber sagte: »Ich kann mein Leben lang schlafen. Lassen Sie mich nicht allein. Wenn ich allein bin, werde in von . . . von bösen Vorahnungen geplagt.«

Früh am nächsten Morgen waren Boris und der Blonde im Stall und besprachen etwas.

»Ich lasse dich allein, aber ich kann deine Signale hören, falls du mich brauchst«, erklärte Boris. »Du mußt den Holzweg, der zum Haus führt, gut bewachen, aber damit hat es keine Eile. Hochwürden Tromokow ist noch dort. Hier kannst du als Stallwache einsetzen, wen du für richtig hälst. Dann belade ein paar Wagen mit Gewehren und Munition aus dem Lager und schick sie in Julies Dorf. Der Priester dort wird wissen, was damit geschehen soll. Ich will, daß die Bauern, wenn die Kosaken wieder reiten, wirksamere Waffen haben als Heugabeln und Sensen.«

»Erwartest du Unruhen?«

»Noch nicht. Der Sturm wird Kiew erst treffen, wenn wir schon fort sind.«

Der Blonde zog die Brauen hoch, und Boris erschrak. Das war Ronjas Blick!

»Rasputin ist wieder da«, sagte er noch; dann schwang er sich in den Sattel und ritt zur Hütte.

Die ersten Stunden waren qualvoll. Überall sah er Ronja. Sogar Gegenstände fand er, die ihn an sie erinnerten: ein Band, mit dem sie sich beim Baden das lange Haar hochgebunden hatte, eine halbleere Zigarettenschachtel, ein zerdrücktes Taschentuch auf ihrem Frisiertisch, das jetzt noch beklemmend nach ihrem Parfüm duftete.

Er dachte an die Begeisterung, mit der sie kochte, und ging in die leere Küche. Auf einem Wandbrett stand eine Flasche Wodka, und er nahm sie herunter.

Was er voll Liebe und Glück aufgebaut hatte, das begann er jetzt voll Kummer und Schmerz zu zerstören. Boris arbeitete, bis er von Schweiß durchtränkt war. Er hielt nur kurz inne, um seine Jacke und bald darauf auch sein Hemd auszuziehen und sich bei jeder Pause mit einem Schluck Wodka zu stärken. Als es Spätnachmittag wurde, merkte er, daß er unsicher auf den Beinen stand, und ihm fiel ein, daß er den ganzen Tag nichts gegessen und in der Nacht nicht geschlafen hatte. Außerdem war die Hütte solide gebaut; er war ein Narr gewesen zu glauben, er könne sie in ein bis zwei Tagen abreißen.

Seine Gedanken verschwammen, irrten kreuz und quer durch seinen Kopf: Mein Täubchen, ich bin krank. Ich brauche dich ... Muß Julie und Rachel fortbringen ... Habe Igor fortgeschickt. Warum? ... Julie allein gehen? ... Zerstören, vernichten, ruinieren, krach, umwerfen, rumms, Wahnsinn ...

Die Worte verblaßten, und an ihre Stelle traten Bilder. Ronja, mit lachenden, dunklen Augen, geöffneten Lippen, glänzend braunem Haar, sonst nichts, keine Hände, kein Körper. Und das Phantom bestand aus zwei Ganzheiten - Rachel-Ronja, Ronja-Rachel, eine Taube.

Das strenge Gesicht seiner Mutter tauchte auf, und aus dem Grab herauf kam ihre Stimme. »Du dachtest, ein Kreuz würde mich bannen.« Er schüttelte den Kopf. »Du bist tot.« – »Weder Himmel noch Hölle können mich halten.« Mit Macht schwang er die Axt gegen einen Türpfosten. Er rief: »Ich bin stärker als du.« - »Komm mit mir.« - »Du bist tot.« - »Du hast dich im Dschungel der Liebe einer Jüdin verloren. Komm zurück, in den Schoß der Tatarin.«

Boris spürte etwas Warmes und sah, daß sein Hengst mit der weichen Schnauze seine Wange berührte wie ein treuer Freund, der ihn mahnen wollte, nun sei es Zeit, nach Hause zu reiten. Er warf die Axt hin, nahm seine Jacke und sprang in den Sattel.

Die Stimme der Mutter verfolgte ihn. »Der Tod reitet ein weißes Pferd.«

Boris schrie auf, verstummte und beugte sich tief auf den Hals des Hengstes. »Wir werden verfolgt von einer Tatarin, die aus der Hölle kommt und ein Pferd reitet. Lauf!« keuchte er.

Seine Panik war ansteckend. Der Hengst warf den Kopf hoch, daß die lange Mähne flog, wieherte angstvoll und tat einen wilden Satz. Boris merkte, daß er fiel, und versuchte die Füße aus den

Steigbügeln zu ziehen, aber sein rechtes Bein war wie gelähmt vor Schmerz. Der weiße Hengst verlor den Halt, und der schwere Körper stürzte auf Boris' krankes Bein.

Als er aus der Bewußtlosigkeit erwachte, war der Himmel dunkel, der Tannenwald schwarz. Sein Kopf war klar, und sein Pferd schlug hilflos mit den Hufen in der Luft. Jeder Versuch, sein Bein zu befreien, war sinnlos. Seine Jacke hing offen, die Pistole war herausgefallen, lag aber in Reichweite. Mit Mühe hob er sie auf und setzte sie dem Hengst an den Kopf. Er drückte ab, das Tier zuckte und lag still.

Abermals hob er die Pistole, richtete den Lauf zum Himmel und schoß. Ein-, zwei-, dreimal langsam. Ein-, zweimal schnell. Das war das Zeichen für den Blonden, aber hatte er ihn in zu großer Entfernung postiert? Boris lag still und versuchte ruhig und tief zu atmen.

Mit leichten Schritten kam der Blonde gelaufen. Er warf sich, Tränen in den Augen, neben dem Vater auf die Knie und fragte: »Hast du große Schmerzen?«

»Erstaunlich wenig. Lauf und hol Hilfe, ja?«

Sie hörten hastige Schritte, und dann tauchte mit einer Laterne Tamara aus der Dunkelheit auf. »Rasch, lauf!« Sie zog den Blonden auf die Füße und nahm seinen Platz an Boris' Seite ein.

»Hör zu, Boris«, sagte sie, die Lippen an sein Ohr gelegt. »Ich kann dein Bein heilen – mit Öl aus Baumrinde, Saft von jungen Blättern und Zauberwurzeln, die in der Erde wachsen. Ich töte deinen Schmerz und halte dein Bein lebendig.«

Verdammtes Weib! Sie glaubte eine Gelegenheit zu sehen, wie sie in Ronjas Haus eindringen, Ronjas Platz einnehmen, vielleicht sogar in Ronjas Bett steigen kann! Dieser Gedanke erzeugte in Boris so heftigen Abscheu, daß dieses Gefühl ihm die Kraft zum Sprechen verlieh.

»Hör mir zu, Tamara. Hör gut zu. Meine Ronja hat dich mit samt dem Gut geerbt, und aus einem mir unverständlichen Grund – Gott allein weiß, warum – liebt sie dich. Für mich aber bist du ...« Seine Stimme versagte. »Geh weg!« flüsterte er. »Ich würde mich lieber in eine Kalksteingrube werfen lassen als ...«

Mit hemmungsloser Leidenschaft nahm Tamara sein Gesicht in beide Hände und küßte ihm Augen und Lippen.

Keuchend hob Boris den Kopf. »Du verdammte Zigeunerhure!«

Tamara wich zurück. »Wir haben das Brot miteinander gebrochen. Wir haben einen Sohn!« rief sie erregt.

Erleichtert atmete Boris auf; er hatte den Hufschlag galoppierender Pferde gehört. Bei Fackelschein befreiten ihn die Männer, hoben ihn auf einen Wagen, betteten ihn auf Stroh und packten Dekken um seinen erstarrten Körper. Der Blonde wollte ihm die fast leere Wodkaflasche reichen, doch Boris schüttelte den Kopf.

»Katja und Julie – wissen sie es schon?«

»Ich habe mich nicht lange im Haus aufgehalten, sondern nur an Hochwürden Tromokows Tür geschlagen. Er ist sofort losgeritten, den Doktor zu holen.«

Boris winkte Tamara. »Reite voraus und bereite Katja und Julie schonend vor – aber ängstige sie nicht. Dann hol dir ein paar Männer, die meinen Hengst hier begraben.«

»Das kann jemand anders machen«, protestierte Tamara. »Mich brauchst du im Haus, ich muß dich pflegen.«

Du dreckige Hure! dachte er. »Wenn mein Hengst begraben ist, gehst du nach Hause, Tamara. Und bleibst auch dort, verstanden?«

Statt einer Antwort kletterte sie auf die Radnabe und beugte sich tief über ihn. »Schick mich nicht fort, Boris! Ich werde dein Bein heilen.«

Krank vor Demütigung zog der Blonde sie wieder herunter.

»Du solltest dich schämen über deinen Mangel an Stolz und Mitgefühl! Mein Vater ist verletzt. Kannst du denn immer nur an dich selber denken?«

Sie stieg in den Sattel eines Pferdes, das neben dem Wagen stand. »Wenn du mich brauchst, Boris Pirow –« ihre Stimme schallte bis tief in den Wald hinein –, »dann laß mich holen. Ich komme!«

Tamara sah, daß Julie den Mund öffnete, um zu schreien, und gab ihr eine kräftige Ohrfeige. »Kleine Närrin! Das fehlte noch, daß du hysterisch wirst!« Katja fand, daß Tamara klug gehandelt hatte, und sagte: »Geh, Julie. Es dauert mindestens noch zehn Minuten, bis sie hier sein können.« Doch Julie setzte sich auf die Sofakante und riß sich zusammen.

Mit düsterer Stimme fragte sie Tamara: »Ist es sehr schlimm? Sag uns die Wahrheit!«

»Er hat Glück gehabt, Julie. Er kann das Bein bewegen, und er hat keine Schmerzen. Ich glaube nicht, daß er sich etwas gebrochen hat.«

Beide beobachteten die Zigeunerin scharf, um zu sehen, ob sie ihnen etwas verschwieg, und Katja spürte, wie sehr sie litt. Ronja hat recht, dachte sie. Wir sind alle auf seltsame Weise miteinander verbunden.

»Du solltest deinen Vater lieber erst sehen, wenn er im Bett liegt, Julie«, sagte Tamara noch.

Julies Miene wurde abweisend. »Ich werde zu ihm gehen, wenn er es wünscht.«

»Aber gewiß«, beruhigte Katja sie.

»Bring mich zur Tür.« Tamara ergriff Katjas Hand, und Julie sah ihnen nach. Eine halbe Stunde saß sie allein und wartete. Dann ging die Tür auf, und Katja sagte: »Komm, Liebes. Er ist jetzt gebadet und liegt im Bett, und nun möchte er, daß du ihm vorsingst, bis der Arzt eintrifft.«

Aber die kurze Zeit, die sie brauchte, um zu ihm zu gehen, genügte schon, ihr diese Freude zu nehmen: Der Arzt war gekommen. Während er Boris untersuchte, standen Julie und Katja, der Blonde und Hochwürden Tromokow an der halboffenen Tür. Hin und wieder fingen sie Satzfetzen auf. ». . . wo es weh tut.« »Gut . . .« – ». . . bewegen Sie den Fuß.« Und endlich rief er: »Kommen Sie nur herein!«

Krampfhaft bemüht, die Beherrschung nicht zu verlieren, ging Julie als erste ins Zimmer. Lydia zog eben die Decke über Boris' Bein, und der Arzt verkündete: »Es ist nichts Ernstes. Kein Knochen gebrochen. Von ein paar Quetschungen abgesehen, geht es ihm gut.«

»Heißt das, daß Sie seinen Verletzungen keine große Bedeutung beimessen, Herr Doktor?« fragte Katja.

»Sehr richtig, Gräfin.«

»Dann kann also mein Schwager bald nach Amerika fahren?«

»Das kann er. Gewiß, sein Bein ist sehr kalt, aber im allgemeinen ist die Farbe gut. Eine Woche würde ich schätzen, vielleicht sogar weniger.«

»Ich danke Ihnen, Herr Doktor.«

Er verbeugte sich. »Ich werde meinem Patienten etwas aufschreiben, und dann könnte mich der junge Herr hier vielleicht nach Hause bringen, nicht wahr? Leider bin ich nicht mit meinem eigenen Wagen gekommen . . .«

Hochwürden Tromokow lachte. »Ich muß mich bei Ihnen entschuldigen, Herr Doktor. Ich hatte so große Angst, der Unfall könnte lebensgefährlich sein, daß ich um die Seele meines Freundes zitterte. Der Blonde wird Sie in einem gemäßigteren Tempo heimfahren. Möchten Sie noch etwas trinken, bevor Sie gehen?«

»Einen Schluck Wein vielleicht.« Der Blonde brachte ein Tablett mit Karaffe und Gläsern.

»Das Bein muß hochgelagert werden und ständig kalte Umschläge bekommen.« Er griff in die Tasche, holte ein kleines weißes Briefchen heraus und gab es Katja. »Falls Gospodin Pirow nicht schlafen kann, geben Sie ihm einen Teelöffel von diesem Pulver in einem Glas heißer Milch.«

Er stand auf. Boris war offenbar in Gedanken versunken und sagte nur: »Gute Nacht.« Aber der Arzt zögerte noch.

»Um Ihre Kraft müssen sogar die Götter Sie beneiden«, sagte er. »Selbst für einen jungen Mann wäre Ihre Konstitution phänomenal. Essen Sie, was Sie wollen. Trinken Sie, soviel Sie mögen. Rauchen Sie ruhig, wenn Sie es wünschen. Ich komme wieder. Wenn nicht morgen, dann bestimmt übermorgen.«

Hochwürden Tromokow folgte dem Arzt hinaus und sagte nur noch: »Ich wünsche Ihnen eine geruhsame Nacht, Boris. Bis morgen.«

Boris lächelte schwach. »Bringen Sie Lewinsky mit. Dann könnt ihr beide euch gegenseitig bekehren.«

»Sie irren sich, Boris.« Der Priester blieb noch einmal stehen. »Ich werde Sie jetzt auf keinen Fall belästigen.« Doch er bereute, etwas gesagt zu haben.

»Ich werde keine Oblate schlucken, um meine Seele zu retten, darauf können Sie sich verlassen. Frömmigkeit steht nicht auf meinem Speisezettel.«

Tromokow bewegte die Lippen, und Julie flüsterte leise: »Amen.« Unbewußt verwendete sie die hebräische Aussprache.

Sobald sie Boris' Bein in Kompressen gepackt und auf einen Berg Kissen gebettet hatten, machten sich die Frauen daran, Ronjas Schlafzimmer in einen Wohnraum zu verwandeln. Sie trugen ein zweites Sofa herein, einen runden Tisch für die Mahlzeiten und außerdem alles, was zur Bequemlichkeit der Besucher beitragen konnte. Der Klang ihrer Stimmen und ihre eifrige Geschäftigkeit ließen Boris' bedrückte Laune steigen: er sah ihnen interessiert zu und machte auch selber Vorschläge. Endlich zog Lydia sich mit einem Knicks zurück und ließ ihn mit Katja und Julie allein. Da sie Boris' Vorliebe für Ruhe kannten, saßen sie schweigend da, bis er sagte: »Geht, legt euch schlafen, ihr Lieben. Ich werde allein fertig. Und außerdem trennt mich nur eine Wand von Lydia. Sie wird mich hören, wenn ich rufe.«

Katja widersprach. »Boris, lieber, lieber Boris, weißt du denn nicht, daß weder Julie noch ich ohne dich auskommen können? Eine von uns wird immer bei dir sein.«

Er lächelte Julie zu, die es sich schon an der anderen Seite des riesigen Bettes bequem gemacht hatte. »Sing uns ein Lied, meine Tochter. Dann werde ich schlafen.«

Ihre Augen wanderten zu dem Kissenberg. »Ich habe nachgedacht«, erklärte sie. »Der Doktor ist ein Dummkopf.«

Katja, die ihre Schuhe ausgezogen hatte und auf dem Sofa schon beinahe eingeschlafen war, richtete sich verblüfft auf. »Was ist denn in dich gefahren, Kind?«

Julie machte ein trotziges Gesicht. »Mutter Ronja hat mich gelehrt: kalt ist für heiß - für Kopfschmerzen. Aber kalt für kalt ist unsinnig. Dein Bein ist wie Eis, Vater Boris, und der Doktor will noch mehr Kälte. Ich habe kein Vertrauen zu ihm.«

Katja war beunruhigt. »Wir werden morgen früh gleich deinem Onkel telegrafieren und ihn bitten, einen Spezialisten aus St. Petersburg herzuschicken, damit wir ganz sichergehen.«

»Das ist gut«, sagte Julie zufrieden. »Aber ich wünschte, Mutter Ronja wäre hier. Sie ist die einzige, die weiß, was getan werden muß, und wie.«

Boris' Worte kamen wie ein Peitschenschlag. »Unter gar keinen Umständen darf Ronja wieder zurück nach Kiew geholt werden. Ist das klar?«

»Es ist klar, Vater Boris, aber es ist nicht richtig. Wenn ich ihr nicht mitteile, daß du einen Unfall gehabt hast, wird sie mir nie verzeihen.«

»Ich bin hier der Herr, und ich treffe die Entscheidungen. Nur ich gebe hier Befehle«, sagte Boris zornig.

Den Tränen nahe, griff Julie nach seiner Hand. »Ich wollte dich nicht erzürnen. Es tut mir sehr leid.«

Trotz seiner Grobheit war Boris entzückt von Julie. Wie wunderbar war es ihr doch gelungen, Ronja ähnlich zu werden! Und Katja dachte, Julies Instinkt ist wirklich erstaunlich!

»Ich habe deiner Mutter und Igor etwas versprochen«, sagte Boris. »Und ich halte mein Wort. Da, in der obersten Kommodenschublade, liegt eine Bibel. Ich halte nicht viel davon, Julie, aber ich weiß, daß du es tust. Hole sie und schwöre, daß du niemanden beunruhigen und Ronja nicht unnötig hierherholen wirst.«

Julie rührte sich nicht und schwieg.

»Julie!« Katja hatte sich erhoben und trat ans Fußende des Bettes. Sie war benommen vor Müdigkeit, bestürzt über die Eigenwilligkeit ihrer sonst so bescheidenen Nichte und sagte erschöpft: »Hast du vergessen, Julie, was dein Vater durchgemacht hat? Komm, gib ihm das Versprechen! Es besteht kein Grund, die anderen Mitglieder der Familie zu beunruhigen. Das Ganze ist in wenigen Tagen vorbei, und dann ist Boris mit dir, Lydia und Rachel unterwegs nach Amerika.«

Dicht an Boris' Schulter murmelte Julie: »Ich verspreche es dir.«

»Und du? Kann ich mich auf dich verlassen?« wandte sich Boris an Katja.

»Bestimmt.«

»Würdest du das bitte in die Form eines richtigen Eides kleiden? Ich bin dazu erzogen worden, keiner Frau Vertrauen zu schenken.«

»Nein. Aber wie wär's mit einer Dosis von diesem weißen Pulver?« fragte Katja. »Oder bist du eine Art Wundermann, der gelernt hat, ohne Schlaf auszukommen?«

Damit entlockte sie Boris ein gewinnendes Grinsen. »Wenn ich noch einmal die Wahl hätte, meine schöne Katja, ich würde dich wieder als einzige Schwester wählen.«

»Vielleicht sollten wir alle ein Glas warme Milch trinken«, schlug sie vor.

Sein Grinsen wurde breiter. »Wodka«, sagte er. »Und dann gehst du zu Bett. Julie kann hierbleiben und mir etwas vorsingen.«

Katja beugte sich über ihn und gab ihm einen Kuß. »Gute Nacht, ihr beiden. Träumt was Schönes.«

Und dann sang Julie von König Salomon, von Bräuten und Rossen, Pechvögeln und Bettlern. Ihre kleinen, jiddischen Liedchen erzählten von allen möglichen Dingen, von der Liebe, dem Leid und der Freude. Boris verstand zwar kein Wort, schlief aber ein, erwärmt von ihrer Nähe und ihrer Fürsorglichkeit.

Als Lydia auf Zehenspitzen hereinschlich, um Julie abzulösen, lag das junge Mädchen oben auf der Steppdecke, den Kopf an Boris' Schulter gebettet, und schlief ebenso tief und fest wie er. Lydia machte es sich auf dem Sofa bequem und war nach kurzer Zeit ebenfalls eingeschlummert.

Beim Aufwachen stellte Boris verwundert fest, daß es ihm gut ging. Durch die Läden schimmerte das Tageslicht herein. Statt Katja oder Julie, die er erwartet hatte, stand Lydia auf ihren platten Füßen breitbeinig an seinem Bett und strahlte über das ganze Gesicht. Anscheinend hatte sie jetzt die Pflege übernommen.

»O nein!« protestierte er. »Du bist viel zu jung und zu unschuldig, meine Gute. Schick mir lieber den Blonden. Ich geniere mich vor weiblichen Krankenpflegern.«

Lydia hörte nicht auf zu strahlen. »Klingeln Sie, wenn Sie das Frühstück wollen«, sagte sie.

Nach dem Mittagessen kam Rachel mit Belschik, kletterte auf das Bett und hockte sich ihm auf die Brust. Sie sah Boris durch ihre langen Wimpern an, und ihre Augen, voll Kummer, glichen denen ihrer Großmutter Ronja. Boris jedoch begriff, daß sie nicht über seine Verletzung traurig war, sondern über den Tod des weißen Hengstes. Er schloß das Kind in die Arme und streichelte es.

»Wolltest du mich etwas fragen, kleine Rachel?«

»Ich soll dich unterhalten und keine Fragen stellen«, erklärte sie steif. »Wenn ich zu sehr tobe oder unter die Decke krieche und an dein Bein stoße, darf ich nicht mehr allein zu dir kommen. Das hat Tante Katja gesagt.«

Boris mühte sich, ernst zu bleiben. »Weißt du, Rachel, ich glaube, wenn wir sehr ruhig sprechen, wird Tante Katja nichts gegen ein paar Fragen haben.«

»Ich habe dich am allerliebten von allen.« Die Kleine errötete vor Freude. »Sogar noch mehr als Belschik.«

»Du möchtest über den weißen Hengst sprechen, nicht wahr, mein Engel?«

»Er war mein zweitbester Freund, Großvater Boris. Bitte, laß ihn nicht tot sein!«

Boris drückte sie fest an sich.

Tromokow und Lewinsky kamen gerade zum Abendessen am runden Tisch zurecht. Keiner von beiden versuchte, Boris zum Glauben zu bekehren, bis Lydia und die Mädchen das Geschirr abgeräumt hatten; dann rangen sie leidenschaftlich um seine gottlose Seele. Hochwürden Tromokow feuerte den ersten Schuß. Er saß und redete. Er ging auf und ab und redete. Er setzte sich wieder in seinen Sessel und redete. Dann gab er plötzlich auf. »Verdammt, Boris, Sie hören mir ja nicht einmal zu!«

»Ganz recht«, bestätigte Boris vergnügt.

Den einzigen Trost bot der Wodka, und der Priester bediente sich reichlich. »Dummkopf!« murmelte er, als er sich ein Glas voll einschenkte.

Nun war Lewinsky an der Reihe. Der war überzeugt, daß Boris das Heidentum seiner Mutter mit ihrer Milch eingesogen hatte, und versuchte es auf einem anderen Weg. »Durch Sie und Ronja«, sagte er, »haben sich Iwan, der Priester, und Joseph, der Rabbi, kennen und lieben gelernt. Für uns ist das nichts Unnatürliches. Wir sind beide Gottesmänner, beide orthodox und haben beide dieselbe Einstellung. Alles, was wir wollen, ist, daß Sie Ihren Frieden mit Gott machen sollen.«

»Für alle Fälle?«

»Richtig. Wer hat denn einen Vertrag mit dem Leben? Es löst sich auf wie Rauch in der Luft.«

»Und darum«, sagte Boris spöttisch, »beansprucht einer von euch Gottesmännern die Seele des getauften Arghun, und der andere den Ehemann der Jüdin. Knobelt doch, Freunde! Der Gewinner bekommt mich als Preis. Aber ich bin dann zwei Meter unter der Erde und schere mich einen Dreck darum.«

Hochwürden Tromokow schwieg voll Zorn, Lewinsky aber sagte: »Ich wollte Ihnen nur sagen, Boris – Sie haben eine Jüdin zur Frau. Ihre Kinder sind Juden. Werden auch Sie ein Jude. Denn wenn Sie es nicht tun, können Sie nicht an Ronjas Seite zur letzten Ruhe gebettet werden.«

Der Priester dachte nach. Sosehr er sich wünschte, Boris in Christi Arme zurückführen zu können – aus Ronjas Armen konnte und wollte er ihn nicht reißen. Als er endlich sprach, waren es Worte, die seiner Liebe zu Boris entsprangen.

»Ja, Boris, Joseph hat recht: Werden Sie Jude.«

38

Boris ließ das Buch auf die Steppdecke sinken. Seit der Spezialist aus St. Petersburg im Hause war, konnte er sich nicht konzentrieren. Erregt und gespannt wartete er auf den Mann, den ihm Alexis so überzeugend geschildert hatte. Ein außergewöhnlicher Kopf, hatte Alexis gesagt, dessen Gedankengänge so unorthodox waren, daß er unter seinen Kollegen einen ziemlichen Aufruhr gestiftet hatte. Er sei noch recht jung, hieß es, und habe freundliche, auffallend sprechende Augen. Nun mußte Boris sich eingestehen, daß er doch sehr beunruhigt war – wie sehr, das spürte er an der Ungeduld, mit der er auf die Schritte des Arztes und dessen Klopfen an seiner Schlafzimmertür lauschte.

Als es endlich ertönte, rief er hastig: »Herein!« Denn für einen tatkräftigen Mann ist es schwierig, ja nahezu unmöglich, ans Bett gefesselt zu sein und warten zu müssen.

Der Arzt kam zu Boris ans Bett und reichte ihm die Hand. »Ich bin Sergej Sergejew. Ich habe darum gebeten, allein heraufkommen und mich Ihnen vorstellen zu dürfen.«

Er war kleiner und zierlicher, als Boris erwartet hatte; Alexis hatte ihn als bedeutenden Mann geschildert, und bedeutend war für

Boris dasselbe wie groß. Trotzdem hatte er etwas an sich, das ihm Vertrauen einflößte: Er strahlte Zuversicht aus. Und was Boris noch überraschte: Sein Händedruck war sehr kräftig. Boris merkte, daß der Arzt seine Gedanken las; er sah das Funkeln in dessen Augen und war erfreut.

»Holen Sie sich einen Stuhl«, forderte Boris ihn auf. »Und setzen Sie sich.«

Der Arzt lächelte. »Ich wähle meine Freunde immer sehr impulsiv. Stört es Sie, wenn ich Sie Boris nenne?«

»Es wäre mir eine Ehre, Sergej.«

»Mit Ihrer Erlaubnis, Boris, möchte ich gleich mit der ersten Untersuchung beginnen«, sagte der Doktor.

Er zog sich die Jacke aus, ging ins Badezimmer, um sich die Hände zu waschen, und schlug dann die Decke von Boris' krankem Bein zurück. Zunächst bückte er sich und roch an den Zehen, dann tastete er die Haut ab und kontrollierte Puls und Temperatur. Mit einem Finger drückte er auf das Fleisch oberhalb des geschwärzten Bereiches. Dann zog er eine Nadel aus seinem Jackenaufschlag, stach sie leicht in die Haut und fragte: »Scharf oder stumpf?« So untersuchte er das Bein vom Oberschenkel an abwärts, immer an den Hauptnervensträngen entlang. Anschließend kam das linke Bein an die Reihe. Der Arzt betrachtete Boris' Hände und Finger, tastete in der Leistenbeuge nach dem Puls, horchte Herz, Lunge und Magen ab, auskultierte die Brust, schaute prüfend in Augen und Ohren. Erst dann deckte er seinen Patienten wieder zu.

Dr. Sergej Sergejew sagte kein Wort, sondern ging wieder ins Bad und wusch sich zum zweitenmal die Hände. Als er zurückkam, zog er sich einen Sessel heran und setzte sich. Er nahm die Wodkaflasche, die auf dem Nachttisch stand, schenkte zwei Gläser ein und gab eines davon Boris. Nach dem ersten Schluck spürte Boris, wie seine gespannten Nerven ruhiger wurden. Keiner von beiden sprach, bis er sein leeres Glas abgesetzt hatte. Dann erst ergriff Sergej Sergejew das Wort.

»Sie sind sich natürlich darüber klar, daß nicht der Unfall allein an Ihrem Zustand schuld ist?«

Boris nickte knapp.

»Wie lange haben Sie schon Beschwerden?«

»Seit Jahren – mal mehr, mal weniger.«

»Und was haben Sie dagegen getan?«

»Wodka getrunken.« Boris' Stimme klang trotzig.

»Nicht die schlechteste Medizin«, stellte Sergej gelassen fest. »Rauchen Sie viel?«

»Ja, früher.«

»Warum haben Sie aufgehört?«

»Weil ich das Gefühl hatte, daß es mit meinem Bein schlimmer wurde, wenn ich viel rauchte.«

»Hat außer dem Tabak sonst noch etwas Ihr Unbehagen gesteigert?«

»Ja.« Boris blickte auf seine Hände. »Ich fühlte mich immer schlechter, wenn Ronja . . . wenn meine Frau nicht da war.«

»Haben Sie Schmerzen im linken Bein?«

»Ein Kribbeln, gelegentlich.«

»In den Armen?«

»Nichts.« Boris zeigte es ihm, indem er sie hochhob.

Damit endete das Verhör. Boris zog ein Gesicht wie ein Mann, der mit sich kämpfte, ob er freiwillig noch mehr sagen soll.

»Doktor, in den letzten Jahren habe ich ein ziemlich gemäßigtes Leben geführt. Früher neigte ich zu ungeheuren körperlichen Exzessen.«

»Aha.« Sergej lächelte. »Und nun glauben Sie, daß das die Ursache Ihres jetzigen Zustands ist?«

»Wäre das so absurd?«

»Im Gegenteil. Schuldbewußtsein oder Angst sind ebenso reale Leiden wie etwa ein Tumor und können die Chancen einer vollkommenen Genesung stark herabsetzen, wenn nicht verhindern.«

»Sagten Sie vollkommene Genesung?« fragte Boris. »Und könnte die Genesung so rasch erfolgen, daß ich meine Tochter und meine Enkelin ins Ausland bringen kann? Oder wird es zu lange dauern?«

Der Doktor seufzte. »Boris, mein Freund, ich muß Ihnen leider sagen, daß die Genesung nur Sie betrifft, nicht aber Ihr Bein.«

Boris' Hoffnung erlosch, aber sein Trotz blieb. »Jetzt werde ich *Ihnen* einmal was sagen«, erklärte er. »Meine Mutter war eine Tatarin. Ich war kaum geboren, da lehrte sie mich, keiner Schwäche nachzugeben. Ich will die Tatsachen hören!«

Sergej Sergejews Herz wurde schwer, aber dennoch bewahrte er seine gewohnte Rede. »Was die Tatsachen betrifft«, sagte er, »so fürchte ich, daß unsere Ansichten darüber auseinandergehen. Ihre Sorge gilt Ihrem Bein. Meine Sorge gilt allein Boris Pirow, dem Mann. Das Bein muß amputiert werden. Vom Knie abwärts ist weder ein Puls zu ertasten, noch haben Sie dort Gefühl. Ihr Fuß ist schwarz, trocken und schrumpelig, weil kein Blut in den geschädigten Bereich gelangt, daher besteht auch keine Hoffnung auf Heilung. Zum Glück ist noch keine Infektion entstanden, Ihr Leben ist also nicht in Gefahr. Aber das Bein muß abgenommen werden, und weil Ihr Kreislauf so schlecht ist, muß ich es über dem Knie abtrennen. Es tut mir leid, Boris, aber so ist es nun einmal.«

Der Doktor wartete, ob Boris etwas sagen wollte. Doch was gab es da zu sagen? Er weigerte sich, als Krüppel weiterzuleben.

In dieses Schweigen hinein machte Sergej einen behutsamen Vorstoß: »Boris, ihr harten, kraftvollen Männer seid nicht prädestiniert für körperliche Leiden. Aber der Mensch ist ein wunderbarer Organismus: Er paßt sich an.«

Alles, was Boris als Antwort herausbrachte, war ein spöttisches: »Interessant!«

Der Doktor sah, daß der Mann auf dem Bett so reglos dasaß, als sei er in einen Eisblock eingeschlossen, und er versuchte, durch das Eis zu ihm vorzustoßen. »Dies ist einer jener Momente«, sagte er, »in denen der Mensch seinen Mut beweisen muß – Sie, und ich auch. Es ist teuflisch, das Wort ›amputieren‹ aussprechen zu müssen. Ich habe dabei das Gefühl, als sei die Medizin seit dem Mittelalter um keinen Schritt vorwärtsgekommen.

Die Medizin kann Sie nicht davor retten, ein körperlicher Krüppel zu werden. Aber das muß nicht heißen, daß Sie auch ein seelischer Krüppel werden. Wollen Sie mir erlauben, Ihnen zu helfen?«

»Wie können Sie das?« Seine Stimme klang mürrisch.

»Würden Sie mir sagen, was am Tag Ihres Unfalls wirklich geschehen ist?«

»Teufel noch mal, wie haben Sie das erraten? Und was kann das jetzt noch nützen?«

»Versuchen Sie nicht, allein damit fertig zu werden, mein Freund. Das ist nicht nötig. Darum bin ich ja hier.«

»Ich begreife wohl, was Sie meinen«, gab Boris zu, »aber es hat keinen Zweck. Nur meine Frau kann meinen inneren Teufel beschwichtigen. Solange sie bei mir ist, bin ich unüberwindlich und furchtlos.«

»Wer ist Ihr Teufel, Boris?«

»Ach, was soll das?« wehrte Boris mißmutig ab. »Werde ich wieder gesund, wenn ich es Ihnen sage? Oder wollen Sie, wie meine beiden frommen Freunde, daß ich Gott erkenne? Daß ich als neuer Mensch aus der Narkose erwache, weise und abgeklärt, und zum Teufel mit dem amputierten Bein, wenn ich nur meine Seele gefunden habe? Es müßte schon mit dem Satan zugehen, wenn ich hinter dieser stinkenden Fäulnis da so etwas wie einen höheren Plan entdecken soll.«

Der Doktor lächelte. »Mir selber fällt es auch schwer, den lieben

Gott als eine Art kleinen Napoleon zu sehen, der auf seinem Thron sitzt und über die Seelen richtet.«

Da begann Boris zu erzählen – nicht nur von jener unseligen Nacht, sondern von allen Menschen, die in seinem Leben eine Rolle gespielt hatten. Er sprach von seiner Leidenschaft zu Ronja, seiner Liebe zu Julie, seinem Entzücken an Rachel. Für Igors Schuld nahm er die volle Verantwortung auf sich und sprach mit gnadenloser Härte das Urteil über sich selber.

»Boris«, sagte Sergej in einer Pause, »erzählen Sie mir mehr von Ihrer Mutter. Können Sie sich an die Zeit erinnern, bevor sie Sie auf diesen weißen Hengst setzte?«

»Nein. Mein Leben lang bin ich von Erinnerungen verfolgt worden, an die ich mich nicht erinnern kann.«

»Und Ihr Vater?«

»Wir waren uns fremd.«

Er sprach diese Worte mit so harter Endgültigkeit, daß der Doktor begriff, hier war ein Vorhang über die Vergangenheit gesenkt worden. Er fragte nicht weiter, sondern betrachtete Ronjas Porträt.

»Ist es sehr ähnlich?«

»Hängt davon ab, was Sie darin sehen«, wich Boris ihm aus.

Lächelnd erhob sich der Arzt. »Ich komme bald wieder.«

Boris sah zu ihm auf. »Es spielt zwar jetzt keine Rolle mehr, aber ich bin nun einmal neugierig. Wenn Sie mich gleich nach dem Unfall gesehen hätten, statt nahezu fünf Tage später, hätte das etwas geändert?«

»Nein. Nur insofern, als ich Sie ein oder zwei Tage eher unter dem Messer gehabt hätte.«

»Wieviel Zeit bleibt mir noch bis dahin?«

»Gar keine. Jede Minute ist kostbar. Sie dürfen noch mit Ihrer Familie zu Abend essen. Die Damen haben darum gebeten, und ich habe ja gesagt. Dann bringen wir Sie ins Krankenhaus. Morgen werde ich operieren.«

»Sergej –« die Eiswand stand wieder zwischen ihnen –, »ich rühre mich nicht aus diesem Bett, bis Julie und Rachel nach Amerika abgereist sind.«

Der Doktor nahm wieder Platz. »Boris«, sagte er, »wie lange ist es her, daß Sie eine Zeitung gelesen haben?«

»Das Unerträgliche an den Frauen«, zürnte Boris, »ist ihre Art, einen in Watte und Stillschweigen zu packen. Sogar Rachel darf mich nur besuchen, wenn sie mich nicht aufregt. Was ist geschehen?«

Sergej deutete auf die Flasche. »Wenn Sie noch etwas trinken möchten – ich glaube, Sie könnten es gut gebrauchen.«

»Schlimm?« Fragend kniff Boris die Augen zusammen.

»Schlimm genug, um daran zu ersticken.«

»Schießen Sie los! Ohne Schonung.«

»Keiner von uns wird irgendwohin gehen.« Der Arzt drückte seine Zigarette aus. »Wenigstens vorläufig nicht. Die Frau und das Kind Ihres Sohnes werden nicht in die Vereinigten Staaten reisen. Ich werde nicht nach London fahren, um dort bei Dr. Jones zu studieren. Es ist verboten, Rußland zu verlassen. Polizei und Patrouillen bewachen alle Grenzen und richten ihr Hauptaugenmerk auf die üblichen Fluchtwege.«

Der Rest war besonders schwer, und Sergej zögerte. Boris kam ihm zu Hilfe. »Der Regen ist vorüber, mein Freund; lassen Sie mich die Traufe hören.«

»Dieses Haus ist eine waffenstarrende Festung, von mindestens hundert Männern bewacht. Wie ich hörte, ist heute morgen ein ganzer Trupp berittener Tataren von Odessa gekommen und lagert in dem Kiefernwäldchen zwischen Haus und Gestüt.« Und wie jeder anständige Russe schämte er sich, zugeben zu müssen: »Der Haß gegen die Juden ist so gewachsen, daß sogar Rasputin dafür plädiert, von ihnen abzulassen.«

Boris sank in die Kissen zurück; er wirkte sehr müde. »Der Tag, an dem man Rasputin als Humanisten bezeichnen muß, ist wahrhaftig ein trauriger Tag für Rußland.«

Sergejs schöne Augen hafteten auf Boris, und er sagte nachdenklich: »Als unheilbarer Optimist, der ich bin, wage ich zu hoffen, daß auch diese Barbarei etwas Gutes bewirkt, nämlich, daß unser törichter Zar mit seiner wahnsinnigen Zarin vom Thron gestürzt und der Monarchie ein Ende gemacht wird. Die Korruption, die jetzt herrscht, wird das Heraufdämmern einer neuen Epoche beschleunigen. Gott gebe, daß sie auf Vernunft und Gerechtigkeit aufgebaut ist!

Aber wie dem auch sei, Graf Alexis führt Verhandlungen um die Genehmigung, Rußland zu verlassen – für Sie, und für mich ebenfalls. Das habe ich mir als Honorar erbeten – freies Geleit bis über die Grenze. Bis die Genehmigung kommt, haben wir Zeit genug, Sie zu kurieren und dafür zu sorgen, daß Sie noch vor Ihrer Abreise lernen, mit Ihrer Prothese zu gehen. Je schneller Sie das erreichen, desto eher werden Sie in der Lage sein, Ihr normales Leben wieder aufzunehmen.«

»Jetzt hätte ich gern etwas zu trinken, Sergej. Wenn Sie mögen, leisten Sie mir doch dabei Gesellschaft. Sie werden morgen nicht operieren. Ich habe die Verantwortung für Julie und Rachel, ganz gleich, welche Verbote erlassen worden sind. Die arme Lydia wird zwar hierbleiben müssen, aber sie wollte sich im Grunde gar nicht von ihrer Familie trennen. Ich brauche mindestens vierundzwanzig Stunden, um alles zu regeln.«

In dieser Stimmung war Boris ein Mann, den sich der Doktor nicht gern zum Feind machen wollte. Trotzdem sagte er mit berufsmäßiger Autorität: »Unmöglich. Vom medizinischen Standpunkt aus . . .«

»Es war ein anstrengender Tag für Sie, Sergej. Hoffentlich gefällt Ihnen Ihr Zimmer. Und würden Sie den Damen mein Bedauern ausdrücken? Ich möchte allein mit Graf Alexis essen.«

»Nun gut.« Sergej verbeugte sich. »Aber hier sind ein paar Verhaltensmaßregeln für Sie: Überanstrengung und Aufregung zehren an Ihren Kräften; sie erschweren mir die Arbeit und Ihnen die Genesung. Sie dürfen nur leichte Sachen essen und . . .«

»Guten Appetit, Doktor! Wir sehen uns morgen, aber nicht zu früh. Ich erwarte Sie.«

Sergej seufzte. »Sie werden diesen Aufschub teuer bezahlen müssen, Boris.« Dann jedoch kapitulierte er mit Würde. »Also gut. Vierundzwanzig Stunden. Ich muß Sie noch auf die Operation vorbereiten.«

»Danke, Sergej.«

Sowie der Arzt die Tür hinter sich geschlossen hatte, riß Boris ungeduldig an der Klingelschnur, bis Lydia hereingeschlurft kam.

»Setz dich«, forderte er sie freundlich auf.

Lydia nahm sich den Stuhl neben dem Bett, und dann strömten ihr die Worte nur so aus dem Mund, während ihr die Tränen über die Wangen rannen. »Bitte, schimpfen Sie nicht! Alle haben mir befohlen, dem Herrn nichts zu sagen, sogar Tamara, stellen Sie sich das vor! Sie ist hier die Rose, und ich bin nur ein alter Krautkopf.«

»Wisch dir die Nase!« befahl Boris. »Aber doch nicht an der Schürze, Mädchen!« Gehorsam fuhr sie mit dem Handrücken unter der Nase her und klagte: »Es ist leichter, einen Sack Flöhe zu hüten als diese Tamara!«

Boris schüttelte sich vor Lachen. Ein wenig getröstet, fragte Lydia: »Was hat der große Spezialist aus St. Petersburg denn gesagt?«

»Er hat die Muskeln in meinen Armen gelobt.« Boris bog den Arm, und Lydia äußerte pflichtschuldigst ihre Bewunderung. »Wo ist Hochwürden Tromokow?«

Lydia gewann ihren Humor zurück. »Er ist zu Rabbi Lewinsky

gezogen. Inzwischen hat er mehr Stallburschen und treue Bauern dazu bekehrt, jüdische Wege zu wandeln, als es überhaupt Juden gibt.«

»Wo ist der Blonde? Er ist den ganzen Tag lang nicht hier gewesen.«

»Eben wiedergekommen, vor knapp einer Viertelstunde. Seit gestern nachmittag ist er, die Satteltaschen schwer von Gold, von einem Kosakenhetman zum anderen geritten. Er hat ihnen das feste Versprechen abgekauft, daß es in und um Kiew keine Pogrome gibt.«

Derselbe schmutzige Alptraum, dachte Boris: Schmiergelder und Intrigen, und Rasputin triumphiert. Warum habe ich nur nicht schon vor Jahren auf Ronja gehört? Dann wäre mein Ende vielleicht an einem warmen Sommerabend gekommen und nicht ... Er drehte sich im Bett um und schluckte einen Kloß hinunter, der ihm in der Kehle steckte. »Lydia, ich möchte mit Graf Alexis sprechen. Wenn er hier ist, schick uns etwas zu essen. Und noch eines: Ich fürchte, du wirst nicht mit Julie und Rachel zu deiner Herrin reisen können. Aber vielleicht kannst du später nachkommen.« Lydia saß da und hielt den Blick auf die Schürze gesenkt, die sich über ihrem runden Bauch wölbte.

»Ich bin froh darüber«, sagte sie schlicht. »Ich möchte noch eine Weile zusehen können, wie meine Enkelkinder heranwachsen. Nun werde ich wohl nach Borowsk ziehen, zu meinem Sohn, bis meine Herrin nach Hause kommt.«

Es ist besser so, dachte Boris. Was immer auch kam – wer würde einer alten Bäuerin etwas zuleide tun?

Alexis, den Boris nach seiner Ankunft am selben Tag nur kurz gesehen hatte, spürte sofort, daß Boris zornig war. »Ich erkläre bei meiner Ehre, daß es ein strenger Befehl deines Doktors war«, sagte er beschwichtigend.

»Wir wollen keine Zeit verlieren, Alexis«, sagte Boris. Er fand es sehr schwer, seinem Schwager weh tun zu müssen, doch jetzt war keine Zeit mehr für Mitgefühl. »Es ist zwecklos, lange herumzureden. Ich muß mir das Beim amputieren lassen.« Er wandte den Kopf ab, um nicht mitansehen zu müssen, wie dieser Schlag traf, doch seine Ohren konnte er nicht verschließen. »Verdammt noch mal, hör auf damit!« sagte er rauh.

Das Schluchzen verebbte. Mit schwankender Stimme sagte Alexis: »Mit einem Bein bist du doch immer noch mehr wert als zwei von den anderen, Herkules eingeschlossen.«

»An den Gedanken werde ich mich halten.«

Von der Tür her rief Lydia: »Abendessen.«

Alexis stocherte unlustig in den Speisen herum. »Komm, laß mich das nicht allein essen«, drängte ihn Boris. »Ich muß bei Kräften bleiben; das sagt wenigstens Sergej, mein Herr und Gebieter.« Alexis zwang sich, ein paar Bissen zu schlucken. Daß Boris sein Essen so sichtlich genoß, half ihm, die Fassung wiederzugewinnen, trotzdem aber war er erleichtert, als Lydia den letzten Teller abtrug und die beiden Männer allein ließ.

Alexis berichtete nun in allen Einzelheiten von der Ankunft der Tataren. »Katja erzählte mir, daß bei Morgengrauen ungefähr vierzig Reiter kamen und im Kiefernwald, weit genug vom Haus entfernt, aber auch nicht zu weit, ihr Lager aufschlugen. Niemand ahnte etwas von ihrer Anwesenheit, bis gegen Mittag ihr Anführer kam, um einen offiziellen Besuch zu machen. Zu Katja sagte er: ›Gräfin, Nachrichten verbreiten sich schnell. Wir sind gekommen, zu holen, was unser ist. Sie haben nichts zu befürchten.‹«

Hilflos breitete Alexis die Hände aus. »Alles wäre glatt verlaufen, wenn Julie nicht seine Worte mißdeutet hätte und in Panik ausgebrochen wäre. ›Selbst ein Tier versucht, seine eigene Haut zu retten‹, muß sie geschrien haben. ›Sie wollen Boris, meinen Vater, entführen und vielleicht auch Rachel rauben.‹ Das verschreckte sogar meine sonst so nüchterne Katja, und die Frauen liefen ins Haus zurück und verrammelten die Tür. Sie ließen Tamara holen; sie kam im Galopp aus dem Lager herübergeritten, und dann beratschlagten die drei. Lydia befahlen sie, niemanden zu dir zu lassen und dafür zu sorgen, daß in deiner Umgebung Ruhe herrschte.

Anschließend schwang sich Tamara wieder in den Sattel und machte ein paar Besuche. Niemandem war es in den Sinn gekommen, nachzusehen, ob Rachel im Haus war, und Tamara fand den kleinen Irrwisch mit Belschik zusammen im Tatarenlager, wo sie eifrig kaltes Hühnerfleisch aß und Apfelwein dazu trank! Tamara brachte sie sofort nach Haus, und Julie packte sie ins Bett. Den ganzen Nachmittag hat sie ihren Rausch ausgeschlafen.«

Boris warf den Kopf zurück und lachte laut auf. »Soll das heißen, daß sie einen richtigen Schwips hatte?«

»Einen beachtlichen«, bestätigte Alexis. Und Boris dachte, warum hat Belschik das nur zugelassen? Aber vielleicht war der Hund klüger als sie alle zusammen.

»Erzähl weiter.« Er war bester Stimmung.

»Tamara ritt wie der Wind – sie war überall. Sie rief die hübschesten Mädchen zusammen und schickte sie los, damit sie ein Auge auf die Tataren hatten. Sie befahl ihnen, mit den Männern zu kokettieren und ihnen wahrzusagen. Der Plan mißlang. Sie wurden von einem Wachtposten mit eiskalten Augen abgefangen und wieder zurückgeschickt.«

»Hat Tamara einen der Tataren erkannt?«

»Nein, Boris. Und sie hat sich jedes Gesicht genau angesehen.«

Boris sprach jetzt ganz leise; sein Ausdruck war unverkennbar tatarisch. »Haben sie einen weißen Hengst mitgebracht?«

Alexis war stark versucht, ihn zu belügen, doch als er den wilden Blick in Boris' Augen sah, blieb ihm das Wort in der Kehle stecken.

»Antworte!«

Graf Alexis Brusilow, der glatte, redegewandte Diplomat, kapitulierte. »Sie haben einen jungen Hengst mitgebracht, ein riesiges Tier und schneeweiß ... Es ist, als wäre der deine wiederauferstanden.«

Sonderbar, in diesem Augenblick begann die Eisschicht, die Boris umgab, zu zerschmelzen, als hätte die Gewißheit Erlösung gebracht. Erschüttert rief Alexis: »Um Gottes willen, Boris, das ist doch Unsinn! Du wirst nicht sterben!«

Boris schob die Unterlippe vor. »Alle Menschen müssen sterben. Komm, trinken wir ein Glas. Wodka oder Cognac?«

»Wodka, bitte«, sagte Alexis.

»Vergiß die Tataren, Alexis.« Boris hielt sein Glas in beiden Händen; er war vollkommen ruhig. »Ich werde Julie und Rachel von dem Blonden über die Grenze bringen lassen.«

Seit Stunden schon hatte er über diesen Plan nachgedacht, und nun erklärte er ihn Alexis, der jedoch zuerst seine Zweifel hatte. Als er dann aber mit Boris die Einzelheiten besprach, kam er zu der Überzeugung, daß dieser Weg zwar nicht vollkommen sicher, aber dennoch der einzige war.

Auf einmal spürte Boris einen schneidenden Schmerz; ihm war, als müsse sein Kopf bersten, und einen Augenblick rieb er sich ungeduldig die Stirn. Er dachte, mein Gott, warum habe ich nicht auf Ronja gehört? Ich und meine großen Hoffnungen auf Stolypin! Was für ein Teufel hat mich nur geritten, daß ich das Leben der Juden in meiner Familie aufs Spiel setzen mußte?

»Wie kann ich helfen?« Alexis' Frage holte ihn in die Gegenwart zurück.

»Zunächst kannst du mir eine Frage beantworten.«

»Mit Vergnügen.«

»Wieviel Geld hast du mitgebracht?«

»Sehr viel, und außerdem den Rest von Katjas Schmuck.«

»Gut«, sagte Boris zufrieden; er legte sich hin. »Bitte, sag Julie und Katja, daß ich sie beide jetzt sprechen möchte. Sofort. Ich habe nicht mehr viel Zeit.«

Auf dem Weg zur Tür sagte Alexis, ohne sich noch einmal umzudrehen: »Wann will der Doktor operieren?«

In gleichgültigem Ton antwortete Boris: »Keine Angst, es ist noch keine Infektion entstanden. Sergej hatte gehofft, morgen operieren zu können, aber ich habe ihm gesagt, daß ich noch vierundzwanzig Stunden Zeit brauche. Er war einverstanden. Er hat keine Bedenken.«

Nachdem Alexis gegangen war, kam der Blonde und brachte Boris mit Hilfe einer Krücke ins Bad, während Lydia das Bett mit frischen Leintüchern bezog und das Zimmer lüftete. Als sie ihn verließen, war er so heiter wie der Gott der Zuversicht persönlich, und es war einfach unvorstellbar, daß er nie wieder den *gopak* tanzen sollte.

Wenige Minuten darauf kamen Katja, Julie und Alexis, alle drei wie für eine besondere Gelegenheit gekleidet. Katja sah aus wie ein köstliches, in Cognac flambiertes Dessert; Julie war eine Blume, ganz in Blau, das Haar zu einem griechischen Knoten aufgesteckt. Sie ging ohne Zögern auf Boris zu und setzte sich auf den Rand seines breiten Bettes. »Wir sind schon lange mit dem Essen fertig«, berichtete sie. »Und dann haben wir über eine Stunde lang mit dem Doktor gesprochen. Ich werde nicht abreisen, sondern morgen mit dir ins Krankenhaus fahren, und für den Blonden kommt auch nichts anderes in Frage. Du brauchst ihn, Vater Boris.«

Boris war unendlich stolz auf seine Julie. »Liebling«, sagte er, »zwei Gründe sprechen dafür, daß du abreist, und der eine ist der, daß du mir noch etwas schuldig bist. Niemand weiß, was in den nächsten paar Monaten hier in Rußland geschehen wird; es kann sogar zum Bürgerkrieg kommen, und ich brauche mir nicht soviel Sorgen zu machen, wenn ich weiß, daß ihr beide, du und Rachel, in Sicherheit seid. Das betrifft also mich. Der andere Grund betrifft dich: Fahr zu Igor. Sorgt dafür, daß ihr bald den Sohn bekommt, den ihr euch wünscht.«

»Nein.« Julie weigerte sich entschieden. »Igor und ich haben so lange gewartet. Nun können wir auch noch ein bißchen länger warten.«

»Hör mir zu, Julie, ich bin . . .«

Sie legte die Hand an Boris' Wange. »Bitte, Vater Boris, alle Gründe, die dafür sprechen, daß ich fahre, sind bereits aufgezählt. Der Doktor hat mich sogar gepackt und festgehalten, als ich vor

Tante Katjas Zorn davonlaufen wollte. Ich werde erst reisen, wenn du mitkommen kannst. Ich habe an Mutter Ronja geschrieben, daß ich eine schwere Erkältung habe, und daß ein berühmter Arzt aus St. Petersburg mir verboten hat, im Winter den Ozean zu überqueren. Wir müssen bis zum Frühling warten.«

Julie nahm ihre Hand fort und wartete auf die empörten Einwände von allen Seiten, auf die sie sich gefaßt gemacht hatte. Aber es kamen keine, denn alle erkannten, wie geschickt sie gewesen war: Sie hatte eine Erklärung für das Hinausschieben ihrer Reise gefunden, die Ronja keine Veranlassung gab, voller Angst stehenden Fußes nach Hause zu eilen.

»Ist der Brief schon aufgegeben?«fragte Alexis.

»Ja, Onkel Alexis. Als der Blonde zurückkam, habe ich ihm eine Unwahrheit gesagt. Der äußere Umschlag war an Igor adressiert. Ich bat ihn: ›Hast du Zeit, einen Brief an Igor aufzugeben?‹ Und diese Bitte hat er mir natürlich nicht abgeschlagen.«

Himmel, dachte Boris, das Fohlen lernt von seiner Mutter! Er beugte sich vor und hob mit dem Finger ihr Kinn. »Ich habe dich noch nie um etwas Ähnliches gebeten.«

Bleich und gefaßt schielte Julie zu der Uhr auf dem Kaminsims hinüber. »Vater Boris«, sagte sie, »ich glaube, es ist Zeit für deine heiße Milch. Der Doktor sagt, wir dürfen nicht lange bleiben, die wichtigen Dinge können wir später mit dir besprechen.«

»Was meinst du, Alexis?« fragte Boris.

»Sie ist ein Wunder. Katja, mein Liebes, sage unserer erstaunlichen Nichte, daß dieses Haus größer und stärker geworden ist, weil sie unter seinem Dach wohnt.« Katja stand auf und drückte Julie zärtlich an sich; dann trat sie mit ihrem bezaubernden Lächeln ans Bett und küßte Boris auf den Mund.

»Nun noch ein Kuß von dir, kleine Julie; dann halte ich euch nicht länger auf.«

Als sich der Blonde eine halbe Stunde später ins Zimmer stahl, fand er seinen Vater schlafend, und im Schlaf war sein Gesicht so verfallen, daß es dem jungen Mann ins Herz schnitt. Der Blonde trank einen Wodka und setzte sich auf den Stuhl neben dem Bett, um Wache zu halten.

Boris schlief weiter. Als er erwachte, tanzten im Zimmer die Schatten des Kaminfeuers.

»Schon lange hier?«

»Nein«, sagte der Blonde.

Er streckte die Hand aus. Auf seiner Handfläche lag Rachels Kreuz, das er aus dem Zimmer seines Vaters geholt hatte.

»Leg es in die Schublade dort«, wies Boris ihn an. »Und hol mir Bleistift und Papier. Es ist leichter, wenn ich es aufzeichne, statt zu erklären.«

Boris zeichnete die Wegstrecke auf; der Blonde legte das Feuer nach und setzte sich dann wieder, um seinem Vater beim Zeichnen zuzusehen.

»Komm näher, mein Sohn«, sagte Boris. »Kennst du diesen Platz?«

Der junge Mann nickte; sein Herz klopfte, denn Boris hatte ihn endlich ›mein Sohn‹ genannt.

»Siehst du diese Kreuzung? Da müßt ihr abbiegen. Dann fahrt ihr zwei Meilen weiter nach Osten, bis ihr an ein Dorf kommt. Dort ...«

»Aber warum, Vater Boris? Ich könnte doch auch auf direktem Wege zur polnischen Grenze gelangen, ohne auf eine Patrouille zu stoßen.«

Boris sagte: »Zu Pferde, ja. Aber die Wege sind kaum mehr als Trampelpfade, und die zu benutzen wäre in dieser Jahreszeit viel zu riskant, selbst wenn ihr den Pferdeschlitten zurücklaßt und du und Belschik jeder einen Handschlitten zieht.« Er ließ den Block fallen und packte den Arm des Blonden mit festem Griff. »Aber darüber werden wir uns später noch unterhalten. Zunächst möchte ich etwas ins reine bringen, wovon ich bis zu diesem Augenblick nie mit dir sprechen konnte.«

Er sah seinen Sohn nachdenklich an. »Ich will es kurz machen. Keiner von uns beiden hält viel von Worten. Es handelt sich darum, daß ich etwas getan habe, was ich nie hatte tun wollen. Durch irgendeinen absurden Denkvorgang habe ich mich selber zu der Überzeugung gebracht, daß ich dich von einer anderen Frau habe – nicht von Tamara.«

Sein Blick war weitergewandert, und der Blonde wußte, daß Boris jetzt Ronjas Porträt ansah. Tränen stiegen ihm in die Augen.

»Sie hat sich immer gewünscht, daß du ihr Sohn wärest, vor allem nach Davids Tod. Nun, jetzt ist es geschehen. Tromokow hat die Papiere, die dich ehelich machen.«

Unerklärlicherweise fühlte sich der Blonde zerschmettert wie ein Spiegel, dessen Bild zerstört wird. »Wie heiße ich?« fragte er.

»Ich habe dir alles hinterlassen, was an mir tatarisch ist, dazu gehört auch der Familienname meiner Mutter. Urkunden und andere juristische Albernheiten findest du in meinem Zimmer hinter dem goldenen Spiegel über meiner Kommode.« Boris nahm einen langen Zug aus der Flasche, um nicht die tiefe Bewegung mitansehen zu müssen, die das Gesicht des Blonden verriet. »Und jetzt zurück zu dem Dorf.

Es ist ein wohlhabendes Dorf, in dem man Fremden mit Mißtrauen begegnet. Du mußt dich an Iwan Wikulow wenden. Wenn er nicht da ist, wirst du allein fertig werden müssen. Ihr fahrt zunächst an der Bahnstrecke entlang nach Westen, bereitet euch aber darauf vor, bei der kleinsten Gefahr die Richtung zu ändern.

Wenn ihr angerufen werdet, bleibt sofort stehen. Erkauft euch den Weg von einer Patrouille zur anderen mit Geld. Reist nur mit leichtem Gepäck, nehmt aber reichlich Orangen für Julie und Äpfel für Rachel mit. Doch was ihr auch zurücklassen müßt – behaltet den Wodka! Er ist der einzige Schutz gegen Erfrierungen.«

Der Blonde wollte sagen: »Ich habe schon oft Gewehre über die Grenze geschmuggelt«, besann sich aber und sagte nur: »Ich werde Julie und Rachel nach Amsterdam bringen.«

»Das weiß ich«, erwiderte Boris. »Und dann komm zurück. In meinem Zustand kann ich mich nicht um die Pferde kümmern.«

Der Blonde nahm Boris' Krücke. »Ich werde dich zum Schlafen zurechtmachen«, erbot er sich.

»Nein, noch nicht. Schick erst Tamara zu mir, aber richte ihr aus, sie soll sich beeilen.«

»Jetzt?« rief er verblüfft.

»Jawohl, jetzt, mein Sohn.«

Der Blonde roch Tod in der Luft, nicht weniger deutlich als den Duft des Kiefernholzfeuers.

In bemerkenswert kurzer Zeit erschien Tamara im Schlafzimmer. Leise machte sie die Tür hinter sich zu. »Es schneit«, berichtete sie, während sie ihren Zobelmantel ablegte und die Stiefel auszog.

»Stark?«

»Zwischendurch hört es manchmal auf, aber der Wind ist bitterkalt. Bis morgen ist sicher alles gefroren und aus dem Wind Sturm geworden.« Als Boris schwieg, trat sie zu ihm ans Bett und küßte ihn auf den Mund.

»Zum Teufel mit dir!« knurrte er grimmig und schob sie fort. »Geh, setz dich. Aber nicht auf das Bett!«

»Du hast mich doch nicht mitten in der Nacht herkommen lassen, damit ich mit dir über das Wetter rede«, fauchte Tamara. Sie nahm sich einen Sessel. »Ach, Boris, hör mir doch zu!« Sie beugte sich vor und sah Boris mit leidenschaftlicher Hingabe an. »In meinen Armen wirst du ein Mann sein. Wir berauben niemanden. Ronja hat dich verlassen ...«

Boris' Stimme wurde laut. »Mach, daß du 'rauskommst!« brüllte er, und Tamara brach in Tränen aus.

Er war fast am Ende seiner Geduld, und er hatte nur noch so wenig Zeit! Der Blonde hatte Anweisung, nach zehn Minuten wiederzukommen.

»Ich habe dich holen lassen, weil ich dich brauche, Tamara.« Die Wut in seiner Stimme war der Verzweiflung gewichen.

Tamara hob den Kopf; in ihren Augen standen Tränen. »Schenk uns zwei Cognac ein«, sagte Boris. Dann, als sie trank, fragte er etwas freundlicher: »In Ordnung?«

»Du glaubst mir doch, daß ich dich liebe?« flehte sie. »Wirklich und wahrhaftig liebe? Nicht wie ein Tier?«

Müde stellte Boris sein Glas hin. »Bitte geh, Tamara. Es hat keinen Zweck.«

Auf einmal erkannte sie, daß der Mann auf dem Bett nur noch eine leere Hülle aus Schlaflosigkeit, Nervenspannung und furchtbarem Wissen war. »Verzeih, Boris. Was soll ich für dich tun?«

Als er es ihr sagte, sprang sie auf und wich entsetzt zurück. »Das ist grauenhaft!« keuchte sie atemlos. »Das ist gegen Gottes Gebote.«

»Mich interessiert deine Meinung nicht – und auch nicht Gottes Meinung. Mir geht es nur darum, daß Ronja mich in Erinnerung behält, wie ich war, und um das Leben von Julie und Rachel.«

Demütig bat Tamara: »Du brauchst nicht zu sterben. Du hast immer noch mich.«

»Nein«, sagte er grob. »Nur Ronja.«

Doch auch Tamara sagte: »Nein!« Dann lachte sie wild auf. »Endlich habe ich Boris Pirow etwas verweigert!«

Boris zuckte die Achseln. »Wie du willst.« Er schloß die Augen und wandte den Kopf ab. »Du solltest lieber nicht hier sein, wenn sie meine Leiche finden.«

»Aber wie, Boris?«

»Ich habe meine Pistole.«

Der Wind nahm zu; er rüttelte an den Fensterscheiben, und drinnen im Zimmer war die Atmosphäre von der Spannung des Kampfes trotz des lodernden Feuers eiskalt. Aber Boris hatte gewonnen. Tamara besaß keine Waffe mehr.

»Du sollst haben, was du verlangst«, sagte sie mit gesenktem Kopf.

Boris streckte die Hand aus, und einen Augenblick lang setzte sie sich auf das Bett und sah ihm tief in die Augen. Dann beugte sie sich zu ihm nieder. »Es wird angenehm schmecken«, sagte sie.

»Und du wirst es mir innerhalb der nächsten Stunden bringen?«

Sie nickte. »Es wird angenehm schmecken«, wiederholte sie. »Sogar im Tod wirst du schön sein.«

Um fünf Uhr morgens gab Doktor Sergej Sergejew es auf, einschlafen zu wollen. Fragen jagten ihm durch den Kopf, beantwortet wieder von anderen Fragen und Argumenten. Im Sturm seines leidenschaftlichen Mitgefühls dachte er an den heldenhaften Mann, der seine Mutter verfluchte, sich kaum seines Vaters erinnerte und dessen Paradies eine schwarzäugige Jüdin namens Ronja war. Er dachte an den Mann, dessen Leben er retten und in gewissem Sinne gleichzeitig zerstören konnte. Wie sollte er ihm helfen, diese Veränderung ebenso tapfer zu tragen wie seine Schmerzen?

Der Doktor stand auf, zog sich warm an und ging hinaus in die schneidende Kälte; er schritt vorbei an den Tatarenzelten, den Pfad entlang, der sich zum Zigeunerlager hinüberschlängelte. Bei einem riesigen Wachtposten, der unter einem Baum hockte und Hafergrütze von einem Blechteller löffelte, erkundigte er sich nach dem Weg.

Tamara öffnete ihm persönlich. »Was führt Sie denn um diese Stunde hierher, Doktor?«

»Die Absicht.«

»Kommen Sie herein. Hier draußen ist es zu windig.«

Sergej Sergejew ärgerte sich ein wenig, weil Tamara größer war als er und er zu ihr aufsehen mußte. »Wenn es Ihnen keine Mühe macht, könnten wir vielleicht zusammen frühstücken und uns bei einer Tasse Kaffee besser kennenlernen.«

Ein hübsches Mädchen rollte einen reich beladenen Tisch herein. Tamara und der Doktor nahmen einander gegenüber Platz. Das Silber war schwer, das Leinen handgestickt, das Porzellan hauchdünn und alles zusammen nicht weniger elegant als drüben im Herrenhaus. Tamara sah, daß der Doktor beeindruckt war.

»Ich bin eine Königin, die auf der falschen Seite des Bettes geboren ist. Befriedigt das Ihre Neugier?«

Der Doktor lächelte.

»In der Nacht«, fuhr Tamara bissig fort, »bin ich bei einem richtigen Mann weniger formell – und eigentlich auch zu jeder anderen Zeit.«

Der Doktor wich ihrem Blick nicht aus. »Darf ich Sie Tamara nennen?«

»Gewiß.«

Aus seinem goldenen Etui nahm er zwei Zigaretten und zündete sie an. Während sie rauchten, sagte er: »Seien Sie nicht meine Feindin, Tamara. Ich muß Sie um eine Gefälligkeit bitten.«

»Bitten Sie nur! Ich kann wahrsagen, Handlinien deuten und Träume auslegen.«

»Auch ich als Arzt interessiere mich für Träume. Und damit kommen wir zu Boris.«

Ihr Verhalten wechselte abrupt. Flehend sah sie ihn an. »Was hat Boris Ihnen über mich gesagt?«

»Boris hat Sie mir gegenüber nie erwähnt. Er nahm an – zu Recht –, daß ich bereits von Ihrer Existenz unterrichtet war.«

»Abgesehen von Boris bin ich ganz vernünftig«, sagte sie beinahe demütig.

»Darum bin ich zu Ihnen gekommen. Wenn ich Boris helfen soll, muß ich ihn verstehen. Erzählen Sie mir von ihm – alles, was Sie wissen.«

»Was ist denn so kompliziert? Er hat einen Unfall gehabt. Sie sind ein Narr, wenn Sie an seiner Courage zweifeln.«

»Seine Courage macht mich nicht froh. Sie beunruhigt mich.«

»Warum?«

»Weil ich glaube, daß dieser Unfall durch Angst herbeigeführt worden ist – durch eine tief verborgene Angst.«

Tamara sprang auf. »Ich kann Ihnen nicht helfen!«

Er nahm ihre Hand und zog sie zum Sofa. »Bitte, sprechen Sie, Tamara – erzählen Sie mir von Boris und Ronja und Ihnen selber.«

Sie dachte, warum nicht? Von ihnen zu sprechen bedeutet, noch eine Stunde mit ihnen zusammen zu sein. Und gegen Ende dieser Stunde sagte sie: »Ich begann ihn zu lieben, nachdem ich ihn bei der Hochzeitsfeier gesehen hatte, noch ehe er zu mir kam und mit mir tanzte. Ich dachte mir: ›Seine Welt, das sind wilde Pferde, kraftvolle, fröhliche Männer und sinnesfreudige Frauen. Er ist nicht der richtige für die stolze Ronja.‹ Wie habe ich mich geirrt! Aber in jener Nacht schwor ich, daß Ronja den Mann, mit dem sie schlief, nicht allein haben sollte.«

Der Doktor dachte über dieses offene Geständnis nach. »Nur noch eine Frage«, sagte er dann leise. »Aber sie ist sehr persönlich. Macht Ihnen das etwas aus?«

Sie ließ den Kopf auf die Sofakissen sinken. »Boris wird sein Schicksal erfüllen. Die Tataren sind schon hier. Sie haben den weißen Hengst mitgebracht.«

»Aberglaube und Zufall«, wies der Doktor diesen Gedanken überlegen zurück.

»Dann stellen Sie Ihre persönliche Frage.«

»Als Boris Ihnen die Unschuld raubte, wie groß war sein Anteil der Schuld?«

Tamaras Stimme war bar jeder Gefühlsregung. »Boris hat mir nicht die Unschuld geraubt. Das hat sein Vater getan.« Dann runzelte sie die Stirn, und ihre Stimme klang drohend. »Das habe ich außer Ronja noch keinem Menschen gesagt«, erklärte sie. »Wenn Sie es jemals Ihrem Priester erzählen, schneide ich Ihnen die Zunge heraus und lasse Sie von meinem Land verjagen!«

Wie sonderbar, dachte der Doktor. Von den drei Frauen, die den jungen Boris liebten, ist nur seine Ehefrau normal geblieben.

»Ich bin Arzt, bei mir ist Ihr Geheimnis sicher«, sagte er würdevoll. »Und nun muß ich zu meinem Patienten.«

»Würden Sie Boris ein Geschenk von mir bringen?«

»Die Ikone eines Heiligen, der Schmerzen stillt?«

»So etwas Ähnliches.«

»Gewiß, sehr gern.« Sergej nahm das sauber eingewickelte Päckchen entgegen. »Vielen Dank für das Frühstück, Tamara.« Er war kaum hinausgegangen, da drehte sie sich um und schloß wortlos die Tür.

Boris' Schlafzimmer war von winterlichem Sonnenlicht überflutet. Sein Ausdruck war ruhig, als der Arzt zu ihm ans Bett trat.

»Wie geht es Ihnen, Boris?«

»Es ist mir schon besser gegangen.«

»Haben Sie schlafen können?«

»Ein wenig.«

Der Arzt hob die Steppdecke.

»Lassen sie nur, mein Freund. Verfaulendes Fleisch ist Ihnen bestimmt nichts Neues. Trinken wir lieber einen Wodka und unterhalten wir uns ein wenig.«

»Wollen Sie das wirklich?« Sergej warf einen Blick auf die Uhr.

»Nein.« Boris grinste. »Ich will Sie nur dazu verführen, eine Weile bei mir zu bleiben. Die Pausen zwischen meinen Besuchern sind lang und einsam.«

Doktor Sergejew nahm Platz. »Sie haben doch Ihre Vorbereitungen alle getroffen und langweilen sich jetzt. Warum fahren wir also nicht gleich ins Krankenhaus? Von meinem Standpunkt aus wäre das höchst wünschenswert.«

»Wir haben einen Vertrag geschlossen«, gab Boris störrisch zurück. »Die nächsten paar Stunden gehören mir.«

»Ja, das haben wir.« Der Doktor seufzte. »Übrigens, ich habe Ihnen etwas mitgebracht. Ein Geschenk von Tamara.« Er reichte Boris das kleine Paket. »Vielleicht kann das Sie ein wenig zerstreuen.«

»Ja, vielleicht«, sagte Boris gleichgültig und legte das Päckchen auf seinen Nachttisch. »Aber nun erzählen Sie mir von sich selber. Das würde mich wirklich zerstreuen.«

»Sie sind ein anspruchsvoller Mann.«

Boris zog eine Grimasse. »So sagt man.«

Wie alte Freunde saßen sie schweigend da, bis Boris fesstellte, daß Sergej ein sorgenvolles Gesicht machte. »Was bedrückt Sie?«

»Alles mögliche.«

»Sind Sie verheiratet?« erkundigte sich Boris.

»Nein. Ich lebe in einer Junggesellenwohnung. Ihre Lydia erinnert mich sehr an meine eigene alte Haushälterin.« Er klappte sein Zigarettenetui auf und dachte, ich bin wie Boris. Er wollte keinen Wodka. Ich will keine Zigarette. Wir brauchen beide nur ein Beruhigungsmittel.

Philosophisch fragte er in den leeren Raum: »Wer kann die Tugend einer Frau beurteilen? Und was in aller Welt ist Tugend? Ist sie wie die Wahrheit? Was immer die Wahrheit sein mag.«

Von dem Mann auf dem Bett kam kein Kommentar.

»Sie sind ein intelligenter Mensch, Boris. Ich muß die Wahrheit wissen. Was ist Tugend?«

Boris' Blick wurde weich, und er schaute hinauf zu Ronjas Porträt. »Da oben, das ist sie«, sagte er. »Eine ehrliche Frau.«

Sergej war ein guter Arzt; er wollte seinen Patienten nicht ermüden. Er stand auf und sagte: »Ich verlasse mich darauf, daß Sie sich ausruhen.« Dann ging er zur Tür, wo er auf Rachel und Belschik stieß.

»Ich darf ihn jetzt ganz allein besuchen, Onkel Doktor«, erklärte Rachel ernst. Er hätte gern ein Quartett aus der Runde gemacht, schloß aber dann doch die Tür hinter dem Kind und seinem Leibwächter.

»Rate mal«, forderte Rachel.

»Kleine *krasavitsa*, ich kann viel besser raten, wenn du auf meiner Brust sitzt, statt auf meinem Hals.«

Rachel rutschte ein Stück herunter. »Kannst du jetzt raten?«

»Nein. Sag es mir.«

Ein so leichter Sieg verdarb das ganze Vergnügen. »Hast du es denn *versucht?«* Sie musterte Boris voll Mißtrauen.

»Ja, Rachel, ich habe es versucht.«

Sie strich mit den Händen über sein Gesicht. »Tut es weh?«

»Nein, mein Häschen.«

»Ich habe dem weißen Hengst einen Apfel gegeben! Er hat mir aus der Hand gefressen. Dann habe ich mit ihm geredet, und er hat geantwortet.«

»Was hat er denn gesagt?«

»Das weiß ich nicht, Großvater Boris. Ich konnte seine Sprache nicht verstehen.«

»Leg deinen Kopf an meine Schulter, Kleines, dann erzähle ich dir, was er gesagt hat.« Rachel hörte mit eifriger Aufmerksamkeit zu. Als er geendet hatte, drehte er sich herum und griff in die Schublade seines Nachttisches. Seine Finger stießen an Tamaras Päckchen; dann fanden sie Stolypins Kreuz. Er nahm es heraus.

»Das ist mein Geschenk von Onkel Peter Stolypin«, sagte sie besitzergreifend.

»Ja, Rachel. Weißt du, was es ist?«

Rachel betrachtete das goldene Kreuz an der dünnen Kette. »Es ist mein Geschenk.«

Boris sprach ruhig, aber mit eindringlicher Deutlichkeit. »Ich werde dir dieses Geschenk jetzt um den Hals hängen, Rachel. Und wenn dich irgend jemand fragt, was du da trägst, dann mußt du sagen: ›Das ist mein Taufkreuz.‹ Kannst du das behalten?«

»O ja, Großvater Boris. Das ist mein Taufkreuz.«

»Brav«, lobte Boris. Der Blonde stand auf der Schwelle. »Alles fertig?« fragte ihn Boris. Der Blonde nickte.

»Dann gib mir Bleistift und Papier.« Der junge Mann brachte beides.

»Halt sie auf, ja?«

Abermals nickte der Blonde.

Boris gab Rachel einen Kuß, hob sie hoch und reichte sie dem Blonden, dessen Augen in Tränen schwammen. »Vater Boris?«

»Ich danke dir, mein Sohn.«

Sein erster Brief war an Sergej Sergejew gerichtet:

»Lieber Freund,

Sie haben mich gefragt, was die Wahrheit ist. Dieses ist meine Wahrheit, weil es mein Schicksal ist.

Bitte verstehen Sie, daß Tamara uns allen einen Gefallen getan hat. Sie hat mir die Kugel und euch den Knall des Schusses erspart.

Versprechen Sie mir, daß Sie sich keine Vorwürfe machen werden.«

Er schrieb noch ein paar Zeilen an Lydia, fügte Rabbi Lewinskys Namen zu einem Schreiben an Hochwürden Tromokow und richtete dann einen langen Abschiedsbrief an Katja und Alexis. Er endete:

»Nun ist es entschieden, daß Georgi amerikanischer Staatsbürger wird. Darf ich einen Vorschlag machen? Und glaubt mir, daß er sorgfältig überlegt ist. Du, Alexis, schaffst es vielleicht, seinem Beispiel zu folgen, wenn du es versuchst. Mir scheint, daß der Grafentitel heutzutage ebenso überholt ist wie der eines Zaren. Euch beiden schenke ich meine ganze Liebe.«

Er unterschrieb mit seinem Namen und fügte als Postskriptum hinzu: »Meine liebe, warmherzige Katja, ich habe immer versäumt, dir zu sagen, wie sehr deine Gegenwart mir die Prüfungen der letzten Jahre erleichtert hat. Du bist ein Juwel. Habe keine Angst um Julie und Rachel; die beiden sind Kämpfernaturen. Sie werden es schaffen. Ich bedauere nur, daß wir nicht häufiger ›Rachel‹ gespielt haben. Deine Beine sind herrlich – einfach wunderbar!«

Boris legte den Bleistift hin und schenkte sich ein großes Glas Wodka ein. Er sah, daß sich die Vorhänge an den Fenstern blähten, und er erkannte daran, daß der Wind zugenommen hatte. Einzelne Schneeflocken trieben vor den Scheiben her. Schnee. Ich fahre dahin in Weiß – wie eine Braut. Abermals nahm er den Bleistift.

»Meine liebe, kleine Julie,

Du darfst nicht traurig sein. Für mich ist das, was ich tue, etwas ganz Natürliches. Ich finde, der Mensch hat das Recht, sein Leben aufzugeben, wenn er es nicht mehr ertragen kann. Außerdem, mein Liebes, ist der weiße Botschafter aus Odessa gekommen, um mich zu holen. Die Goldenen reiten in Glanz dahin. Dafür werden wir geboren. Rachel soll das Kreuz tragen dürfen, das ich ihr umgelegt habe, bis meine Ronja es ihr wieder abnimmt. Hab Vertrauen zu mir, Julie. Und hab Vertrauen zu dem Blonden. Du mußt ihm aufs Wort gehorchen, bis Du in Antwerpen an Bord Deines Schiffes gehst.

Mein Ring ist für Rachel bestimmt, nicht für Igor oder Igors Sohn. Sage ihr, sie soll ihn für den ersten direkten männlichen Nachkommen ihrer Linie aufbewahren, sage ihr, daß eine Kaiserin ihn ihrem Großvater als Hochzeitsgeschenk gab, weil Ronja von Glasman, das schönste Mädchen von Rußland, ihn zu ihrem Ehemann haben wollte.

Wo immer ich war, liebste Julie, habe ich Deine Lieder gehört. Sogar bevor ich Dich fand, hörte ich sie in den gelben Weizenfeldern, auf den hohen, grünen Hügeln, in den silbrigen Bächen. Im Sausen der Peitsche meiner Ronja hörte ich Dein Lied. Sing auch in Amerika, Julie!

Wir haben über Igor schon gesprochen, und Du kennst die Worte, die ich ihm sagen lasse. Richte Georgi aus, daß ich stolz auf ihn bin.

Ich liebe Dich, Julie, meine Tochter.

Boris, 13. Nov. 1911«

Boris legte sich in die Kissen zurück und schaute hinauf zu Ronjas Bild an der Wand über ihm. Dann schrieb er den kürzesten Brief.

»Ronja, meine Liebste, meine feine, kleine Taube,

bewahre die Erinnerung an mich auf meinem weißen Hengst. Bewahre die Erinnerung an unser Lachen, an unsere Leidenschaft und an die Liebe, die uns gehört – uns allein.

Dein Mann Boris«

Aus der Schublade des Nachttisches nahm er einen Handspiegel und einen Kamm. Als tapferer Mann brachte Boris gewissenhaft seine goldenen Locken in Ordnung. Er packte Tamaras Kästchen aus, schüttete den Inhalt in ein Glas und fügte Wasser hinzu. Mit dem Mittelfinger der linken Hand rührte er um, trank, legte sich zurück und vergaß auch nicht zu grinsen, als er zum Abschied sagte: »Fahr wohl, Leben!«

Im Nebenzimmer hörte Sergej Sergejew, wie er rief: »Ronja!«

39

Mit ihren Fäusten trommelte Julie auf den Doktor ein. »Warum haben Sie ihn sterben lassen?« schrie sie. Dann stieß sie Katja zur Seite und warf sich über den toten Boris. »Vater, Vater, jetzt hast du mich wieder zur Halbwaise gemacht!«

Sie sank neben Katja in die Knie. Gemeinsam blickten sie von dem stillen Mann auf dem Bett zu Ronjas Bild hinauf, während der Rabbi sprach:

»Und Gott der Herr baute ein Weib aus der Rippe, die er vom Menschen genommen hatte, und führte sie dem Menschen zu. Da sprach der Mensch: ›Diese ist nun endlich Gebein von meinem Gebein und Fleisch von meinem Fleisch. Die soll Männin heißen; denn vom Mann ist sie genommen.‹ Darum verläßt der Mann Vater und Mutter und hängt seinem Weibe an, und sie werden ein Leib.«

In jener Nacht schlief niemand im weißen Herrenhaus. Während der Stunden der Dunkelheit tobte unaufhörlich der Sturm, und der Wind heulte und rüttelte an Mauern und Fensterläden. Doch als der kleine Leichenzug aufbrach und über Schnee und Eis dahinwanderte, schien die Sonne. Hoch oben in der kristallklaren Luft läuteten Glocken, und heiße Tränen rannen über rosige Wangen.

Am Grab auf dem Familienfriedhof der von Glasmans hielt Rabbi Lewinsky mit einer schwarzen Jarmulke auf dem Kopf die Grabrede. Um ihn waren Boris' Familie und einige Nachbarn versammelt; dahinter standen die Bauern und die Zigeuner. Und ganz am Rande der kleinen Trauergemeinde warteten, in dicke Pelze gehüllt, die Tataren. Sie warteten und beobachteten mit unheimlicher Intensität.

»Boris Pirow«, sagte der Rabbi, »wir betten dich in Ronjas Erde zur Ruhe, zwischen dem Grab deines Sohnes und dem Grab deines Enkelsohnes, zwei unschuldigen Kindern, die Gott von Angesicht sehen.« Hinter den Reihen der Tataren wieherte ein Pferd.

»In einem Leben ohne Glauben warst du weder Christ noch Jude. Und dennoch warst du in gewissem Sinne beides.

Der Himmel wird dessen gedenken, daß du zwar in deiner Jugend dem Trieb des Fleisches folgtest und sogar im Tod noch deinen eigenen Willen durchsetzen mußtest, daß du aber trotz allem Ronja, die Tochter Judäa, so innig liebtest, daß du für ihr Volk kämpftest; daß du Julie väterliche Liebe schenktest; und daß du die Frucht deiner Sünde Sohn nanntest. Nie hast du falsch zu einem Menschen gesprochen.

Ich, Rabbi Lewinsky, erkläre darum vor Gott und den Menschen, daß du, Boris Pirow, die höchste Seligkeit verdient hast. Mögen die Engel dich zur himmlischen Heimstatt geleiten.«

»Amen«, sagten die Christen. Sie hatten ihn geliebt.

»Amen«, sagten die Juden. Sie hatten ihm vertraut.

Die Tataren schwiegen. Hochwürden Tromokow führte die Christen in seine kleine Kirche. Vor dem Altar fielen sie auf die Knie und beteten: »Himmlischer Vater, vergib ihm seine Sünden und erhöre unsere Fürbitte. Er war besser als wir alle.«

Als sie wieder in den grausamen, kalten Wind hinaustraten, sahen sie Tamara am Grab stehen. Sie hielt ihre Adoptivtochter an der Hand, ihre Zigeuner hatten sich um sie geschart. Die Tataren rückten näher.

Das lange Haar hing ihr aufgelöst über die Schultern herab; der Wind riß und zerrte daran und blies schwarze Strähnen wie Peitschenschnüre über ihr aschgraues Gesicht. Mit übermenschlicher Anstrengung hob Tamara das Kind auf ihren Armen so hoch, daß alle es sehen konnten, und drehte sich langsam einmal im Kreis.

»Dein Name«, sagte sie mit hohler, weittragender Stimme zu der Kleinen, »ist Königin und Ronja.« Sie schwankte: Hände streckten sich aus, um ihr das Kind abzunehmen und sie zu stützen. Bei der Berührung liefen krampfhafte Schauer über Tamaras Körper, und ihre Lippen verfärbten sich grellblau. Dr. Sergejew drängte sich durch die Menge, aber es war schon zu spät. Entsetzt sahen die Zigeuner ihre Königin über das Grab stürzen wie ein gefällter Baum. Sie hatte die Hälfte des starken Giftes, an dem Boris gestorben war, für sich selber zurückbehalten.

Klagend hoben die Zigeuner ihre Stammesfürstin auf und verließen stumm, zu erschüttert, um Worte zu finden, den Friedhof. In den eisüberzogenen Bäumen spielte der Wind einen Grabgesang.

Auf den Platz am Grab, den die Zigeuner geräumt hatten, schoben sich lautlos die Tataren, und dann waren auf einmal die Positionen vertauscht: Familie und Freunde in den äußeren Umkreis verbannt, die fremden Männer der Steppe zur inneren Bastion formiert. Niemand gab das Zeichen. Eben noch standen sie starr und steinern; im nächsten Augenblick warfen sie sich nieder und begannen mit bloßen Händen Erdklumpen wegzuscharren. Atemlos vor Bestürzung begriffen die Zuschauer, was sie da taten. Hochwürden Tromokow trat zornentbrannt einen Schritt vor. Lydia bekreuzigte sich und begann laut zu beten: »Gnädiger Gott im Himmel ...« Katja klammerte sich an Alexis, dessen Gesicht beinahe so weiß war wie der Schnee.

Julie stand allein, wie aus Marmor, aufrecht und kraftvoll in dem anstürmenden Wind. »Nein«, sagte sie mit einer Stimme, die von Autorität getragen wurde. Ihre Familie sah sie fragend an. »Sie sind gekommen, zu holen, was ihnen gehört.«

Als der schwere Marmorsarg von Erde befreit war, hoben sie ihn Zoll um Zoll empor, bildeten eine lange Kolonne und marschierten im Trauerschritt aus der Grabstätte hinaus.

Boris kehrte zu seiner Tatarenmutter heim.

Julie und Rachel, Katja, Alexis, Sergej Sergejew, der Blonde, der Rabbi und der Priester, Lydia und Ronjas breitgesichtige Bauern – sie alle standen den Tataren gegenüber, als diese auf dem schneebedeckten Rasen vor dem Haus haltmachten.

Der Sprecher wandte sich an Julie. »Erkenne uns an, und wir verschonen dieses Haus.«

Julies Entschlossenheit stand der seinen nicht nach. »Reißt mir die Augen heraus, und ich werde noch immer nein sagen.«

Er rieb sich das Kinn. »Du gleichst der anderen, Jüdin.«

Niemand machte ein Bewegung.

»Tritt vor.« Er zeigte auf Rachel. »Und was hat dein Großvater dir erzählt, hübsche Kleine?«

Die Luft trug Rachels Piepsstimme deutlich und klar zu den Menschen vor der Freitreppe hinüber. »Ich muß zu meinem Vater Igor gehen.«

Die Stimme des Schwarzen Tataren war wie ein Peitschenknall. »Brennt an!«

Der Blonde trat vor. »Muß der Fluch auch noch von Opfern begleitet werden?« fragte er. »Davon ist mir nichts bekannt.«

»Die Fackel muß an das Haus der von Glasman gelegt werden«, beharrte der Tatar. »Der Goldene ist nicht einsam gestorben. Ich gebe euch eine Stunde.« Er trat zurück.

Ihr erster Weg führte Julie zu dem Platz, an dem sie Boris' Ring versteckt hatte. Zusammen mit ihrem Smaragd gab sie ihn der alten Lydia. Während Julie ihre silbernen Leuchter einpackte, nähte Lydia den großen grünen Stein in das Futter von Julies Zobelmantel und versteckte den Ring der kaiserlichen Leibgarde in Rachels mit Fuchspelz gefüttertem Hermelin. Katja schlich wie ein Gespenst durch das Haus und nahm sich nur Ronjas Porträt.

Dann standen sie auf dem Rasen, vereint in demütiger Ergebenheit in das Schicksal. Sie dachten an Boris' Aussprüche: was geschehen soll, wird geschehen; getan ist getan. Das erste Rauchwölkchen kräuselte sich durch die Fenster des herrlichen alten Hauses empor, da sagte Julie mit einer Würde, die ihnen allen unvergeßlich blieb: »Ich sehe dieses Haus mit Freuden brennen, da Boris, mein Vater, nicht einsam gestorben ist. Kein Tatarengrab kann ihn halten, wenn Gott spricht: ›Ronjas Zeit ist gekommen.‹«

Weinend schloß Katja die so heroisch gewordene Julie in ihre Arme. »Bedauert mich nicht«, bat die junge Frau. »Ich habe Rachel, die so schön ist wie Ronja und so tapfer wie Igor. Ich verlasse Kiew reicher, als ich es betreten habe.«

Durch die frühe Winterdämmerung fuhr der Blonde mit Julie, Rachel und Belschik fort von dem brennenden Haus in ein fremdes, beängstigendes Schweigen hinein. Der Himmel schien unendlich fern, als stehe er viel zu hoch über der Erde, um durch die stille, eisige Luft ein Zeichen seiner Existenz herabzusenden; keine Schneeflocke fiel. In diesem Licht, das von Blau zu Minzgrün verblaßte, wurden die Pferde nervös; sie stolperten, verloren den Halt, und der Schlitten raste schleudernd zwischen den Bäumen hindurch, bis er liegenblieb.

Der Blonde holte drei Handschlitten aus dem zerschmetterten Fuhrwerk; er band Julie, von deren Wangen Blut rann, auf den ersten, Rachel auf den zweiten und die Vorräte auf den dritten, dessen Strick er Julie in die eine Hand drückte, damit sie ihn hinter sich her über den schneebedeckten Boden zog. Mit der anderen Hand umklammerte sie ihre Leuchter. Ehe er sich vor ihren und Belschik vor Rachels Schlitten spannte, schirrte er noch die Pferde aus, damit sie sich allein den Weg nach Hause suchen konnten.

Vierzehn Tage lang führten sie das Leben von Gejagten, stießen immer weiter zur Grenze vor. Manchmal tauchten sie aus den Wäldern auf und fanden einen Weiler, nicht größer als Julies Dorf, wo sie mit ihrem Geld Lebensmittel kauften – und die Zusicherung, von niemandem verfolgt zu werden. Tagsüber versteckten sie sich, bei Nacht zogen sie weiter, über Baumwurzeln stolpernd, in Schneewehen versinkend. Julie marschierte, bis sie vor Erschöpfung liegen blieb und der Blonde sie wieder auf den Schlitten binden mußte.

Als sie in der Nähe der Grenze an den Punkt kamen, wo der Blonde laut Boris' Anweisung abbiegen und der Bahnlinie folgen sollte, schöpften sie neuen Mut. Die Freiheit lag greifbar vor ihnen.

Der Mond verriet sie, als es nur noch wenige Meter zur Grenze waren. Urplötzlich brach eine Patrouille aus dem Gesträuch – so nahe, daß sie keine Möglichkeit mehr hatten, geduckt den Schienenstrang zu überqueren und sich zu verstecken.

Gewehrläufe glänzten im Mondenschein. Ein Befehl ertönte: »Halt, oder wir schießen!« Der Blonde band Julie und Rachel von ihren Schlitten los und half ihnen aufzustehen. Ein Streichholz flammte auf, und der Patrouillenführer, ein Feldwebel, musterte mißtrauisch Julies weißes Gesicht mit den blauen Augen und blies ihr seinen Wodka-Atem entgegen. Das Wild, das die Soldaten auf diesem gottverlassenen Außenposten jagten, waren Juden – vor allem reiche Juden. Vielleicht hatte ihnen die Vorsehung diesmal eine Jüdin über den Weg geschickt, die nicht nur reich, sondern außerdem aufreizend hübsch war. Das Gehirn des Feldwebels war umnebelt, aber seine Gedanken waren noch nicht so verwirrt, daß er nicht die Möglichkeit in Betracht zog, es könne sich auch um Aristokraten handeln, die vor den aufständischen Bauern flohen. Wenn das der Fall war, dann drohte ihm, wenn er sie aufhielt, das Kriegsgericht. Diese blauen Augen . . . Es war verwirrend!

Der Blonde, der seine Augen beobachtend zu schmalen Schlitzen zusammengezogen hatte, erkannte in dem Soldaten, der vor ihm stand, einen Mann, der sich nicht kaufen ließ wie die Dörfler. Dieser Kerl hatte es, wenn er den Ausdruck auf diesem Gesicht richtig deutete, weit mehr auf Julie abgesehen als auf das Geld. Außerdem hatte der Blonde kaum noch Geld übrig, soviel hatten die unersättlichen Hände jener eingesteckt, die sie als Gegenleistung ungehindert ziehen ließen.

Als er jetzt sprach, wirkte er fast wie Boris, so selbstsicher und ruhig trat er auf. »Wir haben unseren ganzen persönlichen Besitz verloren, auch die Papiere. Aber das spielt keine Rolle. Führen Sie uns zu Ihrem Hauptmann. Er muß benachrichtigt worden sein, daß wir Genehmigung haben, die Grenze zu passieren.«

Der Feldwebel brauchte keine Laterne, um festzustellen, daß der Bärtige ihn und seine drei Kameraden um mehr als Haupteslänge überragte. Er legte den Sicherheitsbügel seiner Pistole um. »Sie können die Arme herunternehmen«, sagte er. »Aber wenn Sie glauben, uns reinlegen zu können, dann irren Sie sich.«

Achselzuckend gehorchte der Blonde. Mit Julie und Rachel durfte er kein Risiko eingehen. Er sagte: »Können wir irgendwo Schutz vor dem Wetter finden, Feldwebel? Meine Schwester und meine Nichte frieren.«

Den Pistolenlauf dem Blonden in den Rücken pressend, sagte der Feldwebel: »Marsch! Und keinen Fluchtversuch, sonst müssen wir schießen, verstanden?«

Sie schritten auf die undeutlichen Konturen eines kleinen Gebäudes zu, als hinter dem Feldwebel plötzlich ein drohender Laut ertönte. Blitzschnell fuhr der Soldat herum und schoß – es war eine einzige Bewegung. Und Belschik, dessen Aufgabe es seit seiner Geburt gewesen war, Rachel vor bösen Fremden zu beschützen, mußte ein warnendes Knurren mit seinem Leben bezahlen.

In gefrorenem Schweigen starrte Rachel auf ihren toten Freund. Die Mutter drückte ihr tröstend die kleine Hand, und dann folgten sie gehorsam dem Feldwebel. Rachel sprach kein Wort und weinte auch nicht. Ihr Kummer war viel zu groß.

Als sie die baufällige Hütte betraten, sahen sie zwei weitere Soldaten, die Teetassen in der Hand, an einem kleinen Ofen sitzen. Bei

Julies Anblick war die gelangweilte Atmosphäre in dem winzigen Raum auf einmal wie weggeblasen. Laut klappernd wurden die Tassen hingestellt. Julies weiße Haut war vom Wind gerötet, das glänzend schwarze Haar fiel unter der Pelzmütze lose herab, und bei der Reaktion der Soldaten vertiefte sich noch das Rot ihrer Wangen. Doch sie beherrschte sich vorbildlich und hielt ihre Leuchter mit festem Griff.

»Weiß der Teufel, wann unser Hauptmann kommt – wenn er überhaupt erscheint«, sagte der Feldwebel hämisch zu dem Blonden.

»Ihre ... eh ... Schwester hat keine Papiere? Schade, schade ...« Er rollte die Augen, blickte zur Decke und schob die Unterlippe vor. »Wir werden sie natürlich hierbehalten müssen. Für einige Zeit ... Für eine ziemlich lange Zeit.« Die anderen Soldaten grinsten voll Vorfreude. »Und was Sie selber betrifft –« seine Stimme triefte von Öl –, »wieviel würden Sie denn für Ihre eigene Haut bezahlen? Den schwarzäugigen Spatzen da kriegen Sie als Zugabe geschenkt.«

Der Blonde war kaltblütig genug, um ein Grinsen zustande zu bringen. »Den Preis dürfen Sie bestimmen. Wenn einer von euch den Kampf überlebt, können wir später darüber verhandeln.«

Der Feldwebel war unerwartet flink. Er stieß eine Kiste zur Seite, schnappte sich Julie und preßte ihr die Arme an den Körper.

»Fesselt den Bastard!« befahl er seinen Leuten.

In einem Wutausbrauch, der ihres Vaters würdig war, schlug Rachel mit der kleinen Faust auf den Feldwebel ein. Der Hieb hatte soviel Schwung, daß Julie das Paket aus den Händen rutschte und auf die morschen Bretter des Fußbodens fiel.

Das Papier, das um die Leuchter gewickelt war, platzte. Sekundenschnell sprangen die Soldaten auf und stürzten sich auf den Blonden: Er war legales Wild. Die kleine Gruppe bestand aus fliehenden Juden!

Während die Soldaten den blonden Riesen festzuhalten versuchten, schob der Feldwebel sein schweißtriefendes Gesicht dicht vor Julies Augen und sagte: »Wenn du schön nett zu mir bist, gebe ich dir vorher noch etwas zu trinken.« Aber er hatte nicht mit Rachel gerechnet. Die war inzwischen dem Blonden zu Hilfe geeilt und schlug dem einen Mann die einzige Flasche Wodka über den Kopf, daß er zu Boden stürzte und reglos liegen blieb. Ein anderer Soldat schleuderte sie brutal zur Seite. Gerade wollte sich das rasende Kind wieder aufrappeln, da kam der Hauptmann herein. Mit donnernder Stimme gebot er den Kämpfenden Halt und befahl: »Laß die Dame los!«

Der Feldwebel sah ihn tückisch an. »Nach Ihnen, Herr Hauptmann. Es sind Juden. Wir haben sie auf der Flucht erwischt.«

Der Offizier hob die Faust. »Laß die Dame los, habe ich gesagt!«

»Da sehen Sie doch – jüdische Leuchter!« muckte der Feldwebel auf.

»Ich sehe es, du Schwein! Und jetzt 'raus, und nimm deine Patrouille mit. Du bist im Dienst.« Er drehte sich eine Zigarette, während vier der Soldaten dem Feldwebel in den Schnee hinaus folgten. »Wer war das?« fragte der Hauptmann mit einem Blick auf den Mann, den Rachel niedergeschlagen hatte.

»Ich«, verkündete sie energisch. »Und es tut mir auch gar nicht leid.«

Mit einem Lächeln langte er nach ihr. »Du bist ein richtiger kleiner Tiger«, sagte er und hob sie hoch. Dabei öffnete sich ihr Mantel, und im Licht der Laterne schimmerte die Kette an ihrem Hals. Der Hauptmann betrachtete sie genau. Mit der rechten Hand zog er sie ihr über den Kopf.

»Das ist meins«, erklärte sie. »Ich will es wieder haben.«

Er reagierte nicht, stellte das Kind auch nicht wieder zu Boden, sondern betrachtete immer noch den Gegenstand in seiner Hand. Dann wandte er seine Aufmerksamkeit Julie zu. Woran, überlegte er, unterscheidet man eine blauäugige Jüdin von anderen hübschen Mädchen – vor allem in Rußland? Und der blonde Bursche da. Der soll ein Jude sein? Und das Kind? Nun, vielleicht – vielleicht auch nicht. Abermals musterte er Rachel. Es sind die Augen, entschied er dann; nur Jüdinnen können solche Augen haben.

»Was ist das, Kleine?« fragte er und zeigte Rachel das Kreuz. Sie nahm es ihm aus der Hand. Julie begann zu zittern; der Blonde ballte die Fäuste.

»Das«, erklärte ihm Rachel, »ist mein Taufkreuz. Ich muß es immer tragen.« Sie sagte das in so natürlichem Ton, daß nicht einmal der Blonde ganz sicher war, ob man es ihr eingedrillt hatte.

»Ich danke dir, mein Täubchen«, sagte der Hauptmann. Er stellte sie zu Boden und legte ihr die Kette wieder um den Hals. Mit ernstem Gesicht hob Rachel Julies silberne Leuchter auf und reichte sie ihrer Mutter.

»Setzen wir uns erst mal«, sagte der Offizier. »Dann können wir alles besprechen.« Er führte Julie zu dem einzigen Stuhl in der Hütte. Er, der Blonde und Rachel nahmen auf Kisten Platz.

»Alle Pässe sind ungültig«, sagte er. »Haben Sie Personalausweise?«

»Nein«, sagte der Blonde.

»Sie wollen aus Rußland fliehen?«

»Das war unsere Absicht, Herr Hauptmann.«

»Das ist ein schweres Vergehen«, sagte der Offizier freundlich.

Der Blonde entgegnete: »Lassen Sie meine Begleiterin gehen, und behalten Sie mich als Geisel.«

»Können Sie sich denn freikaufen? Haben Sie Gold?«

Der Blonde grinste liebenswürdig. »*Jawohl*, Herr Hauptmann.«

»Auch das ist ein schweres Vergehen – ein Kapitalverbrechen. Ein Bestechungsversuch. Hmm . . . Haben Sie viel?«

»Alles, was Generationen zusammengetragen haben«, sagte der Blonde. »Das berühmteste Gestüt Rußlands und unschätzbare Berge in Odessa.«

»Ich bin ein nüchtern denkender und praktischer Mann. Ich gebe gern Geld aus«, erklärte der Hauptmann ein wenig schuldbewußt. »Und der Sold eines Hauptmanns . . .«

»Ich biete Ihnen ein Vermögen.«

»Sie bieten Ihr Leben, mein Freund. Und welche Sicherheiten können Sie mir geben?«

»Sie müssen mir vertrauen«, bat der Blonde. »Sie werden mich ohne Mühe finden. Mein Name ist Boris Godinow, und meine Schwester ist Madame Kozny. Ich gehöre zu den Odessa-Tataren, und Graf Brusilow in St. Petersburg wird für mich bürgen.«

Der Hauptmann stieß einen Pfiff aus. »Das ist verdammt weit weg, und bis ich festgestellt habe, ob Sie die Wahrheit sagen, ist Ihre Schwester –« ob sie es wohl wirklich war? überlegte er und kam zu der Überzeugung, daß sie es nicht war, ließ es ihm aber hingehen – »schon über alle Berge.«

Voller Verzweiflung sah der Blonde Julie an.

»Kann ich bitte ein Messer haben, Hauptmann?« fragte sie ruhig.

Verblüfft zog er ein Taschenmesser heraus. Julie nahm es, bückte sich und trennte den Saum ihres Mantels auf. Als sie sich erhob, hielt sie den Smaragd in der Hand. Sie reichte ihn dem Offizier.

»Gestohlen?« fragte der.

»Nein«, sagte sie. »Mein Verlobungsring. Er wird eingelöst werden.« Er glaubte ihr und nahm ihn an.

»Dann wollen wir uns beeilen, Großer«, sagte er zu dem Blonden. »Sie bürden mir eine recht hübsche Verantwortung auf. Die Patrouille wird zurückkommen, bevor der Zug wieder abfährt. Verabschieden Sie sich von Ihrer Schwester, aber rasch!« Er griff nach dem Kind. »Wir beide werden inzwischen schon zur Bahnstation hinübergehen, kleine Rachel Kozny«, sagte er. »Du bist ein tapferes kleines Löwenbaby, das kannst du deinem Vater ausrichten.«

Rachel starrte ihn an. »Ich heiße Rachel von Glasman-Pirow«, erklärte sie.

»Großer Gott!« Erschrocken trat der Offizier einen Schritt zurück und starrte Julie an. »Sind Sie etwa Igors Julie?«

»Sie kennen meinen Mann?«

»Teufel noch mal, ja!« brüllte er. »Und all dieser Ärger für . . .« Doch plötzlich änderte er seinen Entschluß. Er war ein freundlicher Mensch, gelegentlich sogar sentimental. Aber! Ein Mann, der gern Geld ausgibt, muß praktisch denken. Er steckte den Smaragd in die Tasche.

»Ronja Pirow hat mir vor Jahren in der Mandschurei das Leben gerettet«, sagte er und nahm Rachel, die zu müde war, um zu protestieren, dem Blonden aus den Armen. »Wir warten draußen. Bitte, beeilen Sie sich.«

Julie küßte den Blonden zärtlich. »Dir, mein Bruder Boris, habe ich es zu danken, daß ich bald wieder in Igors Armen liegen kann. Unser erster Sohn soll Boris heißen, nach Vater und auch nach dir.«

Der Blonde hatte kein großes Vertrauen zu seiner Stimme und zu seinem Herzen, darum sagte er nur: »Bring ihnen meine ganze Liebe.«

»Das werde ich tun«, sagte Julie und ging hinaus.

In der kleinen Baracke, die als Bahnhof diente, leerte der Hauptmann für Julie seine Taschen und fand darin mehr Rubel, als für die Bahnfahrt benötigt wurden. »Wir müssen ein paar Minuten warten. Würden Sie mir eine Frage beantworten?«

Ihre Hände zitterten vor Kälte; ihre Augen standen voll Tränen, als sie ihn ansah, und plötzlich brachte er es nicht übers Herz, sie noch weiter zu belästigen. »Lassen Sie nur«, sagte er. »Sie sind viel zu erschöpft.«

Julie schüttelte den Kopf. »Sie sind sehr gut zu uns gewesen, Hauptmann. Bitte, fragen Sie.«

»Es ist folgendes.« Er schwieg einen Augenblick und dachte nach. »Ich kann es einfach nicht verstehen . . . Sie haben Leuchter bei sich, das Symbol des jüdischen Sabbat. Ihre Tochter dagegen trägt das Kreuz des Christentums. Nein, ich begreife das nicht.«

Julie lächelte traurig. »Ich habe auch viel darüber nachgedacht«, sagte sie, »und ich begreife es ebensowenig.«

Eine Lokomotive pfiff; der Ton schnitt schrill und einsam durch die kalte Nacht. Der Hauptmann, mit Rachel auf dem Arm, begleitete Julie hinaus auf den Bahnsteig aus rohen Holzbohlen.

Der Zug verlangsamte seine Fahrt und hielt. »Drehen Sie sich um, Igors Julie«, sagte der Offizier, »und blicken Sie ein letztes Mal auf Rußland zurück.«

In dem schwachen, gelben Lichtschein, den die Laterne des Zugführers warf, sah Julie Dampf aus der Lokomotive emporsteigen. Eine Wolke schob sich vor den Mond. Ringsum erstreckte sich die öde, schneebedeckte Landschaft. Der Zugführer nahm dem Hauptmann das Kind ab. »Gott beschütze Sie beide«, sagte der Offizier und schritt davon.

Julie und Rachel folgten dem Zugführer durch die staubigen Waggons, und als sich die Räder drehten, begann unter ihren Füßen der Boden zu zittern. Der Mann suchte ihnen zwei Plätze, und sie setzten sich, tief in ihre Pelzmäntel gehüllt. Julie hielt ihre Leuchter im Arm. Sie merkte nicht, daß ihre Tränen darauf hinabtropften

»Führe uns in das Land der Freiheit«, betete sie stumm.

Rachels kleine Hand schloß sich um ihr Kreuz. Ihr Kopf sank an das Polster zurück. Dann schlief sie ein.